KB053271

데일 카네기

자기관리론

데일 카네기
자기관리론

데일 카네기 지음 | **김미옥** 옮김

미래지식

차
례

4부 평화와 행복을 가져오는 7가지 마음가짐

5부 걱정을 극복하는 완벽한 방법

6부 다른 사람들의 비판을 걱정하지 마라

7부 피로와 걱정을 방지하고 늘 활기차게 사는 6가지 방법

8부 걱정을 극복한 사례

이 책을 쓴 방법과 이유에 대해서

1909년에 나는 뉴욕에서 가장 불행한 청년 중 한 명이었다. 당시 나는 생계를 위해 트럭을 판매했다. 하지만 트럭이 어떻게 움직이는지도 알지 못했을 뿐 아니라 알고 싶지도 않았다. 무엇보다도 나는 내 직업을 경멸했다. 웨스트 56번가에 있는 허름한 셋방, 바퀴벌레가 득실거리는 곳에서 사는 것에도 진력이 났다. 아침마다 벽에 걸려 있는 넥타이를 매려고 손을 뻗으면 바퀴벌레들이 사방으로 흩어지던 광경이 아직도 뚜렷하게 기억난다. 게다가 내 방과 마찬가지로 바퀴벌레들이 득실거릴 게 분명한, 불결하기 짝이 없는 싸구려 식당에서 식사를 하는 것이 무엇보다 싫었다.

매일 밤 나는 두통에 시달리면서 썰렁한 내 방으로 돌아오곤 했다. 실망과 걱정, 슬픔, 반항심 때문에 생긴 두통이었다. 대학시절에 품었던 청운의 꿈이 악몽으로 바뀐 데 대해 나는 반항했다. 삶이란 이런 것인가? 내가 그토록 꿈꾸던 활기 넘치는 삶이란 것이 고작 이런 것이었던가? 이것이 내 삶의 전부였단 말인가? 좋아하지도 않는 일을 직업으로 삼고, 바퀴벌레와 함께 살면서 싸구려 식사를 하고, 미래에 대한 아무런 희망도 없이 끌려가는 것이 삶이었나? 틈틈이 독서도 하고 대학시절에 꿈꾸던 책을 쓸 수 있는 여가시간을 가질 수 있기를 간절히 원했다.

이제는 내가 그토록 싫어하는 직업을 그만두어야겠다는 생각이 들었다. 그렇게 하는 것이 이익이면 이익이지, 손해 볼 게 없다는 것을 깨달았기 때문이다. 애초에 나는 돈을 많이 버는 것에는 관심이 없었지만, 활기 넘치는 삶을 구가하고 싶은 마음만은 절실했다. 요컨대 이제 막 인생을 시작하려는 젊은이라면 누구나 맞닥뜨리는 결단의 순간에 도달했다. 나는 결단을 내렸고, 그 결단이 나의 미래를 완전히 바꾸어놓았다. 그 후에 내 삶은 줄곧 행복했고, 내가 꿈꾸던 유토피아는 기대 이상으로 성취되었다.

나의 결단은 이런 것이었다. 즉, 싫어하는 일을 당장에 그만둔다. 그리고 미주리 주의 워렌버그 주립 교육대학에서 4년간 공부한 경험을 살려 야간학교에서 성인들을 가르치는 것으로 생계를 꾸린다. 그런 다음 여가시간에는 책도 읽고 강의 준비를 하거나 소설이나 단편을 쓰는 것이다. 나는 '글을 쓰기 위해 살고, 살기 위해 글을 쓰는 삶'을 진정으로 원했다.

야간학교에서 성인들에게 어떤 과목을 가르칠 것인가? 대학시절에 배운 것을 되돌아보고 평가해본 결과, 대중 연설을 배우고 경험한 것이 내가 대학에서 배운 어떤 과목보다 업무에 있어서나 인생에 있어서 현실적으로 가치가 있다는 것을 깨달았다. 왜냐하면 대중 연설을 배운 결과, 나는 소심하고 자신감이 부족한 성격을 고쳤을 뿐만 아니라 사람들을 대하는 용기와 확신을 갖게 되었기 때문이다. 또한, 리더십이란 언제든지 일어나 자신의 의견을 말할 수 있는 사람에게 주어진다는 사실을 분명히 깨달았다.

나는 컬럼비아 대학과 뉴욕 대학의 야간 공개강좌에 대중 연설 강사 자리를 신청했지만, 두 대학 모두 나의 도움이 필요하지 않다는 쪽으로 결정을 내렸다.

그때는 적잖이 실망했지만, 지금 생각해보면 그 두 대학이 나를 거절한 것이 얼마나 다행이었는지 모른다. 왜냐하면 단기간에 구체적인 결과를 보여주어야 했던 YMCA의 야간 학교에서 강의를 시작하게 되었기 때문이다. 그것은 그야말로 커다란 도전이었다! 내 강좌를 수강하러 오는 성인들은 학위나 사회적 명성을 얻으려는 것이 아니었다. 그들이 오는 이유는 단 하나, 자신이 처한 현실적인 문제를 해결하는 것이었다. 그들은 업무 회의에서 두려움 없이 당당하게 일어나 자신의 의견을 말할 수 있게 되기를 바랐다. 세일즈맨들은 용기를 내기 위해 한참이나 주변을 서성거리는 일 없이도 까다로운 고객을 방문할 수 있게 되기를 바랐다. 말하자면 매사에 침착성과 자신감을 갖고 싶어 했다. 그들은 사업적으로 성공하고 싶어 했으며, 가족을 위해 더 많은 돈을 벌기를 바랐다. 그들은 수업료를 할부로 납부하고 있었기 때문에 내 강의에서 원하는 성과를 보지 못하면 납부하지 않아도 그만이었다. 나도 고정급여가 아니라, 이익배분 방식으로 보수를 받기로 했기 때문에 먹고살기 위해서는 강의가 실용적이어야 했다.

그 당시에는 내가 불리한 조건으로 강의를 하고 있는 것 같았지만,

지금 생각해보면 그것이 돈으로도 살 수 없는 귀중한 훈련이었다는 생각이 든다. 나는 학생들에게 끊임없이 동기를 부여해야 했고, 그들이 자신의 문제를 해결하도록 도움을 주어야만 했다. 수업 시간마다 흥미진진한 강의로 수강생들이 계속 출석하게 만들어야 했다.

그것은 정말 신 나는 일이었고, 나는 그 일을 좋아했다. 수강생들이 그토록 빨리 자신감을 얻고 승진을 하거나 연봉이 인상되는 것을 보고 나도 깜짝 놀랐다. 이 강좌는 내가 기대했던 것보다 훨씬 큰 성공을 거듭했다. 3학기가 채 지나지 않아 하루 강의료로 5달러도 주지 못하겠다던 YMCA에서는 나에게 이익배분 방식으로 하루 30달러나 지급했다. 처음에는 대중 연설 강의만 했지만, 시간이 지나면서 수강생들이 친구를 사귀고 사람들을 설득하는 능력도 필요하다는 것을 알게 되었다. 그런데 나는 인간관계human relations에 관한 적당한 교재를 구할 수 없어서 직접 쓰기로 했다. 말하자면 이 책은 내가 썼다기보다는 수강생들의 경험에서 시작되어 진화했다고 말하는 편이 나을지도 모르겠다. 이 책에 《데일 카네기 인간관계론How to Win Friends and Influence People》이라는 제목을 붙였다.

단지 성인 강좌를 위한 교재로 이 책을 비롯해서 사람들이 별로 들어보지 못한 다른 4권의 책도 썼는데, 그것이 이렇게 베스트셀러가 될 줄은 생각도 하지 못했다. 아마도 나는 하루아침에 팔자가 달라진 몇 안 되는 작가들 중 한 사람일 것이다.

세월이 지나면서 수강생들이 갖고 있는 또 한 가지 커다란 문제가 '걱정'이라는 사실을 알게 되었다. 사업가, 세일즈맨, 기술자, 회계사 등 각계각층의 직장인들로 구성된 수강생들은 대부분 개인적인 고민이 있었다. 수강생들 중에는 직업여성이나 가정주부도 있었는데 그들

역시 고민이 있었다. 확실히 '걱정'을 어떻게 극복할 것인지에 관한 교재가 필요했기 때문에 나는 이번에도 교재를 찾아보려 했다. 뉴욕에 있는 큰 공공 도서관을 찾아갔는데, 놀랍게도 그곳에는 '걱정'이라는 단어를 포함한 제목의 책이 22권밖에 없었다. 하지만 재미있게도 '벌레'라는 단어를 포함한 제목이 붙은 책은 189권이나 되었다. 벌레에 관한 책이 걱정에 관한 책보다 9배나 많다니! 놀랍지 않은가? 걱정은 인간이 직면하는 가장 절실한 문제들 가운데 하나이기 때문에 미국의 모든 고등학교와 대학에서 '걱정을 멈추는 법'에 관한 강좌가 있으리라고 생각할 것이다. 그렇지 않은가? 하지만 단 한 군데도 그런 강좌를 개설한 대학이 있다는 말을 들어본 적이 없었다. 데이비드 시버리가 그의 저서《요령 있게 걱정하는 방법How to Worry Successfully》에서 다음과 같이 말한 것도 놀라운 일이 아니다.

'우리는 책벌레에게 발레를 하라고 생뚱맞은 요구를 하는 것만큼이나 경험의 압력에 대해 거의 아무런 준비도 되지 않은 채로 성인이 되어간다.'

그래서 결국 어떤 일이 벌어졌나? 병원 침대의 반 이상이 신경 질환이나 정서 질환을 호소하는 환자들로 가득 차 있다.

나는 뉴욕 공립도서관에서 걱정에 관한 책 22권을 찾아보았고 걱정에 관한 책은 전부 찾아 구입했다. 하지만 성인 강좌의 교재로 사용할 만한 책은 단 한 권도 찾을 수 없었다. 그래서 나는 직접 책을 쓰기로 했다.

이 책을 쓰기 위해 7년 전부터 많은 준비를 했다. 그동안 모든 시대의 철학자들이 걱정에 대해 말한 것들을 읽었다. 공자에서 처칠에 이르기까지 수많은 위인들의 전기도 읽었다. 그리고 잭 뎀프시, 오마르

브래들리 장군, 마크 클라크 장군, 헨리 포드, 엘리너 루스벨트, 도로시 딕스 등 각계각층의 저명인사들과 면담도 했다. 하지만 이것은 시작에 불과했다.

나는 저명인사들과 면담을 하거나 독서를 하는 것보다 훨씬 중요한 다른 일도 했다. 지난 5년 동안 '걱정 극복 실험실'에서 일했는데, 말하자면 내 성인 강좌의 수강생들을 대상으로 실험을 했다. 내가 아는 한 이런 종류의 실험은 세계 최초이자 유일무이한 것이었다. 실험은 다음과 같이 진행되었다.

우리는 수강생들에게 걱정을 멈추는 방법으로 몇 가지 원칙을 알려주고 실제 생활에 적용시켜보도록 했다. 그런 후에 그들이 얻은 결과를 수업시간에 이야기하도록 했다. 자신이 과거에 사용했던 방법에 대해 발표하는 수강생들도 있었다.

이런 경험을 통해 나는 '어떻게 걱정을 극복했나?'에 대한 이야기를 누구보다 많이 들었던 것 같다. 그뿐만 아니라 사람들이 우편으로 보낸 '어떻게 걱정을 극복했나?'에 대한 이야기를 수천 통이나 읽었다. 그 이야기들은 전 세계에서 진행되고 있는 우리 강좌에서 엄선된 것들이었다. 그러므로 이 책은 상아탑에서 나온 것도 아니며, 어떻게 걱정을 극복할 수 있는지에 대한 학구적인 강론도 아니다. 그보다 나는 수많은 사람들이 어떻게 해결했는지에 대해 빠르고 간결하게 기록한 보고서를 쓰려고 노력했다. 따라서 한 가지는 분명하다. 이 책은 실용적이며 누구나 읽고 음미해볼 만한 가치가 있다.

프랑스의 철학자 폴 발레리는 이렇게 말했다.

"과학이란 성공한 처방의 집대성이다."

이 책이 바로 그런 책이다. 우리 삶에서 걱정을 없애는 좋은 처방 중에서도 오랫동안 효과가 입증된 처방을 모아놓았다. 하지만 한 가지 미리 말해둘 것이 있다. 이 책에서 당신은 참신한 것을 찾을 수는 없겠지만, 일반적으로 적용되고 있지 않은 것들을 많이 찾을 수 있을 것이다. 굳이 뭔가 새로운 것을 이야기할 필요는 없다. 우리는 이미 완벽한 삶을 살아도 될 만큼 충분히 알고 있다. 많은 사람이 성서에 나오는 '황금률'이나 '산상수훈'에 대해 알고 있다. 하지만 문제는 알지 못하는 것이 아니라 실천하지 않는 데 있다. 이 책의 목적은 예로부터 전해 내려온 수많은 기본 진리들을 실례를 들어 다시 이야기하면서 오늘에 맞게 재해석해서 그럴듯하게 제시하는 것이다. 또, 여러분이 정강이를 걷어차며 그 진리를 삶에 적용하도록 만드는 것이다.

당신은 이 책이 어떻게 씌어졌는지 알고 싶어서 이 책을 고른 것은 아닐 것이다. 당신은 어떻게 행동해야 할 것인가를 알고자 한다. 그렇다면 이제부터 시작해보자. 걱정을 멈추고 삶을 즐길 새로운 힘과 영감을 얻지 못한다면, 이 책을 쓰레기통에 던져버려도 좋다. 쓸모가 없기 때문이다.

– 데일 카네기

이 책을 최대한 활용하는 9가지 방법

1. 이 책에서 가능한 한 많은 것을 얻으려면 어떤 규칙이나 기술보다 중요한 필수 조건이 한 가지 있다. 이 기본적인 필수 조건을 터득하지 않는 한, 어떤 연구법이 있어도 소용이 없다. 그러나 이 중요한 사항을 터득하게 되면, 가능한 한 많은 것을 얻기 위해 이 책에서 제안하는 것들을 읽지 않아도 놀라운 성과를 거둘 수 있다. 이 놀라운 필수 조건이란 무엇일까? 그것은 걱정을 멈추고 새로운 삶을 시작하려는 굳은 결의와 그 방법을 배우려는 강한 의욕이다. 그런 의욕을 가지려면 이런 결의가 우리에게 얼마나 중요한지를 줄곧 생각해보아야 할 것이다. 이런 탁월한 방법이 우리 삶을 더 풍요롭고 행복하게 만드는 데 얼마나 도움이 되는지를 생각해보라. 언제나 자기 자신에게 이렇게 말해라. "결국, 내 마음의 평화와 나의 행복, 나의 건강 그리고 나의 수입까

지도 이 책에서 가르치는 명백하고도 영원한 오래된 진리를 적용하느냐에 달려 있다."

2. 책의 전반적인 내용을 알기 위해 처음에는 각 장을 빠른 속도로 읽어라. 그러면 빨리 다음 장을 읽고 싶어질 것이다. 하지만 그러지 마라. 단지 재미로 읽는 것이 아니라면 말이다. 걱정을 멈추고 새로운 삶을 시작하고 싶어서 이 책을 읽는다면, 되돌아가서 각 장을 정독해주기 바란다. 결국, 그렇게 하는 편이 시간 절약도 되고 효과도 좋다.

3. 이 책을 읽는 도중에 가끔 멈추고 지금 읽고 있는 것을 곰곰이 생각해보라. 이런 제안을 언제, 어떻게 적용할 것인지를 자문해보라. 이런 식의 책 읽기야말로 사냥개가 토끼를 쫓듯이 마구 내달리는 것보다 훨씬 유익하다.

4. 펜이나 빨간 연필을 손에 쥐고 책을 읽어라. 읽다가 유익하다고 생각되는 부분이 있으면 밑줄을 그어라. 그것이 매우 중요한 말이라면 전문에 밑줄을 긋거나 중요 표시를 하라. 책에 표시를 하거나 밑줄을 그으면 독서가 훨씬 더 재미있을 뿐 아니라, 급히 다시 읽을 때 더 편리하다.

5. 나는 50년간 어느 보험회사의 지점장으로 일하고 있는 한 여성을 알고 있는데, 그녀는 매월 자기 회사가 체결한 보험 계약서를 전부 읽는다. 그러다보니 매년마다, 매월마다 똑같은 보험 계약서를 읽게 된다. 그렇게 하는 것만이 그 계약서의 조항들을 확실히 기억해두는 유

일한 방법이라는 사실을 오랜 경험으로 알게 되었기 때문이다.

나는 거의 2년 동안 대중 연설에 관한 책을 집필한 적이 있다. 그런데도 내 책에 쓴 내용을 기억해내려면 이따금 그 책을 들추어봐야 한다. 한때 우리가 기억하던 것을 얼마나 빨리 잊어버리는지, 참으로 놀랄 만하다.

당신이 이 책에서 지속적으로 진정한 이익을 얻고 싶다면, 대충 한 번 훑어보는 것으로 충분할 거라고 생각해서는 안 된다. 끝까지 정독한 후에도 매월 몇 시간씩 다시 읽어야 한다. 날마다 책상 위에 이 책을 놓아두도록 하라. 그리고 자주 이 책을 들추어보라. 앞으로 개선할 여지가 많다는 것을 끊임없이 자신에게 상기시켜라. 이런 원칙은 꾸준히 읽고 적용해야만 습관화할 수 있다는 사실을 기억하라. 그밖에 다른 방법이 없다.

6. 버나드 쇼는 언젠가 이렇게 말한 적이 있다.

"만일 누군가에게 무엇인가를 가르치려 한다면, 그는 결코 배우려 하지 않을 것이다."

그의 말은 옳다. 우리가 무엇을 배운다는 것은 하나의 행동 과정이다. 우리는 행동함으로써 배운다. 그래서 이 책에서 배운 원칙을 터득하려면, 그 원칙을 행동에 옮겨야 한다. 모든 기회에 이런 원칙을 적용하라. 그렇게 하지 않으면 곧 잊어버리고 말 것이다. 사용한 지식만이 마음속에 남게 된다.

아마도 당신은 항상 이런 제안들을 적용하기는 힘들다는 사실을 알게 될 것이다. 왜냐하면 이 책을 저술한 나 자신도 때때로 여기서 주장한 모든 원칙을 적용한다는 것이 어렵다. 그러니 이 책을 읽으면서 단순히 지식을 얻는 것이 아니라는 사실을 기억해야 한다. 새로운 습관을 들이는 것이 목적이다. 그렇다! 당신은 새로운 삶의 방식을 꾀하고 있다. 그러려면 시간과 인내를 가지고 날마다 적용하는 것이 필요하다.

그러니 자주 이 책을 펼쳐 읽어보라. 이 책이 걱정을 극복하기 위한 편리한 핸드북이라고 생각하라. 그리고 괴로운 문제에 직면하더라도 결코 흥분하지 마라. 되는대로 충동적으로 행동하지 마라. 그럴 경우 잘못되기 십상이므로 이 책을 펼치고 밑줄을 그어놓은 구절을 읽어보라. 그런 다음 이 새로운 방법을 적용하여 그것이 당신에게 놀라운 효과가 있음을 확인해보라.

7. 이 책에서 주장하는 이론 중 한 가지라도 위반할 때마다 지적해주면 벌금을 내겠다고 가족들에게 제안하라. 당신은 조만간 파산하고 말 것이다.

8. 이 책의 6부를 펼쳐보라. 월가의 은행가인 하웰과 벤저민 프랭클린이 어떤 식으로 자신의 잘못을 고쳐나갔는지 읽어보라. 이 책에 적힌 원칙들을 시험해보기 위해 하웰이나 프랭클린의 방법을 사용해보면 어떨까? 시험해보면 두 가지 결과가 나타날 것이다. 첫째, 흥미롭고 값진 배움의 과정에 있다는 사실을 깨닫게 될 것이다. 둘째, 걱정을 멈추고 새로운 삶을 시작할 수 있는 능력이 쑥쑥 자라나고 있다는 사실을 깨닫게 될 것이다.

9. 일기를 써라. 이런 원칙들을 잘 적용하고 있는 당신의 업적을 기록해야 한다. 이름과 날짜, 성과를 기록하라. 이처럼 꾸준히 기록을 남

기다 보면 힘이 나서 더욱 노력할 수 있게 된다. 게다가 먼 훗날 어느 날 저녁에 우연히 그 일기를 본다면, 얼마나 즐거운 일일까!

❖ 간단 요약 ❖

이 책을 최대한 활용하는 9가지 방법

1. 걱정을 극복하는 원칙을 터득하려는 진지하고도 강한 의욕을 가져라.
2. 다음 장으로 넘어가기 전에 각 장을 두번씩 읽어라.
3. 때때로 읽기를 멈추고, 이런 제안을 어떻게 적용할 수 있을지 생각해 보라.
4. 모든 중요한 아이디어에 밑줄을 그어라.
5. 한 달에 한 번씩 반복해서 읽어라.
6. 이런 원칙을 기회가 있을 때마다 적용하라. 걱정을 극복하기 위한 편리한 핸드북으로 삼아라.
7. 이 원칙들 중 한 가지라도 위반할 때마다 지적해주면 벌금을 내겠다고 친구들에게 제안하라. 공부를 재미있는 게임처럼 만들어라.
8. 매주 진도를 체크해보라. 어떤 실수를 저질렀는지, 또는 어떤 점이 나아졌는지, 미래를 위해 어떤 교훈을 얻었는지 자신에게 물어보라.
9. 이런 원칙을 언제, 어떻게 적용했는지를 이 책의 여백에 기록해보라.

1부

걱정에 관해 알아야 할 기본적인 사실

Dale Carnegie

Chapter 1 오늘 하루를 충실하게 살아라

1871년 봄이었다. 한 청년이 책을 읽다가 마음을 사로잡는 한 구절을 발견했는데, 그것이 그의 미래에 커다란 영향을 주었다. 몬트리올 종합병원의 의과 대학생이었던 그는 졸업시험을 앞두고 걱정이 태산 같았다. 다행히 시험을 통과할 수 있을지, 시험에 붙는다 하더라도 앞으로 무엇을 해야 할지, 어디서 어떻게 개업을 할 것인지, 장차 어떻게 먹고살 것인지를 고민하고 있었다.

이 젊은 의학도가 1871년에 읽은 그 한 구절은 그가 당대 최고의 명의가 되는 데 크게 도움이 되었다. 그는 세계적으로 유명한 존스홉킨스 의대를 설립했으며, 영국에서 의사가 누릴 수 있는 최고의 명예라고 할 수 있는 옥스퍼드 의과대학의 흠정 강좌 교수(왕이 친히 임명하는 교수직-역자주)로까지 발탁되었다. 또한, 그는 영국 왕실로부터 작위를 수여받았다. 죽은 뒤에는 그의 삶을 기록한 두 권의 두꺼운 전기가 출간되었는데, 그 분량이 무려 1,466쪽에 달했다. 그의 이름은 윌리엄 오슬러 경이다. 그가 1871년 봄에 읽은 그 한 구절, 즉 그가 걱정으로부터 자유로운 삶을 살 수 있도록 이끌어준 토마스 칼라일의 그 구절은 이렇다.

'우리가 힘써야 할 중요한 일은 먼 곳에 있는, 막연한 것을 보는 것이 아니라, 바로 눈앞에 있는 것을 실행하는 일이다.'

42년이 지난 어느 따스한 봄날 저녁, 윌리엄 오슬러 경은 튤립이 만발한 예일 대학교 캠퍼스에서 학생들에게 연설을 했다. 그는 예일대학생들에게 이렇게 말했다.

"나처럼 4개 대학에서 강의를 하고 유명한 책을 저술한 사람은 '특별히 우수한 두뇌'의 소유자일 것으로 여겨지겠지만, 그것은 사실이 아닙니다. 친한 친구들은 내가 '지극히 평범한 두뇌'를 갖고 있다는 사실을 알고 있습니다."

그렇다면 그의 성공 비결은 무엇이었을까? 그는 자신의 성공은 '오늘 하루를 충실하게' 살았던 덕분이라고 말했다. 이 말은 무슨 의미일까? 예일대에서 연설을 하기 두서너 달 전에 윌리엄 오슬러 경은 대서양을 횡단하는 대형 원양 정기선에 타고 있었다. 그 배는 선장이 갑판에 서서 버튼 하나만 누르면 마술처럼 순식간에 배의 각 부분이 다른 부분과 완전히 격리되어 방수 구획으로 바뀌는 배였다.

윌리엄 오슬러 경은 예일대 학생들에게 이렇게 말했다.

"여러분 개개인은 대형 여객선보다 훨씬 더 놀라운 유기체이며, 더 먼 항로를 가야 합니다. 내가 여러분에게 강조하고 싶은 것은 배의 기관을 다루는 법을 배우듯이, '하루하루 구획'을 만들어 오늘을 충실하게 사는 것이 인생의 항로를 안전하게 보장해주는 가장 확실한 방법이라는 것입니다. 갑판에 올라서서 주요 방수벽들이 질서정연하게 작동하고 있는 모습을 살펴보세요. 나날의 삶에서 매 순간 버튼을 누르고 과거, 즉 이미 죽어버린 '어제'가 닫히는 둔중한 철문 소리를 들어보세요. 그리고 또 하나의 버튼을 눌러 미래, 즉 아직 태어나지 않은 '내일'을 금속 커튼으로 가려버리세요. 그래야만 여러분의 오늘이 안전해집니다. 과거를 단절하세요! 죽은 과거는 죽은 채로 묻어두세요. 바보들에게 죽음의 잿더미로 가는 길을 밝혀주던 어제를 단절하세요. 내일의 짐에 어제의 짐까지 얹어서 오늘 지고 간다면 아무리 튼튼한 사람도 비틀거리게 됩니다. 과거와 마찬가지로 미래도 빈틈없이 단절하세요. 오늘이 바로 미래입니다. 내일이란 없으니까요. 인간이 구원받는 날은 바로 지금입니다. 미래를 걱정하는 사람에게는 정력의 낭비와 정신적 고통, 근심, 걱정이 끈질기게 따라다닙니다. 그러므로 꽉 닫아버리세요. 이물에서 고물까지 방수벽으로 단단히 막은 다음 '오늘 하루를 충실하게' 사는 습관을 들이도록 준비를 하세요."

윌리엄 오슬러 경의 말은 내일을 준비하기 위해 아무런 노력도 할 필요가 없다는 뜻이었을까? 결코 그런 뜻은 아니다. 그 연설에서 그는 내일을 준비하기 위한 최선의 방법은 여러분이 가진 모든 지성과 열정을 동원해서 오늘 할 일을 오늘 하기 위해 집중하는 것이라고 역설했다. 그것만이 내일을 위해 우리가 준비할 수 있는 유일한 방법이다.

윌리엄 오슬러 경은 예일대 학생들에게 "오늘 우리에게 일용할 양식을 주옵시고Give us this day our daily bread."라는 주기도문으로 하루를 시작할 것을 권했다.

이 기도가 단지 오늘의 양식만을 간구하고 있다는 사실을 기억하기 바란다. 이 기도는 어제 먹어야 했던 묵은 빵에 대해 불평을 말하지 않는다. 또한, "오, 하느님, 요즘 밀밭이 바싹 말라 있습니다. 또 가뭄이 들려나봅니다. 그러면 내년 가을에 먹을 양식을 어찌 마련할 수 있겠습니까? 아니면 제가 일자리를 잃게 된다면…… 오, 주여, 그러면 어떻게 양식을 구할 수 있겠습니까?"라고 말하지도 않는다.

그렇다. 이 기도는 우리가 오늘 필요한 양식만을 간청해야 한다고 가르치고 있다. 아무튼 오늘의 양식만이 우리가 실제로 먹을 수 있는 유일한 양식이다.

오래전에 어떤 가난한 철학자가 온통 자갈밭으로 덮인 황무지를 지나가고 있었다. 그곳은 너무나도 척박해서 사람들이 먹고살기가 어려웠다. 하루는 언덕 위에 있던 그의 주변에 많은 사람이 모여들었고, 그는 연설을 했다. 아마 이 연설은 동서고금을 막론하고 지금까지 가장 많이 인용되었을 것이다. 그 연설의 한 구절은 수세기 동안 많은 사람에게 깨달음을 주고 있다.

"그러므로 내일 일을 위하여 생각하지 마라. 내일 일은 내일 생각할 것이요. 한 날의 괴로움은 그날로 족하니라.Take therefore no thought for the morrow; for the morrow shall take thought for the things of itself. Sufficient unto the day is the evil thereof."(마태복음 6장 34절)

많은 사람이 "내일 일을 위하여 생각하지 말라."는 예수의 말을 받아들이지 않았다. 그들은 그 말을 실현할 수 없는 이상적인 충고, 일종의 신비주의에서 나온 말로 보고 거부했다. 그들은 이렇게 말한다.

"나는 내일 일을 생각하지 않을 수 없어. 가족을 지키려면 보험에도 들어야 하고, 늘그막에 대비하려면 저축도 해두어야지. 성공하려면 장래를 계획하고 준비를 해야 해."

맞다! 물론 그렇게 해야 한다. 하지만 사실은 300여 년 전 제임스 왕 통치 기간에 해석된 예수의 이 말씀이 의미했던 것은 오늘날의 의미와 같지 않다. 지금부터 300년 전에는 '생각thought'이란 단어가 대개 '염려'를 의미했다. 근대 개역 성서에는 예수의 말씀이 좀 더 정확하게 인용되어 있다.

"내일 일을 위하여 염려하지 마라."

부디 내일 일을 위하여 생각하라. 신중하게 생각하고 계획하고 준비하라. 그러나 걱정하지는 마라.

제2차 세계대전 당시 미국군 지휘관들은 내일 일을 계획했지만, 걱정할 겨를이 없었다. 미국 해군을 지휘하던 어니스트 J. 킹 제독은 이렇게 말했다.

"나는 최정예 부대에 우리가 가진 최고의 장비를 보급했고, 그들에게 가장 적절한 임무를 부여했다. 내가 할 수 있는 일은 그것뿐이었다."

계속해서 킹 제독은 이렇게 말했다.

"만약, 군함 한 척이 격침되었다 하더라도 그 배를 건져올릴 수 없다. 지금 막 가라앉으려는 군함이 있다 해도 막을 수 없다. 어제의 일로 괴로워하기 보다는 내일의 문제를 해결하는 데 시간을 쓰는 편이 훨씬 낫다. 더구나 줄곧 지나간 일에 얽매여 있다가는 견뎌낼 수 없을 것이다."

전시나 평시를 막론하고 올바른 사고와 그릇된 사고의 가장 큰 차이는 바로 이것이다. 올바른 사고는 원인과 결과를 따져서 논리적이고 건설적인 계획에 이르게 하지만, 그릇된 사고는 긴장과 신경쇠약을 유발하는 경우가 많다.

최근에 나는 세계에서 가장 유명한 신문 중 하나인 〈뉴욕타임스〉의 발행인 아서 헤이즈 설츠버거와 인터뷰하는 기회를 가졌다. 그는 내게 제2차 세계대전의 불길이 유럽 전역을 휩쓸 때 너무 놀라고 앞날이 걱정스러워 도무지 잠을 이루지 못했다고 털어놓았다. 그는 자주 한밤중에 일어나 캔버스와 물감을 챙겨, 거울에 비친 자신의 모습을 그리려고 했다. 그림에 관해서는 문외한이었지만, 걱정을 떨쳐버리기 위해 무턱대고 자화상을 그렸다. 그러나 설츠버거는 걱정을 떨쳐버릴 수가 없었고, '늘 한 걸음씩 인도하소서'라는 교회 찬송가 구절을 부르고 나서야 비로소 마음의 평화를 찾을 수 있었다고 말했다.

길을 비추소서.
내 발걸음 지켜주소서.
저 먼 곳 보려 하지 않으니
늘 한 걸음씩 밝혀주소서.

그 무렵 유럽 어딘가에서 군복무 중이던 한 청년도 이와 똑같은 교훈을 깨닫고 있었다. 그는 메릴랜드 주 볼티모어 출신인 테드 벤저미노였는데, 전쟁으로 인한 불안이 너무 심해 중증 전쟁 신경증에 걸리고 말았다.

그는 당시의 일을 이렇게 기록했다.

'1945년 4월, 나는 너무 심하게 걱정을 하다가 의사로부터 극심한 통증을 수반하는 '경련성 가로 결장'이라는 진단을 받기에 이르렀다. 그때 전쟁이 끝나지 않았더라면, 나는 완전히 폐인이 되어버렸을 것이다. 나는 몹시 지쳐 있었다. 그때 나는 제94보병사단 소속 전사자 기록계 하사관으로 모든 전사자와 실종자, 병원 후송자들에 관한 기록을 작성하고 관리하는 임무를 맡고 있었다. 치열한 전투 중에 서둘러 얕게 매장해둔 연합군과 적군의 시신을 발굴하는 일도 도와야 했다. 또한 그 죽은 병사들이 남긴 소지품을 간추려서 그 물건들을 소중히 간직할 그들의 부모나 친척에게 보내주는 일도 해야 했다. 그런 일을 하면서 항상 우리를 난처하게 할 만한 터무니없는 실수를 저지르지나 않을까 전전긍긍했다. 또한, 이런 일을 다 잘해낼 수 있을지 걱정스러웠고, 과연 살아돌아가서 아직 얼굴도 보지 못한 16개월 된 아들을 내 팔에 안아볼 수 있을지도 걱정스러웠다. 너무나 불안했고 극도로 피로했던 나머지 체중이 15킬로그램이나 줄어들었으며, 걱정으로 제정신이 아니었고 거의 미칠 지경이었다. 내 손을 보았더니, 거의 뼈와 가죽만 앙상하게 남아 있었다. 몸이 만신창이가 되어 제대하는 것이 아닐지 두려워졌다. 나는 감정을 주체하지 못하고 어린아이처럼 흐느껴 울었다. 마음이 약해져서 혼자 있을 때마다 눈시울을 붉혔다. 벌지 전투 Battle of the Bulge가 시작된 직후에는 툭하면 눈물이 쏟아져서 정상적인 인간으로 돌아갈 수 있으리라고는 기대하기 어려울 정도였다. 결국, 나는 군 병원에 입원했다. 그때 한 군의관이 해준 말이 내 삶을 완전히 바꾸어놓았다. 그는 내 몸 상태를 자세히 진찰해보더니 내 병이 정신적인 것이라고 말했다.

"테드, 자네 인생을 모래시계라고 생각해보게. 모래시계 위쪽에는 수없이 많은 모래알이 담겨져 있지 않나? 그 모래알들은 일정한 간격을 두고 천천히 중앙의 가느다란 목을 통과하는 걸세. 그러나 한 번에 한 알 이상 모래를 통과시키려 한다면, 모래시계는 부서지고 말겠지. 우리는 누구나 모래시계와 같은 존재라네. 아침에 눈을 뜨면 그날 처리해야 할 일들이 산더미같이 쌓여 있다는 생각이 들지. 하지만 그 일들을 한 번에 한 가지씩, 모래알들이 모래시계의 좁은 목을 통과하듯이 천천히 차분하게 처리하지 않으면, 우리의 신체나 정신도 망가지고 말걸세."

잊지 못할 말을 들은 그날 이후 지금까지 나는 그 군의관의 철학을 줄곧 실천하고 있다. '한 번에 모래 한 알. 한 번에 한 가지 일.'이라는 그의 조언은 전쟁 중에 육체적으로나 정신적으로 나를 지켜주었으며, 그 덕분에 지금 나는 애드크래프터스 프린팅 앤드 옵셋Adcrafters Printing &Offset이라는 회사의 광고 홍보부장 자리에 오를 수 있게 되었다.

나는 직장에서도 전쟁 중에 일어났던 것과 똑같은 문제가 일어난다는 사실을 발견했다. 한꺼번에 수십 가지 일을 처리해야 했는데, 시간은 별로 없었다. 우리 회사는 재고가 부족했다. 우리는 새로운 방식으로 업무처리를 해야 했고, 재고 정리와 주소 변경, 지점을 열고 닫는 등 모든 일을 해야 했다. 그러나 나는 긴장하거나 불안해하지 않았다. '한 번에 모래 한 알. 한 번에 한 가지 일'이라는 그 군의관의 말을 떠올렸기 때문이다. 이 말을 몇 번이고 마음속으로 되뇌다 보면, 전장에서 나를 거의 폐인으로 만들 뻔했던 어수선하고 혼란스러운 기분에 사로잡히지 않고 업무를 더욱 효과적으로 마무리할 수 있었다.'

현대인의 삶에 있어서 가장 끔찍한 사실은 정신적으로 문제가 있는 사람들, 즉 누적된 과거와 불안한 미래에 대한 두려움이라는 중압감에 짓눌려 무너져버린 환자들이 병원 침상의 절반을 차지하고 있다는 사실이다. 하지만 그 사람들 대다수가 '내일 일을 위하여 염려하지 마라.'는 예수의 가르침이나, '오늘 하루를 충실하게 살아라.'는 윌리엄 오슬러 경의 말을 따르기만 했다면, 그처럼 병원 신세를 지지 않고 행복하고 보람찬 인생을 살 수 있었을 것이다.

여러분과 나는 바로 지금 이 순간, 끝없이 이어져온 무한한 과거와 기록된 시간의 마지막을 향해 돌진해오는 미래라는 두 개의 영원이 만나는 자리에 서 있다. 우리는 이 두 개의 영원 중 어느 곳에서도 살 수 없다. 결코, 단 1초도 그럴 수 없다. 그렇게 하려다가는 육체나 정신이 모두 망가지고 말 것이다. 그러니 지금부터 잠자리에 들기까지, 우리가 살 수 있는 시간만을 사는 것으로 만족하기로 하자.

《보물섬Treasure Island》을 쓴 영국의 소설가 로버트 루이스 스티븐슨은 이렇게 말했다.

"자신의 짐이 아무리 무겁더라도 밤이 올 때까지라면 누구나 견딜 수 있다. 일이 아무리 힘들더라도 하루 동안이라면 누구나 할 수 있다. 해가 질 때까지라면 누구나 기분 좋게, 참을성 있게, 다정하게, 순수하게 전념할 수 있다. 이것이야말로 실제로 삶이 의미하는 전부이다."

그렇다. 삶이 우리에게 요구하는 것은 이것이 전부이다. 하지만 미시간 주 새기노에 사는 E. K. 쉴즈 부인은 잠자리에 들 때까지만 사는 법을 배우기 전에는 절망에 빠져서 거의 자살 직전까지 갔다.

쉴즈 부인은 내게 자신의 얘기를 들려주며 이렇게 말했다.

"1937년에 남편을 잃고 저는 몹시 우울했습니다. 게다가 무일푼이었지요. 전에 캔자스에 있는 로치 파울러 컴퍼니Roach-Fowler Company에서 근무할 당시 저의 상사였던 리언 로치 씨에게 편지를 써서 간신히 복직할 수 있었습니다. 예전에 저는 시골이나 도심지 학교에 책을 판매하는 일을 했습니다. 2년 전에 남편이 병상에 눕게 되어 차를 팔아버렸지만, 있는 돈을 다 긁어모아 중고차를 할부로 사서 다시 책장사를 시작하게 됐지요. 이렇게 바깥으로 나다니면 우울증이 다소 나아지지 않을까 기대했지만, 혼자 차를 몰고 다니며 홀로 밥을 먹는 것은 정말이지 견디기 힘들었습니다. 어떤 지역에서는 실적이 그다지 좋지 않아서 얼마 되지도 않는 자동차 할부금을 갚기도 힘들 지경이었으니까요. 1938년 봄, 미주리 주 베르사유에서 일을 할 때였어요. 학교가 모두 재정이 열악해서 장사도 안 되는 데다가 길도 형편없이 험했습니다. 너무나 외롭고 낙심한 나머지 한번은 자살까지 생각한 적도 있었어요. 성공은 가망 없어 보였고, 살아야 할 이유가 없었습니다. 아침에 눈을 떠서 삶을 직면하는 게 너무나 두려웠습니다. 모든 것이 두려웠습니다. 자동차 할부금을 낼 수 없게 되지나 않을까, 집세를 내지 못하게 되지나 않을까, 먹을 게 떨어지지나 않을까 두려웠죠. 건강은 나빠져 가는데 병원에 갈 돈이 없는 것도 두려웠습니다. 그래도 자살을 하지 못한 것은 저 때문에 슬퍼할 동생이 있었고, 장례 비용도 없었기 때문이었지요. 그러던 어느 날 우연히 어떤 글을 읽고 난 후, 실의에서 벗어나 계속 살아갈 수 있는 용기를 얻게 되었습니다. 그 글 중에 제 가슴을 뛰게 한 문장에 언제나 감사할 것입니다. 그 문장은 이렇게 되어 있었습니다. '현명한 사람에게는 하루하루가 새로운 삶이다.' 그 문장을 타이핑하여 운전을 하면서도 언제든지 볼 수 있게 제 자동차 앞 유리창에 붙여놓았습니다. 한 번에 하루만 산다는 것은 그리 어렵지 않다는 것을 알게 되었습니다. 어제를 잊고 내일을 생각하지 않는 법을 배웠습니다. 아침마다 저는 이렇게 말합니다. '오늘은 새로운 삶이다.' 저는 외로움과 가난에 대한 두려움에서 벗어나는 데 성공했습니다. 지금 저는 행복하고 어지간히 성공도 했으며, 삶에 대한 열정과 애착도 가지고 있습니다. 이제 삶이 어떻게 되든 다시는 두려워하지 않으리라는 것을 압니다. 미래를 두려워할 필요가 없다는 것을 아니까요. 이제 저는 한 번에 하루만 살 수 있다는 것, 그리고 정말로 현명한 사람에게는 '하루하루가 새로운 삶.' 이라는 것을 알게 된 거지요."

혹시 누가 이런 시를 썼는지 아는가?

> 행복한 사람, 홀로 행복하여라.
> 오늘을 나의 것이라고 말할 수 있는 사람.
> 확신을 가지고 이렇게 말할 수 있는 사람.
> 내일이여, 무슨 짓이든 해보아라.
> 나는 오늘을 살 것이니.

요즘 시처럼 보이지 않는가? 하지만 이 시는 기원전 30년 로마의 시인 호라티우스가 지었다. 인간 본성에 관해 내가 알고 있는 가장 비극적인 요소는 우리 모두가 삶을 미루는 경향이 있다는 것이다. 우리는 누구나 지금 창밖에 피어나는 장미꽃을 즐기기보다는 지평선 너머 어딘가에 있는 매혹적인 장미 정원을 꿈꾸고 있다. 우리는 왜 이렇게 어리석을까? 왜 이토록 비극적으로 미련한 것일까?

스티븐 리콕은 그의 저서에서 이렇게 말했다.

"우리의 짧은 인생은 얼마나 이상한 것인가? 아이들은 '내가 더 크면'이라고 말하지만, 조금 큰 아이는 이렇게 말한다. '내가 어른이 되면' 그 다음에 어른이 되고 나서는 이렇게 말한다. '내가 결혼하면' 하지만 결혼하고 나면 결국 어떻게 되는가? 다시 '은퇴하게 되면'이라는 생각을 한다. 마침내 은퇴하고 나면 그는 지나온 풍경을 돌아보겠지만, 찬바람만 분다. 그는 모든 것을 놓쳐버렸고 인생은 지나가버렸다. 우리는 너무 늦게 배운다. 인생은 삶 속에 있다는 것을, 매일, 매순간의 연속이라는 것을."

디트로이트에 사는 고(故) 에드워드 에반스는 걱정으로 거의 자살을 생각할 지경에 이르러서야 인생은 삶 속에 있으며, 매일, 매순간의 연속이라는 것을 깨달았다. 가난한 환경에서 자란 에드워드 에반스는 처음에 신문팔이로 돈을 벌었고, 그다음에는 식품점 점원으로 일했다. 시간이 흘러 그가 부양해야 할 식구는 일곱으로 늘어났고, 그는 도서관 보조 사서로 일하게 되었다. 급료가 턱없이 낮았지만, 일을 그만둘 수가 없었다. 8년 뒤에야 간신히 자기 일을 시작할 수 있었다. 투자 비용 55달러를 빌려 사업을 시작했던 그는 연수입 2만 달러를 벌어들일 정도로 사업을 키워놓았다. 그때 한파가 들이닥쳤다. 견디기 힘든 한파였다. 그는 친구의 고액 어음에 보증을 섰는데, 그 친구가 그만 파산했다. 엎친 데 덮친 격으로 또 다른 불운이 밀어닥쳤다. 그가 전 재산을 맡겼던 은행까지 도산하고 말았다. 그는 번 돈을 모두 날렸을 뿐 아니라, 1만 6,000달러나 되는 부채마저 떠안게 되었다. 그 상황에서 그는 신경과민이 되어 견딜 수 없었다. 그는 내게 이렇게 말했다.

"이렇게 되자 저는 잠을 잘 수도 없었고, 먹을 수도 없었습니다. 이상하게 몸이 아팠어요. 걱정, 단지 걱정이 병을 키운 것이지요. 하루는 길을 걷다가 정신을 잃고 인도 위에 쓰러지고 말았어요. 더 이상 걸을 수가 없었습니다. 그래서 침대로 옮겨졌는데, 몸에 온통 두드러기가 퍼지기 시작했어요. 두드러기가 몸속으로 돋는 바람에 침대에 누워 있는 것도 고통스러웠습니다. 몸은 나날이 쇠약해져 갔습니다. 마침내 담당 의사는 앞으로 2주밖에는 살지 못할 거라는 말을 하더군요. 눈앞이 캄캄했습니다. 유언장을 쓰고 병상에 누워 죽을 날만 기다렸지요. 이제는 아무리 발버둥쳐도 소용이 없었습니다. 그래서 모든 것을 포기하고 편안한 마음으로 잠을 청했습니다. 몇 주 동안 한 번에 두 시간 이상을 자본 적이 없었는데, 이 세상의 고난이 끝날 때가 되자 갓난아이처럼 푹 잘 수 있었습니다. 그러자 저를 짓누르던 피로감이 씻은 듯이 사라졌고, 식욕이 돌아오고 체중도 늘었습니다. 몇 주가 지나자 저는 목발을 짚고 걸을 정도가 되었습니다. 6주 뒤에는 다시 일을 할 수 있게 되었지요. 전에는 1년에 2만 달러를 벌었지만, 지금은 주급 30달러를 받는 일에도 감사했습니다. 저는 자동차를 선적할 때, 차량의 바퀴 뒤에 괴는 고임목을 판매하는 일을 했습니다. 그때 저는 깨달은 바가 있었습니다. '더 이상 걱정을 하지 말자. 과거에 일어난 일을 후회하지도 말고, 미래를 두려워하지도 말자.' 그러자 저는 제 모든 시간과 정력, 열정을 고임목 파는 일에 집중하게 되었지요."

그로부터 에드워드 에반스는 빠르게 성장했다. 몇 년 뒤 그는 에반스 프로덕트 컴퍼니Evans Products Company의 사장이 되었으며, 이 회사는 오래전에 뉴욕 증권거래소에 상장되었다. 만약 당신이 그린란드 상공을 날고 있다면, 그의 이름을 따서 지어진 에반스 필드Evans Field 공항에 내릴지도 모른다. 하지만 그가 하루를 충실히 사는 법을 배우지 못했더라면, 에드워드 에반스는 이와 같은 것들을 결코 이루지 못했다.

루이스 캐럴의 소설 《거울나라의 엘리스Through the Looking-Glass and What Alice Found There》에서 하얀 여왕이 엘리스에게 한 말이 있다.

"규칙은 어제도 잼을 발랐고 내일도 잼을 바르지만, 오늘은 절대 잼을 바르지 않는 거야."

대부분 사람들이 이와 같다. 지금 당장 오늘의 잼을 빵 위에 두텁게 바르는 대신 어제의 잼 때문에 마음 졸이고 내일의 잼을 걱정한다.

심지어 프랑스의 위대한 철학자 몽테뉴도 이와 같은 실수를 저질렀

다. 그는 이렇게 말했다

"내 삶은 대부분 일어나지도 않은 끔찍한 불행으로 가득 차 있었다."

나나 여러분의 삶도 마찬가지다.

단테는 "오늘이란 날은 두 번 다시 오지 않는다는 것을 명심하라."라고 말했다.

인생은 믿기 어려울 만치 무서운 속도로 미끄러지듯 지나가버린다. 우리는 초속 83킬로미터의 속도로 우주 공간을 질주하고 있다. 오늘이야말로 우리가 가진 가장 소중한 재산이다. 오늘이야말로 우리가 가진 단 하나의 확실한 재산이다.

이것은 로웰 토머스의 철학이기도 하다. 최근에 나는 그의 농장에서 주말을 보낸 적이 있는데, 그는 다음과 같은 《시편》 118편에 나오는 한 구절을 액자에 넣어 잘 볼 수 있도록 방송실 벽에 걸어두었다.

> 이날은 여호와의 정하신 것이라.
> 이 날에 우리가 즐거워하고 기뻐하리라.

존 러스킨의 책상 위에는 평범한 돌멩이 하나가 놓여 있었는데, 거기에는 'TODAY'라는 단어가 새겨져 있었다. 내 책상 위에 그런 돌멩이는 없지만, 나는 매일 아침 면도할 때마다 볼 수 있도록 거울에 시 한 편을 붙여놓았다. 그 시는 인도의 유명한 극작가 칼리다사가 쓴 시로, 윌리엄 오슬러 경이 자기 책상 위에 놓아두었던 시이기도 하다.

> 새벽에 바치는 인사
> 이 날을 보라!

이 하루가 생(生)이며, 삶 중의 생이니
오늘 이 짧은 시간에
그대 존재의 모든 진실과
현실이 담겨 있나니.
성장의 축복이,
행동의 영광이,
찬란한 아름다움이.
어제는 꿈에 지나지 않고
내일은 환상일 뿐이니,
그러나 오늘을 충실하게 살아낸 사람은
모든 어제를 행복의 꿈으로
내일을 희망에 찬 환상으로 만든다.
그러니 오늘을 잘 살펴보라!

이것이 새벽에 바치는 인사이다.

그러니 걱정에 대해 가장 먼저 알아야 할 사실은 이것이다. 인생에서 걱정을 떨쳐버리고 싶다면, 윌리엄 오슬러 경의 방법을 실행하라.

과거와 미래를 철문으로 닫아버리고, 오늘 하루를 충실하게 살아라.

스스로 아래의 질문들을 해보고 답을 적어보라.

1. 미래에 대해 걱정하거나 혹은 '지평선 너머 어딘가에 있는 매혹적인 장미 정원'을 꿈꾸면서 오늘을 사는 것을 미루는 경향이 있는가?
2. 이따금 과거에 일어난 일, 이미 끝나버린 일에 대한 후회로 괴로워하지 않는가?
3. 아침에 일어나면서 '오늘을 즐기려는' 결심, 즉 오늘 24시간을 최대한 활용하겠다는 결심을 하는가?
4. '오늘 하루를 충실하게 삶'으로써 인생을 더 보람되게 살 수 있는가?
5. 언제부터 실천할 수 있는가? 다음 주? 내일? 오늘?

Chapter 2

걱정스러운 상황을 해결하는 방법

이 책을 더 읽어나가기 전에 걱정스러운 상황을 빠르고 확실하게 성공적으로 처리할 수 있는 처방이나 지금 당장 활용할 수 있는 기법을 알고 싶은가?

그렇다면 냉방장치 산업을 개척한 뛰어난 엔지니어이자 뉴욕 주 시러큐스에 있는 세계적으로 유명한 캐리어 회사Carrier Corporation의 사장이었던 윌리스 캐리어가 실행한 방법을 소개하겠다. 이것은 지금까지 내가 들어본 걱정을 떨쳐내는 방법들 중 가장 확실한 방법으로, 언젠가 뉴욕에 있는 엔지니어스 클럽Engineers' Club에서 캐리어 씨와 같이 점심 식사를 했을 때 내가 직접 들은 방법이다.

"젊은 시절에 뉴욕 주 버펄로에 있는 버펄로 포지 컴퍼니Buffalo Forge

Company에서 근무하고 있을 때였습니다. 한번은 미주리 주 크리스털 시에 있는 피츠버그 플레이트 글래스 컴퍼니Pittsburgh Plate Glass Company의 한 공장에 가스 정화 장비를 설치하러 갔는데, 그 비용이 수백만 달러였어요. 가스 정화 장비를 설치하는 목적은 가스에서 불순물을 제거하여 엔진에 손상을 입히지 않고 연소하도록 하는 것이었습니다. 이런 식의 가스 정화 기술은 굉장히 새로운 방식이어서, 전에 단 한 번 시도된 적은 있었지만 설치 조건이 달랐습니다. 그래서 미주리 주 크리스털에서 작업을 할 때 예기치 못했던 문제가 발생했어요. 장비가 그럭저럭 작동은 하는데, 우리가 보장한 수준에는 미치지 못했습니다. 실패했다는 사실에 저는 큰 충격을 받았습니다. 마치 누군가에게 머리를 한 대 얻어맞은 것 같았어요. 위와 내장이 꼬이고 뒤집히는 듯이 아팠고, 한동안 너무나 걱정스러워 잠을 이룰 수가 없었습니다. 그러다가 걱정해봤자 아무런 소용이 없다는 생각이 들었어요. 그래서 저는 걱정하지 않고 문제를 해결할 방법을 생각해냈습니다. 효과는 아주 좋았고, 지금까지 30년 이상 저는 이 방법을 써오고 있습니다. 간단합니다. 누구나 할 수 있죠. 그 방법은 3단계로 되어 있습니다.

1단계 저는 그 상황을 대담하고 솔직하게 분석하고, 이번 실패의 결과로 일어날 수 있는 최악의 경우를 생각해보았습니다. 그것 때문에 제가 투옥되거나 사살되는 일은 없겠지요. 그건 확실했습니다. 사실 제가 직장을 잃을 가능성은 있었습니다. 제 고용주가 장비를 철수해야 할 경우, 투자비용 2만 달러를 손해 볼 가능성도 물론 있었죠.

2단계 일어날 수 있는 최악의 경우를 생각해보고 나서, 피할 수 없는 경우라면 그 결과를 순순히 받아들이기로 마음먹었습니다. 저는 이렇게 생각했습니다. '이번 실패가 내 경력에 오점이 될 수도 있고, 어쩌면 나는 직장을 잃을지도 모른다. 하지만 그렇게 되더라도 언제든지 다른 일자리를 구할 수 있을 것이다. 상황이 훨씬 더 나쁘게 전개되었을 수도 있다. 고용주의 입장에서도 어쨌든 우리가 새로운 가스 정화 기술을 시험하고 있다는 것을 이미 알고 있었고, 이번 실험으로 2만 달러의 손실을 입는다 해도 그 정도는 견딜 수 있다. 그 정도는 실험이니까 연구비로 처리할 수도 있겠지.' 일어날 수 있는 최악의 상황을 생각하고 불가피하다면 그 결과를 순순히 받아들이기로 마음먹고 나자, 대단히 중요한 변화가 일어났습니다. 순식간에 마음이 홀가분해져서 당시 경험하지 못하던 평온함을 맛볼 수 있었습니다.

3단계 그때부터 저는 이미 마음속으로 받아들인 최악의 결과를 개선하기 위해 차분하게 시간과 노력을 집중했습니다.

이제 우리에게 닥친 2만 달러라는 손실을 줄이기 위해 모든 방법을 찾아보았습니다. 몇 가지 시험을 해보고 저는 마침내 5,000달러를 더 들여서 추가적인 장비를 설치하면 문제를 해결할 수 있을 거라는 결론을 내렸습니다. 결국, 그렇게 해서 회사는 2만 달러 손실을 보는 대신 1만 5,000달러의 이익을 낼 수 있었습니다. 계속 걱정만 하고 있었더라면 결코 그 일을 해내지 못했을 것입니다. 왜냐하면 걱정은 집중력을 떨어뜨리기 때문입니다. 걱정을 하다 보면 마음이 산만해져서 결단력을 잃게 됩니다. 하지만 최악의 상황에 직면해서 그것을 마음속으로 받아들이고 나면, 막연한 상상들이 모두 사라지고 눈앞의 문제에 집중할 수 있는 상태에 도달하게 됩니다. 제가 말씀드린 이 사건은 오래전에 일어난 일입니다. 하지만 효과가 너무 좋아서 지금까지도 저는 그 방법을 사용하고 있습니다. 그 결과 제 삶은 거의 완전히 걱정으로부터 벗어날 수 있었습니다."

심리적 관점에서 윌리스 캐리어가 말한 비법이 그토록 가치 있고 실용적인 이유가 무엇일까? 이 비법은 우리가 걱정으로 눈을 가려서 거대한 먹구름 속을 헤매고 있을 때 그 속에서 우리를 끄집어내주기 때문이다. 이 비법은 우리의 발이 굳건히 대지를 딛고 서 있을 수 있게 해준다. 우리는 자신이 어디에 서 있는지 알고 있다. 발 아래 단단한 땅을 딛고 있지 않다면, 어떻게 충분히 생각할 수 있겠는가?

응용심리학의 아버지 윌리엄 제임스 교수는 1910년에 세상을 떠났다. 하지만 그가 지금 살아 있어서 최악의 상황에 직면하는 이 비법에 대해 듣는다면 진심으로 동의할 것이다. 내가 그걸 어떻게 아냐고? 그는 제자들에게 이렇게 말했기 때문이다.

"받아들여라. 일이 그렇게 된 것을 기꺼이 받아들여라. 이미 일어난 일을 받아들이는 것이 모든 불행의 결과를 극복하는 첫 단계이기 때문이다."

중국의 석학 임어당林語堂도 널리 읽히는 그의 저서 《생활의 발견》에서 같은 생각을 피력했다.

'진정한 마음의 평화는 최악의 상황을 받아들이는 데서 얻을 수 있다. 심리학적으로 보면 그것은 에너지의 해방을 의미한다.'

바로 그것이다! 심리학적으로 그것은 신선한 에너지의 해방을 의미한다. 최악의 상황을 받아들이고 나면 더 잃을 것이 없게 된다. 잃을 것이 없다는 것은 이제 무엇이든 얻기만 하면 된다는 것을 의미한다. 윌리스 캐리어는 이렇게 말했다.

"최악의 상황에 직면하고 나자 순식간에 마음이 홀가분해져서 최근에 경험하지 못하던 평온함을 맛볼 수 있었습니다. 그때부터는 제대로 생각할 수 있었습니다."

일리 있는 말이다. 그렇지 않은가? 그럼에도 수많은 사람들이 분노의 소용돌이 속에서 자신들의 삶을 망치고 있다. 그들은 최악의 상황을 받아들이려고도 하지 않고, 거기에서부터 개선해 나가려고도 하지 않고, 난파선의 잔해에서 건질 수 있는 것을 건지려고도 하지 않기 때문이다. 그들은 자신의 운명을 재건하려 하기보다는, 치열하고도 격렬한 경험과의 싸움에 몰두한다. 그러다가 결국에는 우울증의 희생자가 되어버린다.

윌리스 캐리어의 비법을 받아들여 자신의 문제에 적용한 또 다른 사례가 있다. 내 강좌를 수강한 뉴욕에 사는 한 오일 딜러의 이야기다.

"저는 협박을 받고 있었습니다. 이런 일이 가능하리라고는 생각도 해보지 않았습니다. 이런 일은 영화에서나 일어나는 일이라고 믿고 있었는데 실제로 제가 협박을 받고 있었습니다! 사건의 전말은 이렇습니다. 제가 대표로 있는 정유회사에는 여러 대의 배달 트럭과 운전기사들이 있습니다. 당시 물가관리국 규제가 엄격했기 때문에 고객에게 배달할 수 있는 석유의 양이 제한되어 있었죠. 그런데 저는 모르고 있었지만, 일부 기사들이 단골 고객에게 기름을 적게 배달하고 남은 기름을 다른 고객에게 재판매를 했던 것입니다. 이런 불법 거래에 대해 눈치를 채게 된 것은 어느 날 한 정부 조사관이 찾아와서 불법행위를 묵인해주는 대가로 돈을 요구했을 때였습니다. 그는 우리 회사 기사들이 저지른 행위를 기록한 서류를 보여주면서 제가 돈을 주지 않으면 그 서류를 지방 검찰에 넘기겠다고 위협했습니다. 물론 적어도 개인적으로는 제가 걱정할 일이 하나도 없다는 것을 알고 있었습니다. 하지만 법적으로 직원의 행위에 대해 회사가 책임을 져야 했습니다. 게다가 이 문제가 법정으로 가서 신문에 실리기라도 한다면 평판이 나빠져서 사업도 망할 것이 불 보듯 뻔했습니다. 더구나 저는 아버지가 24년 전에 창립했던 이 회사에 자부심을 갖고 있던 터였습니다. 너무나 걱정스러운 나머지 몸까지 아팠습니다! 꼬박 사흘 밤낮을 아무것도 먹지 못하고 자지도 못했습니다. 넋 빠진 사람처럼 안절부절 못했죠. 5,000달러라는 거금을 줘야 하나?, 아니면 어디 마음대로 해보라고 버텨 봐야 하나? 어느 쪽으로든 결정을 내리려고 해보았지만, 고민만 깊어갈 뿐이었습니다. 그러던 어느 일요일 밤, 저는 대중 연설에 관한 카네기 강좌에서 받은 《걱정을 멈추는 법How to Stop Worrying》이라는 소책자를 우연히 집어 들었습니다. 그 책을 읽다가 어느 순간 윌리스 캐리어의 이야기를 읽게 되었죠. '최악의 상황에 직면하라.'라고 적혀 있었습니다. 그래서 저는 생각해보았습니다. '만약 내가 돈을 주지 않아서 이 날강도 같은 놈이 기록을 지방 검찰에게 넘기면, 최악의 경우 어떤 일이 벌어질까?' 그 대답은 다음과 같았습니다. '사업이 망한다. 이것이 일어날 수 있는 최악의 상황이다. 감옥까지 갈 일은 없을 것이고, 고작해야 평판이 나빠져 사업을 접게 될 뿐이다.' 그러고는 이렇게 말했습니다. '좋아, 사업이 망한다. 마음속으로 그 사실을 받아들이자. 그 다음엔 어떻게 되지?' '사업이 망하고 나면 다른 일을 찾아봐야겠지. 그것도 나쁘진 않아. 석유에 관해서라면 많이 알고 있으니까 기꺼이 나를 고용하려는 회사들이 꽤 있을 거야.' 그렇게 생각하자 기분이 조금 나아졌습니다. 사흘 밤을 괴롭히던 두려움이 차츰 수그러들기 시작했습니다. 마음이 진정되고 나자, 놀랍게도 생각을 할 수 있게 되었습니다.

이제 저는 3단계, 즉 최악의 상황을 개선하는 단계를 생각할 만큼 머리가 맑아졌습니다. 해결책을 곰곰이 생각하다보니 완전히 새로운 시각이 저절로 드러났습니다. 만약 내가 변호사에게 이 모든 상황을 말한다면, 어쩌면 그는 내가 생각하지 못했던 방법을 찾아낼지도 모르는 일이었습니다. 바보같이 보이겠지만 전에는 이런 생각이 나지 않았습니다. 당연히 저는 생각은커녕 걱정만 하고 있었으니까요! 다음 날 아침 일찍 변호사를 만나기로 마음먹고는 침대에 누워 오랜만에 푹 잘 수 있었습니다. 그래서 어떻게 됐냐고요? 이튿날 아침 변호사는 제게 지방 검사를 만나서 사실대로 털어놓으라고 했습니다. 저는 시키는 대로 했죠. 검사는 제 이야기를 다 듣고 나더니 깜짝 놀랄 이야기를 해주었습니다. 수개월째 이런 공갈 협박 사건이 일어나고 있는데, '정부 조사관'이라는 남자는 경찰이 수배 중인 사기꾼이라는 것이었습니다. 이 전문 사기꾼에게 5,000달러를 줘야 하나, 말아야 하나를 가지고 사흘 밤낮을 고민하던 저는 이 말을 듣고 크게 안도했습니다. 이 경험은 저에게 잊을 수 없는 교훈을 주었습니다. 이제 걱정하지 않을 수 없는 절박한 문제가 닥치면 저는 '윌리스 캐리어 비법'이라고 부르는 이 방법을 사용합니다."

매사추세츠 주 윈체스터에 사는 얼 헤이니의 이야기를 들어보라.

"어찌나 노심초사했던지 저는 20대부터 위궤양 증세가 나타났습니다. 어느 날 밤에는 급기야 심한 출혈로 시카고에 있는 노스웨스턴 의대 부속병원에 입원하는 신세가 되었습니다. 병세가 너무 심각해서 손가락 하나도 까딱하지 말라는 지시를 받았습니다. 저명한 궤양 전문의를 포함한 세 명의 의사가 제 병을 '치료할 수 없다'는 진단을 내렸습니다. 매일 아침과 저녁에 간호사가 제 위에 고무 튜브를 밀어넣어 내용물을 뽑아냈습니다. 이렇게 수개월이 흘렀고, 마침내 이런 생각이 들었습니다. '이봐, 얼 헤이니, 만일 이렇게 질질끌다 죽는 것 말고는 기대할 게 없다면, 이제부터 남은 시간이라도 최대한 잘살아봐야 하지 않겠어? 너는 언제나 죽기 전에 세계 일주를 해보는 게 소원이었잖아. 만약 여행을 가겠다면 지금 하는 게 좋을 거야.' 제가 의사들에게 세계 일주를 하겠다고, 그리고 하루에 두 번씩 스스로 위의 내용물을 뽑아내겠다고 말하자 그들은 깜짝 놀랐습니다. 어림없는 소리! 그들은 여태 이런 이야기를 들어본 적이 없었습니다. 그들은 제가 세계 일주를 나섰다가는 도중에 죽어 수장될 수도 있다고 경고했습니다. 그래서 저는 이렇게 대답했습니다. '아뇨, 그럴 일은 없을 거예요. 나는 친척들에게 네브래스카 주 브로큰보에 있는 가족공동묘지에 묻히겠다고 약속했거든요. 그래서 아예 관을 가지고 갈 작정입니다.' 저는 관을 준비해서 배에 싣고는 만일 제가 죽으면 배가 고국으로 돌아갈 때까지 시체를 냉동 보관해달라고 여객선 회사와 계약했습니다. 저는 페르시아의 수학자이자 시인인 오마르 하이얌과 같은 심정으로 여행길에 올랐습니다."

아, 아직 보내지 않은 날들을 아낌없이 써라,
우리 죽어서 한 줌 티끌이 되기 전에.
티끌은 티끌로 돌아가 티끌 아래에 누울지니
술 한 잔 없이, 노래도 없이, 시인도 없이, 그리고 끝도 없이!

"로스앤젤레스에서 동양으로 가는 SS 프레지던트 애덤스 호에 승선하자마자 한결 기분이 좋아졌습니다. 저는 차츰 알칼리성 분말을 복용한다든가 위장을 씻어내는 일을 그만두게 되었습니다. 몇 주가 지난 뒤에는 검고 기다란 시가를 피우기도 하고, 하이볼(보통 위스키 등에 소다수 따위를 섞은 음료)을 마시기까지 했습니다. 여태껏 살아온 그 어떤 날보다도 즐거웠습니다. 우리가 탄 배가 몬순과 태풍을 만나기도 했지만, 예전 같으면 두려워 죽을 지경이었을 이 모든 모험에서 짜릿한 흥분까지 느꼈습니다. 배 안에서 게임을 하고 노래를 부르고 친구를 사귀며 밤늦도록 놀았습니다. 중국과 인도를 여행할 때, 미국에서 제가 겪은 업무상의 고민들이 동양의 가난과 굶주림에 비하면 천국이었다는 사실을 깨달았습니다. 그때부터 저는 어리석은 걱정을 잊고 기분이 좋아졌습니다. 미국으로 돌아왔을 때는 몸무게가 40킬로그램이나 불어나 정상을 회복했습니다. 위궤양을 앓고 있었다는 사실은 거의 잊어버릴 정도였습니다. 더할 나위 없이 기분이 상쾌했고, 저는 다시 사업에 전념할 수 있었습니다. 그 이후 단 하루도 아파본 적이 없습니다."

얼 헤이니는 윌리스 캐리어가 걱정을 극복하기 위해 사용했던 비법과 똑같은 방법을 자기도 모르게 사용했던 것 같다고 내게 말했다.

"첫째, 저는 '일어날 수 있는 최악의 상황이 무엇인가?'라고 자문해 보았습니다. 대답은 바로 죽음이었습니다. 둘째, 저는 죽음을 받아들일 마음의 준비를 했습니다. 그렇게 하지 않을 수가 없었습니다. 선택의 여지가 없었죠. 의사들은 제 병이 가망이 없다고 했으니까요. 셋째, 저에게 남은 짧은 시간을 최대한 즐기는 것으로 상황을 개선하려고 노력했습니다. 만약 배를 탄 뒤에도 계속 걱정을 하고 있었더라면, 저는 분명히 관 속에 누워 시체로 돌아왔을 것입니다. 하지만 저는 마음을 편안하게 했고, 온갖 번민을 잊어버렸습니다. 이와 같은 마음의 안정으로 인해 솟구친 새로운 에너지가 제 생명을 구해주었던 것입니다."

그러므로 두 번째 규칙은 다음과 같다.

걱정거리가 있다면 윌리스 캐리어의 비법을 적용해보라.

1 '일어날 수 있는 최악의 상황이 무엇인가?'라고 자문해보라.

2. 그것이 피할 수 없는 일이라면 최악의 상황을 받아들일 준비를 하라.

3. 그런 다음 침착하게 최악의 상황을 개선하기 위해 노력하라.

Chapter 3
걱정이 우리에게 미치는 영향

'걱정에 대처할 줄 모르는 사람은 오래 살지 못한다.'

– 알렉시 카렐 박사

오래전의 일이다. 어느 날 저녁 이웃 사람이 우리집 현관 초인종을 누르더니 나와 우리 가족들에게 천연두 예방주사를 맞는 게 어떠냐고 권했다. 그는 뉴욕 시내를 집집마다 찾아다니며 천연두 예방접종을 권하는 수많은 자원봉사자들 중 한 사람이었다. 겁에 질린 사람들이 예방주사를 맞기 위해 몇 시간씩이나 줄을 서서 기다렸다. 모든 병원은 물론이고 소방서와 경찰서, 심지어는 큰 공장에까지 예방 접종소가 설치되었다. 2,000명이 넘는 의사와 간호사들이 밤낮 없이 열심히 예방

접종을 위해 몰려드는 사람들을 상대했다. 도대체 왜 이런 소동이 벌어진 걸까? 뉴욕 시민 8명이 천연두에 걸렸고, 그 중 두 명이 사망했다. 거의 800만 명에 달하는 인구 중에 고작 2명이 사망한 것이 원인이었다.

나는 오랫동안 뉴욕에서 살았지만, 지금까지 어느 누구도 '걱정'이라는 정서적 질병에 대해 주의를 주기 위해 우리집 초인종을 누르는 사람은 없었다. 같은 기간 동안 이 병이 천연두에 비해 만 배나 많은 피해를 입혔는 데도 말이다.

현재 미국에 살고 있는 사람 10명 중 한 명은 걱정과 정서적 갈등으로 인해 신경쇠약에 걸릴 것이라는 사실을 알려준 사람은 한 사람도 없었다. 그래서 나는 여러분에게 이 사실을 알려주기 위해 이 글을 쓰고 있는 것이다.

노벨 의학상 수상자인 알렉시 카렐 박사는 이렇게 말했다.

"걱정에 대처할 줄 모르는 사업가는 오래 살지 못한다."

가정주부나 수의사, 벽돌공의 경우도 마찬가지다.

몇 년 전에 나는 고버 박사와 함께 텍사스와 뉴멕시코 지역을 자동차로 여행하며 휴가를 보냈다. 산타페 철도회사의 보건 이사인 그의 정확한 직함은 걸프 콜로라도 앤 산타페 병원협회Gulf, Colorado and Santa Fe Hospital Association의 내과 과장이었다. 걱정이 끼치는 영향에 대해 대화를 나누었는데, 그는 이렇게 말했다.

"내과에 찾아오는 환자의 70퍼센트는 두려움과 걱정에서 벗어나는 것만으로도 스스로 완쾌될 수 있습니다. 그렇다고 그들의 병이 상상에 의한 것이라는 말은 아닙니다. 그들의 병은 욱신거리는 치통만큼이나 실제적인 것이며, 때로는 그보다 백 배 이상 심각하기도 하죠. 신경성 소화불량이나 위궤양, 심장질환, 불면증, 두통, 마비증세 같은 병을 말하는 것입니다. 이런 병은 꾀병이 아닙니다. 저도 12년 동안이나 위궤양을 앓았기 때문에 잘 알고 있습니다. 걱정을 하게 되는 것은 두려움 때문이지요. 걱정은 사람을 긴장하고 불안하게 만들며, 위 신경을 자극하여 실제로 위액의 분비에 이상을 일으키고 때로는 위궤양으로까지 악화시키기도 합니다."

《신경성 위 질환Nervous Stomach Trouble》이라는 책의 저자 조셉 몬태규 박사도 같은 말을 한다.

"위궤양의 원인은 음식물이 아니다. 위궤양에 걸리는 것은 인간의 마음을 좀먹는 것 때문이다."

메이오 클리닉Mayo Clinic의 앨버레즈 박사는 이렇게 말했다.

"궤양은 흔히 정서적 스트레스의 기복에 따라 심해지기도 하고 가라앉기도 한다."

이 말은 메이오 클리닉에서 위장 장애로 치료를 받은 1만 5,000명의 환자를 대상으로 연구한 결과다. 환자 다섯 명 가운데 네 명은 위 질환이 생길 만한 신체적 요인이 전혀 없었다. 대부분 환자가 위 질환이나 위궤양을 앓는 원인은 대체로 두려움이나 걱정, 증오, 극도의 이기심, 현실 생활 부적응과 같은 것들이었다. 위궤양으로 사망할 수도 있다. 〈라이프Life〉지에 따르면 위궤양은 현대의 치명적 질병 순위에서 10위를 차지했다.

최근에 나는 메이오 클리닉에 근무하는 해럴드 하베인 박사와 몇 차례 연락을 취하고 있었다. 그는 전미의사협회 연례회의에서 기업체 임원 176명에 대해 연구한 논문을 발표했다. 조사 대상 임원들의 평균 연령은 44.3세였다. 그 논문에 의하면 이 중역들 가운데 3분의 1 이상이 특히 고도로 긴장된 생활에서 발병하는 질병, 즉 심장 질환이나 소화기관 궤양, 고혈압을 앓고 있었다. 생각해보라. 기업체 임원의 3분의 1 이상이 45세가 되기도 전에 심장 질환이나 궤양, 고혈압 등으로 몸을 망가뜨리고 있다. 성공을 위해 얼마나 비싼 대가를 치르고 있는가! 더구나 그들은 성공한 것도 아니다! 위궤양이나 심장병을 대가로 사업을 성장시켰다고 해서 성공했다 말할 수 있겠는가? 세상을 다 얻는다 해도 건강을 잃는다면 그게 무슨 소용이 있는가? 천하를 가졌다 한들 그가 누워 자는 건 한 번에 침대 하나로 족할 것이고, 하루에 먹을 수 있는 건 세 끼뿐이다. 그런 건 신입사원이라도 할 수 있다. 오히려 그들은 중역들보다 더 잘자고 밥맛도 좋을 것이다. 솔직히 나는 철도회사나 담배회사의 경영자로 45세에 건강을 망치기보다는 차라리 평사원이라도 태평스럽게 지내는 사람이 되고 싶다.

최근 세계에서 가장 유명한 담배회사 사장이 잠시 휴식을 취하기 위해 캐나다 숲으로 갔다가 별안간 심장마비로 사망한 일이 있었다. 그는 수백만 달러의 재산을 모았지만, 예순한 살의 나이에 죽고 말았다. 어쩌면 그는 이른바 '사업상의 성공'과 자신의 수명을 맞바꿨다.

내 생각에는 제아무리 백만장자라 해도 이 담배회사 사장이 거둔 성공은 미주리 주의 농부였던 내 아버지가 이룬 성공에 비하면 절반도 되지 않는 것 같다. 아버지는 돈 한 푼 남기지 않으셨지만 89세에 돌아가셨으니 말이다.

유명한 메이오 형제는 병원 침상의 반 이상은 신경성 질환을 앓는 환자들이 차지하고 있다고 말했다. 하지만 사후 부검을 통해 이 환자들의 신경을 고성능 현미경으로 들여다보면 그 신경들이 대부분 권투선수 잭 뎀프시의 신경만큼이나 건강한 것으로 나타났다. 그들의 '신경

질환'은 신경의 물리적 저하로 인해 발생하는 게 아니라, 허무감이나 좌절감, 불안, 염려, 두려움, 패배감, 절망감 같은 감정에 의해 발생한다. 플라톤은 이렇게 말했다

"의사들이 저지르는 가장 큰 잘못은 우선 마음을 치유하려 하지 않고 몸을 고치려 하는 것이다. 하지만 마음과 몸은 하나이므로 별개로 취급해서는 안 된다."

의학 분야가 이 위대한 진리를 인정하기까지 무려 2,300년이나 걸렸으며, 오늘날에는 이른바 정신신체의학(심신의학이라고도 한다-역자주)이라는 새로운 의학 분야에 대한 관심이 높아지고 있는 추세다. 정신신체의학이란 정신과 육체를 함께 치료하는 의학으로, 이런 일을 하기에는 지금이 꼭 적당한 시기다. 현대 의학은 물리적 병균에 의해 발병하는 무서운 질병들, 즉 사람들을 때 이른 죽음으로 몰고 갔던 천연두나 콜레라, 황열병 등 수많은 질병들을 대부분 극복했기 때문이다. 하지만 의학은 병균이 아니라 걱정이나 두려움, 증오, 좌절감, 절망감 같은 감정에 의해 야기되는 정신적 신체적 질환에 대해서는 제대로 대처하지 못했다. 이런 정서적 질병에 의한 사망률은 놀라운 속도로 증가하고 확대되고 있다.

제2차 세계대전 당시 징집된 청년 6명 중 1명은 정신질환자로 징병에서 제외되었다. 정신이상의 원인은 무엇일까? 아무도 그 원인을 정확히 알지 못한다. 하지만 많은 경우에 불안과 걱정이 정신이상의 주된 요인이 될 가능성이 매우 크다. 각박한 현실 세계에 제대로 대처하지 못하고 걱정과 불안에 시달리는 사람은 주변 환경과의 모든 관계를 단절하고 스스로 만들어낸 자기만의 공상 세계로 도피해버리는 식으로 자신의 걱정을 해결한다.

지금 내 책상 위에는 에드워드 포돌스키 박사의 저서 《걱정을 멈추면 건강해진다》라는 책이 놓여 있다. 이 책의 각 장에는 다음과 같은 소제목들이 붙어 있다.

걱정이 심장에 미치는 영향
걱정이 고혈압을 키운다
걱정이 류머티즘을 야기할 수 있다
위장을 위해 걱정을 줄여라
걱정이 감기를 유발할 수 있다
걱정과 갑상선
걱정이 많은 당뇨병 환자

걱정에 대해 조명한 또 한 권의 책은 '정신 의학계의 메이오 형제'라고 불리는 칼 메닝거 박사의 저서 《내 안의 적Man Against Himself》이다. 메닝거 박사의 책은 걱정을 피하기 위한 방법을 제시해주지는 않는다. 다만 걱정이나 좌절, 증오, 원한, 반감, 두려움 등이 우리의 몸과 마음을 어떻게 파괴하는지를 적나라하게 보여준다.

아무리 신경이 무딘 사람이라도 걱정 때문에 병이 날 수 있다. 그랜트 장군은 남북전쟁이 막바지에 다다를 무렵에 이런 사실을 깨달았다. 이야기의 전말은 이렇다. 그랜트 장군은 9개월째 리치몬드를 포위하고 있었다. 리 장군의 부대는 기진맥진하고 굶주려 패잔병이나 다름없었다.

전 연대가 한꺼번에 탈영을 하기도 했다. 남은 병사들은 자신의 막사에서 기도회를 열고 울부짖으며 흐느끼고 환상을 보기까지 했다. 최후가 다가오고 있었다. 리 장군의 병사들은 리치몬드 시내의 면화와 담배 창고에 불을 지르고 무기고를 불태우면서 밤하늘로 치솟는 불길을 뒤로 하고 도시 밖으로 달아났다. 그랜트 장군의 부대는 맹렬히 추격하며 남군의 양옆과 뒤쪽에서 총을 쏘아댔고, 셰리던이 거느린 기병대는 적군의 퇴로를 차단하고 철로를 파괴하여 보급품을 실은 열차를 가로챘다.

눈도 뜨지 못할 정도로 심한 편두통에 시달리던 그랜트는 대열에서 벗어나 한 농가에 머물게 되었다. 그는 자신의 《회고록Memoirs》에 이렇게 적고 있다.

'나는 겨자를 푼 뜨거운 물에 발을 담그고 겨자 반죽을 손목과 목 뒤편에 붙인 채 아침까지는 낫기를 고대하고 있었다.'

다음 날 아침 그의 편두통은 씻은 듯이 사라졌다. 하지만 그의 편두통을 고친 것은 겨자 반죽이 아니라 말을 탄 병사가 황급히 전해준 항복 의사를 밝힌 리 장군의 서한이었다.

그랜트는 이렇게 적고 있다.

'그 서한을 가져온 장교가 도착할 때까지도 나는 편두통에 시달리고 있었지만, 서한의 내용을 보자마자 두통이 씻은 듯이 사라졌다.'

확실히 그랜트 장군의 병을 유발한 것은 그의 걱정과 긴장 같은 감정이었다. 그러니 그의 감정이 확신, 성공, 승리의 분위기로 바뀌자마자 병이 바로 나았다.

그로부터 70년 후, 프랭클린 루스벨트 내각의 재무장관을 역임한 헨리 모겐소 2세는 걱정 때문에 병이 나기도 하고 너무 아파서 어지럼증을 느낄 수도 있다는 사실을 알게 되었다. 그의 일기에는 대통령이 호밀 값을 인상하기 위해 하루에 440만 부대의 밀을 사들인 일을 몹시 근심했다고 적혀 있다. 그의 일기에는 이렇게 적혀 있다.

'그 일이 진행되는 내내 나는 말 그대로 머리가 어지러웠다. 나는 집으로 돌아가서 점심을 먹고 두 시간이나 침대에 누워 있어야 했다.'

걱정이 사람들에게 끼치는 영향에 대해 알려면 굳이 도서관이나 의사를 찾아갈 필요가 없다. 지금 이 책을 쓰고 있는 내 집 창밖을 내다보기만 해도 한 블록 내에 어떤 집에는 걱정 때문에 신경쇠약에 걸린 사람이 있고, 다른 집에는 걱정 때문에 당뇨에 걸린 사람이 있다. 주가가 폭락하자 그 사람의 혈액과 소변 내에 당 수치가 올라갔다.

프랑스의 저명한 철학자 몽테뉴가 그의 고향 보르도의 시장으로 선출되었을 때, 그는 시민들에게 이렇게 말했다.

"저는 여러분의 일을 기꺼이 제 두 손으로 감당할 준비가 되어 있습니다. 하지만 제 간과 폐까지 내드리지는 않겠습니다."

내 이웃은 주식시장의 문제를 자신의 혈류로 받아들인 나머지 거의 죽을 지경에 이르렀다. 걱정이 사람들에게 끼치는 영향에 대해 알려면 굳이 이웃집의 경우를 들출 필요도 없다. 지금 내가 글을 쓰고 있는 이 집만 해도 이 집의 전 주인은 걱정 때문에 때 이른 죽음을 재촉했다.

걱정 때문에 류머티즘이나 관절염에 걸려 휠체어 신세를 지게 될 수도 있다. 세계적으로 유명한 관절염 분야의 권위자인 코넬 의과대학의 러셀 세실 박사는 관절염을 야기하는 가장 흔한 원인으로 다음 네 가지를 들었다.

1. 부부간의 불화
2. 재정적 실패와 고민
3. 고독과 근심
4. 오래 묵은 원한

물론 관절염을 유발하는 원인이 이 네 가지 정서적 상태에 국한되는 것은 결코 아니다. 관절염의 종류도 다양하고, 그 원인도 다양하다. 하지만 관절염을 야기하는 가장 흔한 원인은 러셀 세실 박사가 열거한 네 가지이다. 예를 들어, 내 친구 중 한 명은 불경기로 큰 어려움을 겪었다. 가스회사는 가스 공급을 중단했고, 은행은 저당된 집을 경매 처분했다. 그러자 그 친구의 부인이 갑자기 통증이 심한 관절염에 걸렸다. 온갖 약을 쓰고 식이요법을 해보아도 아무런 효과가 없었다. 그러나 재정 상태가 회복되자 관절염 증세도 씻은 듯이 나았다.

걱정은 심지어 충치도 유발할 수 있다. 윌리엄 맥고니글 박사는 미국치과의협회 연설에서 '걱정이나 두려움, 잔소리 따위에서 오는 불쾌한 감정이 신체의 칼슘 균형을 무너뜨려 충치를 유발할 수 있다.'고 말했다. 맥고니글 박사는 자신의 환자 한 사람을 예로 들었다. 그 환자는 부인이 병에 걸리기 전까지는 치아가 아주 완벽했지만, 부인이 3주 동안 입원해 있는 사이에 충치가 9개나 생겼다는 것이었다. 모두 걱정 때문에 생긴 충치였다.

여러분은 급성 갑상선 기능항진증에 걸린 사람을 본 적이 있는가? 그런 증세를 가진 사람들은 부들부들 떨면서 몸을 흔든다. 그들은 거의 겁에 질려 죽어가는 사람들처럼 보인다. 금세 죽을 것 같은 모습을 보이는 사람들도 있는데, 신체기능을 조절하는 갑상선의 상태가 나빠졌기 때문이다. 이 병에 걸리면 심장 박동이 빨라지고 온 몸이 통풍구를 활짝 열어젖힌 화덕처럼 전속력으로 요란한 반응을 보인다. 수술이나 치료를 통해 이런 반응을 제어하지 못하면 가엾게도 환자는 이글거리는 불꽃처럼 '자신을 소진시키고' 사망에 이르게 된다.

얼마 전에 나는 이 병을 앓고 있는 친구와 함께 필라델피아에 갔다.

이런 종류의 질병을 다룬 지 38년이나 되어 이 방면의 명의로 알려진 이스라엘 브람 박사에게 진료를 받기 위해서였다. 병원 대기실에는 커다란 나무 액자가 있었는데, 그 액자에는 모든 환자들에게 주는 충고가 적혀 있었다. 기다리는 동안 나는 봉투 뒷면에 그 구절을 적어 보았다.

긴장 완화와 기분 전환

> 긴장을 완화하고 기분을 전환하는 가장 큰 힘은
> 건전한 신앙과 수면, 음악, 웃음이다.
> 신을 믿고 숙면하는 법을 배워라.
> 좋은 음악을 사랑하고 삶의 유쾌한 면을 바라보라.
> 그러면 건강과 행복을 얻으리라.

브람 박사가 내 친구에게 던진 첫 번째 질문은 이것이었다.

"도대체 얼마나 고민을 했길래 이런 증세가 발생했습니까?"

그는 만약 걱정하는 것을 멈추지 않으면 심장 질환이나 위궤양, 당뇨병 같은 합병증이 생길 수도 있다고 경고했다. 이 저명한 의사는 이렇게 말했다

"이런 병들은 서로 친척인데, 그중에서도 친사촌 간입니다."

언젠가 여배우 메르 오베른과 대화를 나누었는데, 그녀는 내게 이런 말을 했다.

"저는 절대로 걱정을 하지 않으려고 해요. 걱정을 하면 영화배우로서 최대 자산인 얼굴이 망가질 테니까요. 처음 영화계에 진출할 당시 저는 불안하고 두려웠어요. 런던에서 일자리를 구하려 했지만, 막 인도에서 온 처지라 런던에는 아는 사람이 하나도 없었어요. 제작자 몇

사람을 만나보았지만 아무도 저를 뽑아주지 않았죠. 게다가 수중에 있던 돈도 바닥이 나고 있었지요. 크래커와 물만으로 2주 동안을 버텼습니다. 이제 걱정이 되는 것은 물론이고, 배까지 고팠어요. 그래서 제 자신에게 말했습니다. '어쩌면 넌 바보인지도 몰라. 어쩌면 영화계에는 발도 들이지 못할지도 몰라. 경험도 없고, 연기라고는 해본 일도 없잖아. 내세울 수 있는 거라곤 좀 반반한 얼굴밖에 뭐가 있어?' 저는 거울 앞에 서 보았습니다. 거울을 들여다보자 걱정이 제 얼굴에 무슨 짓을 해놓았는지 보게 되었죠. 주름살이 생기고 있었습니다. 불안한 표정도 보였습니다. 그래서 제 자신에게 말했습니다. '이런 짓은 당장 그만둬야 해! 걱정만 하고 있을 수는 없잖아. 내세울 거라곤 얼굴뿐인데, 그마저 걱정이 다 망쳐놓고 있잖아!'"

걱정만큼 순식간에 여자를 늙고 추하게 만들고 외모를 망가뜨리는 것도 없다. 걱정을 하면 표정이 굳어진다. 걱정을 하면 이를 악물게 되고 얼굴에 주름이 생긴다. 걱정을 하면 얼굴이 찌푸린 인상으로 굳어진다. 머리가 하얗게 세기도 하고 심지어 탈모가 생기기도 한다. 걱정은 피부를 망가뜨리기도 하는데, 갖가지 피부 발진이나 부스럼, 여드름의 원인이 되기도 한다.

심장병은 오늘날 미국에서 가장 치명적인 질병이다. 제2차 세계대전 중에 미군 숫자는 약 30만 명쯤이지만, 같은 기간에 심장병으로 사망한 사람은 200만 명이나 되며, 그 사망자 중 절반은 걱정이나 극도의 긴장이 병의 원인이었다. 그렇다. 알렉시 카렐 박사가 "걱정에 대처할 줄 모르는 사업가는 오래 살지 못한다."라고 말한 가장 중요한 이유 가운데 하나가 심장병 때문이다. 윌리엄 제임스 교수는 이렇게 말했다.

"하느님은 우리 죄를 용서해주실지 모르지만, 신경 조직은 절대 용서하지 않는다."

믿기지 않는 놀라운 사실이 있다. 매년 자살로 죽는 미국인의 수가 가장 전염성이 강한 다섯 가지 질병으로 인한 사망자 수보다 훨씬 더 많다는 것이다. 왜 자살을 선택하는 걸까? 대부분의 경우 자살의 원인은 '걱정'이다.

중국의 잔인한 군벌들은 포로를 고문할 때 포로의 손발을 묶어 물방울이 밤낮으로 똑, 똑, 똑 떨어지는 물주머니 아래에 있게 했다. 머리 위에서 끊임없이 떨어지는 물방울은 급기야 망치소리처럼 들리고, 결국 포로들을 미쳐버리게 만들었다. 이와 똑같은 고문 방법이 스페인의 종교재판과 히틀러 치하 독일의 강제수용소에서도 사용되었다.

걱정은 끊임없이 '똑, 똑, 똑' 떨어지는 물방울과 같다. 끊임없이 '똑, 똑, 똑' 떨어지는 걱정은 종종 정신이상과 자살로 몰고 간다.

내가 미주리 주의 시골에 살던 어린아이였을 때, 빌리 선데이가 저승의 지옥 불을 묘사한 설교를 듣고는 너무나 섬뜩했다. 하지만 그는 지금 당장 걱정에 사로잡힌 사람들이 겪을 육체적 고통이라는 지옥 불에 대해서는 한 마디도 언급한 적이 없다. 예를 들어, 만일 여러분이 상습적으로 걱정을 하는 사람이라면, 언젠가 사람이 겪을 수 있는 가장 극심한 고통을 겪게 될지도 모른다. 그것은 바로 협심증이다.

당신은 인생을 사랑하는가? 건강하게 오래 살고 싶은가? 그렇게 할 수 있는 좋은 방법이 있다. 알렉시 카렐 박사의 말을 다시 인용하자면, 그는 이렇게 말했다.

"현대 도시의 혼란 속에서도 자신 내면의 평정을 유지할 수 있는 사람은 정신 질환에 걸리지 않는다."

당신은 현대 도시의 혼란 속에서도 내면의 평정을 유지할 수 있는가?

보통 사람들은 '그렇다', '당연히 그렇다'라고 대답할 것이다. 대부분 사람들은 자신이 생각하는 것보다 더 강하다. 우리에게는 여태껏 한 번도 사용하지 않은 내적인 능력이 있다. 헨리 데이비드 소로는 불후의 명저 《월든》에서 이렇게 말했다.

'사람에게는 확실히 의식적인 노력을 통해 자신의 삶을 고양하려는 능력이 존재한다는 사실보다 더 위안이 되는 것은 없다. 확신을 가지고 자신의 꿈을 이루는 방향으로 나아간다면, 그리고 자신이 꿈꾸던 삶을 살기 위해 노력한다면, 그는 보통 사람이 기대할 수 없는 탁월한 성공을 거두게 될 것이다.'

분명히 이 책을 읽고 있는 독자 여러분도 아이다호 주 쾨르달렌에 사는 올가 자비만큼이나 강한 의지력과 정신적 자원을 가졌을 것이다. 그녀는 더할 나위 없이 참담한 상황에서도 걱정을 물리칠 수 있다는 사실을 깨달았다. 우리가 이 책에서 다루고 있는 아주 오래된 지혜를 적용하기만 하면, 누구나 할 수 있다. 올가 자비는 내게 보낸 편지에서 이렇게 말하고 있다.

"8년 반 전에 저는 서서히 고통스러운 죽음을 맞게 되는 암이라는 사망 선고를 받았습니다. 미국 최고의 의학 권위자인 '메이오 형제'도 같은 진단을 내렸습니다. 저는 막다른 골목에서 어찌할 바를 몰랐습니다. 저는 아직 젊었습니다. 죽고 싶지 않았어요! 절망적인 심정으로 켈로그에 있는 제 주치의에게 전화를 걸어 마음속의 절망감을 호소했습니다. 제 말이 끝나기도 전에 그가 저를 꾸짖더군요. "어떻게 된 거에요, 올가. 투지가 다 사라졌나요? 그래요, 그렇게 울기만 하다가는 당연히 죽겠지요. 올가에게 최악의 상황이 닥쳤어요. 좋아요, 현실을 직시하세요! 걱정만 하지 말고 뭔가를 해봐야 하지 않겠어요?" 바로 그 자리에서 저는 다짐을 했습니다. 손톱으로 살을 후벼내듯이 등골이 오싹해지는 다짐이었지요. '걱정하지 않겠어! 더 이상 울지 않을 거야! 무엇이든 마음먹기에 달려 있다면, 난 꼭 이겨내고 말거야! 절대 죽지 않는다고!' 라듐을 처방할 수 없을 정도로 암이 진행되면, 보통 하루에 10분 30초씩, 30일간 방사선 치료를 받습니다. 저는 하루에 14분 30초씩, 49일간 방사선 치료를 했습니다. 마치 황량한 언덕 위에 솟은 바위처럼 야윈 몸은 뼈만 앙상하고 발은 납덩이처럼 딱딱하게 굳었지만, 저는 걱정하지 않았습니다! 한 번도 울지 않았습니다! 저는 웃음을 띠었습니다! 그래요, 실제로 억지로라도 웃었으니까요. 저는 웃는 것만으로 암을 치유할 수 있다고 생각할 정도로 어리석지는 않습니다. 하지만 즐거운 마음가짐은 신체가 질병과 싸워 이기는 데 도움이 된다고 믿습니다. 아무튼 저는 암이 치유되는 기적과도 같은 일을 경험했습니다. 그리고 최근 몇 년 동안 저는 어느 때보다 더 건강한 삶을 살았습니다. 제 주치의가 저에게 해준 도전적이고 전투적인 말 덕분입니다. "현실을 직시하세요! 걱정만 하지 말고 뭔가를 해봐야 하지 않겠어요?"라는 주치의의 말입이다."

이 장을 마치면서 알렉시 카렐 박사의 충고를 다시 한 번 말하고자 한다.

"걱정에 대처할 줄 모르는 사업가는 오래 살지 못한다."

예언자 모하메드의 추종자들은 종종 코란의 구절을 가슴에 문신으로 새겨놓곤 했다. 나는 이 책을 읽는 모든 독자들이 이 말을 가슴에 새겨두기를 권한다.

"걱정에 대처할 줄 모르는 사업가는 오래 살지 못한다."

카렐 박사가 바로 당신 이야기를 했던 것일까?

그럴지도 모른다.

❈ 간단 요약 ❈

걱정에 관해 알아야 할 기본적인 사실

1. 걱정을 피하고 싶다면 윌리엄 오슬러 경이 했던 것처럼 실행해 보자.

   '오늘 하루를 충실하게 살아라.'

   '미래에 대해 조바심내지 마라.'

   '날마다 잠들기 전까지 매 순간을 살아라.'

2. 걱정에 사로잡혀 궁지에 몰려 있다면, 윌리스 캐리어가 사용했던 비법을 써보라.

   1단계 '문제를 해결할 수 없을 때 일어날 수 있는 최악의 상황은 무엇인가?'라고 자신에게 물어보라.

   2단계 불가피하다면 최악의 상황을 받아들일 마음의 준비를 하라.

   3단계 그런 다음 침착하게 이미 마음으로 받아들이기로 한 그 최악의 상황을 개선하기 위해 노력하라.

3. 걱정을 계속하다가는 건강을 해치는 엄청난 대가를 치르게 된다는 사실을 명심하라.

   '걱정에 대처할 줄 모르는 사람은 오래 살지 못한다.'

2부

걱정을 분석하는 기본 기술

Dale Carnegie

격정거리를 분석하고 해결하는 방법

나는 믿을 만한 하인 여섯을 거느리고 있다네.

(내가 알고 있는 것은 전부 그들이 가르쳐준 것이라네.)

그들의 이름은 다음과 같다네.

누가, 무엇을, 어떻게, 왜, 언제, 어디서.

– 루디야드 키플링

앞에서 서술한 윌리스 캐리어의 비법이 모든 걱정거리를 해결해줄 수 있을까? 물론 그렇지 않다.

그렇다면 어떻게 해야 할까? 우선 문제를 분석하기 위한 3단계의 기본 기술을 터득하여 다양한 종류의 걱정거리를 다루는 법을 익혀야 한다.

1. 사실에 대한 이해
2. 사실에 대한 분석
3. 결정과 결정 내용의 실행

너무 뻔한 얘기인가? 그렇다. 물론 아리스토텔레스도 이 방법을 가르치고 사용했다. 우리를 괴롭히고 밤낮으로 지옥으로 몰아넣는 문제를 해결하고자 한다면 우리도 이 방법을 사용해야 한다.

먼저 사실을 파악하라. 사실을 파악하는 것이 왜 그렇게 중요할까? 사실을 파악하지 못하면 문제를 지혜롭게 해결하려는 시도조차 할 수 없기 때문이다. 사실을 알지 못하고는 혼란스러운 가운데 조바심만 내게 될 뿐이다. 이것은 내 생각이 아니라, 22년 동안 컬럼비아 대학교 학장을 지낸 고(故) 허버트 호크스의 생각이다. 그는 20만 명의 학생들이 고민을 해결할 수 있도록 도움을 줬다. 그는 나에게 '혼란은 걱정의 주요원인'이라면서 이렇게 말했다.

"이 세상 걱정의 절반은 사람들이 결정의 근거가 되는 충분한 지식을 갖추지 않은 채 결정을 내리려는 태도 때문에 일어납니다. 가령 다음 주 화요일 3시에 맞닥뜨리게 될 문제가 있다면, 저는 다음 화요일이 되기까지는 결정을 내리지 않고 둡니다. 그동안 저는 이 문제와 관련된 모든 사실을 파악하는 데 전념합니다. 그 문제로 고민하거나 불면증에 시달리지 않습니다. 오직 사실을 파악하는 데만 집중합니다. 화요일이 다가올 즈음에 모든 사실을 제대로 이해하고 있으면 문제는 저절로 해결됩니다."

그렇게 해서 걱정이 완전히 해결되었느냐고 물었더니, 호크스 학장은 이렇게 대답했다.

"그렇습니다. 솔직히 지금 제 삶은 거의 완전히 걱정 없는 상태라고 말할 수 있습니다. 누구든지 공정하고 객관적인 방식으로 사실을 파악하는 데 시간을 들인다면, 온갖 걱정거리는 지식의 빛을 받아 증발해버리게 마련입니다."

다시 이야기해보자. "누구든지 공정하고 객관적인 방식으로 사실을 파악하는 데 시간을 들인다면, 온갖 걱정거리는 지식의 빛을 받아 증발해버리게 마련입니다."

그러나 대부분 사람들은 어떻게 하는가? 토머스 에디슨은 이렇게 말했다.

"조금이라도 걱정되는 사실이 있다면, 생각하는 번거로움 없이 문제를 해결할 수 있는 편리한 방법이란 없다."

조금이라도 걱정되는 사실이 있다면, 우리는 사냥개처럼 자신이 이미 생각하고 있는 것을 뒷받침해줄 사실만을 쫓을 뿐, 다른 것은 전부 무시해버린다. 우리는 오로지 자신의 행동을 정당화시켜줄 사실들만을 원한다. 자신이 바라는 생각과 맞아 떨어지는 것으로서 이미 가지고 있는 선입견을 정당화시켜줄 사실들만을 말이다.

앙드레 모로와가 말했듯이,

"우리는 자신의 개인적 욕구와 일치하는 것은 무엇이든 진실한 것으로 생각하고, 그렇지 않은 것에 대해서는 화를 낸다."

그러니 우리가 가진 문제의 해답을 얻는 일이 얼마나 어려운지를 충분히 알 만하다.

그렇다면 어떻게 해야 할까? 우리의 감정을 사고로부터 분리해야 한다. 호크스 학장이 말했듯이 '공정하고 객관적인' 방식으로 사실을 확인해야 한다.

하지만 걱정을 하면서 그렇게 한다는 것이 쉬운 일은 아니다. 걱정을 할 때면 감정이 앞서기 때문이다. 그러나 자신의 문제에서 한 걸음 물러나 사실을 명확하고 객관적으로 바라보는 데 도움이 되는 두 가지 방법이 있다.

1. 사실을 파악하고자 할 때는 나 자신을 위해서가 아니라 다른 누군가를 위해 정보를 수집하듯이 하라. 그렇게 하면 냉정하고 공정한 시각을 가질 수 있고 감정을 배제하는 데 도움이 된다.
2. 자신을 괴롭히는 문제에 대해 사실을 수집할 때는 반대측 변론을 준비하는 변호사의 입장이 되어보라. 다시 말하자면 나에게 불리한 사실이나 내 기대와 어긋나는 사실, 내가 직면하고 싶지 않은 사실을 전부 밝히도록 노력해보라.

그런 다음 나의 입장과 반대편의 입장을 둘 다 적어본다. 그러면 대개 이 두 극단적 입장의 중간쯤에 진실이 있다는 것을 깨닫게 된다.

요컨대 당신도, 나도, 아인슈타인도, 미국 연방 대법관도 먼저 사실을 파악하지 않고서는 어떤 문제에 대해서든 현명한 판단을 내릴 수 없다. 토머스 에디슨은 이런 사실을 잘 알고 있었다. 그가 사망했을 때, 그가 직면했던 문제에 대한 사실들을 빼곡히 기록한 공책이 무려 2,500권에 달했다.

그러므로 문제를 해결하기 위한 첫 번째 규칙은 '사실을 파악하라.'는 것이다. 호크스 학장이 했던 것처럼 먼저 공정한 태도로 사실을 수집한 다음 문제 해결에 착수해야 한다.

하지만 모든 사실을 파악하는 것만으로는 아무런 소용이 없다. 그것을 분석하고 해석해야 한다.

나는 값비싼 경험을 통해 사실을 기록하고 나서 분석하는 편이 훨씬 쉽다는 것을 알게 되었다. 실제로 사실을 종이에 적어보고 문제를 명확히 진술하는 것만으로도 현명한 결정을 내리는 데 큰 도움이 된다. 찰스 캐터링이 말했듯이,

"명쾌하게 진술된 문제는 이미 절반이 해결된 것이나 다름없다."

그러면 이런 말이 실제로 어떤 효과가 있는지 보여주겠다. 속담에 '백문이 불여일견'이라는 말이 있듯이, 우리가 지금 말하고 있는 것을 구체적인 행동으로 옮기는 한 사람의 그림을 보여준다고 생각해보자.

내가 수년간 알고 지낸 갈렌 리치필드의 이야기다. 아시아에서 가장 성공한 미국인 사업가로 손꼽히는 리치필드는 1942년 일본이 상하이를 침략했을 때 중국에 있었다. 그가 우리집을 방문했을 때 다음과 같은 이야기를 들려주었다.

"일본군은 진주만을 공습하고 나서 얼마 지나지 않아 상하이로 밀고 들어왔습니다. 당시에 저는 아시아생명보험 상하이 지사Asia Life insurance Company의 지점장으로 있었는데, 일본군은 우리 회사에 '군 청산인'을 보냈고 그는 현역 해군 장성이었습니다. 저에게는 우리 회사의 자산을 청산하는 데 협조하라는 명령이 내려졌습니다. 선택의 여지가 없었죠. 놈들에게 협조하든지, 아니면 두말할 것도 없이 죽음이었습니다. 저는 시키는 대로 하는 수밖에 없었습니다. 달리 뾰족한 수가 없었으니까요. 하지만 75만 달러 상당의 유가증권 한 묶음만은 그 해군 장성에게 넘겨준 자산 목록에 넣지 않고 빼돌렸습니다. 이 유가증권은 홍콩 지사의 것으로 상하이 지사의 자산이 아니었기 때문이었죠. 그래도 혹시 이 일이 발각되면 일본인들이 저를 끓는 물에 넣어버리지나 않을까 걱

정이 되긴 했죠. 하지만 결국 들키고 말았습니다. 그들이 사실을 알아냈을 때 마침 저는 사무실에 없었고, 경리과장만 자리에 있었습니다. 나중에 들으니 일본군 장성은 대단히 분노하여 발을 구르고 저를 '도둑놈!, 반역자!'라면서 갖은 욕설을 퍼붓더라는 것입니다! 저를 브릿지하우스에 처넣을 게 분명했습니다. 브릿지하우스! 그야말로 일본 게슈타포의 고문실 아닙니까! 그 감옥으로 끌려가느니 차라리 죽겠다며 자살을 한 친구들도 있었고, 열흘간이나 그곳에서 심문과 고문을 받다가 죽은 친구들도 있었습니다. 이제 제가 그 브릿지하우스로 끌려갈 처지라니! 그래서 제가 어떻게 했냐고요? 제가 그 소식을 들은 건 일요일 오후였습니다. 제 나름대로 뚜렷한 문제 해결 방법을 모르고 있었더라면, 아마도 엄청난 두려움에 떨어야 했을지도 모릅니다. 하지만 저는 오래전부터 걱정거리가 생기면 타자기 앞에 앉아 다음과 같은 두 가지 질문과 그 질문에 대한 대답을 적어보았습니다.

1. 나는 무엇을 걱정하고 있는가?
2. 그것에 대해 내가 할 수 있는 일은 무엇인가?

몇 해 전까지만 해도 저는 이 두 가지 질문을 적지 않은 채로 해답을 얻고자 했지요. 하지만 몇 년 전부터는 그렇게 하지 않습니다. 질문과 해답을 함께 적는 과정에서 저의 생각이 명확해진다는 것을 알았기 때문이죠. 그래서 그 일요일 오후에 저는 곧 상하이 YMCA에 있는 제 방으로 가서 타자기를 꺼내 이렇게 적었습니다.

1. 나는 무엇을 걱정하고 있는가?

내일 아침에 브릿지하우스에 처넣어지게 될까봐 두려워하고 있다.

그러고 나서 두 번째 질문을 타이핑했습니다.

2. 그것에 대해 내가 할 수 있는 일은 무엇인가?

몇 시간 동안이나 곰곰이 생각한 끝에 제가 취할 수 있는 네 가지 대응 방법과 각각의 대응이 가져올 수 있는 가능한 결과를 적어보았습니다.

① 일본군 장성에게 자초지종을 설명한다. 하지만 그는 영어를 못한다. 통역관을 통해 설명하려 한다면 오히려 그를 더욱 화나게 만들 우려가 있다. 그러면 그는 잔인한 사람이니까 나를 죽여버릴 수도 있다. 귀찮게 변명 따위를 듣기보다는 나를 브릿지하우스에 처넣어 버릴지도 모른다.

② 도망친다. 하지만 그것은 불가능하다. 그들은 언제나 나의 일거수일투족을 감시하고 있다. YMCA에 있는 제 방을 드나들 때도 확인을 받아야 한다. 만약 탈출을 감행한다면 붙잡혀서 총살당할 것이다.

③ 이 방에만 머물면서 사무실 근처에는 얼씬도 하지 않는다. 그렇게 하면 일본군 장성에게 의심을 살 것이다. 그는 군인들을 보내 변명할 기회도 주지 않고 나를 브릿지하우스에 처넣어버릴 것이다.

④ 월요일 아침에 평소처럼 사무실로 출근한다. 그렇게 하면 일본군 장성은 언제나 바쁘기 때문에 내가 한 일을 생각해내지 못할지도 모른다. 생각해낸다 하더라도 그때는 어느 정도 화가 가라앉아 트집을 잡지 않을지도 모른다. 그렇게만 되면 모든 문제가 해결된다. 설령 그가 트집을 잡더라도 그때는 자초지종을 설명할 기회가 있다. 그러니

월요일 아침 여느 때처럼 출근해서 아무 일도 없었던 듯이 행동하면 브릿지하우스를 모면할 수 있는 두 번의 기회를 가지게 된다.

곰곰이 생각한 끝에 네 번째 계획대로 월요일 아침에 평소처럼 출근하기로 마음먹고 나자 기분이 한결 홀가분해지더군요. 다음 날 아침 제가 사무실에 들어섰을 때 일본군 장성은 담배를 입에 물고 앉아 있었습니다. 그는 언제나 그랬듯이 저를 노려보았지만, 아무 말도 하지 않더군요. 6주가 지나자 그는 도쿄로 돌아갔고, 제 걱정도 거기서 끝이 났습니다. 앞에서 말했듯이, 그 일요일 오후에 책상 앞에 앉아 제가 취할 수 있는 여러 가지 대응 방법과 각각의 대응이 가져올 수 있는 가능한 결과를 기록하여 침착하게 결론을 내렸기 때문에 저는 죽음을 모면할 수 있었을 것입니다. 그렇게 하지 않았더라면 허둥지둥 당황하다가 순간적으로 실수를 저질렀을지도 모르죠. 깊이 생각한 끝에 결론에 도달하지 않았더라면, 일요일 오후 내내 심한 걱정에 사로잡혀 있었을 것이고 그날 밤 잠을 이루지 못했을지도 모릅니다. 그러고는 월요일 아침에 초췌한 얼굴로 사무실에 출근했을 테지요. 그랬더라면 그것만으로도 일본군 장성이 의혹을 품고 어떤 조치를 취했을지도 모릅니다. 여러 차례의 경험을 통해 저는 결론에 도달하는 것이 얼마나 중요한가를 알게 되었습니다. 확고한 결정을 내려서 어쩔 줄 모르며 끊임없이 서성대는 것을 멈추지 못하면, 신경쇠약증에 걸리게 되고 생지옥의 늪에 빠지게 됩니다. 일단 명확한 결정을 내기만 하면 걱정의 50퍼센트는 소멸되고, 그 결정을 실행에 옮기기 시작하면 나머지 40퍼센트의 걱정도 사라져 버립니다. 결국, 다음과 같은 4단계의 조치를 취하기만 하면 걱정의 90퍼센트는 사라지는 거죠."

1. 걱정하고 있는 문제가 무엇인지를 정확하게 적는다.
2. 그것에 대해 내가 할 수 있는 것을 적는다.
3. 무엇을 할지를 결정한다.
4. 그 결정을 즉시 실행에 옮긴다.

갈렌 리치필드는 현재 스타 파크 앤 프리먼의 극동지역 담당 이사로 대형 보험과 금융 관련 업무를 맡고 있으며, 아시아에서 가장 성공한 미국인 사업가들 중 한 명으로 꼽히고 있다. 그가 이렇게 성공할 수 있었던 것은 대부분 걱정을 분석하고 정면으로 대응하는 방법을 활용했던 덕분이라고 한다.

그의 방법이 그렇게 탁월한 이유는 무엇일까? 그것은 효율적이고 구체적이며 문제의 핵심에 곧장 접근하기 때문이다. 무엇보다도 세 번째 법칙이자 절대 필요한 법칙으로 '그것에 대해 최선을 다한다.'는 데 중점을 두고 있다는 점에서 그의 방법은 탁월하다. 행동으로 옮기지 않는다면 사실을 확인하고 분석하는 모든 과정이 아무런 결실이 없는 정력 낭비에 불과하게 된다.

윌리엄 제임스는 이렇게 말했다.

"일단 결정이 내려지고 실행할 일만 남아 있다면, 일의 결과에 대한 책임과 관심은 깨끗이 잊어버려라(여기서 윌리엄 제임스는 분명히 '관심'이라는 말을 '걱정'과 동의어로 사용한 것 같다)."

그의 말은 일단 사실에 근거해서 신중한 결정을 내렸으면 행동으로 옮기라는 뜻이다.

언젠가 오클라호마 주에서 가장 유명한 석유사업자 웨이크 필립스에게 결정을 어떻게 실행에 옮기느냐고 물어본 적이 있다. 그는 이렇게 대답했다.

"어떤 문제든 어느 정도 이상으로 오래 생각하면 혼란과 걱정거리만 늘어납니다. 때로는 지나친 궁리나 생각이 오히려 해가 되는 순간이 있습니다. 결정을 내린 다음 뒤돌아보지 말고 행동에 옮겨야 하는 순간이 있습니다."

이제 갈렌 리치필드의 기법을 우리의 걱정에 적용시켜 보면 어떨까?

질문1 내가 걱정하고 있는 것은 무엇인가?

질문2 내가 할 수 있는 것은 무엇인가?

질문3 나는 무엇을 할 것인가?

질문4 언제부터 시작할 것인가?

사업에 관한 걱정을 반으로 줄이는 방법

당신이 사업가라면 아마 이런 말을 할지도 모른다.

"제목부터가 웃기는군. 사업에 관한 걱정을 반으로 줄이는 방법이라니? 나도 19년 동안이나 사업을 해온 사람이라 다른 사람들이 알고 있는 정도는 안다고. 사업상의 걱정을 절반으로 줄이는 법을 가르쳐준다고? 어처구니가 없네!"

지당한 말이다. 몇 년 전에 이런 제목을 봤더라면 나 자신도 똑같은 생각을 했을 것이다. 이런 제목은 많은 것을 약속하고 있지만 약속만큼 값싼 것도 없으니 말이다.

솔직히 말해서 나는 당신의 사업에 관한 걱정을 반으로 줄여줄 수 없을지도 모른다. 결국, 그렇게 할 수 있는 사람은 당신 자신뿐이다. 다만 내가 할 수 있는 일은 다른 사람들이 어떻게 사업에 관한 걱정을 줄였는지 알려주는 일이고, 나머지는 당신에게 달려 있다.

앞쪽에서 세계적으로 유명한 알렉시 카렐 박사의 말을 인용한 것을 기억하라.

"걱정에 대처할 줄 모르는 사람은 오래 살지 못한다."

걱정이 이처럼 심각한 문제라면, 이 책의 조언으로 당신이 가진 걱정의 10퍼센트만 줄여주어도 만족스럽지 않을까? 그렇다고? 좋다! 그러면 한 사업가가 걱정의 50퍼센트를 줄인 것이 아니라, 회의 시간을 75퍼센트나 줄일 수 있었던 이야기를 들려주겠다. 전에 그는 사업상의 문제를 해결하기 위해 끝없는 회의를 하느라 시간을 허비했던 사람이다.

게다가 이 이야기는 막연한 어떤 인물에 관한, 확인할 수 없는 허황된 이야기가 아니다. 레온 심킨이라는 실존 인물에 관한 이야기다. 그는 미국의 유력 출판사인 사이먼 앤 슈스터Simon and Schuster의 공동경영자 중 한 사람으로 대표이사를 지낸 사람이다.

다음은 레온 심킨의 체험담이다.

"15년 동안 저는 매일같이 회의를 하거나 문제에 대해 토론하는 것으로 거의 반나절을 보냈습니다. 이렇게 해야 할까, 저렇게 해야 할까, 아니면 아무것도 하지 말아야 하나? 자못 긴장하여 의자에 앉아 몸을 꼬거나 회의실 안을 서성거리기도 했습니다. 논쟁이 꼬리를 물고 이어졌지만, 아무리 해도 결론이 나지 않았지요. 그러다가 밤이 되면 저는 완전히 녹초가 될 지경이었습니다. 죽을 때까지 이런 식으로 일을 계속해야 할 것이라는 끔찍한 생각도 들었습니다. 무려 15년 동안이나 그렇게 해오면서도 더 나은 방법이 있으리라고는 미처 생각해내지 못했으니까요. 누군가 저에게 그런 쓸데없는 엿가락 회의에 허비하고 있는 시간의 4분의 3을 줄일 수 있다거나 신경질적인 긴장감의 4분의 3을 줄일 수 있다고 말했다면, 저는 그 사람을 세상 물정 모르고 탁상공론이나 하는 낙관주의자라고 생각했을 것입니다. 하지만 제가 바로 그런 방법을 생각해냈던 것입니다. 지금까지 8년 동안이나 그 방법을 사용하고 있습니다. 그 방법을 사용하면서 놀라울 정도로 업무 효율이 좋아졌을 뿐 아니라 건강하고 행복한 삶을 누리게 되었습니다. 마술 같은 이야기로 들릴지 모르지만, 모든 마술이 그렇듯이 이것도 방법을 알게 되면 지극히 간단합니다. 비결은 다음과 같습니다. 첫째, 저는 15년 동안 사용해오던 회의 방식을 당장 그만두었습니다. 걱정스러운 동료 임원들이 무엇이 잘못되고 있는지 상세히 설명하고 나서 '그러면 이제 어떻게 할까요?'라고 묻는 것으로 시작하던 방식이었지요. 둘째, 저는 새로운 규칙을 만들었습니다. 제 앞에서 문제점을 제시하고자 하는 사람은 우선 다음과 같은 네 가지 질문에 대한 답변을 준비하여 제출하도록 했습니다.

질문 1. 문제가 무엇인가?
지금까지 우리는 문제의 본질을 구체적으로 이해하지 못한 채 한 시간이든 두 시간이든 회의를 하느라 시간을 허비하곤 했다. 문제의 핵심을 분명하게 기록해야 했지만 그렇게 하지 않은 채 문제에 대해 열띤 논쟁을 벌이곤 했다.

질문 2. 문제의 원인은 무엇인가?
지금까지 우리는 문제의 근원이 되는 상황을 분명히 파악하려 하지 않고 쓸데없는 회의만 거듭하면서 시간을 허비했다. 그 일을 생각하면 식은땀이 날 정도다.

질문 3. 문제를 풀 수 있는 가능한 해결책은 무엇인가?
전에는 회의에서 한 사람이 한 가지 해결책을 제시하면 다른 사람이 나서서 반박했다. 그러다보니 서로 흥분하게 되고, 논의의 주제에서 이탈하기도 했다. 회의가 끝나고 보면 문제를 공략하기 위해 우리가 할 수 있는 다양한 일에 대해 기록해두는 사람은 아무도 없었다.

질문 4. 당신이 제안하는 해결책은 무엇인가?
지금까지 우리는 어떤 상황에 대해 공연히 걱정만 하거나 이리저리 서성거리기만 했을 뿐이었다. 가능한 해결책을 모색해보고 내가 제안하는 해결책은 이런 것이라고 기록해서 제출하는 사람은 한 사람도 없었다.

이제는 회사에서 자신의 문제를 가지고 저를 찾아오는 사람들이 거의 없습니다. 왜냐고요? 그들이 이 네 가지 질문에 대답하기 위해서는 모든 사실을 파악해야 할 뿐 아니라 그 문제를 철저히 검토해야 한다는 것을 깨달았기 때문입니다. 그러고 나면 대개의 경우 저와 상담할 필요가 전혀 없다는 것을 알게 됩니다. 왜냐하면 마치 토스터에서 빵이 튀어나오듯 적절한 해결책이 저절로 나오기 때문이지요. 협의가 필요한 경우에도 토론에 걸리는 시간은 예전의 3분의 1로 줄어들었습니다. 체계적이고 논리적인 과정을 거쳐 합리적인 결론에 도달하기 때문입니다. 이제 사이먼 앤 슈스터에서는 무엇이 잘못되었는지 걱정하고 토의하느라 많은 시간을 허비하지 않습니다. 그래서 문제 해결을 위한 행동을 할 시간이 훨씬 더 많아졌지요."

미국 최고의 보험 판매원들 중 한 명인 나의 친구 프랭크 베트거도 이와 비슷한 방법으로 사업상의 걱정을 줄였을 뿐 아니라 수입이 두 배가량 늘었다고 말했다.

"오래전에 처음으로 보험 판매를 시작했을 때, 나는 이 일에 대해 무한한 열정과 애착을 갖고 있었지. 그러다 뜻하지 않은 일이 생겼다네. 너무 실망한 나머지 일에 염증을 느끼고 그만둘까도 생각했어. 어느 토요일 아침에 문득 이런 생각이 드는 거야. 조용히 앉아서 내 걱정의 진짜 이유가 무엇인지 알아봐야겠다는 생각 말이지. 그런 생각을 하지 않았더라면 아마 나는 일을 그만두었을 거야.

1. 먼저 자신에게 이렇게 물었네. '도대체 무엇이 문제인가?' 문제는 내가 발이 닳도록 많은 고객을 방문하는데도 수입은 그만큼 많지 않는다는 거였어. 잠재 고객을 끌어들이는 데까지는 곧잘 하다가도 막상 계약을 하려고 하면 고객들은 이렇게 말하곤 했지. '글쎄, 좀 더 생각해봐야겠어요. 베트거 씨. 나중에 다시 한 번 들러주시죠.' 내가 스트레스를 받는 건 이렇게 몇 번이나 방문하느라 너무 많은 시간을 허비하고 있기 때문이지.

2. 또, 스스로 이렇게 물었네. '가능한 해결책은 무엇인가?' 하지만 이 질문에 대답하기 위해서는 우선 사실을 검토해볼 필요가 있었지. 나는 최근 1년간의 장부를 꺼내놓고 면밀히 검토해보았다네. 여기서 놀라운 사실을 알게 되었다네! 내가 판매한 보험의 70퍼센트는 첫 번째 방문으로 계약이 이루어졌다는 사실을 발견한 걸세. 23퍼센트는 두 번째

방문으로 계약이 성사되었으며, 세 번, 네 번, 다섯 번씩 방문해서 체결된 계약은 겨우 7퍼센트에 불과했어. 사실 이런 경우가 내 시간을 잡아먹고 나를 기진맥진하게 만들었는데 말이네. 다시 말하자면 고작 매출의 7퍼센트 때문에 업무 시간의 절반을 낭비하고 있었던 셈이네.

3. '해답은 무엇인가?' 해답은 명백했어. 나는 즉시 어떤 고객이든 두 번 이상 방문하지 않기로 하고, 나머지 시간은 신규 고객을 확보하는 데 할애했지. 그 결과는 믿을 수 없을 만큼 놀라웠어. 얼마 지나지 않아 나는 1회 방문의 현금 가치를 2달러 80센트에서 4달러 20센트로 증가시킬 수 있었다네."

앞에서 말했듯이 프랭크 베트거는 미국에서 가장 유명한 생명보험 판매원으로 꼽히고 있다. 그에게도 포기할 뻔한 순간이 있었다. 하지만 실패를 인정하고 문제를 분석함으로써 성공 가도를 달릴 수 있게 되었다.

당신이 가지고 있는 사업상의 문제에도 이 질문들을 적용할 수 있겠는가? 이 질문들은 당신의 고민을 절반으로 줄여준다. 다시 한 번 반복하면 다음과 같다.

1. 문제가 무엇인가?
2. 문제의 원인은 무엇인가?
3. 문제를 풀 수 있는 가능한 해결책은 무엇인가?
4. 당신이 제안하는 해결책은 무엇인가?

◈ 간단 요약 ◈

걱정을 분석하는 기본 기술

1. 사실을 파악하라. 컬럼비아 대학의 헉스 학장이 한 말을 기억하라. "이 세상 걱정의 절반은 결정을 뒷받침하는 충분한 지식을 갖추지 않은 채 서둘러 결론을 내리려는 사람들에게 일어난다."
2. 모든 사실을 신중하게 검토한 뒤에 결론을 내려라.
3. 신중하게 결론을 내렸으면 행동으로 옮겨라! 그 결과에 대해 불안해 하지 마라.
4. 어떤 문제에 대해 걱정이 생길 경우, 다음 물음을 생각해보라.
   1) 문제는 무엇인가?
   2) 문제의 원인은 무엇인가?
   3) 문제를 해결할 수 있는 방법은 무엇인가?
   4) 최선의 해결책은 무엇인가?

3부

엉망이 되기 전에 걱정하는 습관을 고치는 방법

Dale Carnegie

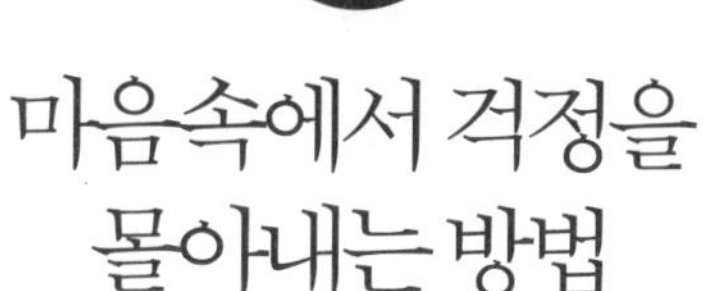

내 강좌의 수강생이었던 메리언 더글러스와 이야기를 나누던 어느 날 밤을 결코 잊지 못한다(여기서 그의 실명을 쓰지 않은 것은 그가 개인적인 이유로 신분을 밝히지 말아달라고 부탁을 했기 때문이다). 하지만 이 이야기는 그가 내 수업을 들을 때 들려준 실화다. 그의 가정에는 한 번도 아니고 두 번씩이나 커다란 불행이 닥쳤다. 처음에 그는 다섯 살 난 귀여운 딸을 잃었다. 그들 부부는 첫 딸을 여읜 슬픔을 견딜 수 없을 것 같았다. 그는 이렇게 말했다.

"열 달 뒤에 하나님은 우리에게 또 다시 딸을 선물하셨어요. 하지만 그 아이마저 생후 닷새 만에 죽고 말았지요."

잇따른 불행으로 이 부부는 견디기 어려운 고통을 겪었다. 이어서 그는 이렇게 말했다.

"도저히 받아들일 수가 없었어요. 잠을 잘 수도, 음식도 먹을 수도 없었고, 편히 쉴 수도 없었지요. 신경이 날카로워 몹시 불안했고, 자신감도 잃었습니다."

결국, 그는 의사를 찾아갔다. 어떤 의사는 수면제를 처방해주었고, 어떤 이는 여행을 권했다. 둘 다 시도해보았지만 어느 것도 효과가 없었다. 그는 또 이렇게 말했다.

"마치 제 몸이 바이스(기계공작에서 공작물을 끼워 고정하는 기구-역자주)에 끼워진 것 같았어요. 바이스의 양쪽 턱이 점점 더 죄어오는 것 같았어요. 비통한 나머지 격앙된 상태였어요. 숨도 쉴 수 없을 정도로 큰 슬픔에 사로잡혀본 적이 있는 사람이라면 이런 심정을 이해할 수 있을 거예요. 그런데 너무나 감사하게도 제게는 네 살 난 아들이 남아 있었지요. 이 녀석이 제 문제를 해결해주었습니다. 어느 날 오후 슬픔에 잠겨 멍하니 앉아 있는데, 아들 녀석이 '아빠, 배 만들어주세요.'라면서 졸라대는 것이었어요. 저는 배나 만들고 있을 기분이 아니었습니다. 사실 아무것도 하고 싶지 않았어요. 그러나 아들은 막무가내였어요. 결국, 저는 두 손을 들고 말았지요. 장난감 배를 만드는 데 무려 세 시간이나 걸렸습니다. 배를 다 만들고 나서 새로운 사실을 깨닫게 되었죠. 장난감 배를 만드는 세 시간 동안 저는 몇 개월 만에 처음으로 정신적인 휴식과 평화를 맛본 것입니다. 그런 깨달음이 생기자 허탈감에서 벗어나 조금이나마 생각을 할 수 있게 되었습니다. 몇 개월 만에 처음으로 말입니다. 구상하고 생각해야 할 필요가 있는 일에 전념하는 동안에는 고민하고 있을 수 없다는 것을 깨달은 거죠. 저의 경우에는 장난감 배를 만드는 일이 걱정을 몰아내준 것입니다. 그래서 저는 항상 바쁘게 지내기로 마음먹었습니다. 다음 날 저녁, 저는 온 집안을 돌아다니면서 해야 할 일을 찾아 목록을 만들었습니다. 책장과 계단, 덧문, 창문 블라인드, 손잡이, 자물쇠, 물이 새는 수도꼭지……. 수선해야 할 곳이 한두 군데가 아니었어요. 놀랍게도 2주 동안 손봐야 할 일감이 242건이나 되었습니다. 지난 2년 동안 그 일을 거의 다 해치웠습니다. 날마다 분주한 일과로 삶을 꽉 채웠습니다. 1주일에 이틀 저녁은 선생님의 뉴욕 성인 강좌에 출석합니다. 제가 살고 있는 지역의 시민 활동에도 참가하고 있고, 지금은 교육위원회 의장을 맡고 있습니다. 이 밖에도 다수의 모임에 참석하고 있고, 적십자사를 비롯해 여러 활동을 위한 모금도 돕고 있습니다. 저는 지금 너무 바빠서 걱정할 겨를이 없습니다."

'걱정할 겨를이 없다!'

이것이야말로 윈스턴 처칠이 제2차 세계대전이 한창일 때 하루 18시간 일하면서 했던 말이다.

"나는 너무 바빠서 걱정할 시간이 없다."

찰스 케터링이 자동차 시동기 개발에 착수했을 때도 비슷한 어려움을 겪었다. 그는 은퇴할 때까지 제너럴 모터스의 부사장으로 세계적으로 유명한 제너럴 모터스 연구소를 이끌던 인물이었다. 당시 그는 몹시 가난하여 창고의 건초실을 실험실로 사용하기도 했다. 식료품을 사기 위해 부인이 피아노 레슨으로 모은 1,500달러까지 쓰지 않으면 안 될 정도였다. 생명보험 불입금에서 500달러를 차용한 적도 있었다.

위대한 과학자 파스퇴르는 '도서관과 실험실에서 찾은 평화'에 대해 말한 적이 있다. 평화는 왜 그곳에 있었을까? 도서관이나 실험실에 있는 사람은 연구에 몰두하기 때문에 걱정할 겨를이 없다. 연구원들 가운데 신경쇠약에 걸리는 경우는 거의 없다. 그런 사치를 부릴 여유가 없기 때문이다.

분주하게 지내는 것이 불안을 몰아내는 데 도움이 되는 이유는 무엇일까? 그것은 심리학에서 밝혀진 가장 기본적인 법칙 때문이다. 즉 아무리 명석한 사람이라도 한 번에 한 가지 이상 생각하는 것은 절대로 불가능하다. 믿기지 않는가? 그러면 실험해보기로 하자.

지금 당장 의자에 깊숙이 기대앉아 눈을 감고, 자유의 여신상과 내일 아침에 하려고 마음먹은 일을 동시에 생각해보라.

어떤가? 번갈아 두 가지 생각에 집중할 수는 있지만, 동시에 집중할 수는 없다는 사실을 알았을 것이다. 감정의 영역에서도 마찬가지다. 흥미진진한 어떤 일을 활기차게 열정적으로 하면서 동시에 걱정에 시달리는 기분을 느낄 수는 없다. 한 가지 감정이 다른 감정을 몰아내기 때문이다. 이 간단한 발견으로 제2차 세계대전 기간 동안 정신과 군의관들은 기적적인 일을 수행했다.

흔히 '신경쇠약증' 환자라 불리는, 끔찍한 전쟁 경험으로 심한 충격을 받은 장병들이 후송되어 오면, 군의관들은 그들을 가장 좋은 치료법으로 '계속 바쁘게 만들어라.'라고 처방했다.

정신적 충격을 받은 사람들에게 깨어 있는 시간 동안 계속 활동하게 만드는 것이 처방이었다. 대개 낚시나 사냥, 야구, 골프, 사진 찍기, 정원 가꾸기, 댄스 같은 옥외활동을 끊임없이 하도록 만들어, 그들이 겪은 끔찍한 경험을 곰곰이 생각할 시간을 주지 않는 것이었다.

'작업 요법'은 마치 일이 무슨 약제인 것처럼 처방될 때 정신 의학에서 사용되는 용어다. 이 치료법은 전혀 새로운 것이 아니다. 고대 그리스 의사들은 기원전 500년경에 이미 작업 요법의 효능을 주장했다.

벤저민 프랭클린 시대에 필라델피아의 퀘이커 교도들도 작업 요법을 사용했다. 1774년에 퀘이커 교도 요양소를 방문했던 한 사람은 정신병 환자들이 분주하게 아마(亞麻)로 길쌈하는 것을 보고 큰 충격을 받았다. 그는 환자들이 잠깐씩 일을 하면 실제로 상태가 호전된다는 말을 듣기 전까지는 불쌍한 환자들이 착취당하고 있는 줄 알았다. 그런 간단한 일이 신경과민을 완화시키는 효과가 있었다.

어떤 정신의학자든 일을 하는 것, 즉 계속 바삐 움직이는 것이 신경 관련 질환에 가장 좋은 치료법이라고 말한다. 미국의 시인 헨리 롱펠로우도 젊은 아내를 잃었을 때 이 사실을 깨달았다. 어느 날, 그의 부인은 촛불로 봉랍을 녹이다가 옷에 불이 옮겨 붙었다. 롱펠로우가 비명소리를 듣고 달려갔지만 때는 이미 늦었다. 결국 그녀는 화상으로 세상을 떠나고 말았다. 한동안 롱펠로우는 그때의 무서운 기억이 떠올라 몹시 괴로워하다가 거의 미쳐버릴 지경이었다. 그러나 다행히도 그에게는 보살펴야 할 어린 세 자식이 있었다. 롱펠로우는 슬픔을 무릅쓰고 아이들에게 아버지이자 어머니 노릇까지 해야 했다. 그는 아이들을 데리고 산책을 나가기도 하고, 이야기를 들려주거나 같이 놀아주기도 했다. 그들 부자간의 사랑은 '아이들의 시간The Children's Hour'이라는 시로 영원히 남아 있다. 롱펠로우는 또 아이들을 위해 단테의 작품들을 번역했다. 이처럼 여러 가지 일로 너무나 분주했기 때문에 그는 자신을 완전히 잊고 마음의 평화를 되찾을 수 있었다.

영국의 시인 알프레드 테니슨은 가장 친한 친구인 아더 할람을 잃었을 때 이렇게 말했다.

"일에 몰두해야 한다. 그렇지 않으면 절망 때문에 말라죽고 말 것이다."

대부분 사람들은 열심히 일하거나 하루 일과를 하는 동안은 '행위에 몰두하기'가 그다지 어렵지는 않다. 그러나 정작 위험한 것은 일을 마치고 난 뒤의 시간이다. 자유롭게 여가를 즐기고 행복해야만 할 때, 걱정이라는 이름의 우울 마귀가 공격해오는 것이다. 그때서야 우리는 회의하기 시작한다. 지금 제대로 살고 있는 것인지, 판에 박힌 생활을 하고 있는 것은 아닌지, 오늘 상사가 한 말이 대체 무슨 뜻인지, 자신이 성적 매력을 잃어가고 있는 것은 아닌지 등 온갖 생각이 꼬리를 물고 일어난다.

우리가 한가할 때 마음은 진공 상태에 가까워진다. 물리를 배운 사람이라면 누구나 '자연은 진공 상태를 싫어한다.'는 사실을 알고 있다. 진공에 가장 가까운 것으로, 가장 흔히 볼 수 있는 것은 백열전구의 내부이다. 전구를 깨뜨려보라. 이론적으로 자연은 빈 공간에 공기를 채운다.

자연은 또한 공허한 마음을 채우기 위해 몰려들기도 한다. 무엇으로 채울까? 대개는 감정으로 채운다. 왜냐하면 걱정이나 공포, 증오, 질투, 선망 같은 감정은 원시적 활기와 원시림 시대의 역동적인 에너지에 의해 움직이기 때문이다. 이런 감정들은 너무 격렬하기 때문에 우리 마음속의 평화롭고 행복한 온갖 생각과 감정을 맹렬하게 몰아내는 경향이 있다.

컬럼비아 대학교 교육학 교수인 제임스 머셀은 그것을 이렇게 설명했다.

"걱정은 분주히 움직일 때는 숨을 죽이고 있다가, 하루의 일과가 끝날 무렵에야 짓궂게 공격해오는 경향이 있다. 그때 우리의 상상력은 함부로 날뛰며 온갖 터무니없는 가능성을 키우고 작은 실수 하나도 커 보이게 만든다. 그때 마음은 부하가 걸리지 않은 채 작동하는 모터와 같이 질주하다가 베어링을 과열시켜 태워버리거나 산산조각이 날 수도 있다. 그러므로 걱정에 대한 치료법은 건설적인 일에 완전히 몰입하는 것이다."

그러나 이런 진리를 깨닫고 실행에 옮기기 위해 굳이 대학교수가 될 필요는 없다. 제2차 세계대전 중에 나는 시카고에서 온 한 주부를 만난 적이 있다. 그녀는 '걱정에 대한 치료법은 무엇이든 건설적인 일에 완전히 몰입하는 것'이라는 사실을 깨달았다고 말했다. 나는 뉴욕에서 미주리 주에 있는 나의 농장으로 기차를 타고 가다가 식당 칸에서 이 부인과 남편을 만났다.

그 부부의 아들은 진주만 공격이 있던 바로 다음 날 입대했다는 것이다. 부인은 하나밖에 없는 아들이 너무 걱정되어 건강을 망칠 지경이 되었다. '아들이 지금 어디에 있을까, 무사하게 잘 있을까, 전투 중일까, 어디 다치지는 않았을까, 전사한 건 아니겠지.' 하는 생각이 꼬리를 물었다.

어떻게 걱정을 극복했는지 묻자 그녀는 이렇게 대답했다.

"쉬지 않고 몸을 놀렸어요."

그녀는 우선 하녀를 내보내고 모든 집안일을 혼자 도맡아 하면서 바쁘게 지냈다. 그러나 그다지 도움이 되지 않았다.

"문제는 집안일이래야 마음을 쓰지 않고 거의 기계적으로 할 수 있다는 것이었어요. 그래서 침구 정리를 하고 설거지를 하면서도 머리는 여전히 아들 걱정을 하고 있었죠. 정신적으로나 육체적으로 온종일 바쁘게 지낼 만한 새로운 일이 필요하다는 생각이 들었습니다. 그래서 저는 백화점에서 판매원으로 일하기 시작했어요. 과연 효과가 있었어요. 곧 저는 정신없이 분주하게 지내게 되었습니다. 가격이나 사이즈, 색상 등을 묻는 수많은 고객들에게 시달리다보니, 당장 눈앞에 처리해야 할 일 말고는 어떤 것도 생각할 겨를이 없었죠. 밤이 되면 아픈 다리를 풀어주는 것 말고는 다른 생각을 할 수가 없었습니다. 저녁식사만 하고 나면 바로 침대에 쓰러져 잠에 빠지곤 했어요. 아들 걱정을 할 시간이 없었을 뿐 아니라 기력도 없었습니다."

그녀는 존 쿠퍼 포이스(영국의 시인, 소설가, 평론가-역자주)가 《불쾌한 기억을 잊어버리는 기술The Art of Forgetting the Unpleasant》에서 '편안한 안정감이나 깊은 내면의 평화, 행복한 무아지경은 자신의 일에 몰두할 때 찾아온다. 인간이라는 동물은 일에 몰두할 때 신경이 진정되니까 말이다.'라고 한 말을 깨달았다.

얼마나 다행한 일인가! 세계에서 가장 유명한 여성 탐험가 오사 존슨은 자신이 어떻게 해서 걱정과 슬픔에서 해방되었는지 내게 말해준 적이 있다. 그녀의 저서 《나는 모험과 결혼했다I Married Adventure》를 읽어본 사람들도 있겠지만, 그녀야말로 책 제목대로 모험과 결혼한 여자였다. 그녀는 열여섯 살 때 마틴 존슨과 결혼했다. 캔자스 주 샤누테 시내의 보도블록 위를 걷던 그녀는 남편과 함께 보르네오 밀림의 오솔길에 발을 디뎠다. 그 후 이 캔자스 커플은 25년 동안 세계 각지를 여행하면서, 아시아와 아프리카에서 사라져가는 야생동물의 생태를 영화화했다. 몇 년 후에 이 부부는 미국으로 돌아와 자기들이 만든 유명한 영화를 상영하며 순회 강연을 했다. 그런데 덴버에서 태평양 연안으로 가던 도중, 그들이 탄 비행기가 산에 충돌하여 마틴 존슨은 그 자리에서 즉사했다. 의사는 오사 존슨 역시 평생 침대 신세를 져야 할 것이라는 진단을 내렸다. 그러나 그것은 오사 존슨을 모르고 하는 소리였다. 3개월 후에 그녀는 휠체어에 앉아 수많은 청중 앞에서 강연을 했다. 사실 그녀는 그 무렵에 100회 이상이나 강연을 했다. 그것도 휠체어에 앉은 채 말이다. 왜 그렇게 무리하게 강연을 하느냐고 물었더니, 그녀는 이렇게 말했다.

"그래야만 슬퍼하거나 걱정할 시간이 없을 테니까요."

오사 존슨은 약 100년 전에 테니슨이 "일에 몰두해야 한다. 그렇지 않으면 절망 때문에 말라죽고 말 것이다."라고 한 말과 똑같은 진리를 깨달았다.

또한, 버드 제독은 남극대륙의 만년설에 덮인 오두막에서 다섯 달 동안 혼자, 말 그대로 칩거하면서 이 진리를 깨달았다. 남극을 뒤덮고 미국과 유럽을 합친 것보다도 더 큰 빙하기의 만년설은 태곳적 비밀을 간직하고 있었다. 주위 1마일 이내에 생물이라고는 찾아볼 수가 없었다. 얼마나 추웠던지, 바람이 불면 입김이 얼어붙는 소리를 들을 수 있을 정도였다. 그의 저서 《혼자서Alone》에서 버드 제독은 영혼을 부스러뜨릴 듯한 막막한 어둠에 대해 묘사하고 있다. 낮에도 밤처럼 어두웠다. 그는 넋을 놓지 않으려고 항상 바쁘게 움직여야만 했다.

"밤이 되면 등불을 끄기 전에 내일 할 일을 계획하는 습관을 들였다. 이를테면 대피 통로를 만드는 데 한 시간, 눈 치우기 30분, 연료통을 정비하는 데 한 시간, 식품 저장고의 벽에 책꽂이를 만드는 데 한 시간, 썰매의 브리지를 갈아 끼우는 데 두 시간……. 이런 식으로 시간을 분배하는 것은 아주 훌륭한 방법이었다. 그렇게 함으로써 나는 엄청난 자제력을 가질 수 있었다. 그렇게 하지 않았더라면 목적 없는 나날을 보냈을 것이고, 목적 없는 나날을 보냈다가는 자연히 삶 자체가 무너졌을 것이다."

여기서 '목적 없는 나날을 보냈다가는 자연히 삶 자체가 무너졌을 것이다'라는 말에 주목해주기를 바란다.

누구든 걱정거리가 있다면 오래된 방식으로 일을 약처럼 쓸 수 있다는 것을 기억하자. 하버드 대학교 임상학 교수였던 고(故) 리처드 캐벗 박사는 《사람은 무엇으로 사는가What Men Live》라는 저서에서 이렇게 말했다.

'의사로서 나는 지나친 의혹이나 주저, 동요, 두려움으로 인해 정신의 마비 증세에 시달리는 많은 사람들이 일을 통해 치유받는 것을 볼 때 행복했다. 우리가 일을 통해 얻게 되는 용기는 에머슨이 노래한 '자기신뢰'와 같다.'

누구든 바쁘게 움직이지 않고 그저 가만히 앉아 생각에만 잠긴다면, 찰스 다윈이 '위버 기버'라고 일컬었던 것을 수없이 만들어내게 될 것이다. '위버 기버'라는 것은 옛이야기에 나오는 작은 악마에 지나지 않지만, 우리가 이 녀석에 붙들리게 되면 공허해져서 실행력이나 의지력을 잃고 만다.

슬퍼하거나 애태울 겨를이 없을 정도로 바쁘게 활동함으로써 위버 기버를 극복한 뉴욕 출신 사업가가 있었다. 트렘퍼 롱맨이라는 사람이었는데, 그는 내 강좌의 수강생이었다. 그가 고민을 극복할 수 있었던 이야기가 아주 인상적이고 재미있어서, 더 듣고 싶어 만찬에 초대해서 밤늦게까지 경험담을 들을 수가 있었다.

"18년 전, 저는 극심한 번민으로 불면증에 시달렸습니다. 극도로 긴장해서 안절부절못한 나머지 신경과민이 되었지요. 그야말로 신경쇠약 증세가 시작되는 것 같았습니다. 제게는 그럴 만한 까닭이 있었습니다. 크라운 프루트 앤 익스트랙트 컴퍼니Crown Fruit and Extract Company라는 과일 통조림 회사의 경리직원으로 있을 때였는데, 회사는 딸기 통조림에다 50만 달러를 투자한 상태였지요. 그런데 20년 동안이나 아이스크림 제조업자에게 팔아오던 통조림 거래가 갑자기 끊어졌어요. 대규모 아이스크림 제조업자들이 다량의 딸기를 사들여 대량 생산해서 돈과 시간을 절약했기 때문이죠. 이렇게 되니까 50만 달러에 해당하는 딸기가 재고품으로 남게 되었습니다. 앞으로 1년간 1백만 달러 상당의 딸기를 매입한다는 계약도 되어 있었는데 말이죠. 회사에서는 그때까지 35만 달러를 은행에서 빌려 쓰고 있었지만, 이제는 갚기도 어려워졌고 지불기한을 연기하기도 곤란해진 것 같았습니다. 사태가 이쯤 되자 제가 고민하게 된 것도 무리가 아니었습니다. 저는 공장 소재지인 캘리포니아로 달려가 사장에게 사정이 돌변했다는 것과 회사가 파산에 직면했다는 것을 보고하려 했지요. 그런데 그는 제 말을 믿지 않고 뉴욕사무소에서 마케팅을 제대로 하지 못했기 때문이라고 탓하는 것이었습니다. 여러 날을 두고 설득한 끝에 더 이상 딸기 통조림을 만들지 않기로 하고, 나머지는 생짜로 샌프란시스코 과일시장에 팔기로 했습니다. 이렇게 해서 문제가 거의 해결되어 제 고민도 당연히 해소된 것 같았지만, 실상은 그렇지 않더군요. 고민은 습관이 되는 병입니다. 저는 어느새 그 습관을 갖게 되었어요. 뉴욕으로 돌아온 저는 이탈리아에서 사들이고 있던 버찌, 하와이에서 매입하는 파인애플 등 갖가지 일에 신경을 쓰게 되었습니다. 극도로 긴장한 나머지 잠도 제대로 이룰 수가 없었지요. 앞서도 말했지만 신경쇠약증 증세가 나타나기 시작했습니다. 자포자기한 심정으로 저는 새로운 삶을 찾았습니다. 그것으로 불면증을 고칠 수 있었고 고민에서 빠져나올 수 있었지요. 제 모든 능력을 요구하는 문제에 몰두했던 겁니다. 어물어물할 여유가 없었어요. 지금까지는 하루 7시간 일해 왔지만, 이후부터는 하루에 15~16시간이나 일을 했습니다. 매일 아침 8시에 출근해서 밤늦게까지 사무실에 있었죠. 저는 새로운 직무와 책임을 맡았습니다. 그러다가 밤늦게 집으로 돌아와서는 피로에 지쳐 자리에 눕자마자 곯아떨어졌지요. 이런 프로그램을 무려 3개월이나 계속했습니다. 그랬더니 고민하는 습관에서 완전히 벗어날 수 있었고, 그 후부터는 정상대로 7~8시간을 일할 수 있게 되었지요. 벌써 18년 전 일이지만, 지금까지 불면증이나 고민으로 걱정해본 적이 없습니다."

조지 버나드 쇼의 이 말은 옳았다. 그는 다음과 같이 요약했다.

'불행해지는 비결은 자신이 행복한가, 불행한가 따위를 고민해볼 여유를 가지는 것이다.'

그러므로 우리는 쓸데없는 생각에 빠져들지 말고 쉴 새 없이 몸을 움직여야 한다. 혈액순환이 좋아지고 머리가 맑아진다. 그러면 곧 생명의 힘찬 물줄기가 마음속에서 걱정을 몰아내게 된다. 언제나 바쁘게 살아라. 이 처방이야말로 이 세상에 있는 모든 약 중에서 가장 값싸고 가장 효험이 있다.

고민이 만성적인 습관이 되는 것을 막기 위한 첫 번째 법칙은 다음과 같다.

법칙1

- **언제나 바쁘게 살아라.**
- **걱정거리가 있으면 일에 몰두하라.**
- **그러지 않으면 절망하게 될 것이다.**

딱정벌레 때문에 쓰러지지 마라

내게는 평생 잊을 수 없는 극적인 이야기가 있다. 뉴저지 주 메이플우드에 사는 로버트 무어가 들려준 이야기이다.

“1945년 3월에 저는 일생 동안 살아오면서 가장 큰 교훈을 얻었습니다. 인도차이나 해안의 수심 80미터나 되는 해저에서 있었던 일입니다. 저는 잠수함 바야Baya S.S호에 탑승한 88명의 선원 중 한 사람이었습니다. 우리는 레이더로 소형 일본군 호위함 한 척이 우리 쪽으로 다가오고 있는 것을 발견했습니다. 동이 터오고 있었기에 우리는 공격을 위해 물 밑으로 내려갔습니다. 잠망경을 통해 보니 일본군의 구축함과 유조선, 기뢰 부설함이 접근해오고 있었습니다. 우리는 구축함을 향해 세 발의 어뢰를 발사했지만 빗나갔습니다. 어뢰 발사 장치가 고장 난 것 같았습니다. 적의 구축함은 공격을 받은 사실도 알아차리지 못하고 항해를 계속했습니다. 우리가 마지막 배인 기뢰 부설함을 공격하려 하고 있었습니다. 그때 그 배가 갑자기 방향을 틀어 곧장 우리 쪽을 향해 다가오는 것이었습니다. 일본군 정찰기가 해저 18미터에 있던 우리 잠수함을 발견하고는 우리의 위치를 무전으로 일본군 기뢰 부설함에 알려준 것이지요. 우리는 적에게 발견되지 않기 위해 해저 45미터까지 잠항하면서 적의 수중 폭뢰에 대비할 준비를 했습니다. 승강구에 추가로 잠금장치를 하고 잠수함에서 아무 소리도 새어 나가지 않게 하려고 선풍기와 냉방장치 등 모든 전기 장비의 전원을 껐습니다. 3분 뒤에 우리 잠수함은 아수라장이 되었습니다. 잠수함 주위에서 여섯 개의 수중 폭뢰가 폭발했고, 우리 배는 80미터나 되는 바닥까지 내려갔습니다. 우리는 모두 겁에 질려 있었습니다. 잠수함은 수심 300미터 이내에서 공격당하면 위험하고, 150미터 이내에서라면 거의 치명적입니다. 그런데 우리는 수심 150미터의 절반 남짓이 조금 넘는 깊이에서 공격을 받은 것입니다. 안전에 관해 말하자면, 겨우 무릎 정도의 깊이에서 공격을 당한 것입니다. 일본군 기뢰 부설함은 무려 15시간 동안 끊임없이 폭뢰를 투하했습니다. 폭뢰가 잠수함과 반경 5미터 이내에서 터지면 그 진동으로 배에 구멍이 나게 됩니다. 그런데 우리에게서 15미터 떨어진 곳에서 여러 차례 폭뢰가 터졌습니다. 우리는 '안전을 기하라.'는 명령을 받고 침대에서 조용히 침묵을 지키고 기다렸습니다. 저는 너무 무서워서 숨도 제대로 못 쉴 지경이었습니다. '이제 죽는구나! 이제는 죽는구나!'라고 탄식을 되풀이했습니다. 선풍기와 냉방 장치를 전부 꺼놓았기 때문에 잠수함 내부 온도는 섭씨 38도가 넘었지만, 저는 공포에 질려 한기를 느꼈습니다. 스웨터에 모피 재킷까지 입고도 추워서 몸을 떨었습니다. 덜덜 떨려서 이까지 딱딱 부딪히고 식은땀이 나기 시작했습니다. 적의 공격은 15시간이나 계속되었습니다. 그러다 갑자기 공격이 중단되었습니다. 일본군 기뢰 부설함은 폭뢰를 모조리 쏟아붓고는 가버린 것 같았습니다. 공격을 받은 15시간이 마치 1,500만 년처럼 느껴졌습니다. 그러는 사이에 지금까지 살아오면서 겪은 온갖 일들이 주마등처럼 뇌리를 스쳤습니다. 제가 저지른 모든 잘못과 공연히 속을 태웠던, 사소하게 어리석은 일들까지 전부 떠오르는 것이었습니다. 해군에 입대하기 전에 저는 은행원이었는데, 박봉에 근무 시간은 길었고 진급할 가망도 거의 없었기 때문에 고민하고 있었습니다. 집 한 채 장만하지 못했고, 새 차도 살 수 없었고, 아내에게 예쁜 옷 한 벌 사줄 수도 없는 형편이었으니까요. 또, 언제나 잔소리하고 꾸짖는 늙은 상사를 얼마나 미워했는지 모릅니다. 울화가 치밀고 기분이 언짢아져 밤늦게 집에 돌아오면 대수롭지 않은 일로 아내와 말다툼하곤 했던 기억이 났습니다. 또한, 자동차 사고로 이마에 생긴 상처에 대해서도 걱정했습니다. 몇 년 전까지만 해도 이런 걱정들이 얼마나 대단한 일로 여겨졌는지 모릅니다. 그러나 폭뢰가 저를 산산조각 내어 저 세상으로 날려버릴 듯한 상황에 놓이자 그런 걱정들이 참으로 어리석게만 생각되었습니다. 그때 그 자리에서 저는 이렇게 다짐했습니다. 살아서 다시 해와 별을 보게 된다면, 절대로 걱정 따위는 하지 않겠다고 말입니다. 잠수함 안에서 공포에 떨던 15시간 동안, 저는 삶의 기술에 대해 대학에서 4년 동안 책과 씨름하며 배운 것보다 훨씬 많은 것을 배웠습니다."

우리는 흔히 커다란 재난에는 용감하게 맞서다가도 대단치 않은 일, '손톱 밑의 가시' 같은 일에 부딪혀 넘어지곤 한다. 예를 들어 사무엘 피프스의 일기에는 런던에서 해리 베인 경이 참수 당하는 것을 목격했던 일이 기록되어 있다. 해리 경은 단두대에 오르면서 사형 집행인에게 살려달라고 간청하지는 않았지만, 목에 난 종기는 건드리지 말아달라고 애원했다.

버드 소장이 극야(極夜, polar night)의 혹한과 암흑 속에서 발견한 것도 이와 마찬가지였다. 부하 대원들은 중대한 문제보다는 '손톱 밑의 가시' 같은 대단치 않은 일로 야단법석을 떨었다. 그들은 수많은 위험과 고난, 때로는 영하 60도까지 떨어지는 극한도 불평 한 마디 없이 태연하게 견뎌냈다. 버드 소장은 이렇게 말했다.

"하지만 룸메이트의 장비가 자기에게 할당된 공간을 침범한 것으로 의심하여 서로 말도 하지 않게 된 대원들도 있었고, 식당에서 음식을 꼭 스물여덟 번이나 씹고 나서야 삼키는 감식주의자가 보는 앞에서는 음식을 먹을 수 없었던 대원도 있었지요. 극지의 캠프에서는 잘 훈련된 사람일지라도 사소한 일로 미치기 일보 직전까지 치닫게 됩니다."

버드 소장의 말에 이런 말을 덧붙일 수도 있다.

"결혼생활에서도 마찬가지다. 많은 사람들이 사소한 일로 서로를 미치기 일보 직전까지 몰고 가며, 이 세상의 불행 중 절반은 그런 사소한 일이 원인이 되어 일어난다."

어쨌든 이것이 여러 권위자들의 중론이다. 이를테면 시카고의 조셉 새버스 판사는 4만 건 이상의 이혼을 조정한 후에 이렇게 말했다.

"이혼의 원인은 대부분 아주 사소한 것입니다."

뉴욕의 지방검사를 역임한 프랭크 호건은 이렇게 말했다.

"형사 사건의 태반은 사소한 일 때문에 일어납니다. 술집에서의 주정이나 가정 내의 말다툼, 모욕적인 언사, 욕설, 무례한 행동 같은 사소한 일이 폭행이나 살인으로 이어지는 것입니다. 대단히 부당한 꼴을 당해 재판을 하는 경우는 그리 많지 않다는 말입니다. 이 세상 고민의 태반은 알량한 자존심이나 허영심에 상처를 입는다든가 모욕을 받는다든가 하는 사소한 일들이 원인이 되어 일어납니다."

엘리너 루스벨트는 갓 결혼하고 '며칠 동안 걱정을 했다.' 새로운 요리사의 요리가 입맛에 맞지 않았기 때문이다. 그녀는 이렇게 말했다.

"하지만 지금 같으면 어깨만 한번 으쓱하고는 잊어버렸을 거예요."

그렇다. 이런 것이 바로 정서적으로 성숙한 어른다운 행동이다. 심지어 절대군주 캐서린 대제도 요리사가 요리를 망쳐 형편없는 음식을 내와도 웃어넘기곤 했다고 한다.

우리 부부가 시카고에 사는 친구 집에서 저녁식사를 한 적이 있다. 친구가 고기를 썰다가 실수를 한 모양이었다. 나는 눈치 채지 못했는데, 알았다 하더라도 신경 쓰지 않았을 것이다. 그런데 친구의 부인이 그것을 보고는 우리가 보는 앞에서 대뜸 쏘아붙이는 것이었다.

"여보, 그게 뭐예요? 한 번이라도 제대로 한 적이 없잖아요!"

그러더니 우리에게 이렇게 말했다.

"저이는 항상 저렇게 실수를 해요. 제대로 하려 들지 않으니까요."

그가 고기를 잘 썰려고 주의하지 않았는지는 모르지만, 그런 부인과 20년 이상을 함께 살아온 데 대해서는 경의를 표하지 않을 수 없었다. 솔직히 말해서 나라면 그녀의 잔소리를 들으며 북경 오리나 상어 지느러미 같은 진수성찬을 먹느니 편안한 분위기에서 머스터드 소스를 뿌린 핫도그를 먹는 편이 나을 것 같다.

그 일이 있고 얼마 지나지 않아 우리 부부는 친구 몇 명을 저녁식사에 초대했다. 그런데 손님들이 도착하기 직전에 아내는 준비된 냅킨

가운데 석 장이 식탁보와 어울리지 않는다는 것을 알았다.

나중에 아내는 내게 이렇게 말했다.

"요리사에게 급히 가서 물어보니, 그 석 장은 아직 세탁실에 있다는 거예요. 손님들은 문 앞에 도착했고 바꿔 깔 시간이 없었어요. 눈물이 왈칵 쏟아질 지경이었다니까요! '왜 이런 하찮은 실수로 저녁시간을 통째로 망쳐야 하는 거야?'라는 생각뿐이었지요. 그러다가 생각을 바꿨죠. '될 대로 되라지.' 즐거운 시간을 보내기로 마음먹고 식탁에 앉았어요. 그리고 마음먹은 대로 했지요. 친구들이 저를 신경질적이고 성마른 여자로 보는 것보다는 칠칠치 못한 주부로 보는 편이 훨씬 낫겠다고 생각했죠. 어쨌든 이건 제 생각이지만 냅킨에 대해서는 아무도 알아채지 못한 것 같았어요!"

유명한 법언 중에 이런 것이 있다.

'법은 사소한 일에 관여하지 않는다.'

걱정이 많은 사람도 마땅히 그래야 한다. 마음의 평화를 바란다면 말이다.

누구든지 사소한 일로 골치를 썩이지 않으려면 관점을 바꾸어야 한다. 즉, 마음속에 새롭고 유쾌한 인생관을 만들어야 한다. 《그들은 파리를 보아야 했다They Had to See Paris》 등 많은 책을 쓴 나의 친구 호머 크로이는 마음의 관점을 바꾸면 어떻게 되는지에 대한 훌륭한 예를 보여주었다. 뉴욕에 있는 아파트에서 집필을 할 때, 그는 라디에이터에서 나는 소리 때문에 골머리를 앓았다. 수증기가 탕탕거리고 지글지글 끓는 소리가 날 때마다 책상에 앉아 있던 그는 짜증이 나서 속이 부글부글 끓었다고 한다.

호머 크로이는 이렇게 말했다.

"그러다가 친구들이랑 캠핑을 떠났네. 지펴놓은 모닥불 속에서 나뭇가지들이 탁탁 소리를 내며 타는 소리를 듣고 있자니, 문득 라디에이터의 스팀 소리와 흡사하다는 생각이 들더군. 왜 이 소리는 좋아하면서 다른 소리는 싫어하는 걸까? 집에 돌아와서 나는 이렇게 생각했어. '모닥불 속에서 나뭇가지들이 타는 소리는 듣기 좋다. 라디에이터에서 나는 소리도 이와 비슷하지 않은가. 그런 소리에 신경 쓰지 말고 잠이나 자자.' 그리고 그대로 했지. 며칠 동안은 라디에이터 소리가 거슬렸지만, 곧 완전히 잊어버리게 되었지. 사소한 걱정들도 마찬가지야. 우리가 그것들을 싫어하면서 마음을 졸이는 까닭은 그런 것을 과장해서 생각하기 때문이지."

디즈레일리는 이렇게 말했다.

"시시하게 살기에는 인생이 너무 짧다."

이 말과 관련해 앙드레 모로아는 〈디스위크This Week〉지에서 이렇게 말했다.

'이 말은 내가 수많은 쓰라린 경험을 극복하는 데 큰 도움이 되었다. 우리는 종종 무시하고 잊어버려야 할 사소한 일로 마음을 쓴다. 우리가 이 땅에 머물 수 있는 시간은 고작 수십 년에 불과하다. 그런데도 1년만 지나면 모든 사람의 기억 속에서 사라져버릴 불평불만을 생각하면서 되돌릴 수 없는 소중한 시간을 허비하고 있다. 그래서는 안 된다. 우리는 인생을 보람 있는 행동과 감정, 위대한 사상과 진실한 애정, 그리고 대를 이을 사업에 바쳐야만 한다. 시시하게 살기에는 인생이 너무도 짧기 때문이다.'

루디야드 키플링(《정글북》을 비롯한 많은 단편소설을 쓴 영국의 소설가이자 시인-역자주) 같은 저명한 인물도 때로는 '시시하게 살기에는 인생이 너무 짧다.'는 사실을 잊었다. 그 결과는 어땠을까? 그와 그의 처남은 버몬트 역사상 가장 유명한 법정 분쟁을 벌였다. 이 싸움은 너무도 유명해서 《루디야드 키플링의 버몬트 불화Vermont Feud》라는 책까지 나올 정도였다.

그 사건의 자초지종은 이러하다. 키플링은 버몬트에 사는 캐롤라인 발레스티어라는 여자와 결혼하여 버몬트의 브래틀보로에 근사한 저택을 짓고 그곳에 정착해서 여생을 보낼 작정이었다. 그의 처남 비티 발레스티어는 키플링의 가장 친한 친구가 되었고, 둘은 함께 일하면서 지냈다.

그러다가 키플링은 철마다 건초를 베어가도 좋다는 조건으로 처남에게서 땅을 사게 되었다. 어느 날 발레스티어는 키플링이 이 목초지에 꽃밭을 만드는 것을 보았다. 이것을 본 발레스티어는 화가 머리끝까지 치밀어 분통을 터뜨렸다. 그러나 키플링도 지지 않고 맞받아쳤다. 이쯤 되자 버몬트의 그린마운틴을 둘러싼 공기가 냉랭해질 정도였다.

며칠이 지나고 키플링은 자전거를 타고 나갔다가, 그의 처남이 느닷없이 말 여러 마리가 끄는 마차를 몰고 나와 키플링의 앞길을 가로막았다. 그 바람에 키플링은 발이 걸려 넘어지고 말았다. "주위 사람들이 모두 이성을 잃고 당신을 탓하더라도, 당신이 침착하게 냉정을 유지할 수 있다면"이라는 말을 했던 키플링이었지만, 그는 이성을 잃고 발레스티어의 구속 영장을 청구한 것이다. 급기야 이 사건은 세상을 떠들썩하게 만드는 소송이 되어 버렸다. 대도시에서 기자들이 버몬트로 몰려들었고, 이 소식은 순식간에 전 세계로 퍼져 나갔다. 하지만 화해는 이루어지지 않았다. 이 다툼으로 인해 키플링 부부는 여생을 미국의 고향에서 보낼 수 없게 되었다. 지금에 와서 돌이켜 보면 이 모든 걱정과 비탄이 지극히 하찮은 것, 즉 건초 한 더미가 발단이었다.

24세기 전에 페리클레스는 이렇게 말했다.

"자, 여러분, 우리는 사소한 일에 너무 오래 매달렸습니다."

정말이지, 우리는 그러고 있다! 해리 에머슨 포스틱 박사가 해준 재미있는 이야기가 있다. 숲 속의 거목이 이기고 진 싸움에 관한 이야기이다.

콜로라도 주 롱스피크의 언덕배기에는 거대한 나무의 잔해가 있다. 박물학자들은 이 나무가 수령 400년 정도 되었을 것이라고 한다. 일찍이 콜럼버스가 산살바도르에 첫 발을 디뎠을 때 묘목이었던 이 나무는 120여 년이 지나 청교도들이 플리머스에 이주했을 당시에는 어느 정도 큰 나무로 자라 있었다. 긴 생애 동안 열네 번이나 벼락을 맞았고 4세기에 걸쳐 수없이 눈사태와 폭풍에 시달렸지만, 이 나무는 온갖 풍상을 견뎌내며 거목으로 성장했다. 하지만 결국 딱정벌레 떼가 몰려와 이 나무를 쓰러뜨리고 말았다. 딱정벌레들은 나무껍질을 파고 들어가 조금씩, 하지만 끊임없는 공격으로 나무의 내적 활력을 파괴했다. 연륜에도 시들지 않고 벼락과 폭풍에도 굴하지 않았던 숲의 거목은 사람이 엄지와 검지에 끼워 짓뭉개버릴 수 있을 만큼 자그마한 딱정벌레 때문에 끝내 쓰러지고 말았다.

우리 인간도 이 숲의 거목과 비슷하지 않을까? 우리는 사나운 폭풍이나 벼락, 눈사태와 같은 인생의 시련은 어떻게든 견뎌내려 하지만, 걱정이라는 자그마한 벌레, 손끝으로 문질러버릴 만큼 자그마한 딱정벌레 따위가 우리 마음을 갉아먹게 내버려두고 있는 것은 아닐까?

몇 해 전에 나는 와이오밍 주 고속도로 경찰 본부장인 친구 찰스 세이프레드와 함께 와이오밍에 있는 티턴 국립공원을 여행한 적이 있다. 당시 그의 친구 몇 명도 동행했다. 그때 우리는 공원 안에 있는 존 록펠러 기념관을 방문하기로 했다. 그런데 내가 탄 차가 길을 잘못 들어 다른 차보다 한 시간이나 늦게 그곳에 도착했다. 문 열쇠를 맡아가지고 있던 세이프레드는 우리가 도착할 때까지 모기가 우글거리고 푹푹 찌는 숲속에서 한 시간이나 기다려주었다. 이곳의 모기는 성자 같은 사람도 이성을 잃게 만들 정도로 극성스러웠지만, 세이프레드만은 굴복시키지 못했다. 그는 우리가 도착할 때까지 기다리는 동안 사시나무 가지를 꺾어 피리를 만들고 있었다. 우리가 도착했을 때 그는 모기들에게 욕을 퍼붓고 있었을까? 천만에. 그는 모기 따위는 아랑곳하지 않고 유유히 피리를 불고 있었다. 나는 사소한 일에 신경 쓰지 않는 멋진 사람에 대한 추억으로 그 피리를 지금껏 간직하고 있다.

엉망이 되기 전에 걱정하는 습관을 고치는 두 번째 법칙은 다음과 같다.

법칙2

- **무시하고 잊어버려야 할 사소한 일로 마음을 쓰지 마라.**
- **시시하게 살기에는 인생이 너무 짧다는 것을 기억하라.**

Chapter 8

수많은 걱정에서 벗어나게 해주는 법칙

어린 시절에 나는 미주리 주의 한 농장에서 자랐다. 어느 날 어머니가 버찌 따는 것을 돕던 나는 갑자기 울음을 터뜨렸다. 어머니가 물으셨다.

"데일, 도대체 왜 우는 거니?"

나는 울먹이며 말했다.

"산 채로 매장 당할까 봐 무서워서 그래요."

그 무렵의 나에게 인생은 근심투성이였다. 비오는 날 천둥이 치면 벼락에 맞아 죽지나 않을까 걱정했고, 집안 형편이 좀 어려울 때는 밥을 굶게 될까 봐 걱정했다. 죽으면 지옥에 가게 되지 않을까 두려웠다. 심지어 동네 형인 샘 화이트가 내 커다란 귀를 잘라버릴 거라고 겁을 주면 정말로 그럴까 봐 무서워할 정도였다. 어찌나 걱정이 많았던지, 내가 인사를 하면 여자애들이 나를 비웃을까 봐 걱정했으며, 나와 결혼해줄 여자는 한 사람도 없을지도 모른다고 걱정했고, 결혼식 직후에는 부인에게 무슨 말부터 꺼내야 하나 하는 것까지 걱정했다. 나는 시골 교회에서 결혼식을 올린 다음, 술 장식을 단 마차를 타고 농장으로 돌아오게 될 거라고 상상했다. 그런데 농장으로 오는 동안 마차 속에서는 무슨 말을 해야 하지? 어떡하지? 어떡하나? 나는 밭을 갈면서 이런 대단한 문제들을 가지고 몇 시간씩 골머리를 앓았다.

하지만 세월이 흐르면서 내가 걱정했던 일 가운데 99퍼센트는 일어나지 않았다는 사실을 깨닫게 되었다.

가령 앞에서 말했듯이 어린 시절에 나는 번개 치는 것을 너무 무서워했다. 하지만 이제는 미국 안전연구소에 따르면 한 해 동안 벼락 맞아 죽을 확률은 35만 분의 1 정도에 불과하다는 사실을 알고 있다.

더구나 산 채로 땅에 묻힐까 봐 무서워했던 것은 더 바보 같은 생각이었다. 시체를 미라로 만들던 관습이 있었던 시대 이전에도 생매장당하는 사람은 1,000만 명 중 하나가 될까 말까 했다. 그런 것도 모르고 나는 무서워서 울었다.

사망자 8명 중 한 명은 암으로 죽는다. 내가 무언가를 걱정하고 싶었다면 벼락을 맞아 죽는다거나 산 채로 매장당해 죽는 것보다는 암에 걸릴 것을 걱정했어야 했다.

지금까지 어린 시절의 나를 괴롭혀온 고민에 대해 이야기했지만, 사실 어른들도 대부분 어처구니없는 걱정을 하고 있다. '평균의 법칙'에 따르면, 우리가 하는 고민의 90퍼센트는 지금이라도 당장 그만둘 수 있는 것들이다. 우리가 걱정하는 것들이 현실적인 정당성이 전혀 없다는 사실을 깨닫는다면 말이다.

세계에서 가장 유명한 보험회사로 손꼽히는 런던의 로이즈Lloyd's of London는 일어날 확률이 희박한 일에 대해 고민하는 사람들의 성향을 간파해서 막대한 돈을 벌었다. 런던의 로이즈는 사람들이 걱정하고 있는 재난은 결코 일어나지 않는다는 확신을 갖고 내기를 걸었다. 하지만 그들은 그것을 도박이라 부르지 않고 보험이라고 말한다. 사실 그것은 평균의 법칙에 근거한 도박이다. 이 거대 보험회사는 200년이 넘도록 승승장구해왔으며, 인간의 본성이 바뀌지 않는 한 앞으로도 5,000년은 더 상승세를 이어갈 것이다. 평균의 법칙에 따르면 사람들이 생각하는 만큼 자주 일어나지 않는 갖가지 재난에 대해 보험을 들도록 권유할 것이기 때문이다.

평균의 법칙에 대해 살펴보면, 여태 알지 못했던 사실에 놀라움을 금치 못한다. 가령 앞으로 5년 동안 게티스버그 전투 같은 피비린내 나는 격전을 치러야 한다는 사실을 안다면, 나는 공포에 사로잡히게 될 것이다. 당장 들 수 있는 모든 생명보험에 가입하고, 유언장을 작성하여 재산과 세상사를 모두 정리하게 될 것이다. "전쟁터에서 살아 돌아오기 어려울 테니까 남은 몇 해 동안 최대한 잘 살아야겠다."고 말하면서 말이다. 하지만 평균의 법칙에 따르면, 평시에도 50세부터 55세까지 살아가는 것이 게티스버그 전투에서 싸우는 것만큼이나 위험하고 치명적이다. 말하자면 평시에 50세부터 55세 사이 인구의 사망률은 게티스버그 전투에 참가했던 16만 3,000명의 장병 사망률과 맞먹는다.

나는 이 책의 몇 장을 캐나다 로키산맥에 있는 보 호Bow Lake에 있는 제임스 심슨의 넘티가 로지James Simpson's Num-Ti-Gah Lodge라는 오두막집에서 집필했다. 어느 여름에 이곳에서 샌프란시스코에 사는 허버트 샐

린저 부부를 만났다. 침착하고 조용한 성격의 샐린저 부인은 걱정 같은 것은 모르고 살아온 것 같은 인상을 주는 사람이었다. 어느 날 저녁, 벽난로 앞에서 이야기를 나누다가, 그녀에게 지금까지 걱정 때문에 괴로워해본 적이 있느냐고 물어보았다. 놀랍게도 그녀는 이렇게 대답하는 것이었다.

"걱정 때문에 괴로워해본 적 있냐고요? 저는 걱정 때문에 인생을 망칠 뻔했답니다. 걱정을 극복하는 법을 배우기까지 자그만치 11년 동안이나 저 스스로 만든 지옥 속에서 살았으니까요. 저는 몹시 성급하고 다혈질이어서 언제나 안절부절 못했지요. 매주 샌마티오에서 버스를 타고 샌프란시스코까지 쇼핑을 하러 다녔는데, 쇼핑을 하는 동안에도 온갖 집안일들이 걱정되어 어쩔 줄을 몰랐어요. 전기다리미를 꽂아놓지는 않았을까, 집에 불이라도 난 건 아닐까, 가정부가 아이들만 남겨놓고 도망가 버리지나 않았을까, 아이들이 자전거를 타고 놀다가 차에 치이지나 않았을까 걱정이 끝이 없었지요. 그러다보니 쇼핑을 하다 말고 걱정 때문에 식은땀을 흘리며 황급히 버스를 타고 집으로 돌아올 때도 있었죠. 이 지경이었으니 저의 첫 번째 결혼이 실패로 끝난 것도 무리가 아니었어요. 두 번째 남편은 변호사인데, 이이는 어떤 일이든 걱정하지 않고 침착하고 분석적인 성격입니다. 제가 불안해하고 걱정할 때면 남편은 이렇게 말한답니다. '좀 진정해요. 대체 뭐가 그렇게 걱정되는지 생각해봅시다. 평균의 법칙으로 보아 과연 그런 일이 현실적으로 일어날 가능성이 있는지 곰곰이 따져보자구요.' 한번은 우리 부부가 앨버커키(미국 뉴멕시코주 중부의 관광 휴양지)에서 칼즈배드 동굴로 가는 길을 드라이브하고 있을 때 폭풍우를 만났습니다. 차가 주르르 미끄러지는데 걷잡을 수 없었어요. 저는 금방이라도 차가 도로 옆

도랑으로 처박힐 거라고 확신했지만, 남편은 이렇게 말하는 것이었어요. '천천히 운전하고 있으니까 아무 일도 없을 거요. 설령 차가 도랑으로 미끄러진다 해도 우리는 다치지 않을 거요.' 남편은 침착하고 확신에 찬 어조로 저를 안심시켰습니다. 어느 해 여름에 우리 부부는 캐나다 로키산맥의 투캥 계곡으로 캠핑을 갔습니다. 어느 날 밤 해발 1,800미터 지점에서 캠핑을 하다가 세찬 폭풍을 만났어요. 우리 텐트가 금방이라도 갈기갈기 찢어져버릴 것 같았지요. 텐트는 나무로 된 받침대에, 밧줄로 튼튼하게 묶여 있었지만, 방수용 외부 텐트는 바람 속에서 펄럭거리면서 비명을 지르고 있었지요. 저는 금방이라도 텐트가 찢겨 바람에 날아갈 것만 같았어요. 너무 무서웠죠! 하지만 남편은 태연히 이렇게 말했어요. '여보, 우리는 브루스터스 가이드와 함께 여행하고 있잖소. 브루스터스 가이드는 다 전문가들이요. 그 사람들은 60년 동안이나 이 산속에서 텐트 치는 일을 했던 사람들이라고요. 이 텐트도 오래전부터 이 자리에 쳐져 있었지만, 지금까지 한 번도 바람에 날아간 적이 없잖소. 평균의 법칙으로 보아도 이 텐트가 하필 오늘밤에 날아가는 일은 없을 거요. 설령 날아간다 해도 다른 텐트에서 묵으면 되잖소. 그러니 걱정하지 말아요.' 남편 말을 듣고서야 저는 그날 밤 마음 편히 잘 수 있었습니다. 몇 해 전에는 제가 살고 있는 캘리포니아 지역에 소아마비가 유행한 적이 있었어요. 예전 같았으면 저는 극도로 신경이 날카로워졌을 거예요. 하지만 남편은 진정하라고 타이르더군요. 우리 가족은 가능한 모든 예방조치를 했습니다. 아이들이 사람 많은 곳이나 학교, 영화관 같은 곳에 가지 못하게 했어요. 보건 당국에 알아보니까, 여태까지 캘리포니아에서 소아마비가 가장 심하게 유행하던 때에도 캘리포니아 전역에서 소아마비에 걸린 아이들은 1,835명에 지나지 않았습니다. 평시에는 200에서 300명 정도였구요. 물론 이 수치만으로도 안타깝기는 하지만, 평균의 법칙으로 보면 어떤 한 아이가 소아마비에 걸릴 확률은 지극히 희박하다는 거죠. '평균의 법칙으로 보아 그런 일은 일어나지 않을 거야.' 어쨌든 이 한 마디가 제 걱정거리의 90퍼센트를 떨칠 수 있게 해주었어요. 그리고 이 한 마디 덕분에 저는 지난 20년 동안 기대했던 것보다 훨씬 더 아름답고 평온한 삶을 누릴 수 있었습니다."

온갖 걱정과 불행은 대부분 현실이 아니라 상상에서 비롯된다. 지난 수십 년을 돌이켜보면, 내가 걱정하던 일도 대부분 상상에서 비롯된 것이라는 사실을 알 수 있다. 뉴욕의 제임스 A. 그랜트 유통회사의 소유주인 제임스 그랜트는 자기도 그런 경험을 했다고 말했다. 그는 한 번에 트럭 10~15대 분씩 플로리다산 오렌지와 자몽을 주문했는데, 그때마다 그는 이런 생각으로 괴로워했다고 말했다. '열차 사고가 나면 어떡하지?', '과일이 길바닥에 쏟아지면 어쩌지?' ,'트럭이 다리를 통과할 때 다리가 무너지면 어쩌지?' 물론 그가 유통하는 과일에 보험을 들어 두었지만, 제때에 과일을 배달하지 못하면 거래처를 잃을 수도 있다는 것이 두려웠다. 그는 너무 심하게 걱정한 나머지 위궤양이 생기지나 않았는지 걱정이 되어 의사를 찾아갔다. 의사는 신경과민인 것을 제외하고는 아무 문제없다고 말했다.

"저는 그제야 알게 되었습니다."

그는 말했다.

"그리고 제 자신에게 물어보았습니다. '이보게, 짐 그랜트! 자네 일 년에 과일 트럭을 몇 대나 취급하나?' '약 2만 5,000대쯤 될 것 같습니다.' '그러면 지금까지 그 트럭 중 몇 대나 사고가 났지?' '아마 다섯 번 정도 아닐까?' '2만 5천대 중에서 겨우 5대라고? 그게 뭘 의미하는 줄 알겠나? 그러면 5,000분의 1의 확률이 아닌가. 평균의 법칙으로 보면 트럭 한 대가 전복될 확률은 고작 5,000분의 1이라니까. 그런데 뭘 걱정하나?' 저는 또 이렇게 물었습니다. '그렇지만 다리가 무너질 수도 있잖아! 지금까지 다리가 무너져서 트럭을 잃은 적이 몇 번이나 있었지?' 대답은 '한 번도 없었다.'는 것이었습니다. 그는 또 이렇게 말했다. '정말 바보 아닌가. 한 번도 무너진 적이 없는 다리나 5,000분의 1의 확률로 일어날 열차 사고를 걱정하다가 위궤양에 걸릴 정도라니!'"

짐 그랜트는 나에게 이렇게 말했다.

"그런 식으로 생각해보니 제 자신이 굉장히 어리석게 느껴졌습니다. 그때부터 저는 걱정거리는 무엇이든 평균의 법칙에 맡기기로 했습니다. 그 뒤로는 한 번도 위궤양으로 고생한 적이 없습니다."

앨 스미스가 뉴욕 주지사로 있을 때, 그는 정적이 공격해 올 때마다 번번이 이렇게 대답하곤 했다.

"기록을 살펴봅시다. 기록부터 보고요."

그러고 나서 그는 사실을 제시했다. 일어날지 안 일어날지도 모르는 일 때문에 걱정할 일이 생기면, 먼저 현명한 앨 스미스의 말을 들어보자. 기록을 살펴보고, 우리를 괴롭히는 불안이 무슨 근거가 있는지 알아보아야 한다. 프레드릭 말스테드는 자신이 무덤 속에 누워 있는 것이 아닐까 하는 무서움을 느꼈을 때 바로 그렇게 해서 그 공포를 물리쳤다. 그가 뉴욕에서 진행된 성인 강좌에서 들려준 이야기는 다음과 같다.

"1944년 6월 초에 저는 오마하 비치 근처에 있는 비좁은 참호 속에 누워 있었습니다. 저는 제999통신 중대 소속으로, 우리 부대는 노르망

디에서 참호를 파놓고 있었지요. 직사각형 구덩이 모양의 좁다란 참호를 둘러보면서 저는 혼잣말을 했습니다. '이건 꼭 무덤 같잖아.' 그 안에 누워서 잠을 청해보지만, 무덤에 누워 있는 것처럼 섬뜩한 기분이 들었습니다. '여기가 내 무덤이 될지도 몰라.'라는 생각을 떨칠 수 없었으니까요. 밤 11시경에 독일군 폭격기들이 나타나 포격이 시작되자, 저는 무서워서 어찌할 바를 몰랐습니다. 처음 이삼일 밤은 단 한숨도 잠을 이룰 수 없었죠. 그곳에 온지 나흘, 닷새째 밤이 되자 저는 신경쇠약에 걸릴 지경이 되었습니다. 뭔가를 하지 않고서는 완전히 미쳐버렸을 것입니다. 그래서 저는 닷새 밤이 지났지만 아직도 살아 있지 않느냐는 생각을 해냈습니다. 저뿐만 아니라 다른 부대원들도 무사했어요. 단 두 명의 부상자가 있었는데, 그것도 독일군 포탄 때문이 아니라 아군이 고사포를 쏠 때 발생한 포화에 맞은 것이었습니다. 저는 무엇이든 건설적인 일을 하면서 걱정을 멈추려고 했습니다. 그래서 포화로부터 제 자신을 지키기 위해 참호 위에 두꺼운 나무 지붕을 만들었습니다. 저는 우리 부대가 주둔해 있는 광활한 지역을 생각해보았습니다. 이 깊고 좁다란 참호 속에서 제가 죽게 될 경우는 오직 직격탄을 맞는 것뿐이었어요. 그리고 제가 직격탄을 맞을 확률은 만분의 1도 되지 않는다는 것을 생각했지요. 이삼일 밤을 이런 식으로 생각하고 나니 마음이 진정되었고, 포격 속에서도 태연히 잠을 잘 수 있게 되었습니다."

미 해군은 평균의 법칙에 대한 통계자료를 이용해 장병의 사기를 북돋우고 있다. 전직 해군 선원이었던 사람이 이런 이야기를 해주었다. 그와 그의 동료 선원들은 고옥탄 휘발유를 나르는 유조선에 배속되자 걱정이 태산 같았다. 그들은 모두 고옥탄 휘발유를 실은 유조선이 어뢰를 맞게 되면 그대로 폭발하여 승무원 전원이 죽을 거라고 생각했다.

미 해군은 사실이 그렇지 않다는 것을 알고 있었고, 그들은 정확한 수치를 들어 설명했다. 어뢰를 맞은 100척의 유조선 중에서 60척은 침몰하지 않았고, 실제로 가라앉은 40척 가운데 10분 이내에 침몰한 배는 겨우 5척에 불과하다는 것을 보여주었다. 이런 설명이 사기를 북돋우는 데 도움이 되었을까?

"이와 같이 평균의 법칙에 대한 이해 덕분에 저의 불안감은 씻은 듯이 사라지게 되었습니다."

엉망이 되기 전에 걱정하는 습관을 고치는 세 번째 법칙은 다음과 같다.

법칙3

- **기록을 살펴보자.**
- **그런 다음 자신에게 물어보자.**
- **'당장 일어날 것처럼 걱정하는 그 일이 실제로 일어날 가능성이 있는가? 평균의 법칙에 비추어 볼 때 어느 정도의 확률이 있는가?'**

피할 수 없으면 받아들여라

어린 시절, 미주리 주 북서부에 있는 오래된 폐가의 다락방에서 친구들과 놀고 있을 때였다. 다락방에서 내려오려고 창턱에 올라가서 뛰어내렸다. 나는 왼손 검지에 반지를 끼고 있었는데, 뛰어내릴 때 반지가 못에 걸려 손가락이 잘리는 사고를 당했다.

나는 비명을 질렀다. 너무 무서웠다. 죽을지도 모른다는 생각이 들었다. 그러나 손가락이 나은 뒤에는 한 번도 다친 손가락에 대해 걱정해 본 적이 없다. 그래봐야 무슨 소용이 있겠는가? 나는 피할 수 없는 일을 받아들였다.

지금은 왼손에 엄지와 나머지 세 손가락밖에 없다는 사실을 한 달에 한 번 정도밖에 생각하지 않는다.

몇 년 전에 뉴욕 시내의 오피스 빌딩에서 화물 엘리베이터를 운전하는 사람을 만난 적이 있다. 나는 그의 왼손이 손목에서 절단되어 있다는 것을 알아차렸다. 나는 그에게 한쪽 손이 없다는 사실 때문에 괴롭지 않은지 물어보았다. 그는 이렇게 대답하는 것이었다.

"글쎄요, 그런 생각은 거의 하지 않아서요. 아직 독신인지라 그런 생각을 하게 되는 건 바늘에 실을 꿸 때뿐이죠."

어떤 상황이든 어쩔 수 없을 때는 우리가 너무나 재빨리 받아들이고 그것에 적응하며, 그 사실을 잊어버린다는 사실이 놀라울 뿐이다. 나는 이따금 네덜란드의 암스테르담에 있는 15세기경의 대성당 유적에 있던 비문을 생각한다. 그 비문에는 플랑드르 어로 이렇게 새겨져 있었다.

'이미 그런 것이니, 달리 방법이 없다.'

수십 년을 살다보면 우리는 '이미 그런' 수많은 불쾌한 상황에 부딪히게 되는데, 그것은 불가피한 일이다. 다만 선택할 수는 있다. 즉 피할 수 없는 일로 받아들이고 그것에 적응하든지, 아니면 그것에 거역하여 자신의 삶을 망치고 결국, 신경쇠약에 걸려 삶을 마감하는 수밖에 없다.

내가 존경하는 철학자 윌리엄 제임스의 현명한 충고를 소개하겠다.

"있는 그대로를 기꺼이 받아들여라. 이미 일어난 일을 받아들이는 것은 불행한 결과를 극복하는 첫걸음이다."

오리건 주 포틀랜드의 엘리자베스 콘리는 역경을 통해 이 사실을 깨달았다. 최근에 그녀가 나에게 쓴 편지를 여기에 소개한다.

'미국이 북아프리카 전투에서 승리한 것을 축하하던 바로 그날, 저는 국방부로부터 제가 가장 사랑하는 조카가 실종되었다는 전보를 받았습니다. 얼마 뒤에는 그가 전사했다는 전보를 받았습니다. 저는 슬픔에 겨워 자포자기했습니다. 그때까지 저는 인생이 정말 즐거웠지요. 좋아하는 직업을 갖고 있었고, 조카를 키우는 데도 도움을 주었습니다. 저에게 그 아이는 더없이 착하고 아름다운 청년의 표상이었습니다. 그야말로 눈에 넣어도 아프지 않은 아이였지요! 그런데 이런 전보를 받은 것입니다 모든 것이 무너지는 것 같았습니다. 살아야 할 이유가 없는 것 같았지요. 일도 손에 잡히지 않았고 친구들도 멀리했습니다. 만사를 되는 대로 내팽개쳤습니다. 원통하고 원망스러웠지요. 하필이면 왜 나의 소중한 조카가 죽었을까? 어째서 앞길이 구만리 같은 훌륭한 청년인데, 왜 그 아이가 죽어야 했을까? 저는 도저히 받아들일 수 없었습니다. 너무도 비탄에 빠져 일도 그만두고 멀리 떠나서 눈물과 슬픔 속에 숨어버리기로 했지요. 일을 그만둘 준비를 하며 책상을 정리하다가, 잊고 있던 편지 한 통을 발견했습니다. 전사한 조카가 보낸 것이었는데 몇 년 전에 저의 어머니가 돌아가셨을 때 보낸 것이었습니다. 그 편지에는 이렇게 적혀 있었습니다. '물론 우리 모두 할머니를 그리워할 거예요. 고모님은 더욱 그러시겠지요. 그러나 저는 고모님께서 슬픔을 이겨내시리라는 것을 알아요. 고모님의 인생관이라면 반드시 그럴 테니까요. 저는 고모님께서 가르쳐주신 아름다운 진리를 영원히 잊을 수 없습니다. 제가 어디에 있든, 우리가 아무리 멀리 떨어져 있더라도 언제나 미소를 잃지 마라. 무슨 일이 닥쳐도 남자답게 그것을 받아들이라는 고모님의 말씀을 언제나 기억할 거예요.' 그 편지를 몇 번이고 되풀이해서 읽었습니다. 마치 그 아이가 저에게 이런 말을 하는 것 같았어요. '고모님은 왜 제게 가르쳐주신대로 하지 않나요? 무슨 일이 일어나든 이겨내보세요. 소소한 슬픔은 미소 뒤로 덮어버리고 이겨내세요.' 그래서 저는 일을 그만두지 않게 되었습니다. 냉소적이고 반항적인 태도를 버렸죠. 마음속으로 이렇게 다짐했어요. '이미 일어난 일이고, 내가 바꿀 순 없지. 하지만 그 아이가 바라는 대로 나는 이겨낼 수 있고 이겨낼 거야.' 저는 혼신의 힘을 다해 일에 집중했어요. 그리고 그 아이와 같은 군인들에게 위문편지를 썼습니다. 저녁에는 성인 강좌에 나가 새로운 취미를 찾고 친구를 사귀었죠. 그렇게 하자 저에게 믿기 어려울 정도로 뚜렷한 변화가 일어난 것을 느낄 수가 있었습니다. 이제는 영원히 지나가버린 과거에 대해 슬퍼하지 않게 되었어요. 저는 지금 하루하루를 기쁘게 살고 있습니다. 조카도 제가 그렇게 살기를 바랐을 것입니다. 저는 인생과 화해하고, 저의 운명을 받아들였습니다. 저는 지금 더할 나위 없이 충만하고 완전한 삶을 누리고 있습니다.'

오리건 주 포틀랜드에 살고 있는 엘리자베스 콘리는 우리 모두가 조만간 배우지 않으면 안 될 것을 미리 배웠다. 결국, 우리는 피할 수 없는 것을 받아들이고 협력해야 한다.

'이미 그런 것이니, 달리 방법이 없다.'

이 진리는 배우기 쉬운 것이 아니다. 그러나 왕좌에 앉은 군주도 이것을 마음에 새겨두지 않으면 안 된다. 조지 5세는 버킹검 궁 자신의 서재에 다음과 같은 글귀를 걸어두었다.

'달을 따달라고 조르거나, 엎질러진 우유를 보고 후회하지 않도록 깨우쳐 주소서.'

쇼펜하우어도 그와 같은 생각을 이런 식으로 표현했다.

"깨끗이 단념할 줄 아는 태도야말로 인생 여정을 준비하는 데 가장 중요하다."

확실히 주변 상황만으로 우리가 행복하거나 불행해지지는 않는다.

우리가 상황에 반응하는 방식이 우리의 감정을 결정하는 것이다. 예수는 이렇게 말했다.

"천국은 네 안에 있다. 그것은 지옥도 우리 안에 있다는 말이다."

우리는 온갖 재난과 비극을 견뎌내고 이겨낼 수 있다. 꼭 그렇게 해야만 한다면 말이다. 할 수 없다고 생각할지 모르지만, 우리는 꺼내 쓰기만 하면 되는 놀랄 정도로 강력한 내면의 힘을 가지고 있다. 우리는 자신이 생각하는 것보다 훨씬 강하다.

부스 타킹턴(미국의 소설가이자 극작가)은 항상 이렇게 말했다.

"인생이 내게 강요하는 것이라면 어떤 일도 받아들일 수 있다. 눈이 보이지 않게 되는 것만 제외하고 말이다. 그것만은 견딜 수가 없다."

그런데 어느 날, 그가 예순을 넘었을 무렵이었다. 타킹턴이 무심코 바닥에 깔린 카펫을 보니 색상이 흐릿하게 보이는 것이었다. 무늬가 잘 보이지 않았다. 그는 전문의를 찾아갔고, 비참한 사실을 알게 되었다. 시력을 잃고 있었다. 한쪽 눈은 거의 실명에 가까웠고, 다른 쪽 눈도 악화되고 있었다. 가장 두려워했던 일이 그에게 닥쳤다.

이 '최악의 불행'에 타킹턴은 어떤 반응을 보였을까? 그는 '실명이라니! 이것으로 내 인생도 끝장이야.'라고 생각했을까? 아니다. 자신도 놀랄 정도로 그는 쾌활했다. 심지어 농담을 하기도 했다. 떠다니는 '작은 반점' 같은 것이 그를 괴롭혔고, 그 점들이 눈앞에 아른거리면서 시야를 가로막았다. 그런데도 가장 큰 반점이 보이면 그는 이렇게 말하곤 했다.

"이봐요! 할아버지가 또 오셨군요! 이 좋은 아침에 어디 가시는 거예요!"

제아무리 운명이라도 이처럼 강한 정신을 이겨낼 수 있을까? 결코 그럴 수는 없다. 두 눈이 완전히 실명하게 되자 타킹턴은 이런 말을 했다.

"인간이 다른 것을 받아들일 수 있는 것처럼, 나는 시력 상실을 받아들일 수 있다는 것을 알게 되었다. 오감을 전부 상실한다 해도 나는 내면의 마음에 의지해 살아갈 수 있다는 것도 알고 있다. 왜냐하면 우리가 알든, 모르든 간에, 우리는 마음으로 보고 마음으로 살아가기 때문이다."

그는 시력을 회복할 수 있다는 실낱같은 기대를 가지고 1년에 열두 번 이상 수술을 받았다. 그것도 부분 마취만으로 말이다! 그가 짜증을 냈을까? 그는 그것을 해야 할 일이라고 생각하고 아무런 불평도 하지 않았다. 피할 수 없다는 것을 알았기에 고통을 줄일 수 있는 유일한 방법은 품위 있게 받아들이는 것뿐이었다. 그는 병원에서 제공하는 특실을 거절하고, 일반 병실에 들어가 다른 환자들과 고통을 나누고 그들을 격려하려고 했다. 부분 마취만으로 되풀이되는 수술을 받으면서도 그는 자신이 얼마나 운이 좋은지 기억하려고 애썼다. 그는 이렇게 말했다.

"참으로 놀랍군! 현대 과학으로 사람의 눈처럼 섬세한 곳까지 수술할 수 있다니 말이야!"

보통 사람이라면 열두 번이나 수술을 받고서도 앞이 보이지 않는다면 신경쇠약에 걸렸을 것이다. 하지만 타킹턴은 오히려 이렇게 말했다.

"나는 이 경험을 더 행복한 경험과 바꾸고 싶지 않다."

이 경험을 통해 그는 받아들이는 법을 배웠고, 인생에서 도저히 참을 수 없는 불행은 아무것도 없다는 사실을 알게 되었다. 일찍이 존 밀턴이 깨달은 것과 마찬가지로, "앞을 보지 못하게 되는 것이 비참한 것은 아니다. 앞을 보지 못하는 것을 참을 수 없다는 것이 비참하다."라는 사실을 깨달았다.

뉴잉글랜드의 유명한 여권주의자인 마거릿 풀러는 자신의 신조를 이렇게 밝혔다.

"나는 우주 만물을 받아들인다."

까다로운 노인으로 소문난 토머스 칼라일이 영국에서 그 이야기를 듣고 코웃음을 쳤다.

"아무렴, 그러시겠지! 그게 나을 거야!"

하지만 누구나 할 것 없이 피할 수 없는 일은 받아들이는 편이 나을 것이다!

악담하고 불평하며 발버둥을 친다고 해서 불가피한 일을 바꿀 수는 없다. 하지만 우리는 자기 자신을 바꿀 수는 있다. 나는 잘 안다. 실제로 이 사실을 경험한 바 있기 때문이다.

언젠가 나도 직면한, 피할 수 없는 상황을 받아들이지 않으려고 애쓴 적이 있었다. 어리석게도 그 상황을 불평하며 반항했던 것이다. 그러자 밤마다 불면증에 시달리게 되었고, 원하지 않는 온갖 일들을 겪게 되었다. 결국 1년 동안이나 고문을 받은 끝에, 처음부터 바꿀 수 없었던 것을 그대로 받아들이지 않을 수 없었다.

진작에 월트 휘트먼의 시에 귀를 기울였어야 했다.

> 오 맞서라, 밤과 폭풍과 굶주림에
> 조소와 재난과 좌절까지도
> 나무와 동물이 그렇게 하듯이.

지난 12년 동안 목축을 해왔지만, 가뭄이나 진눈깨비, 추위 때문에 목초가 말랐다든지, 숫소가 다른 암소에 지나친 관심을 쏟는다는 이유로 젖소가 짜증내는 것을 아직껏 본 적이 없다. 동물들은 밤이 오거나 폭풍이 몰아치거나 굶주림 앞에서도 차분하게 순응한다. 그러니 동물들은 결코 신경쇠약이나 위궤양에 걸릴 일이 없고, 미쳐버릴 일도 없다.

그렇다고 해서 우리 앞에 닥치는 온갖 역경에 무턱대고 굴복하라는 말은 아니다. 결코 그런 것은 아니다. 그런 말은 단지 운명론에 지나지 않는다. 조금이라도 상황을 개선할 여지가 있다면 싸워야 한다. 그러나 상식적으로 보아 달리 어쩔 수 없는 일에 직면한 경우라면, 안 될 일을 가지고 애쓸 필요는 없다.

컬럼비아 대학교의 고(故) 호크스 학장은《마더 구스의 노래Mother Goose rhyme》한 소절을 자신의 좌우명으로 삼고 있다고 말했다.

> 태양 아래 모든 병에는
> 치료약이 있거나 없으니.
> 있다면 찾아보고
> 없다면 신경 쓰지 마라.

이 책을 집필하는 동안 나는 미국의 수많은 유력한 경영인들과 인터뷰를 했는데, 그들이 피할 수 없는 상황에 순응하여 걱정으로부터 완전히 자유로운 삶을 사는 것을 보고 깊은 인상을 받았다. 만약 그렇게 하지 않았더라면, 그들은 사업상의 중압감을 이기기 어려웠을 것이다. 몇 가지 실례를 들어보자.

페니 스토어Penney stores의 창업자인 J. C. 페니는 이렇게 말했다.

"나는 가진 돈을 전부 잃는다 해도 걱정하지 않을 것이다. 걱정해봐야 아무 소용이 없다는 것을 알기 때문이다. 나는 최선을 다할 뿐이고, 결과는 하나님의 소관이다."

헨리 포드도 비슷한 이야기를 했다.

"내가 어찌해볼 수 없는 일이라면, 나는 그 일이 되어가는 대로 받아들인다."

크라이슬러의 K. T. 켈러 사장에게 걱정 없이 살 수 있는 비결이 무엇이냐고 질문했더니, 이렇게 대답했다.

"저는 힘든 상황에 부딪혀도 무엇이든 할 수 있는 일이 있으면 그 일을 합니다. 만약 제가 할 수 없는 일이라면, 그 일을 잊어버리지요. 절대 미래에 대해서는 걱정하지 않습니다. 앞으로 무슨 일이 일어날지 알 수 있는 사람은 아무도 없으니까요. 물론 미래에 영향을 끼칠 수 있는 힘은 아주 많습니다. 그렇지만 그러한 힘의 동기가 되는 것이 무엇인지는 아무도 알 수 없고, 이해할 수도 없습니다. 그러니 왜 그런 것을 걱정합니까?"

이런 말을 한다고 해서 켈러를 철학자라고 말한다면, 그는 당황할 것이다. 그는 그저 훌륭한 사업가일 뿐이지만, 그의 생각은 1,900년 전에 고대 로마에서 에픽테토스가 가르쳤던 철학과 일맥상통한다. 에픽테토스는 로마인들에게 이렇게 가르쳤다.

"행복에 이르는 길은 단 하나밖에 없다. 우리의 의지력으로는 어쩔 수 없는 일에 대해 걱정하는 것을 멈추는 것이다."

'성스러운 사라'로 일컬어지는 사라 베르나르는 피할 수 없는 일에 순응하는 방법을 알았던 여성이었다. 그녀는 반세기 동안 연극계의 여왕으로 군림하면서 전 세계적으로 이름을 떨쳤다. 그러나 그녀가 71세가 되었을 때 전 재산을 잃고 파산하고 말았다. 게다가 주치의인 포치 교수는 그녀의 다리를 절단해야 한다고 진단했다. 대서양을 횡단하다가 폭풍을 만나 갑판에서 넘어져 다리를 몹시 다쳤기 때문이다. 사라는 정맥염이라는 병에 걸려 다리가 오그라들었다. 고통이 너무 심했기 때문에 의사는 그녀의 다리를 절단해야 한다고 생각했다. 의사는 사납고 난폭한 성격의 '성스러운 사라'에게 어떤 치료를 해야 하는지 알리기를 주저했다. 이 끔찍한 말을 듣는다면 그녀가 기절초풍해서 난리를 피울 것으로 생각했다. 그러나 그것은 오산이었다. 사라는 한동안 물끄러미 그를 바라보더니, 조용히 말했다.

"그래야만 한다면 해야겠죠."

그것은 피할 수 없는 운명이었다.

그녀가 수술실로 들어갈 때 눈물을 흘리며 서 있는 아들에게 씩씩하게 손을 흔들면서 쾌활하게 소리쳤다.

"어디 가지 말고 기다려. 곧 돌아올 테니."

수술실로 가는 중에 그녀는 연극의 한 장면을 재연했다. 스스로 기운을 내기 위해 그러는 거냐고 누군가가 묻자, 그녀는 이렇게 대답했다.

"아니요, 의사와 간호사들을 격려하기 위해서였어요. 그분들도 긴장될 테니까요."

수술을 받고 회복한 후에도 7년 동안, 사라는 순회공연을 하면서 세계 각국의 관객을 매혹시켰다.

엘시 맥코믹은 〈리더스 다이제스트Reader's Digest〉지에서 이렇게 말했다.

"피할 수 없는 일과 싸우는 것을 멈추는 순간 우리는 더 풍성한 삶을 창조할 수 있는 에너지를 풀어놓게 됩니다."

피할 수 없는 일과 싸우면서 동시에 새로운 삶을 창조할 정도로 충만한 감정과 활력을 가진 사람은 없다. 그러니 둘 중 하나를 선택해야 한다. 피할 수 없는 거친 눈보라에 구부러질 수도 있고, 아니면 그것에 저항하다가 부러질 수도 있다.

나는 미주리 주의 우리 농장에서 그런 일이 일어나는 것을 보았다. 농장에 스무 그루의 나무를 심었더니, 처음에는 나무들이 놀랄 만큼 빨리 자랐다. 그러다가 눈보라가 치자, 크고 작은 나뭇가지는 전부 두꺼운 눈옷을 입게 되었다. 이 나무들은 눈의 무게에 순순히 가지를 구부리지 않고 잘난 듯이 저항하다가 결국 눈의 무게를 이기지 못해 꺾이고 부러졌다. 이 나무들은 북부 지역 삼림의 지혜를 몰랐다. 나는 캐나다의 상록수 숲을 수백 마일이나 여행한 적이 있지만, 눈이나 얼음 때문에 가문비나무나 소나무 가지가 부러진 것을 여태 한 번도 보지 못했다. 이 상록수들은 가지를 휘거나 굽히는 법과 피할 수 없는 것을 받아들이는 법을 알기 때문이다.

브라질 유술(柔術)(복싱과 유도 따위를 합친 무술-역자주) 사범들은 문하생들에게 이렇게 가르친다.

"버드나무처럼 휘어져라. 참나무같이 저항하지 마라."

자동차 타이어가 도로 위에서 그토록 많은 충격을 견뎌낼 수 있는 것은 무엇 때문일까? 최초의 타이어 제조업자들은 노면의 충격에 저항하는 타이어를 만들려고 했다. 그러나 그 타이어는 이내 갈기갈기 찢어지고 말았다. 그러다가 그들은 노면의 충격을 흡수하는 타이어를 만들었다. 이 타이어는 충격을 견뎌낼 수 있었다. 우리도 험한 인생길에서 충격과 덜컹거림을 흡수하는 법을 배운다면 더 오래 더 행복한 여행을 즐길 수 있다.

삶의 충격을 흡수하지 않고 저항한다면 어떻게 될까? 버드나무처럼 휘어지기를 거부하고 참나무처럼 저항한다면 어떻게 될까? 답은 간단하다. 엄청난 심리적 갈등을 겪게 될 것이다. 끊임없이 걱정하고 긴장하고 신경쇠약에 걸리고 말 것이다.

더구나 냉엄한 현실을 거부하고 스스로 만들어낸 공상의 세계로 도피한다면, 우리는 아마 미쳐버리고 말 것이다.

세계대전 중에 수백만의 겁에 질린 군인들은 피할 수 없는 일을 받아들이든지, 아니면 긴장으로 쓰러지든지 해야 했다. 뉴욕의 글렌데일가에 사는 윌리엄 카셀리우스의 예를 들어 보자. 이 이야기는 뉴욕에서 진행된 성인 교육 강좌에서 입상한 실화다.

"연안 경비대에 입대한 직후에 저는 대서양 연안에서도 가장 격전지로 배속되었습니다. 그리고 폭발물 감시병으로 임명되었지요. 생각해 보세요! 크래커나 팔던 내가 폭발물 감시병이 되다니! 수천 톤에 달하는 TNT(강력 폭탄) 위에 서 있다는 것은 생각만 해도 크래커 판매원의 뼛속까지 오싹하게 만들었습니다. 폭발물에 관한 교육도 겨우 이틀간 받았을 뿐이지만, 오히려 제가 배운 것이 저를 더욱 겁에 질리게 했습니다. 첫 임무를 수행하던 일은 평생 잊지 못할 것입니다. 춥고 어둡고 안개 자욱했던 그날, 저는 뉴저지 주 베이온의 케이븐 포인트 부두에서 명령을 받았습니다. 저는 5번 선창에 배속되어 다섯 명의 부두 노동자들과 함께 그곳에서 일해야 했습니다. 그들은 건장한 사내들이었지만, 폭탄에 관해서는 아무것도 알지 못했습니다. 그런 사람들이 폭탄 하나에 TNT 1톤 가량의 폭발물이 들어 있는 폭탄을 져 나르고 있었습니다. 한 발이면 이 낡은 배를 날려버릴 수 있는 엄청난 화력이었지요. 이런 무시무시한 폭탄들이 겨우 두 개의 케이블에 의지해 내려지고 있었습니다. '케이블 하나라도 미끄러지거나 끊어지면……. 아, 어떡하지!' 너무 무서운 나머지 몸이 와들와들 떨리고 입속이 바싹 말랐습니다. 다리가 풀리고 심장이 마구 두근거렸습니다. 하지만 도망칠 수도 없었습니다. 이 자리를 피하면 탈영병으로 몰리게 될 테니까요. 그것은 저 자신은 물론이고, 부모님 체면에 관계되는 일이었습니다. 게다가 탈영으로 총살당할지도 모를 일이었습니다. 저는 도망칠 수가 없었습니다. 그냥 그곳에 머물러 있으면서 부두 노동자들이 폭탄을 부주의하게 다루는 모습을 지켜보아야 했습니다. 배는 당장이라도 폭발할 것 같았습니다. 등골이 오싹해지는 공포 속에서 한 시간 가량이나 떨다가 가까스로 평상심을 회복할 수 있었습니다. 저는 그럴 듯한 말로 자신을 달랬습니다. '이봐! 폭탄이 터져 목숨이 날아갈지도 모른다고 쳐! 그래서 어쨌다는 거야! 상관없잖아. 오히려 편히 죽는 방법일지도 모르지. 암에 걸려 죽는 것보다는 훨씬 낫잖아. 바보같이 굴지 마. 영원히 살 것도 아닌데! 이 일을 해내든지, 아니면 총살을 당해야 해. 그렇다면 이 일을 좋아하는 편이 낫지 않겠어?' 이런 말을 몇 시간이고 혼자서 되풀이하고 나니, 마음이 편해지기 시작했습니다. 결국, 저는 피할 수 없는 일로 받아들임으로써 고민과 공포를 이겨낼 수 있었습니다. 저는 이 교훈을 잊지 못할 것입니다. 제가 바꿀 수 없는 일을 걱정하게 될 때마다 저는 어깨를 으쓱하고 '잊어버리자!'라고 말합니다. 그게 효과가 있다는 것을 알게 되었습니다. 심지어 저 같은 크래커 판매원에게도 말입니다. 만세! 피나포어의 크래커 판매원을 위해 만세삼창을 해줄 일이지요."

십자가에 못 박힌 예수 그리스도의 죽음을 제외하고 역사상 가장 유명한 임종 장면은 소크라테스의 죽음이다. 백만 년 후에도 사람들은 그의 죽음에 대한 플라톤의 묘사를 모든 문학 작품 중에서도 가장 감동적이고 아름다운 문장으로 읽고 마음에 새길 것이다. 맨발의 노옹 소크라테스를 시기하고 질투하던 아테네의 몇몇 사람들은 그에게 죄를 덮어씌워 사형 선고를 받도록 했다. 친절한 간수는 독이 든 잔을 소크라테스에게 권하면서 이렇게 말했다.

"피할 수 없는 일이라면 태연히 견뎌내시오."

소크라테스는 그렇게 했다. 그는 신에 가까운 평온함과 체념으로 죽음에 직면했다.

"피할 수 없는 일이라면 태연히 견뎌내시오."

예수 그리스도가 태어나기 399년 전에 나온 이 말은 그 어느 때보다도 오늘날 더 필요한 말이다.

"피할 수 없는 일이라면 태연히 견뎌내시오."

실제로 나는 조금이라도 걱정을 없애는 방법을 다룬 책이나 잡지라면 모조리 읽었다. 그 결과 내가 발견한 걱정에 관한 가장 좋은 충고가 무엇인지 알고 싶지 않은가? 요약해보면 다음과 같다. 이 말을 욕실 거울 위에 붙여두고 세수할 때마다 마음속 온갖 걱정도 함께 씻어낼 수 있을 것이다. 이 귀중한 기도문은 뉴욕 유니언신학교의 라인홀드 니부어 박사가 쓴 것이다.

> 주여 허락해 주소서.
> 바꿀 수 없는 일은 받아들일 수 있는 은총을,
> 바꿀 수 있는 일은 바꿀 수 있는 용기를,
> 그리고 이 둘을 분별할 줄 아는 지혜를,
> 저에게 주소서.

엉망이 되기 전에 걱정하는 습관을 고치는 네 번째 법칙은 다음과 같다.

법칙4

- **피할 수 없는 일은 받아들여라.**

Chapter 10

걱정에 대해 '손절매' 주문을 해둬라

월가에서 돈 버는 방법을 알고 싶은가? 그것을 알고 싶어 하는 사람은 수없이 많을 것이다. 내가 그 방법을 알았더라면, 이 책은 한 권에 1만 달러에 팔릴 것이다. 하지만 성공한 주식중개인들이 사용하는 좋은 생각이 있다. 투자상담가 찰스 로버트가 나에게 들려준 이야기다.

"처음에 나는 친구들이 주식에 투자해달라고 준 돈 2만 달러를 가지고 텍사스에서 뉴욕으로 왔습니다. 내 딴에는 주식시장을 알고 있다고 생각했지만, 가진 돈을 몽땅 잃고 말았습니다. 사실 큰 이익을 낸 몇몇 거래도 있기는 했지만, 결국 한 푼도 남김없이 다 날리고 손을 들 수밖에 없었습니다. 내 돈을 날린 것은 그다지 상관이 없었지만, 친구들의 돈을 잃은 것은 정말이지 괴로운 일이었습니다. 그 친구들이 그 정도는 감당할 여력이 있는 사람들이었지만, 결국 우리의 모험이 그들에게 큰 손해를 끼쳤기에 친구들을 볼 면목이 없었습니다. 그런데 놀랍게도 여전히 농담을 즐기는 그 친구들은 구제불능의 낙천가들이었습니다. 나는 내가 주먹구구식으로 요행을 바라면서 다른 사람들의 의견에 따라 투자했다는 사실을 깨달았습니다. 귀동냥으로 주식 투자를 했던 것입니다. 내 실수에 대해 곰곰이 되짚어보면서, 무엇이 잘못된 것인지 알아내기 전에는 다시 주식에는 손도 대지 않기로 마음먹었습니다. 그래서 나는 가장 성공한 주식 투자가 중 한 명인 버튼 캐슬스를 찾아가 자문을 청했습니다. 나는 그 사람으로부터 많은 것을 배울 수 있을 것으로 생각했습니다. 왜냐하면 그는 해마다 성공적인 투자를 한 것으로 평판이 높았는데, 그런 성공은 단순히 기회나 행운의 결과가 아니라는 사실을 알고 있었기 때문입니다. 그는 지금까지 내가 어떤 식으로 거래를 했는지에 대해 몇 가지 질문을 하고는, 주식 거래에 있어서 가장 중요한 원칙을 말해주었습니다. 그는 이렇게 말했습니다. '나는 어떤 거래에 대해서도 손절매 주문stop-loss order을 해둡니다. 가령 주당 50달러에 주식을 매수할 경우에는 곧바로 45달러에 손절매 주문을 해두는 거죠.' 말하자면 주가가 5포인트 하락하면 자동으로 그 주식을 매도하게 되고, 따라서 손실을 5포인트로 제한하는 것입니다. 나이 많은 주식 고수는 이렇게 덧붙였다. '우선 주식 거래가 성공적으로 이루어질 경우, 평균적으로 10~25포인트, 심지어 50포인트까지 이익이 날 수 있습니다. 따라서 손실을 5포인트로 제한한다면, 거래에서 절반 이상 실패한다 해도 많은 돈을 벌 수 있게 됩니다.' 나는 즉시 이 원칙을 받아들여 지금까지 사용하고 있습니다. 그 원칙 덕분에 내 고객들과 나는 쏠쏠한 재미를 볼 수 있었습니다. 얼마 후 나는 주식시장 밖에서도 다른 방식으로 이 손절매 원칙을 적용할 수 있다는 사실을 깨닫고, 금전적인 걱정 외에 다른 일에도 손절매 주문을 적용하기 시작했습니다. 나는 온갖 성가신 일과 불쾌한 사건에도 손절매 주문을 해두었는데, 그것은 마법 같은 효력을 나타냈습니다. 예를 들어 나는 시간 약속을 잘 지키지 않는 친구와 가끔 점심식사를 같이 합니다. 전에는 점심시간이 반이나 지나도록 나타나지 않는 그 친구 때문에 속을 끓이곤 했습니다. 결국 나는 그에게 나의 걱정거리에 대한 '손절매 주문'에 대해 이렇게 말했습니다. '빌, 자네를 기다리는 것에 대한 나의 손절매 주문은 딱 10분으로 하겠네. 만약 자네가 10분 이상 지각한다면, 우리의 점심 약속은 없던 일일세. 난 가버리고 말 테니까.'"

진작부터 내가 성급함이나 화를 잘 내는 성미, 자기 합리화 욕구, 후회, 그리고 모든 정신적, 감정적 긴장에 대해 손절매 주문을 해둘 만큼 분별력을 가지고 있었더라면 얼마나 좋았을까! 마음의 평화를 어지럽히는 모든 상황을 정확히 판단하여 이렇게 말할 지혜가 없었을까?

"이봐! 데일 카네기, 이번 일은 이 정도 걱정하는 것만으로 충분하네. 더 이상은 안 돼."

왜 그러지 못했을까?

하지만 적어도 한 번은 분별력을 발휘한 적이 있었다고 인정해야겠다. 그 일은 중대한 사건이었으며, 내 인생의 위기이기도 했다. 그때 나는 장래에 대한 꿈과 계획, 여러 해 동안 해온 일이 물거품처럼 사라지는 것을 지켜봐야 했다. 30대 초에 나는 소설을 쓰며 살기로 결심했다. 말하자면 제2의 프랭크 노리스나 잭 런던, 토머스 하디가 되기로 했다. 나는 그야말로 진지했기 때문에 유럽에서 2년간을 보내기도 했다. 그 2년 동안 나는 나름대로 걸작을 저술했는데, 그 책의 제목을 《눈보라》

라고 붙였다. 그 무렵은 제1차 세계대전 직후의 인플레 시기여서 달러만 있으면 많은 돈을 들이지 않고 생활할 수 있었다. 제목만큼은 너무나도 자연스러웠다. 이 책에 대한 출판업자들의 태도가 다코다 평원에 휘몰아치는 눈보라만큼이나 싸늘했기 때문이다. 작품이 시시하고 나에게 소설을 쓸 만한 재능이 없다는 출판 대리인의 말에 심장이 멎는 것 같았다. 나는 멍한 상태로 그의 사무실을 나왔다. 몽둥이로 머리를 얻어맞은 것보다도 더한 충격이었다. 나는 망연자실했다. 그때 나는 인생의 갈림길에 서 있었고, 매우 중대한 결정을 해야 한다는 사실을 깨달았다. 이제 어떻게 해야 할까? 어느 길로 가야 하나? 이런 망연자실한 상태에서 벗어나기까지 몇 주일이 걸렸다. 그 당시에 나는 '걱정에 대해 손절매 주문을 해두라.'는 말을 들어본 적이 없었다. 하지만 지금 돌이켜보면, 당시에 내가 그렇게 했던 것 같다. 나는 그 소설을 쓰느라 고심했던 지난 2년을 잊기로 했다. 그 시간은 그 자체로도 충분히 귀중한 경험이었고, 나는 거기서 다시 시작했다. 나는 성인 교육 강좌를 개설하여 다시 가르치는 일로 돌아갔고, 남는 시간에는 전기류의 책과 지금 여러분이 읽고 있는 책과 같은 비소설류의 책들을 썼다.

당시에 내가 그런 결정을 내린 것을 다행으로 여기는가? 그 일이 생각날 때마다 너무 즐거워서 길에서 춤이라도 추고 싶은 심정이다. 솔직히 말해서 나는 결코 제2의 토머스 하디가 아니라는 사실을 슬퍼한 적이 없다.

1세기 전 어느 날 밤, 월든 호숫가의 숲속에서 올빼미 한 마리가 울고 있을 때 헨리 소로는 거위 깃털로 만든 펜을 수제 잉크에 적셔 가며 일기를 썼다.

'어떤 사물의 가치란 그것이 순간이든 지속적이든 그 일과 교환되어

야 하는 인생이라고 부르는 것의 양이다.'

다시 말하자면, 어떤 일에든 자신의 존재 자체를 위협할 정도로 지나치게 비용을 지불하는 것은 어리석다.

하지만 길버트와 설리반Gilbert and Sullivan(1970년대 인기를 누렸던 아일랜드 출신 가수-역자주)이 바로 그런 어리석은 일을 저질렀다. 그들은 유쾌한 가사와 명랑한 음악을 만들 줄은 알았지만, 자신의 삶을 즐겁게 만드는 법에 대해서는 잘 몰랐다. 그들은 전 세계 사람들을 기쁘게 해준 〈미카도Mikado〉, 〈피나포어Pinafore〉, 〈페이션스Patience〉 등 실로 아름다운 오페레타(경가극)를 만들어냈지만, 정작 자신의 감정을 조절할 수는 없었다. 말하자면 그들은 고작 카펫 한 장 값을 두고 몇 년씩이나 불쾌한 나날을 보냈다. 설리반은 그들이 매입한 공연장에 깔 카펫을 주문했다. 카펫 대금 청구서를 본 길버트는 화가 치밀었다. 이 싸움은 결국 법정으로까지 번졌고, 두 사람은 죽을 때까지 말을 섞지 않았다. 설리반은 새로운 작품을 작곡하면 그것을 우편으로 길버트에게 보냈고, 길버트는 그 곡의 가사를 지어 다시 설리반에게 보냈다. 한번은 공연이 끝나고 두 사람이 함께 무대 인사를 해야 했다. 그들은 무대의 반대편에 서서 서로 다른 방향으로 머리를 숙임으로써 서로 얼굴을 보지 않으려 했다. 그들은 일찍이 링컨이 그랬던 것처럼, 서로의 원한에 대해 손절매 주문을 해둘 만한 분별력을 갖고 있지 않았다.

남북전쟁 중에 링컨의 친구들이 그의 철천지원수를 비난하자 링컨은 이렇게 말했다.

"자네들이 나보다도 더 심한 개인적 원한을 품고 있는 것 같군. 어쩌면 내가 너무 적은 원한을 품고 있는지 모르겠지만, 여하튼 그럴 만한 일은 아닐 거라고 생각하네. 인생의 절반을 논쟁으로 허비할 만큼 시간이 많지는 않으니까 말일세. 누구든지 더 이상 나를 공격하지 않는다면, 그 사람과의 나쁜 기억은 잊어버리기로 했네."

나의 에디스 숙모가 링컨 같은 너그러운 성미를 가졌더라면 얼마나 좋았을까. 숙모와 프랭크 숙부는 척박하고 물 대기도 나쁘고 잡초가 무성한데다 저당까지 잡혀 있는 농장에 살고 있었다. 두 분은 동전 한 푼도 아끼지 않으면 안 될 만큼 몹시 어려운 형편이었다. 하지만 숙모는 커튼이나 자질구레한 소품들을 사들여 보잘것없는 집을 화사하게 꾸미는 것을 좋아했다. 더구나 숙모는 값비싼 소품들을 미주리주 댄 에버솔 포목점에서 외상으로 샀다. 농부들이 그렇듯이, 숙부는 빚이 늘어나는 것이 걱정되어 몰래 댄 에버솔 상점에 찾아가 아내에게 외상을 주지 말라고 부탁했다. 그 사실을 알고 숙모는 몹시 화를 냈고, 무려 50년이 지난 지금까지도 화를 풀지 않고 있다. 나는 숙모가 그 이야기를 하는 걸 수없이 들어왔다. 내가 마지막으로 숙모를 본 것은 그녀가 70대 후반일 때였다. 나는 숙모에게 이렇게 말했다.

"에디스 숙모, 숙모의 자존심을 구긴 일은 프랭크 숙부가 잘못하신 거죠. 그렇지만 솔직히 말해서 50년 전이나 지난 일을 가지고 지금껏 불평을 하시는 숙모님 잘못이 더 크다고 생각하지 않으세요(숙모에게 이런 말을 해봤자 마이동풍이었다)?"

에디스 숙모는 오랫동안 품어온 원한과 괴로운 기억에 너무 비싼 대가를 지불했다.

벤저민 프랭클린은 일곱 살 때 저지른 잘못을 70년 동안이나 잊지 못했다. 일곱 살짜리 꼬마는 호루라기와 사랑에 빠졌다. 그는 호루라기를 너무 갖고 싶어서 장난감 가게로 들어가 갖고 있던 동전을 계산대 위에 몽땅 꺼내놓고는 값도 물어보지 않고 호루라기를 달라고 했다.

그는 70년이 지난 뒤에 친구에게 쓴 편지에서 이렇게 말했다.

'집으로 돌아온 나는 호루라기를 갖게 된 기쁨에 온 집안을 돌아다니며 호루라기를 불어댔지. 하지만 형들과 누나들은 내가 호루라기를 턱없이 비싸게 산 것을 알고 마구 웃어댔다네. 나는 너무 분해서 울고 말았네.'

훗날 프랭클린이 세계적으로 유명한 인물이 되고 프랑스 대사가 되었을 때도 그는 호루라기를 너무 비싸게 샀던 일을 기억하고 있었다. 그는 "호루라기가 준 기쁨보다도 분한 생각이 더했다."고 털어놓았다. 하지만 결국 프랭클린은 싼 값으로 교훈을 얻은 셈이었다. 그는 이렇게 말했다.

"어른이 되어 사회에 나가서 사람들의 행동을 살펴보니, 대단히 많은 사람들이 호루라기 값을 너무 많이 치르고 있었다. 요컨대 사람들이 겪는 대부분의 불행은 물건의 가치를 잘못 판단하고, 자신들의 호루라기에 너무 많은 대가를 지불하기 때문이라는 사실을 알게 되었다."

길버트와 설리반도 그들의 호루라기에 너무 많은 대가를 지불했다. 에디스 숙모의 경우도 마찬가지다. 나 역시 많은 경우에 그러했다. 가장 위대한 걸작《전쟁과 평화War and Peace》,《안나 카레니나Anna Karenina》의 작가인 불멸의 문호 레오 톨스토이도 마찬가지였다. 대영백과사전에 따르면, 레오 톨스토이는 그의 생애 마지막 20년 동안 세계에서 '가장 존경받는 사람'이었다. 그가 사망하기 전 20년 동안, 그러니까 1890년부터 1910년까지 수많은 숭배자들이 그의 얼굴을 한 번이라도 보고 그의 목소리를 들어보려고, 심지어 옷자락이라도 만져보려고 끊임없이 그의 집을 찾았다. 톨스토이가 내뱉는 말은 한 마디 한 마디가 마치 '신의 계시'이기나 한 것처럼 빠짐없이 노트에 기록되었다. 그러나

통상적인 삶의 측면에서 보자면, 톨스토이는 일흔 살이 되어서도 일곱 살짜리 꼬마 프랭클린보다도 분별력을 지니지 못했다. 그는 전혀 분별력이 없었다.

톨스토이는 그가 너무나 사랑하던 소녀와 결혼했다. 그들은 매우 행복했고 천국 같이 황홀한 삶이 언제까지나 계속되기를 하나님께 기도했다. 하지만 톨스토이와 결혼한 소녀는 질투가 심한 성격이었다. 그녀는 시골 아낙 같은 차림으로 변장을 하고 톨스토이의 뒤를 밟곤 했는데, 심지어는 산속에까지 따라가기도 했다. 그들은 가끔 심한 말다툼을 했다. 자식들에게까지 질투를 할 만큼 심해진 그녀는 홧김에 딸의 사진에 총을 쏘아 구멍을 낸 적도 있었다. 아편 병을 입에 물고 바닥을 구르면서 자살하겠다고 으름장을 놓기까지 했다. 그러는 동안 자식들은 방구석에 몸을 웅크리고 무서워서 울부짖었다.

그때 톨스토이는 어떻게 했을까? 그가 화가 나서 세간을 부셨다고 해도 비난하지 않겠다. 그럴 만도 했으니까 말이다. 그러나 그는 그보다도 훨씬 좋지 않은 행동을 했다. 비밀 일기를 썼다! 그는 비밀 일기에다 전적으로 아내를 비난하는 말을 썼다. 말하자면 그 일기가 그의 '호루라기'였던 셈이다. 그는 후세 사람들이 자기를 동정하게 하여 모든 것을 아내의 허물로 만들 작정이었다. 그런데 이에 대해 그의 아내는 어떻게 했을까? 그녀는 남편의 일기를 찢어서 불태워 버렸다. 그리고 아내도 남편을 악당으로 만드는 일기를 쓰기 시작했다. 심지어 그녀는 《누구의 잘못인가?Whose Fault?》라는 제목의 소설까지 써서, 남편을 가정의 악마로, 그녀 자신은 희생자로 묘사했다.

대체 왜 이 지경까지 된 걸까? 왜 이 두 사람은 하나밖에 없는 자기 가정을 톨스토이의 말대로 '정신병원'으로 만들었을까? 여기에는 분명히 몇 가지 이유가 있다. 한 가지 이유는 우리 같은 후세 사람들에게 강한 인상을 주고 싶다는 지독한 욕망이었다. 그렇다. 실제로 그들은 후세 사람들의 비판을 염두에 두고 있었다. 우리가 저승에까지 가서 둘 중 누가 잘못했는지에 대해 비난할 일이 있을까? 말도 안 된다. 우리는 톨스토이를 생각할 겨를이 없을 것이다. 자신의 문제만으로도 벅찰 테니까 말이다. 그런데도 이 딱한 두 사람은 자신의 '호루라기'에 얼마나 비싼 대가를 지불했던가! 그들이 50년이나 지옥 같은 가정생활을 꾸려왔던 것은 단지 "그만!"이라고 말할 만한 분별력을 가지고 있지 않았기 때문이다. 두 사람 다 "이런 일에는 즉시 손절매 주문을 해둡시다. 우리는 삶을 낭비하고 있어요. 이제 그만 됐다라고 말하자고요."라고 말할 여유가 없었던 것이다.

그렇다. 올바른 가치 판단력, 이것이야말로 진정한 마음의 평화를 얻는 최대 비결일 것이다. 우리 삶에서 어떤 것이 가치가 있는지에 대해 자기 나름의 금본위제를 개발할 수 있다면, 우리의 걱정거리 중 절반은 사라질 것이다.

그러니 엉망이 되기 전에 걱정하는 습관을 고치는 다섯 번째 법칙은 다음과 같다.

법칙5

살아가면서 손해를 회복하려다가 오히려 더 큰 손해를 보게 될 때는, 잠시 멈추고 다음 세 가지 질문을 던져보라.

1. 지금 걱정하고 있는 것이 실제로 얼마나 중요한 일인가?
2. 어느 시점에서 이 걱정에 대해 '손절매 주문'을 해두고 잊어버릴 것인가?
3. 이 '호루라기'에 대해 지불해야 할 대가가 정확히 얼마인가? 이미 그것의 값어치 이상으로 충분히 지불하지 않았는가?

톱밥에 톱질하지 마라

이 글을 쓰다가 창밖을 내다보니 우리집 정원에 있는 공룡 발자국이 몇 개 보인다. 이것은 셰일이나 암석으로 이루어진 지층에 묻혀 있던 것들이다. 나는 이 공룡 화석을 예일 대학교의 피바디 박물관에서 구입했다. 피바디 박물관 큐레이터의 말에 따르면, 이 공룡 발자국은 1억 8,000만 년 전에 형성된 것이다. 제아무리 바보천치라도 1억 8,000만 년 전으로 돌아가 공룡 발자국을 바꾸려 하지는 않는다. 하지만 우리가 걱정하는 것에 비한다면 그쪽이 훨씬 더 현명하다. 180초 전에 일어난 일이라도 뒤늦게 그것을 바꿀 수는 없기 때문이다. 그런데도 많은 사람들이 그런 일을 하고 있다. 분명히 180초 전에 일어났던 일의 결과를 바꾸기 위해 무언가를 할 수는 있다. 하지만 이미 일어난 일 자체를 바꿀 수는 없다.

과거를 건설적인 것으로 만들 수 있는 유일한 방법은 과거의 잘못을 차분히 분석하고 거기서 교훈을 얻은 다음에는 잘못을 잊어버리는 것이다.

이 말이 진리라는 것은 알고 있지만, 항상 그렇게 할 만한 용기와 분별력이 내게 있을까? 이런 의문에 대한 대답으로 몇 년 전에 겪은 놀라운 경험에 대해 이야기해보겠다.

나는 30만 달러 이상을 투자해 한 푼도 벌지 못하고 고스란히 날려버린 적이 있다. 자초지종을 이야기하자면 이렇다.

나는 대규모 성인교육 사업을 시작하여 여러 도시에 지점을 열고, 간접비와 광고비에 아낌없이 지출하고 있었다. 당시 강의를 하느라 너무 바빴기 때문에 재정적인 부분을 살필 시간적 여유가 없었을 뿐더러 그러고 싶지도 않았다. 너무나 고지식해서 지출을 관리해줄 수완 있는 경영 관리인이 필요하다는 사실을 깨닫지 못했다.

결국, 1년 가량 지난 후에야 나는 충격적인 사실을 알아차리고는 정신이 번쩍 들었다. 그것은 우리가 막대한 매출을 올리고 있었음에도 수익이 한 푼도 없다는 것이었다. 이 사실을 알게 된 후, 두 가지 일을 해야 했다. 먼저 분별력을 가지고 흑인 과학자 조지 워싱턴 카버가 일생 동안 저축한 4만 달러를 은행 파산으로 잃었을 때 했던 것처럼 해야 했다. 누군가가 그에게 은행이 파산했다는 사실을 아느냐고 물었을 때, 그는 이렇게 대답했다.

"네, 그 얘기는 들었습니다."

그러고는 아무 일도 없었던 듯이 수업을 계속했다. 그는 잃어버린 돈을 마음속에서 말끔히 지우고는 두 번 다시 그 일에 대해 언급하지 않았다.

내가 해야 했던 두 번째 일은 나의 실수에 대해 철저히 분석하고 오래도록 기억될 교훈을 얻는 것이었다.

하지만 솔직히 나는 이 두 가지 일 중 한 가지도 하지 않았다. 그보다는 걱정의 소용돌이에 휩쓸려 몇 달 동안 망연자실한 채로 지냈다. 잠을 이루지 못했고 체중도 줄었다. 게다가 이 엄청난 실수로부터 교훈을 얻기는커녕, 계속 밀고 나가다가 작지만 똑같은 실수를 또 다시 저지르고 말았다.

이런 어리석은 짓을 털어놓는 것은 매우 창피한 일이지만, 나는 '어떤 일을 해야 좋을지를 스무 명에게 가르치는 것이 그 가르침을 몸소 실천하는 스무 명 중의 한 명이 되는 것보다 쉽다.'는 사실을 오래전에 깨달았다.

뉴욕에 있는 조지워싱턴 고등학교에 다니면서 폴 브랜드와인 박사의 강의를 듣는 특권을 가지지 못한 것을 유감스럽게 생각하고 있다. 그는 바로 뉴욕에 사는 앨런 손더스를 가르쳤던 선생님이었다.

손더스 씨는 나에게 위생학 수업 선생이었던 폴 브랜드와인 박사로부터 여태 배우지 못했던 귀중한 가르침을 얻었다고 말했다.

"겨우 10대였지만, 그 무렵 저는 걱정이 많았어요. 제가 저지른 실수에 대해 늘 마음을 졸이며 안절부절못했어요. 시험 답안을 제출하고 나면, 낙제하지 않을까 걱정이 되어 뜬눈으로 밤을 지새우면서 손톱을 물어뜯은 적도 있었죠. 저는 항상 제가 한 일에 대해 생각하며 줄곧 다르게 했더라면 좋았을 거라고 후회했고, 제가 한 말에 대해서도 더 나은 말을 했더라면 하고 자책했습니다. 그런데 어느 날 아침, 우리 반 아이들이 과학 실험실로 들어가려 할 때였죠. 폴 브랜드와인 박사님이와 계셨는데, 우유 한 병이 교탁 가장자리에 눈에 띄게 놓여 있었어요. 우리는 그 우유를 바라보면서, 대체 위생학과 우유가 무슨 관계가 있는지 궁금해하면서 자리에 앉았습니다. 그때 폴 브랜드와인 박사님이 갑자기 자리에서 일어서더니, 요란한 소리를 내며 우유병을 개수대에 쓸어 넣어버렸습니다. 그리고 이렇게 소리쳤습니다. '엎질러진 우유를 두고 울어도 소용없다.'

선생님은 우리들을 개수대 앞으로 불러 모으고는 깨진 병을 보게 했습니다. '잘 봐라. 앞으로 살아가면서 이 교훈을 기억하길 바란다. 우유는 이미 엎질러져 하수도로 흘러가 버렸다. 이제 와서 아무리 야단법석을 떨고 후회해도 단 한 방울의 우유도 다시 돌아오지 않는다. 조금만 주의를 기울이고 조심했더라면 우유가 엎질러지지 않았을지도 모른다. 하지만 이미 늦었다. 이제 우리가 할 수 있는 일은 그 일에 대해서는 모두 잊어버리고 다음 일로 넘어가는 것뿐이다.' 이 간단한 시연은 입체 기하학이나 라틴어를 잊어버린 후에도 오랫동안 기억에서 사라지지 않더군요. 실제로 4년 동안 고등학교에서 배운 어떤 것보다도 실제 생활에 도움이 되었죠. 박사님은 제게 가능하면 우유를 엎지르지 않도록 주의할 것, 그리고 일단 우유를 엎질러버렸다면 그 일을 깨끗이 잊어버릴 것을 가르쳐 주셨습니다."

어떤 독자들은 '엎질러진 우유를 두고 울어도 소용없다.'는 진부한 격언을 가지고 그렇게 대단한 듯이 말하느냐고 코웃음 칠지도 모른다. 나도 이 말이 평범하고 진부하며 상투적이라는 것을 알고 있다. 여러분도 천 번도 넘게 들어봤을 것이라는 것도 알고 있다. 하지만 이런 흔해빠진 격언에는 오랜 세월을 거쳐 얻어진 지혜의 정수가 들어 있다. 이런 격언은 인류의 치열한 경험에서 우러나온 것으로 여러 세대를 거쳐 전해 내려왔다. 모든 시대의 위대한 학자들이 쓴 걱정에 관한 글들을 전부 읽는다 해도, '다리에 이르기 전에는 다리를 건너지 마라.' 혹은 '엎질러진 우유를 두고 울어도 소용없다.' 같은 진부한 격언들보다 더 근본적이고 의미심장한 말을 찾을 수 없다. 우리가 이와 같은 격언에 코웃음 치지 않고 그대로 삶에 적용한다면, 이 책은 전혀 필요 없다. 사실 우리가 대부분의 옛말을 삶에 적용한다면, 거의 완벽한 삶을 살 수 있다. 하지만 지식이라는 것은 실천하고 나서야 비로소 힘이 된다. 그래서 이 책의 목적은 새로운 어떤 것을 알려주는 것이 아니다. 여러분이 이미 알고 있는 사실을 일깨워주고, 그것을 삶에 적용하도록 고무하려는 것이다.

나는 고(故) 프레드 풀러 쉐드 같은 인물을 존경하는데, 그는 오래된 진리를 신선하고 멋지게 말하는 재능을 가졌다. 〈필라델피아 불러틴Philadelphia Bulletin〉의 주간이었던 그는 어느 대학의 졸업 연설에서 이런 질문을 했다.

"제군들 중에 톱으로 나무를 켜본 사람이 있습니까?"

대다수 학생들이 손을 들었다. 그가 다시 물었다.

"톱으로 톱밥을 켜본 사람은 있습니까?"

그러자 아무도 손을 들지 않았다.

"물론 톱밥에 톱질할 수는 없지요. 이미 톱질을 했으니까요. 그것은 과거에 대해서도 마찬가집니다. 이미 끝난 일, 지나가 버린 일을 가지고 걱정하는 것은 톱밥에 톱질하는 것과 다름없는 짓입니다."

야구계의 대 원로 코니 맥이 81세였을 때, 나는 그에게 이미 진 경기에 대해 걱정해본 적이 있느냐고 물어보았다.

그는 이렇게 대답했다.

"그럼, 예전에는 종종 그랬지. 하지만 그따위 어리석은 짓은 오래전에 끝냈다네. 그런다고 해도 아무런 소용이 없다는 것을 알았거든. 이미 흘러가버린 물로 물레방아를 돌릴 수는 없지 않겠나."

그렇다. 이미 흘러가버린 물로 물레방아를 돌릴 수도 없고, 톱밥에 톱질을 할 수도 없다. 다만 얼굴에 주름이 지거나 위궤양이 생기게 할 수 있을 뿐이다.

지난해 추수 감사절에 잭 뎀프시(미국의 프로권투 선수-역자주)와 저녁식사를 함께했다. 그는 크랜베리 소스를 친 칠면조 요리를 먹으면서, 헤비급 챔피언전에서 진 터니에게 패배하여 타이틀을 빼앗겼던 시합에 대해 이야기했다. 당연히 그 경기로 인해 그의 자존심은 엄청난 타격을 입었다.

"시합 도중에 갑자기 '나도 늙었구나.'라는 생각이 들었습니다. 10라운드가 끝날 무렵에는 간신히 두 발로 서서 버틸 뿐이었습니다. 얼굴은 퉁퉁 붓고 찢어져 상처투성이였고, 눈은 거의 뜰 수도 없을 지경이었습니다. 심판이 승리의 표시로 터니의 손을 치켜올리는 것이 보였습니다. 저는 더 이상 세계 챔피언이 아니었어요. 비를 맞으며 군중 사이를 헤치고 탈의실로 돌아왔습니다. 제가 지나갈 때 어떤 이들은 제 손을 잡으려 했고, 눈물을 글썽이는 이들도 있었습니다. 1년 후에 터니와 다시 경기를 가졌지만, 또 다시 패배하고 말았습니다. 저는 영원히 끝난 거였어요. 그 일에 대해 전혀 고민하지 않을 수는 없었지만 그래도 저는 속으로 이런 말을 했습니다. '과거에 파묻혀 살거나 엎질러진 우유를 두고 후회하고 싶지는 않아. 패배를 인정하자. 그것 때문에 쓰러지지는 않을 거야.'"

잭 뎀프시는 본인이 말한 그대로 했다. 어떻게 그럴 수 있었을까?

"나는 과거에 대해 걱정하지 않을 거야."라고 줄곧 되뇌면서?

아니다. 그렇게 하는 것은 오히려 그에게 과거에 대한 걱정을 떠올리게 만들었다. 이리하여 그는 브로드웨이에 잭 뎀프시 레스토랑과 그레이트 노던 호텔을 경영하게 되었다. 또 권투 경기의 흥행을 주관하고, 시범 경기에 출전함으로써 성공을 이룩했다. 끊임없이 건설적인 사업에 몰두하여, 과거에 대해 고민할 여지를 없앰으로써 그것을 성취했다. 그는 "과거 10년 동안 선수권 보유자였을 때보다 더 즐거운 생활을 하고 있다."고 말했다.

뎀프시는 책을 많이 읽어본 적이 없다고 하나, 자신도 모르는 사이에 셰익스피어가 말한 "현명한 사람은 장난삼아서라도 자신의 손실을 한탄하지는 않는다. 오히려 그들은 힘차게 그 손실을 배제하는 방법을 탐구한다."는 충고를 실천해왔다.

역사와 전기를 읽거나 고난에 처한 사람들을 볼 때마다 나는 사람들이 자신의 고민과 비극적인 상황을 떨치고 완전히 행복한 삶을 살아가는 능력에 대해 끊임없이 놀라고 감동하지 않을 수 없다.

언젠가 뉴욕의 싱싱 교도소를 방문한 적이 있는데, 그때 가장 놀라웠던 사실은 그곳의 수감자들이 보통사람들 못지않게 행복해보였다. 당시 싱싱 교도소의 루이스 로스 소장에게 이 이야기를 했더니, 그는 이렇게 말했다. 죄수들이 교도소에 오면 처음에는 세상을 원망하고 한탄하지만, 서너 달이 지나면 영리한 죄수들은 대부분 자신의 불행한 상황을 잊고 마음을 가라앉혀 수감생활을 받아들이고 되도록 잘 지내려 한다는 것이다. 로스 소장은 수감자 중 한 명에 대해 말했다. 정원사였던 어느 죄수는 교도소 담장 안에서 야채와 꽃을 가꾸면서 노래를 불렀다고 한다.

이처럼 꽃을 가꾸면서 노래를 부르는 싱싱 교도소의 죄수는 우리들보다 훨씬 분별력이 있는 사람이었다. 그는 이런 것을 알고 있었다.

> 움직이는 손가락이 글을 쓰고, 다 쓰고 나서는
> 옮겨 가노니, 너의 신앙이나 지혜도
> 그 '한 줄'의 반도 지우지 못하고
> 네 모든 눈물을 다하여도 그 한 마디 말을
> 씻어 없애지는 못하리라.

그러니 왜 헛된 눈물을 흘리는가? 물론 우리는 많은 실수와 어리석은 행동을 저지르고 있다. 그러니 어쨌다는 건가? 누구나 마찬가지다. 천하의 나폴레옹도 중요한 전투 세 번 중에 한 번은 패배했다. 그렇다면 우리의 타율이 나폴레옹보다 나쁘지는 않을 것이다.

어쨌든 한 나라의 전 병력을 동원한다 해도 과거를 돌이킬 수는 없다. 그러니 여섯 번째 법칙을 기억하도록 하자.

법칙6

톱밥에 톱질하지 마라.

❖ 간단 요약 ❖

걱정하는 습관을 고치는 방법

1. 바쁘게 생활하여 마음속에서 걱정을 몰아내라. 바쁘게 활동하는 것이야말로 '쓸데없이 걱정하는 병'에 대한 최선의 치료이다.
2. 사소한 일에 법석을 떨지 마라. 하찮은 일로 자신의 행복을 파괴하지 마라.
3. 걱정을 몰아내기 위해 평균의 법칙을 사용하라. 실제로 이런 일이 일어날 확률이 얼마나 되는가, 자문해보라.
4. 피할 수 없으면 받아들여라. 상황을 바꾸거나 개선할 수 없다는 것을 알았다면, '이미 그런 것이니, 달리 방법이 없다.'고 자신에게 말하라.
5. 걱정에 대해 손절매 주문을 해두라. 어떤 일이든 걱정의 한도를 정해 그 이상의 걱정은 거부하라.
6. 죽은 과거는 죽은 채로 묻어두라. 톱밥에 톱질하지 마라.

4부

평화와 행복을 가져오는 7가지 마음가짐

Dale Carnegie

인생을 바꿔놓을 한 문장

몇 해 전에 어느 라디오 프로그램에 출연했다가 다음과 같은 질문을 받은 적이 있다.

"지금까지 당신이 깨달은 가장 큰 교훈은 무엇입니까?"

대답은 간단했다. 내가 배운 가장 귀중한 교훈은 '우리가 품는 생각의 중요성'이다. 여러분이 어떤 생각을 하고 있는지 알기만 하면, 여러분이 어떤 사람인지 알 수 있다. 말하자면 생각이 사람을 만든다. 우리의 마음가짐이 우리의 운명을 결정짓는 미지의 요인이기 때문이다. 에머슨은 "온종일 생각하고 있는 것, 그것이 바로 그 사람이다."라고 말했다. 그 외에 다른 무엇이 될 수 있겠는가?

우리가 해결해야 할 가장 중요한 문제, 실제로 해결해야 할 유일한 문제는 올바른 생각을 선택하는 일이다. 그렇게 할 수만 있다면, 모든 문제를 해결하는 길이 열리게 될 것이다. 로마 제국을 통치하던 위대한 철학자 마르쿠스 아우렐리우스는 그것을 단 한 문장으로 요약했다. 여러분의 운명을 결정지을 수 있는 그 한 마디는 다음과 같다.

"우리의 인생은 우리가 생각하는 대로 만들어진다."

그렇다. 행복한 생각을 하면 우리는 행복해진다. 불행한 생각을 하면 우리는 불행해진다. 또, 두려운 생각을 하면 두려워질 것이며, 건강을 염려하는 생각을 하면 병에 걸리게 될 것이다. 실패를 생각하면 분명히 실패할 것이고, 자기 연민에 빠지면 모든 사람들이 우리를 멀리하고 피할 것이다. 노먼 빈센트 필은 이렇게 말했다.

"당신은, 자신이 생각하는 당신이 아니라 당신의 생각이 바로 당신이다."

내가 모든 문제에 대해 지나치게 낙관적인 태도를 가지라고 주장하고 있는 것일까? 그렇지 않다. 안타깝게도 인생은 그렇게 단순하지 않다. 다만, 부정적인 태도 대신에 더 긍정적인 태도를 지녀야 한다고 주장하고 있다. 다시 말하자면 자신의 문제에 대해 관심을 가져야 하지만, 걱정을 해서는 안 된다는 것이다. 그렇다면 관심을 가지는 것과 걱정하는 것의 차이는 무엇일까? 뉴욕에서 교통이 번잡한 거리를 횡단할 때, 언제나 나는 나의 행동에 관심을 가진다. 걱정하는 것은 아니다. 관심을 가지는 것은 문제가 무엇인지를 이해하고 차분히 그 문제에 대처하는 것이다. 걱정하는 것은 미친 듯이 쓸데없는 제자리걸음을 하는 것이다.

인간은 자신의 중대한 문제에 대해 마음을 쓰면서도 옷깃에는 카네이션을 꽂고 태연히 거리를 활보할 수 있다. 나는 로웰 토머스가 그렇게 하는 것을 보았다. 로웰 토머스가 제1차 세계대전에서 활약했던 앨런비-로렌스Allenby-Lawrence에 관한 유명한 영화를 제작했을 때, 그 영화 시사회에 참여할 기회가 있었다. 그와 조수들은 여섯 지역의 전선에서 전투 현장을 촬영했다. 무엇보다도 로렌스와 그가 이끄는 아라비아군의 생생한 활약상을 담은 영화와 앨런비군의 성지 탈환에 관한 영화는 너무나 인상적이었다. 그는 '팔레스타인의 앨런비와 아라비아의 로렌스'라는 제목으로 강연을 열어 런던을 비롯해 전 세계에 큰 반향을 불러일으켰다. 그가 코벤트 가든 로열 오페라 하우스에서 모험에 가득 찬 이야기와 영상을 보여주는 일을 계속할 수 있도록 런던의 오페라 시즌이 6주간이나 미뤄질 정도였다. 런던에서 놀라운 성공을 거둔 후, 그는 세계 각국을 순회하며 호평을 받았다. 그러고 나서 인도와 아프가니스탄의 생활을 담은 영상 기록을 준비하면서 2년을 보냈다. 하지만 믿기 어려울 정도로 불운이 겹치더니 마침내는 있을 수 없는 일이 일어나고 말았다. 그는 런던에서 파산하고 말았다. 그 당시에 나는 그와 함께 있었는데, 우리는 라이언스 코너하우스 식당에서 싸구려 음식을 먹어야만 했다. 로웰 토머스가 스코틀랜드 출신의 유명한 화가인 제임스 맥베이에게서 돈을 꾸지 않았더라면, 그마저도 불가능한 일이었다. 이 이야기의 요지는 바로 이것이다. 로웰 토머스는 엄청난 빚을 지고 실의에 빠져 있었음에도, 그것에 대해 생각은 하고 있었지만 걱정은 하지 않았다. 이 역경에서 쓰러지고 만다면, 채권자를 포함해 모든 사람에게 전혀 무가치한 인간이 되고 말 거라는 사실을 그는 알고 있었다. 그래서 그는 매일 아침 집을 나설 때, 꽃 한 송이를 사서 옷깃에 꽂고 고개를 들고 활기찬 발걸음으로 옥스퍼드 거리를 활보했다. 그는 긍정적이고 용감한 생각을 갖고 패배 앞에 굴복하지 않았다. 그에게 있어 역경이란 게임의 일부이며, 최고의 자리에 오르기를 원한다면 겪어야 할 유익한 훈련에 지나지 않았다.

마음가짐은 육체에 거의 믿을 수 없을 만큼 영향을 미친다. 영국의 유명한 정신의학자 해드필드는 54쪽 분량의 소책자 《힘의 심리학The Psychology of Power》에서 매우 놀라운 사례들을 소개했다.

심리적 암시가 근력에 미치는 영향을 알아보기 위해 세 남자에게 실험해보았다. 근력은 악력계를 쥐는 힘으로 측정되었다.

우선 그는 실험에 참가한 사람들에게 최대한 힘껏 악력계를 쥐라고 말했다. 그는 그들에게 세 가지의 다른 조건에서 실험을 하도록 했다.

보통 깨어 있는 상태에서 실험했을 때, 그들의 평균 악력은 45킬로그램이었다.

다음에는 최면을 걸어 '당신은 매우 약하다.'는 암시를 주고 실험해 보았더니, 그들의 악력은 겨우 13킬로그램밖에 되지 않았다. 보통 정상적인 근력의 3분의 1 이하였다(실험에 참가한 세 사람 가운데 한 사람은 우승한 권투선수였는데, 최면을 걸어 '당신은 약하다.'는 암시를 주자, 자신의 팔이 '마치 어린애의 팔처럼 조그맣게' 느껴졌다고 말했다).

해드필드가 '당신은 아주 강하다.'라는 암시를 주고 세 번째 실험을 했더니, 평균 악력이 64킬로그램에 달했다. 마음이 힘에 대한 긍정적인 생각으로 채워지자, 실제로 그들은 육체적 힘이 거의 50퍼센트나 증가했다.

이처럼 마음가짐은 믿기 어려울 만큼 놀라운 힘을 갖고 있다.

생각이 가진 놀라운 힘을 설명하기 위해 미국 역사상 가장 놀라운 이야기 하나를 소개하겠다. 책을 한 권 써도 될 만한 분량의 이야기지만, 여기서는 짧게 이야기하기로 하자. 남북전쟁이 끝나고 얼마 되지 않은

10월의 어느 추운 밤, 집도 없고 가진 돈도 없는 한 여인이 매사추세츠 주 에임즈베리에 사는 퇴역 해군대령의 부인 마더 웹스터의 집을 두드렸다. 여인의 몰골은 정처 없이 세상을 떠도는 방랑자라고 밖에 볼 수 없었다.

마더 웹스터가 문을 열자 자그마하고 연약한 사람이 서 있었다. 겁에 질린 그 여인은 간신히 45킬로그램이나 될까 싶게 피골이 상접한 상태였다. 자기 이름을 글로버 부인이라고 밝힌 이 낯선 여인은 밤낮 없이 자신을 괴롭히는 중대한 문제에 대해 생각하고 해결책을 마련하기 위해 머물 곳을 찾고 있다고 말했다.

"그럼 여기 머무는 게 어때요? 이렇게 큰 집에 나 혼자 있거든요."

웹스터 부인이 말했다.

마더 웹스터의 사위인 빌 엘리스가 휴가를 보내기 위해 뉴욕에서 찾아오지 않았더라면, 글로버 부인은 언제까지나 마더 웹스터와 함께 그 집에 머무를 수도 있었다. 하지만 빌은 글로버 부인을 보고 "이 집에 부랑자를 들일 수는 없잖아요."라고 소리를 질렀다. 그 바람에 이 갈 곳 없는 여인은 문밖으로 쫓겨나고 말았다. 세찬 비가 내리고 있었다. 그녀는 빗속에서 떨며 한동안 서성이다가 머물 곳을 찾아 길을 나섰다.

이 이야기의 놀라운 부분은 지금부터다. 빌 엘리스가 집밖으로 쫓아낸 그 '부랑자'는 훗날 세계 역사상 어떤 여성보다도 인류의 사고에 더 큰 영향력을 미칠 운명을 지니고 있었다. 지금 그녀는 수백만 명의 헌신적인 추종자들에게 '메리 베이커 에디'라는 이름으로 알려진 미국의 종교 '크리스천 사이언스Christian Science'의 창시자이다.

하지만 그때까지만 해도 그녀의 인생에는 질병과 슬픔, 비극을 제외하고는 아무것도 없었다. 첫 남편은 결혼한 지 얼마 안 되어 죽고 말았다. 두 번째 남편은 그녀를 버리고 다른 유부녀와 눈이 맞아 달아나더니 구빈원에서 숨을 거두었다. 그녀에게는 오직 아들 하나뿐이었는데, 그 아이마저 가난과 질병, 질투 때문에 아이가 네 살 때 버려야만 했다. 그 후 그녀는 31년간이나 아들의 소식을 듣지 못했으며, 한 번도 아들의 얼굴을 볼 수 없었다.

원래 건강이 좋지 않았던 에디 부인은 오래전부터 그녀가 '정신요법의 과학'이라고 부르는 것에 관심을 가지고 있었다. 하지만 그녀의 인생에서 극적인 전환점이 되는 사건은 매사추세츠 주 린에서 일어났다. 어느 추운 날 시내를 걷고 있을 때, 그녀는 얼어붙은 길에서 미끄러져 넘어지면서 의식을 잃고 말았다. 척추를 심하게 다쳐서 발작으로 경련까지 일어났다. 의사도 그녀가 살아나기 어려울 것이라고 생각했다. 기적적으로 살아난다 해도 다시는 걸어 다니지 못할 거라고 진단했다.

죽음을 맞이하는 자리가 될 침대에 누워, 메리 베이커 에디는 성서를 펼쳤다. 그녀의 주장에 따르면, 성령의 인도하심에 이끌려 마태복음 한 구절을 읽게 되었다.

"침상에 누운 중풍 환자를 사람들이 데리고 오거늘 예수께서 중풍 환자에게 이르시되, 소자야 안심하라. 네 죄 사함을 받았느니라. 일어나 네 침상을 가지고 집으로 가라하시니 그가 일어나 집으로 돌아가거늘."(마태복음 9장 2절~7절)

예수의 이 말씀은 그녀의 마음속에 엄청난 힘과 믿음, 파도같이 밀려드는 치유력을 불러일으켜 그녀는 "즉시 자리에서 일어나 걸었습니다."라고 말했다.

"그 경험은 뉴턴의 사과 같은 것이어서, 스스로 건강해지고 다른 사람들까지도 건강하게 만드는 방법을 발견하는 계기가 되었습니다. 저는 모든 원인은 마음에서 비롯되며, 모든 결과는 정신적 현상이라는 과학적 확신을 갖게 되었습니다."

이렇게 해서 메리 베이커 에디는 '크리스천 사이언스'라는 신흥 종교의 창시자이자 교주가 되었다. '크리스천 사이언스'는 여성에 의해 창시된 종교 가운데 유일하게 중요한 종교로서 전 세계에 전파되었다.

지금쯤 여러분 중에는 이렇게 말하는 사람도 있을 것이다.

"카네기 이 사람, 아예 크리스천 사이언스를 전파하고 있구먼."

아니다. 결코 그런 것이 아니다. 나는 크리스천 사이언스의 신도는 아니다. 다만 나이를 먹을수록 생각이 가진 놀라운 힘에 대해 더 깊은 확신을 가지게 되었을 뿐이다. 오랫동안 성인 강좌를 진행해본 결과, 남자든 여자든 간에 생각을 바꾸는 것만으로도 걱정이나 두려움, 온갖 질병을 몰아낼 수 있을 뿐 아니라, 그들의 인생을 변화시킬 수 있다는 것을 알게 되었다. 나는 알고 있다! 확실히 안다! 그토록 믿을 수 없는 변화가 일어나는 것을 무수히 보았다. 너무나 자주 보아서 이제는 그런 것을 보아도 놀라지도 않을 정도다.

예를 들면, 내 강좌를 듣는 한 수강생에게 '생각의 힘'을 잘 보여주는 놀라운 변화가 일어났다. 그는 신경쇠약에 걸려 있었다. 무엇 때문에 신경쇠약에 걸렸냐고? 걱정 때문이었다. 이 수강생은 내게 이렇게 털어놓았다.

"저는 매사에 걱정이 많았습니다. 너무 말라서, 머리카락이 빠질까 봐, 결혼 자금을 마련하지 못할까 봐 걱정했고, 좋은 아버지가 되지 못하는 게 아닐까, 내가 결혼하고 싶은 여자를 놓치게 되지나 않을까 걱정했고, 제대로 살고 있는 것 같지 않아서 걱정이었지요. 또 다른 사람들에게 어떤 인상을 주고 있는지 걱정이 되었고, 위궤양이 생긴 게 아닐까 하는 걱정도 있었어요. 더 이상 일을 할 수가 없어서 직장도 그만 두었습니다. 마음속에 긴장이 팽팽해져, 마치 안전핀이 없는 보일러처럼 되고 말았어요. 점점 압력이 커져 금세라도 터져버릴 것만 같았고, 끝내는 폭발하고 말았습니다. 신경쇠약증에 걸려보지 않았다면, 절대 이 병에 걸리지 않게 해달라고 하나님께 기도하세요. 아무리 심한 육체적 고통도 번민하는 마음의 고통보다 더하지는 않으니까요. 신경쇠약이 너무도 심했기 때문에, 집안 식구들과 이야기도 못할 정도였습니다. 말하자면 생각을 조절할 수가 없었습니다. 공포에 사로잡힌 채 이상한 소리만 나도 공연히 깜짝 놀랐고 사람을 피했습니다. 심지어 아무런 이유 없이 울부짖는 일도 있었습니다. 하루하루가 고통의 연속이었습니다. 모두가, 심지어 하나님까지도 저를 버린 것 같았어요. 강물에 뛰어들어 모든 것을 끝내고 싶은 충동에 사로잡히기도 했습니다. 그러다가 플로리다로 여행을 떠나기로 마음먹었습니다. 환경이 바뀌면 도움이 될지 모른다는 생각이 들었던 것이지요. 기차에 올라타는데 아버지께서 편지를 건네주시면서, 플로리다에 도착하기 전에는 펴보지 말라고 했습니다. 제가 도착했을 무렵 플로리다는 한창 관광객이 몰리는 성수기였지요. 숙소를 구하지 못해 차고에 딸린 방을 빌렸습니다. 마이애미에서 출항하는 부정기 화물선에 일자리를 알아보았지만 운이 따르지 않더군요. 하릴없이 해변에서 시간을 보냈죠. 고향에 있을 때보다 플로리다에 있는게 더 비참하다는 생각이 들었습니다. 그래서 아버지의 편지를 열어보았지요. 편지에는 이렇게 적혀 있었습니다. '아들아, 너는 집에서 2,400킬로미터나 떨어진 곳에 있지만, 별로 달라진 느낌은 없을 것이다. 나는 그 이유를 알고 있단다. 네가 모든 걱정의 원인을 지니고 갔기 때문이다. 그것은 바로 네 자신이다. 너의 몸이

나 마음에는 아무런 이상이 없는 것 같다. 네가 그토록 괴로운 것은 당면한 상황 때문이 아니라, 그런 상황에 대한 너의 생각 때문이란다. '스스로 마음속으로 생각하는 것, 그것이 바로 그 사람이다.' 이 사실을 깨달았으면, 집으로 돌아오너라. 너의 병은 다 나았을 것이다.' 아버지의 편지를 읽고 저는 화가 치밀었습니다. 제가 바라는 것은 동정이었지, 훈계가 아니었으니까요. 몹시 화가 나서 다시는 집으로 돌아가지 않으리라고 다짐했습니다. 그날 밤 마이애미의 어느 골목길을 걷다가 어떤 교회 앞을 지나게 되었는데, 마침 안에서는 예배를 드리고 있었습니다. 마땅히 갈 곳도 없었던 차라 교회로 들어가 다음과 같은 설교를 듣게 되었습니다. '마음을 다스릴 줄 아는 사람은 도시를 손에 넣은 사람보다 강하니라.' 하나님의 성전에 앉아서 아버지가 편지에 써주신 생각과 똑같은 말을 듣고 있자니, 내 머릿속에 쌓여 있던 혼란스러운 것들이 쓸려 내려가는 것 같았어요. 생전 처음으로 저는 명확하고 분별력 있게 생각할 수 있었고, 제가 얼마나 어리석었던지 깨달았습니다. 있는 그대로 바라본 제 자신의 모습 앞에 놀라지 않을 수 없었습니다. 지금까지 저는 온 세상과 전 인류를 바꾸기를 원했습니다. 정작 유일하게 바꿔야 했던 것은 카메라 렌즈의 초점, 즉 나 자신의 마음이었는데 말입니다. 다음 날 아침, 저는 짐을 꾸려 집으로 돌아갔습니다. 1주일 후에는 일터로 돌아갔지요. 그리고 4개월 뒤에는 헤어질까 봐 두려워했던 아가씨와 결혼도 했습니다. 지금 우리는 다섯 아이를 둔 행복한 가정을 이루었습니다. 하나님은 저에게 물질적으로나 정신적으로 은총을 베풀었습니다. 지난날 신경 쇠약을 앓고 있을 무렵에 나는 18명의 직원을 거느린 작은 부서의 야간 주임이었지만, 현재는 450명의 종업원을 둔 판지 제조공장의 공장장입니다. 이제 삶은 훨씬 더 충만하고 호의적입니다. 저는 인생의 참다운 가치를 만끽하고 있습니다. 누구나 그렇듯이 때때로 슬그머니 불안한 생각이 들라치면, 저는 카메라 초점을 다시 맞추라고 저 자신을 다독입니다. 그러면 만사가 해결됩니다. 지금 생각하면, 제가 신경쇠약에 걸렸던 것이 다행이었던 것 같습니다. 그 쓰라린 경험을 통해 인간의 사고가 마음과 육체에 얼마나 영향력을 가지고 있는지를 알게 되었기 때문이지요. 이제는 제 생각이 저를 거스르는 것이 아니라 저에게 도움이 되도록 할 수 있습니다. 이제 아버지께서 온갖 걱정의 원인은 외부 상황이 아니라 그 상황에 대한 나의 생각이라고 말씀하신 것이 옳았다는 것을 압니다. 그 사실을 깨닫는 순간, 비로소 나는 치유되었고 다시는 신경쇠약에 걸리지 않았습니다."

이 이야기는 그 수강생의 경험담이다.

마음의 평화와 삶에서 느끼는 기쁨은 우리가 어디에 있으며, 무엇을 갖고 있으며, 우리가 누구인가에 달린 것이 아니라, 우리의 마음가짐에 달려 있다고 나는 확신한다. 외부 조건은 거의 상관이 없다. 예를 들어, 존 브라운의 경우를 살펴보자. 그는 하퍼스 페리에 있는 미국 병기고를 습격하고 노예들에게 폭동을 일으키도록 선동했다는 혐의로 교수형에 처해진 사람이다. 그는 자신의 관 위에 앉은 채 교수대로 이송되었는데, 그의 곁을 따라가던 간수는 몹시 초조하고 불안해했다. 하지만 존 브라운은 차분하고 냉정했다. 그는 버지니아의 블루리지 산맥을 바라보면서 이렇게 감탄했다.

"얼마나 아름다운 나라인가! 전에는 진정으로 바라볼 기회가 없었구나."

아니면 남극에 도착한 최초의 영국인 로버트 팰콘 스코트와 그의 대원들의 경우를 살펴보자. 그들의 귀환 여정은 인류 역사상 가장 참혹한 것이었다. 식량은 다 떨어졌고, 연료도 없었다. 그들은 한 발자국도 전진할 수 없었다. 사나운 폭설이 열하루 동안 밤낮으로 극지를 휩쓸었고, 바람이 너무도 흉포하게 불어 남극의 빙판 위에 골이 파였기 때문이다. 스코트와 대원들은 자신들이 곧 죽을 거라는 사실을 알고 있었다. 그들은 꼭 이런 위기에 대비해 상당량의 아편을 소지하고 있었다. 그것을 복용하기만 하면 전부 기분 좋은 꿈길로 들어서 두 번 다시 깨어나지 않을 수도 있었다. 하지만 그들은 아편을 사용하지 않았다. 오히려 '기운을 북돋우는 힘찬 노래를 부르면서' 죽어갔다. 이런 사실은 8개월 후 수색대가 그들의 얼어붙은 시체와 함께 찾아낸 작별의 편지를 통해 알려졌다.

그렇다. 우리가 용기와 침착함, 창조적 생각을 지니고만 있다면 자신의 관에 앉아 교수대로 끌려가면서도 경치를 즐길 수 있을 것이며, 기아와 혹한으로 죽어가면서도 우리의 텐트를 '기운을 북돋우는 힘찬 노래'로 채울 수 있다.

300년 전에 존 밀턴(영국의 시인, 《실락원Paradise Lost》의 작자-역자주)은 시력을 잃고 이와 똑같은 진리를 깨달았다.

> 마음은 그 자체가 세계이니라.
> 그 안에서 지옥을 천국으로
> 천국을 지옥으로 만들 수 있나니.

나폴레옹과 헬렌 켈러는 밀턴의 말을 입증하는 완벽한 예다. 나폴레옹은 대체로 인간이 갈망하는 명예와 권력, 부를 전부 가졌음에도, 세인트헬레나 섬에 유배되었을 때 이렇게 말했다.

"내 일생에서 행복했던 날은 단 엿새도 되지 않는다."

반면에 장님이면서 귀머거리에 벙어리인 헬렌 켈러는 "나는 인생이 너무도 아름답다는 사실을 깨닫게 되었다."라고 단언했다.

지금껏 50년을 살아오면서 내가 배운 것이 있다면, '인간에게 평화를 가져다줄 수 있는 것은 자신밖에 없다.'는 사실이다.

내가 하고자 하는 말은 바로 에머슨이 《자기신뢰self-reliance》라는 수필에서 잘 설명한 것을 되풀이하는 것에 불과하다.

'정치적 승리나 지위의 상승, 건강의 회복, 오랫동안 떠나 있던 친구가 돌아오는 일 등 외부적 사건들이 인간의 마음을 들뜨게 하고 앞으로 좋은 일만 생기리라고 기대하게 만든다. 하지만 그런 것을 믿어서는 안 된다. 그런 식으로 되는 것이 아니다. 인간에게 평화를 가져다줄 수 있는 것은 자신밖에 없다.'

스토아학파의 철학자 에픽테투스는 "'육체의 종양이나 종기'를 제거하기보다 마음속의 나쁜 생각을 물리치는 데 더 관심을 가져야 한다."고 경고했다.

에픽테투스는 이미 1,900년 전에 이런 말을 했지만, 현대 의학도 그의 말을 뒷받침하고 있다. 캔비 로빈슨 박사는 존스홉킨스 병원에 입원한 환자 다섯 명 가운데 네 명은 어느 정도 정서적 긴장과 스트레스로 인한 증세로 고통받고 있다고 지적했다. 기질적 장애의 경우에도 마찬가지다. 그는 이렇게 말했다.

"결국, 이런 증세들은 삶과 삶의 문제에 대한 부적응에 기인하는 것입니다."

프랑스의 대철학자 몽테뉴는 다음과 같은 구절을 인생의 좌우명으로 삼았다.

'인간은 일어난 일 자체보다는 일어난 일에 대한 자신의 생각 때문에 더 큰 상처를 받는다. 하지만 일어난 일에 대한 생각은 전적으로 우리 자신에게 달려 있다.'

이 말이 무슨 의미인가? 걱정에 치여 신경이 바짝 곤두서 갈 데까지 간 사람의 면전에서 그런 상황에서도 의지를 가지고 노력하면 마음가짐을 바꿀 수 있다고 감히 주장하고 있는 것일까? 맞다. 바로 그렇다! 그 뿐 아니라, 그렇게 하는 방법을 알려주려고 한다. 그러기 위해서는 약간의 노력이 필요하지만, 비결은 간단하다.

응용심리학 분야의 최고 권위자인 윌리엄 제임스는 이렇게 설명했다.

"행동이 감정을 따르는 것처럼 보이지만, 실제로 행동과 감정은 동시에 일어난다. 그러므로 더 직접적으로 의지의 통제를 받는 행동을 조절하면, 직접적으로 의지의 통제를 받지 않는 감정을 간접적으로 조절할 수 있다."

다시 말하자면, 단지 '결심하는 것'만으로 즉시 우리의 감정을 변화시킬 수는 없지만, 우리의 행동을 변화시킬 수는 있다. 그리고 행동을 변화시키면 자동적으로 감정을 변화시킬 수 있게 된다.

그는 이렇게 설명한다.

"그러므로 유쾌한 기분이 사라졌을 때, 유쾌한 기분을 회복하기 위한 가장 좋은 방법은 유쾌한 마음 자세를 갖고 이미 유쾌한 것처럼 말하고 행동하는 것이다."

이런 간단한 방법이 과연 효과가 있을까? 직접 체험해보기 바란다. 얼굴에 밝고 여유로운, 꾸밈없는 미소를 지어보라. 어깨를 쭉 펴고 심호흡을 해보라. 그리고 노래라도 한 소절 불러보라. 노래를 못하겠거든 휘파람이라도 불어보자. 휘파람도 못 불겠거든 콧노래도 좋다. 그러면 윌리엄 제임스가 한 말이 무슨 뜻인지 알게 된다. 대단히 행복한 몸짓을 연기하면서 우울하거나 풀이 죽어 있는 것이 물리적으로 불가능하다는 사실을 깨닫게 될 것이다.

이것은 우리 삶의 모든 부분에서 쉽게 기적을 일으킬 수 있는, 사소한 자연의 기본 진리 중 하나다. 캘리포니아에 사는 한 부인을 알고 있다. 여기서 그녀의 이름은 언급하지 않겠지만, 그녀가 이 간단한 비결을 알았더라면 모든 불행을 24시간 내에 깨끗이 떨쳐낼 수 있었을 것이다. 그녀는 나이 많은 미망인이었다. 물론 슬픈 일이었을 테지만, 그녀는 결코 행복해보이려고도 하지 않았다. 누군가 안부를 물으면 이렇게 대답했다.

"뭐, 괜찮아요."

하지만 그녀의 얼굴 표정과 애처로운 목소리는 '오, 하나님, 제가 얼마나 고통을 겪어왔는지 아무도 모를 거예요!'라고 호소하고 있었다. 이 미망인 앞에서는 누구든 행복하다는 것이 무안할 정도였다. 세상에는 그녀보다 더 불행한 여자가 얼마든지 있다. 남편은 그녀가 여생을 편히 살 만큼 보험금을 남겨 주었고, 언제든지 같이 지낼 결혼한 자녀들도 있었다. 그런데도 나는 그녀가 웃는 모습을 별로 보지 못했다. 그녀는 사위들 셋이 모두 인색하고 이기적이라고 불평한다. 사실 한 번 가면 몇 달씩 신세를 지면서도 말이다. 또, 자신의 돈은 노후를 대비해서 꽁꽁 숨겨놓고 쓰지 않으면서 딸들이 자신에게 선물을 사주지 않는다고 불평한다. 그녀는 확실히 자기 자신뿐만 아니라 불쌍한 가족들에게도 고통의 근원이다. 그녀가 꼭 그렇게 해야만 했을까? 그녀는 언제든지 비참하고 불행한 늙은 여인에서 존경과 사랑을 받는 한 가족의 일원으로 바뀔 수도 있었다. 그녀가 바뀌기를 원했다면 말이다. 이런 변화를 위해 그녀가 해야 할 일은 그저 유쾌하게 행동하는 것뿐이었다. 그녀 자신의 불행하고 고통스러운 자아에만 사랑을 쏟아붓는 대신에 다른 사람들에게도 사랑을 조금 나누어줄 수 있는 것처럼 행동했어야 했다.

나는 인디애나 주 텔 시티에 사는 잉글러트라는 사람을 알고 있는데, 그는 이 비결을 발견한 덕분에 지금까지 살아 있다. 잉글러트는 10년 전에 성홍열에 걸렸다. 그런데 성홍열에서 회복되자, 이번에는 신장염에 걸렸다는 사실을 알게 되었다. 의사라는 의사는 다 찾아다녔고, 심지어 '돌팔이 의사들'까지 찾아갔지만, 아무도 그의 병을 고치지 못했다.

그러다가 얼마 전에는 합병증까지 생겼다. 혈압이 급격히 치솟았다. 그를 진찰한 의사는 최고 혈압이 214나 된다고 말하면서, 이 수치는 치명적이고 병세가 진행성이기 때문에 미리 신변을 정리해두는 편이 좋을 것이라고 권했다.

그는 이렇게 말했다.

"나는 집에 돌아와 보험료를 다 냈는지 확인하고, 저의 죄에 대해 하나님께 용서를 구한 후 우울한 생각에 잠겼습니다. 저는 모든 사람들을 불행하게 만들었습니다. 아내와 가족들은 몹시 슬퍼했고, 저 자신도 한없이 우울한 기분을 떨칠 수가 없었어요. 그런데 일주일을 자기 연민에 빠져 허우적거리다 보니 이런 생각이 들더군요. '너 참 바보 같구나! 아직 1년쯤은 더 살 수도 있을 텐데, 왜 살아 있는 시간만이라도 즐겁게 보내지 못하는 거야?' 그래서 저는 가슴을 펴고 얼굴에 미소를 지었습니다. 아무 일도 없다는 듯이 행동하려 했어요. 처음에는 그러기 위해 애를 써야 했지만, 저는 억지로라도 유쾌하고 명랑하게 행동했습니다. 그러다보니 저의 가족뿐 아니라 저 자신에게도 도움이 되었지요. 무엇보다도 기분이 좋아지기 시작했습니다. 기분이 좋은 척하는 만큼 실제로도 그렇게 느껴졌으니까요. 병세는 나날이 차도를 보였어요. 그리고 지금, 무덤 속에 들어가 있어야 할 날이 몇 달이나 지났지만 저는 행복하고 건강하게 살아있을 뿐 아니라 혈압도 낮아졌습니다! 한 가지는 확실하게 압니다. 제가 좌절감에 빠져 줄곧 '죽는다'는 생각만 하고 있었더라면 틀림없이 의사의 말대로 되었을 거예요. 하지만 저는 단지 마음가짐을 바꾸는 것만으로 제 몸이 스스로 치유할 기회를 준 것입니다."

여기서 한 가지 질문을 하겠다. 단지 유쾌하게 행동하고 건강과 용기에 관한 긍정적인 생각을 하는 것만으로도 한 사람의 목숨을 건질 수 있다면, 우리가 단 일 분이라도 대수롭지 않은 우울과 좌절감을 견뎌낼 이유가 있을까? 단지 유쾌하게 행동하는 것만으로 행복해질 수 있는데 왜 우리 자신과 주위 사람들을 불행하게 만드는가?

여러 해 전에 나는 오래도록 내 삶에 깊은 영향을 주었던 책 한 권을 읽은 적이 있다. 제임스 알렌의 《생각하는 대로As a Man Thinketh》라는 책인데, 거기에 이런 구절이 있다.

'한 사람이 주변 사물과 다른 사람들에 대한 생각을 바꾸면, 주변 사물과 다른 사람들도 그에게 도움이 되도록 바뀐다는 사실을 알 수 있다. 근본적으로 생각을 바꾸면, 삶의 외적 상황이 빠르게 변화되는 것을 보고 놀라게 될 것이다. 사람들은 자신이 원하는 것을 끌어당기는 것이 아니라, 있는 그대로의 자기 자신을 끌어당긴다. 그러나 우리의 목적에 형상을 부여하는 신성이라는 것이 우리 안에 있다. 따라서 한 사람이 성취하는 모든 것은 자신이 생각한 직접적인 결과이다. 자신의 생각을 고양하는 사람만이 일어나 정복하고 성취할 수 있다. 자신의 생각을 고양하기를 거부한다면, 약하고 비굴하고 비참한 상태를 벗어날 수 없다.'

창세기에 따르면, 하나님이 인간에게 온 세상의 지배권을 주었는데, 이것은 실로 대단한 선물이다. 하지만 나는 그 같은 굉장한 특권에는 관심이 없다. 나는 나 자신을 지배하고 싶을 뿐이다. 즉 나의 생각을 지배하고, 나의 두려움을 지배하고, 나의 마음과 정신을 지배할 수 있기를 바랄 뿐이다. 놀라운 것은 단지 나의 내부 반응을 통제하는 행동을 조절하는 것만으로도 내가 원할 때 언제든지 놀라울 정도로 이런 지배력을 확보할 수 있다는 사실이다.

그러니 윌리엄 제임스가 한 이 말을 기억하도록 하자.

"우리가 악이라 부르는 것의 대부분은 단지 고통받고 있는 사람의 마음가짐을 두려움에서 투지로 변화시키는 것만으로도 축복할 만한 선으로 바꿀 수 있다."

이제 행복을 위해 싸우자! 유쾌하고 건설적인 생각을 위한 일일 프로그램에 따라 행복을 위해 싸우자. '오늘 하루만은'이라는 제목의 프로그램은 다음과 같다. 이 프로그램이 너무나도 유익한 것이어서 수백 장을 복사해서 사람들에게 나누어주었다. 이것은 고(故) 시빌 패트리지가 쓴 글이다. 이 글을 따르기만 하면, 우리는 걱정의 대부분을 떨쳐버리고 프랑스인이 말하는 '삶의 기쁨joie de vivre'을 무한히 누릴 수 있을 것이다.

오늘 하루만은,

1. 오늘 하루만은 행복하게 지내리라. 에이브러햄 링컨은 "대부분 사람은 자신이 행복하고자 마음먹은 만큼 행복하다."라고 말했는데, 이 말이 진리이다. 행복은 내면에서 오는 것이지, 외부 상황의 문제가 아니다.
2. 오늘 하루만은 나 자신을 있는 그대로의 현실에 맞추려고 노력하리라. 모든 것을 나 자신의 기대에 맞추려 하지 않을 것이다. 나의 가족과 나의 일, 나의 운을 있는 그대로 받아들여 나를 그것에 맞출 것이다.
3. 오늘 하루만은 나의 몸을 돌보리라. 몸을 혹사하거나 무시하지 않고, 운동을 하고 몸을 아끼고 영양을 공급할 것이다. 그리하여 내 몸이 내가 원하는 대로 움직이는 완벽한 기계가 되도록 만들 것이다.
4. 오늘 하루만은 나의 정신을 단련시키리라. 무엇이든 유익한 것을 배울 것이다. 정신적으로 게으름뱅이가 되지 않을 것이다. 노력하고, 생각하고, 집중할 필요가 있는 글을 읽을 것이다.
5. 오늘 하루만은 세 가지 방법으로 나의 영혼을 닦으리라. 다른 사람에게 몰래 선행을 베풀 것이다. 윌리엄 제임스가 말한 대로, 수양을 위해 적어도 두 가지는 원치 않는 일을 할 것이다.
6. 오늘 하루만은 유쾌하게 지내리라. 되도록 밝은 표정을 짓고 어울리는 옷을 입고, 조용히 이야기하고 예의 바르게 행동하며, 칭찬에 인색하지 않을 것이다. 절대로 남을 탓하거나 흠을 잡지 않고, 누군가를 통제하거나 바로잡으려 하지 않을 것이다.
7. 오늘 하루만은 오늘 하루로 살아보리라. 인생의 모든 문제를 한꺼번에 해결하려 덤비지 않을 것이다. 평생 하라면 도저히 감당하

지 못할 것 같은 일일지라도 열두 시간 동안이라면 할 수 있을 것이다.

8. 오늘 하루만은 하루의 계획을 세워보리라. 매시간 해야 할 일을 적어둘 것이다. 설령 계획한 대로 되지 않을지라도 어쨌든 계획을 세워볼 것이다. 그러면 서두르고 주저하는 나쁜 버릇이 사라질 것이다.
9. 오늘 하루만은 30분 정도 혼자 조용히 쉬는 시간을 가지리라. 그 30분 동안 하나님을 생각하면서 내 인생을 좀 더 통찰할 수 있도록 할 것이다.
10. 오늘 하루만은 두려워하지 않으리라. 특히 행복해지는 것과 아름다움을 즐기는 것과 사랑하는 것을 두려워하지 않고, 내가 사랑하는 이들이 또한 나를 사랑해줄 것이라 믿는 것을 두려워하지 않을 것이다.

우리에게 평화와 행복을 가져다줄 마음가짐을 갖추고 싶다면, 여기에 그 첫 번째 법칙이 있다.

법칙1

- **유쾌하게 생각하고 행동하라. 그러면 유쾌해질 것이다.**

앙갚음하지 마라

몇 년 전 어느 날 밤 옐로스톤 국립공원을 여행할 때의 일이다. 나는 다른 관광객들과 함께 울창한 소나무와 전나무숲을 마주하고 있는 자리에 앉아 있었다. 우리는 이 숲의 무법자인 회색곰을 보려고 기다리고 있었다. 이윽고 회색곰이 모습을 드러내더니 조명 속으로 성큼성큼 걸어 나왔고, 공원 내의 한 호텔 주방에서 버린 음식 찌꺼기를 게걸스레 먹기 시작했다. 이 광경을 보고 관광객들은 흥분을 감추지 못했고, 삼림 감시원인 마틴데일 총경은 말 잔등에 앉은 채 곰에 대해 설명해주었다. 회색곰은 서구의 다른 어떤 동물도 이길 수 있으며, 회색곰과 맞설 수 있는 상대는 버팔로와 코디액 불곰 정도일 것이라고 했다. 그런데 그날 밤 나는 회색곰이 단 한 마리의 동물에게만 숲속에서 나와서 환한 조명 속에서 자기와 더불어 음식을 먹도록 허락하고 있다는 사실을 발견했다. 바로 스컹크였다. 회색곰은 스컹크 한 마리쯤이야 앞발로 한 대만 차면 간단히 해치울 수 있다는 것을 알고 있었다. 그런데 왜 그러지 않았을까? 건드려 봐야 아무런 득이 될 일이 없다는 것을 경험을 통해 알고 있었기 때문이다.

나도 그런 사실을 알고 있었다. 미주리 주의 농장에서 살던 어린 시절에 나는 두 발로 걷는 스컹크를 잡은 적이 있다. 어른이 되어서는 뉴욕의 인도에서 이따금 두 발로 걷는 스컹크를 만난 적이 있다. 어느 쪽이건 건드려서 좋을 것이 없다는 사실을 쓰라린 경험을 통해 알게 되었다.

적을 미워하면 할수록 우리는 적에게 우리를 지배하는 힘을 주게 된다. 즉 우리의 수면과 식욕, 혈압, 건강, 행복을 지배하는 힘을 준다. 그들이 얼마나 우리를 애태우고 괴롭혀 앙갚음을 하게 만들고 있는지를 안다면, 우리의 적은 기뻐 춤이라도 출 것이다. 증오는 적을 조금도 해치지 못하며, 오히려 우리 자신을 밤낮으로 지옥 같은 혼란에 빠뜨린다.

'이기적인 사람들이 당신을 이용하려 하더라도, 똑같이 갚아주려 들지 말고 무시해버리는 것이 좋다. 보복을 하려 들면, 상대방을 해치기보다는 오히려 자기 자신을 해치게 되기 때문이다.'

몽상적인 이상주의자의 헛소리로 들릴지 모르지만, 이 말은 밀워키 주 경찰청에서 발간한 회보에 실려 있다.

남에게 앙갚음을 하려 들면 어떤 식으로 자신을 해치게 되는 걸까? 여러 가지 방법이 있다. 〈라이프〉지에 따르면, 앙갚음을 하려다가 건강까지도 잃을 수 있다.

'고혈압 환자들의 성격 특성은 분노이다. 분노가 만성화되면, 만성

고혈압과 심장병을 일으키게 된다.'

그러므로 예수가 '원수를 사랑하라.'고 말한 것은 단순히 건전한 윤리만을 설교한 것이 아니라, 20세기 의학에 관해서도 가르친 것이다. 예수가 '일곱 번씩 일흔 번까지라도 용서하라.'고 말한 것은 우리에게 고혈압, 심장병, 위궤양 등 수많은 질병을 피할 수 있는 방법에 관해 강론한 것이다.

최근에 내 친구가 심각한 심장 발작을 일으켰다. 의사는 그녀를 침대에 눕히고는 무슨 일이 있더라도 절대 화를 내지 말라고 지시했다. 의사는 심장이 약한 사람이 벌컥 화를 내면 죽을 수도 있다는 것을 알고 있었다. 여기서 나는 "죽을 수도 있다."고 말했지만, 실제로 몇 년 전에 워싱턴 주 스포캔에서 어느 레스토랑 주인이 벌컥 화를 내다가 죽은 적이 있다. 지금 내 앞에는 당시 스포캔 경찰청장이던 제리 스워타우트로부터 온 편지 한 통이 있다.

'몇 년 전에 이곳 스포캔에서 카페를 경영하던 68세의 윌리엄 포커버라는 사람이 심하게 화를 내다가 사망한 일이 있었다. 요리사가 번번이 커피잔 받침 접시로 커피를 마시겠다고 우겨댔기 때문이다. 그는 너무나도 분노한 나머지 권총까지 들고 요리사를 뒤쫓았지만, 총을 손에 든 채 심장마비로 쓰러졌다. 검시관의 보고서에는 '분노의 발작으로 인한 심장마비사'라고 적혀 있었다.'

예수가 '원수를 사랑하라.'고 말했을 때, 그는 우리의 외모가 더 나아지는 방법까지도 설파했던 것이다. 나는 증오와 원한 때문에 구겨지고 일그러진 주름살투성이의 얼굴을 하고 있는 사람들을 수없이 보아왔다. 제아무리 뛰어난 미용성형술도 용서와 친절, 사랑이 충만한 마음이 주는 효과의 반만큼도 외모를 아름답게 만들어주지 못한다.

증오는 우리의 입맛까지 싹 가시게 만든다. 성서에는 이렇게 적혀 있다.

'사랑이 깃든 곳에서 채소를 먹는 것이 살진 소를 먹으며 서로 미워하는 것보다 낫다.'

우리가 적을 증오함으로써 지치고 초조해하고 외모가 망가지고 심장병에 걸려 수명을 단축할 수도 있다는 사실을 우리의 적이 알게 된다면 손을 비벼가며 회심의 미소를 짓지 않을까?

원수를 사랑할 수는 없더라도, 적어도 우리 자신을 사랑할 수는 있지 않은가? 우리 자신을 사랑함으로써 적이 우리의 행복과 건강, 용모를 지배하지 못하도록 해야 한다. 셰익스피어는 이렇게 표현했다.

> '원수를 태우려고 화덕을 뜨겁게 지피지 마라.
> 그 불이 오히려 너 자신을 태우리라.'

예수 그리스도가 원수를 '일곱 번씩 일흔 번까지라도 용서하라.'라고 말했을 때, 그는 견실한 사업에 관해서도 설교했다. 이 글을 쓰는 지금 내 앞에는 스웨덴의 웁살라에 사는 조지 로나에게서 받은 편지가 있다. 그는 빈에서 변호사로 일하다가, 제2차 세계대전 중에 스웨덴으로 피난을 갔다. 무일푼이었던 그는 일자리가 절실했다. 그는 몇 가지 언어를 구사할 수 있었기 때문에 수출입 관련 회사에서 해외 연락담당자로 취직하려 했다. 하지만 대부분 회사에서는 전쟁 중이어서 그런 일자리가 없으니 혹시 필요하면 연락하겠다는 식의 답변을 보내왔다. 그런데 한 회사만은 조지 로나에게 이런 편지를 보냈다.

'당신은 우리 회사에 대해 잘못 알고 있습니다. 당신은 잘 알지도 못할뿐더러 어리석기까지 하군요. 우리 회사는 해외 연락담당자가 필요 없습니다. 필요하다 해도 당신을 채용하지는 않을 겁니다. 당신은 우선 스웨덴 말도 제대로 쓰지 못하니까요. 당신의 편지는 오자투성이입니다.'

그 편지를 읽고 조지 로나는 분통을 터뜨렸다.

'나보고 스웨덴 말도 제대로 쓸 줄 모른다고 하다니, 도대체 무슨 소리야! 이 스웨덴 놈이 쓴 편지야말로 오자투성이잖아!'

조지 로나는 그 사람을 화나게 할 작정으로 편지를 썼다. 하지만 잠시 멈추고는 이런 생각을 했다.

'잠깐만, 어쩌면 이 사람 말이 맞을지도 모르잖아? 내 딴에는 스웨덴 말을 공부하긴 했지만, 모국어는 아니니까 나도 모르는 실수가 있을지도 모르지. 그렇다면 공부를 좀 더 열심히 해야 하지 않을까? 일자리를 구하고 싶다면 말이야. 비록 의도하지는 않았어도 이 사람이 내게 도움을 준 것일지도 모르잖아. 말투가 마음에 안 들긴 하지만, 호의는 감사할 만해. 그렇다면 고맙다는 편지라도 써야겠는 걸.'

조지 로나는 흥분해서 써놓은 편지를 찢어버리고, 새로 편지를 썼다.

'해외 연락담당자가 필요하지 않은데도, 수고스럽게 회답까지 보내주셔서 감사합니다. 귀사에 대해 잘못 알고 있었던 점은 사과드립니다. 제가 귀사에 편지를 보낸 것은 귀사가 업계에서도 선도적인 회사라는 것을 알아냈기 때문입니다. 저의 편지에 문법적인 잘못이 있었던 데 대해서는 미처 알지 못했습니다. 부끄럽게 생각하고 있으며, 앞으로 더 열심히 스웨덴 어를 공부하여 잘못을 바로잡도록 하겠습니다. 저 자신을 돌아보고 자기발전에 힘쓰도록 도와주셔서 감사드립니다.'

며칠 지나지 않아 조지 로나는 바로 그 사람에게서 자신을 만나러 와

달라는 편지를 받고 찾아갔다가 일자리를 얻었다. 그는 '부드러운 대답이 노여움을 물리친다.'는 사실을 깨닫게 되었다.

성인이 아닌 이상 원수를 사랑하는 것은 어려울 것이다. 하지만 우리 자신의 건강과 행복을 원한다면, 적어도 원수를 용서하고 잊어버리도록 하자. 그러는 것이 현명하다. 공자는 이렇게 말했다.

"부당한 일을 당하거나 도둑을 맞는 것은, 그 일을 마음에 담아두지 않는 한 아무것도 아니다."

나는 언젠가 아이젠하워 장군의 아들인 존 아이젠하워에게, 부친께서 다른 사람에게 원한을 품은 적이 있느냐고 물어보았다. 그는 이렇게 대답했다.

"천만에요, 아버지께서는 마음에 들지 않는 사람들을 생각하느라 시간을 단 1분도 낭비하는 적이 없으셨습니다."

옛말에도 '화를 낼 줄 모르는 사람은 바보지만, 화를 내지 않는 사람은 현자'라고 했다.

뉴욕 시장을 역임한 윌리엄 게이너의 정책이 바로 그런 것이었다. 그는 황색 신문에 의해 비난을 받은 후 어떤 미치광이에게 저격당해 목숨이 위독한 지경에 이르렀다. 병상에 누워 사경을 헤매던 그는 이렇게 말했다.

"매일 밤, 나는 세상의 모든 일과 모든 사람을 용서합니다."

너무 이상주의적인가? 너무 낙천적인 시각일까? 그렇게 여겨진다면 《염세주의 연구Studies in Pessimism》의 저자인 독일의 대철학자 쇼펜하우어의 의견을 들어보자. 그는 인생을 무의미하고 고통스러운 모험이라고 생각했다. 그가 걸을 때마다 한없이 우울한 분위기가 그에게서 묻어났다. 하지만 그토록 깊은 절망에 빠져 있던 쇼펜하우어조차 이렇게 외쳤다.

"가능하다면 누구에게도 원한을 품어서는 안 된다."

버나드 바루크는 윌슨, 하딩, 쿨리지, 후버, 루스벨트, 트루먼 등 여섯 명의 대통령에게 신뢰를 받은 고문관이었다. 나는 그에게 정적의 공격 때문에 난처한 적이 있었느냐고 물어보았다. 그는 이렇게 대답했다.

"저를 모욕하거나 난처하게 만들 수 있는 사람은 아무도 없습니다. 제가 그렇게 하도록 놔두지 않으니까요."

우리가 허용하지 않는 한, 우리를 모욕하거나 난처하게 만들 수 있는 사람은 아무도 없다.

> 몽둥이나 돌멩이로는 내 뼈를 부러뜨릴 수 있지만,
> 말로는 결코 나를 해칠 수 없다.

예로부터 인간은 원수에게 아무런 원한도 품지 않는 그리스도 같은 사람들에게 촛불을 봉헌해왔다. 나는 종종 캐나다에 있는 재스퍼국립공원에 가서 서구 세계에서 가장 아름다운 경치로 손꼽히는 에디스 카벨Edith Cavell 산을 바라보고는 한다. 이 산의 이름은 1915년 10월 12일에 독일군 총살 집행대 앞에서 성자처럼 죽음을 맞이한 영국인 간호사 에디스 카벨의 이름을 따서 지어졌다. 대체 그녀가 무슨 죄를 지었을까? 그녀는 벨기에에 있는 자신의 집에서 영국과 프랑스 부상병을 숨겨주고는 상처를 치료하고 식사를 제공했으며, 그들이 네덜란드로 도망칠 수 있게 도와주었다. 사형집행일 아침, 영국인 신부가 그녀에게 죽음을 준비시키기 위해 브뤼셀의 군 교도소로 찾아왔을 때, 에디스 카벨은 이렇게 말했다.

"애국심만으로는 부족하다는 것을 알고 있습니다. 나는 누구도 증오하거나 원망하지 않으렵니다."

이 말은 지금도 동상 앞 화강암에 새겨져 있다. 그로부터 4년 뒤, 그녀의 시신은 영국으로 이송되어 웨스트민스터 대성당에서 추도식이 거행됐다. 런던에서 1년 동안 지낸 적이 있었는데, 종종 영국국립초상화미술관 맞은편에 있는 그녀의 동상 앞에 서서 화강암에 새겨져 있는 불후의 명언을 읽곤 했다.

"애국심만으로는 부족하다는 것을 알고 있습니다. 나는 누구도 증오하거나 원망하지 않으렵니다."

원수를 용서하고 잊어버리기 위한 확실한 방법은 우리 자신보다 무한히 큰 어떤 대의(大義)에 몰두하는 것이다. 그러면 대의 외의 모든 것을 염두에 두지 않게 되기 때문에 모욕이나 적의 따위는 아무런 문제도 되지 않는다. 1918년 미시시피 주의 소나무 숲에서 매우 극적인 사건이 일어날 뻔했던 적이 있었다. 교사이자 목사였던 로렌스 존스라는 흑인이 처참한 린치를 당할 위기에 처했다. 몇 년 전에 나는 로렌스 존스가 창립한 파이니 우즈 컨트리 스쿨Piney Woods Country School을 방문해서 학생들 앞에서 강연을 한 적도 있다. 이 학교가 지금은 전국적으로 알려져 있지만, 내가 말하려는 사건은 그보다 훨씬 전에 일어난 일이다. 그 사건은 제1차 세계대전 중에 모두들 무척 신경이 날카로워져 있던 시기에 일어났다. 중부 미시시피 지방에는 독일인들이 흑인들을 자극해서 그로 인해 흑인들이 반란을 일으키려 한다는 소문이 돌았다. 앞에서 말했듯이, 린치를 당할 뻔했던 로렌스 존스는 흑인이었고, 그의 동족을 선동해서 반란을 일으키려 한다는 혐의를 받고 있었다. 한

무리의 백인들이 교회 앞에서 그가 신도들에게 이렇게 외치는 소리를 들었다.

"인생은 투쟁입니다. 그러므로 우리 흑인들은 모두 갑옷으로 무장하고 생존과 성공을 위해 싸우지 않으면 안 됩니다."

"싸우자!"

"무장!".

이 두 마디만 들어도 충분히 알 수 있었다! 흥분한 백인 청년들은 말을 타고 밤길을 달리면서 폭도들을 동원하여 교회로 돌아왔다. 그들은 목사를 밧줄로 묶어 1마일이나 끌고 가서는 장작더미 위에 세워놓고 성냥불을 당겨 그를 교수형과 동시에 화형에 처하려 했다. 그때 누군가가 소리쳤다.

"태워 죽이기 전에 빌어먹을 검둥이 놈이 뭐라고 지껄이나 들어보자. 연설! 연설!"

로렌스 존스는 장작더미 위에 서서 목에 밧줄을 감은 채 자신의 인생과 대의에 대해 연설했다. 그는 1907년에 아이오와 대학교를 졸업했다. 듬직한 성품에 학업 성적도 뛰어나고 음악적 재능도 있었던 그는 학생들과 교수들 사이에 명성이 자자했다. 졸업할 당시 어떤 호텔 경영자가 그에게 사업을 시작하면 도움을 주겠다는 제안을 했지만, 그는 사양했다. 어떤 부호는 음악을 더 공부할 수 있도록 학비를 지원해 주겠다고 제안했지만, 마찬가지로 거절했다. 왜 그랬을까? 그는 자기만의 '비전'을 불태우고 있었기 때문이다. 부커 워싱턴의 전기를 읽고 감명받은 그는 자신도 가난에 허덕이고 무지한 흑인 동족들의 교육을 위해 일생을 바치기로 마음먹었다. 그래서 남부에서도 가장 오지인 미시시피 주 잭슨에서 남쪽으로 40킬로미터나 떨어진 곳으로 갔다. 그는 손목시계를 전당포에 맡기고 받은 1달러 65센트로 숲 속 공터에서 그루터기를 책상 삼아 수업을 시작했다. 로렌스 존스는 자신에게 린치를 가하려고 기다리는 성난 군중들에게 자신이 얼마나 분투해왔는지를 이야기했다. 배우지 못한 소년과 소녀들을 훌륭한 농부와 기술자, 요리사로, 혹은 가정주부가 되도록 가르치느라 얼마나 고초를 겪었던가. 또 파이니 우즈 컨트리 스쿨을 세우려고 애쓰던 자신을 도와준 백인들에 대한 이야기도 했다. 그 백인들은 땅과 목재, 가축, 현금 등을 기부해서 그가 교육 사업을 계속할 수 있도록 도움을 주었다.

나중에 로렌스 존스는 자신을 질질 끌고 와서 장작더미 위에 매달아 불 태워 죽이려 했던 사람들을 증오하지 않느냐는 질문을 받았을 때, 그는 자신의 대의를 이루기 위해 너무 바쁘고 자기 자신보다 훨씬 더 큰일에 몰두했기 때문에 남을 미워할 여유가 없었다고 대답했다.

"남과 다툴 시간도 없고, 후회할 틈도 없습니다. 아무도 내가 남을 미워할 만큼 나를 타락시키지는 못합니다."

로렌스 존스가 진지하면서도 감동적인 연설을 하자, 그것도 자신을 위해서가 아니라, 대의를 위해 열변을 토하는 것을 보고 폭도들은 점차 누그러지기 시작했다. 그러자 군중들 틈에 있던 나이 지긋한 남군 퇴역군인 한 사람이 입을 열었다.

"이 친구가 거짓말을 하는 것 같지는 않구먼. 이 친구가 말한 백인들에 대해서는 나도 잘 알지. 이 사람이 좋은 일을 하고 있는데, 우리가 실수한 걸세. 이 사람을 매달아 죽일 것이 아니라 도와주어야 마땅하지 않겠나."

그 퇴역군인은 모자를 벗어 군중들에게 돌려서 파이니 우즈 컨트리 스쿨의 창립자를 목매달기 위해 모인 바로 그 사람들로부터 52달러 40

센트라는 돈을 모금했다. 그가 바로 "남과 다툴 시간도 없고, 후회할 틈도 없습니다. 아무도 내가 남을 미워할 만큼 나를 타락시키지는 못합니다."라고 말했던 사람이다.

에픽테투스는 1900년 전에 이미 "결국 우리는 뿌린 대로 거두어들일 수밖에 없으며, 운명이라는 것은 어떻게든 우리의 악행에 보복한다."라고 지적했다. 또, "결국, 인간은 누구나 자신이 저지른 잘못에 대한 대가를 치르게 되어 있다. 이런 사실을 아는 사람이라면 누구에게도 화를 내거나 분개하지 않을 것이며, 헐뜯거나 비난하지도 않을 것이고, 기분을 상하게 하거나 미워하지도 않을 것이다."라고 말했다.

미국 역사상 링컨만큼 비난받고 미움을 사고 배신을 당한 사람도 없다. 하지만 링컨의 전기 중 고전이라고 할 만한 헌든의 전기에 따르면, 링컨은 결코 자신의 좋고 싫은 감정에 따라 사람을 판단하지 않았다. 주어진 임무를 수행하는 일에 있어서 적이라 할지라도 다른 사람들과 마찬가지로 그 일을 제대로 해낼 수 있는 사람이 있다는 것을 그는 잘 알고 있었다. 자신을 헐뜯거나 못마땅하게 구는 사람일지라도 그 사람이 적임자라면, 링컨은 친구와 다름없이 선뜻 그를 기용했다. 링컨은 어떤 사람이 자신의 정적이라는 이유로, 혹은 싫어하는 사람이라는 이유로 물러나게 한 적은 한 번도 없었던 것 같다.

링컨은 매클레란, 슈어드, 스탠턴, 체이스 등 자신이 고위직에 임명했던 많은 사람들에게서 비난받고 모욕당했다. 하지만 링컨의 법률 고문이었던 헌든의 전기에 따르면 링컨은 이렇게 말했다.

"누구든 어떤 일을 했다고 칭찬을 받거나, 어떤 일을 했다거나 하지 않았다고 해서 비난받을 것은 없다. 왜냐하면 우리 인간은 조건과 상황, 환경, 교육, 습관, 유전 형질로 만들어지며, 이런 것들이 우리의 현재와 미래를 결정하기 때문이다."

링컨의 말이 옳았던 것 같다. 가령 우리가 적과 똑같은 육체적, 정신적, 감정적 특질을 물려받아 우리의 인생이 적의 인생과 마찬가지라면, 우리도 그들과 똑같이 행동할 것이다. 달리 행동할 수가 없을 것이다. 수Sioux족 인디언들처럼 자비로운 마음으로 "오오, 위대한 신이여! 내가 보름 동안 그의 모카신(북아메리카 원주민의 뒤축 없는 신-역자주)을 신어 보기까지는 그 사람을 판단하거나 비판하지 않도록 지켜주소서."라는 기도를 반복할 수 있어야 할 것이다. 그러니 원수를 미워하기보다는 그들을 동정하고 우리의 모습이 바로 그들과 같지 않은 것을 하나님께 감사하도록 하자. 원수에게 비난과 원한을 퍼붓는 대신 그들을 이해하고, 동정하며, 도움을 주고, 용서하고, 그들을 위해 기도하자.

평화와 행복을 가져오는 마음가짐을 기르기 위해 필요한 두 번째 법칙은 다음과 같다.

법칙2

- **결코, 적에게 앙갚음하려 들지 마라. 그랬다가는 적을 해치기보다 오히려 자기 자신이 다치게 될 뿐이다. 아이젠하워 장군이 그랬듯이, "마음에 들지 않는 사람들을 생각하느라 시간을 단 1분도 낭비하지 말자."**

Chapter 14

감사할 줄 모르는 사람들 때문에 기분 상하지 않는 법

최근에 나는 텍사스 주에서 한 사업가를 만났는데, 그는 잔뜩 화가 나 있었다. 그를 만나면 15분도 지나지 않아 그런 말을 듣게 될 거라고 귀띔해준 사람이 있었는데, 실제로 그랬다. 그 사건은 벌써 11개월 전에 일어난 일이었지만, 그는 아직도 여전히 화를 삭이지 못하고 있었다. 그 일 말고는 다른 어떤 이야기도 할 수 없었다. 서른 네 명의 직원들에게 크리스마스 보너스로 한 사람 당 약 300달러씩, 그러니까 1만 달러나 주었지만, 아무도 고맙다는 인사를 하지 않았다. 그는 몹시 분개하면서 이렇게 말했다.

"괜한 짓을 했어, 한 푼도 주지 말걸 그랬어!"

공자도 "성난 사람은 언제나 독으로 가득 차 있다."고 말했지만, 이 사람은 온몸이 독으로 가득 차 있어서 솔직히 불쌍해보일 지경이었다. 그의 나이는 대략 예순 정도였다. 생명보험 회사들은 평균적으로 우리가 80세에서 자신의 현재 연령을 뺀 것에서 3분의 2를 조금 넘긴 나이까지 살 것으로 계산한다. 그렇다면 이 사람도 기껏해야 14년 내지 15년 정도를 더 살 것이다. 그런데도 그는 얼마 남지 않은 인생에서 거의 1년을 이미 지나버린 일로 속상해하고 분개하면서 허비한 것이다. 그가 안쓰럽기 짝이 없었다.

그는 분노와 자기 연민에 젖어 있는 대신 자신이 왜 감사하다는 말을 듣지 못했는지 스스로 돌아봤어야 했다. 어쩌면 그는 충분한 급여를 주지 않으면서 직원들을 혹사시켜 왔는지도 모른다. 어쩌면 직원들이 크리스마스 보너스를 선물이 아니라, 당연히 받아야 할 급여로 여겼을지도 모른다.

혹은 그가 너무 깐깐하고 가까이하기 거북한 사람이라 아무도 감히 고맙다는 인사를 하지 못했을지도 모른다. 어쩌면 어차피 세금으로 나갈 돈을 보너스로 주었다고 생각했을 수도 있다.

그렇지 않으면 직원들이 이기적이고, 버릇없고, 경우 없는 사람들일 수도 있다. 어쨌든 여러분과 마찬가지로 나도 확실한 이유는 알 수 없지만, 나는 사무엘 존슨 박사가 했던 말을 기억하고 있다.

"감사하는 마음은 상당한 수양의 결실이며, 교양 없는 사람들에게서는 찾아볼 수 없다."

내가 말하고자 하는 요점은 바로 이것이다. 그 사람은 인간적이고도 괴로운 실수를 저질렀는데, 바로 감사 인사를 바라는 실수를 했다. 그는 단지 인간의 본성을 잘 몰랐다.

만약 당신이 어떤 사람의 목숨을 구해준다면, 그가 감사할 것이라고 생각하는가? 아마 그럴 것이다. 하지만 형사 전문 변호사로 이름을 날리다가 판사가 된 사무엘 라이보비츠는 전기의자에서 죽음을 맞이할 뻔했던 78명의 목숨을 구해주었다. 그 사람들 중 몇 명이나 그에게 감사 인사를 하거나 크리스마스 카드를 보냈을 거라고 생각하는가? 맞다. 아무도 없었다.

어느 날 오후 예수는 열 사람의 나병 환자를 치료해주었다. 하지만 그들 중 몇 명이나 예수를 찾아와 감사 인사를 했을까? 누가복음을 보면, 단 한 사람뿐이었다. 예수가 사도들을 돌아보며 "나머지 아홉 사람은 어디에 있는가?"라고 물었을 때, 그들은 모두 달아나 버리고 없었다. 고맙다는 말 한 마디 없이 사라져버렸다. 텍사스의 사업가든 누구든 간에, 우리가 베푼 알량한 친절에 대해 일찍이 예수가 받은 것 이상으로 감사를 받으리라고 기대할 수 있을까?

하물며 돈 문제일 경우에는 말할 것도 없다. 찰스 슈왑은 언젠가 은행 소유의 펀드로 주식시장에 투기를 한 은행원을 구해준 적이 있었다고 한다. 슈왑은 그 사람이 교도소에 가는 것을 막기 위해 대신 돈을 갚아주었다. 그 은행원이 고마워했을까? 물론이다. 아주 잠깐 동안은 말이다. 그러다가 나중에는 슈왑에게 반감을 품더니 그를 비방하고 비난했다. 자신이 감옥에 가는 것을 막아준 바로 그 사람에게마저 등을 돌리더라는 것이다!

만약, 당신이 친척에게 100만 달러를 준다면, 그 사람이 당신에게 고마워할 것이라 기대하는가? 앤드루 카네기의 경우가 바로 그랬다. 하지만 카네기가 다시 살아 돌아온다면, 놀랍게도 그의 친척이 자기를 욕하는 것을 보았을 것이다. 왜냐하면 앤드루가 공공 자선 단체에 3억 6,500달러씩이나 기부하면서 자기에게는 고작 100만 달러밖에 주지 않았다고 불평했으니까 말이다.

아무튼 세상은 이런 식이다. 인간의 본성은 언제나 그래왔고, 우리가 살아 있는 동안에는 변하지 않는다. 그러니 그대로 받아들일 수밖에 없지 않겠는가? 로마 제국을 통치한 황제들 가운데 가장 현명한 인물로 꼽히는 마르쿠스 아우렐리우스처럼 인간 본성에 대해 현실적이 되는 것이 어떨까? 그는 어느 날 일기에 다음과 같이 썼다.

'나는 오늘 지나치게 수다스러운 사람들, 이기적이고 자기중심적이며 감사할 줄 모르는 사람들을 만나기로 되어 있다. 하지만 나는 조금도 놀라거나 불안해하지 않을 것이다. 원래 이런 사람들이 없는 세상이란 상상할 수 없으니까 말이다.'

맞는 말이다. 그렇지 않은가? 우리가 감사할 줄 모르는 사람들에 대해 불평하며 돌아다닌다면, 대체 누구의 잘못인가? 인간 본성이 잘못된 걸까? 아니면 인간 본성에 대한 우리의 무지가 잘못인가? 어쨌든 남들이 고마워하기를 기대하지 말자. 그러면 간혹 누군가로부터 감사 인사를 받기라도 하면 너무나도 즐거운 놀라움으로 다가올 것이며, 설령 감사 인사를 받지 못하더라도 마음 상하는 일은 없을 것이다.

이것이 바로 내가 이 장에서 가장 강조하고자 하는 요점이다. 즉 인간이 감사함을 잊어버리는 것은 지극히 당연한 일이다. 그러므로 다른 사람들이 감사하기를 기대하는 것은 스스로 마음을 아프게 하는 지름길이 될 뿐이다.

나는 뉴욕에 사는 한 부인을 알고 있는데, 그녀는 항상 외롭다고 불평을 했다. 그녀의 친척들은 누구 하나 그녀를 가까이하려 하지 않았다. 당연한 일이었다. 누구든 찾아가기만 하면 그녀는 자기가 어린 질녀들에게 얼마나 잘해주었는지에 대한 이야기를 몇 시간이고 늘어놓는다. 그녀는 질녀들이 어려서 홍역이며 볼거리며 백일해에 걸렸을 때 자기가 간호해주었으며, 여러 해 동안 그 아이들을 먹이고 재웠으며, 그 아이들 중 한 명이 경영대학원에 가도록 도움을 주었으며, 또 다른 아이는 결혼할 때까지 데리고 살았다는 것이다.

그 질녀들이 그녀를 자주 찾아올까? 물론 의무감 때문에 가끔 방문하기는 하지만, 그것도 마지못해 할 뿐이다. 몇 시간이고 앉아서 지루한 잔소리를 듣고 있어야 한다는 것을 알고 있었기 때문이다. 그들은 신랄한 불평과 자기 연민의 한숨 소리를 끝없이 듣고 있자니 진력이 났다. 더구나 그녀는 들볶고 을러대며 괴롭혀도 질녀들이 오지 않으면, '비장의 무기'로 심장 발작을 일으키기까지 했다.

그녀의 심장 발작이 진짜였을까? 물론 그렇다. 의사들의 말에 따르면, 그녀는 '신경성 심장'을 갖고 있으며, 심계 항진(心悸亢進)을 앓고 있었다. 하지만 의사들은 그녀의 발작에 대해 할 수 있는 처방이 아무것도 없다고 말했다. 그녀의 문제는 순전히 감정적인 것이었기 때문이다.

실제로 그녀가 바라는 것은 사랑과 관심이다. 하지만 그녀는 그것을 '은혜의 보답'이라 부른다. 하지만 그녀가 이런 것을 요구하는 한, 결코 감사나 사랑을 받지는 못할 것이다. 그녀가 그것을 당연히 받아야 하는 것으로 생각하고 있기 때문이다.

세상에는 이 여성처럼 배은망덕과 고독, 무관심 때문에 고통받는 사람들이 너무나 많다. 그들은 사랑을 갈구하고 있지만, 이 세상에서 그들이 사랑받기를 기대할 수 있는 유일한 방법은 그런 기대를 하지 않는 것이다. 아무런 보답을 기대하지 말고 사랑을 베푸는 데 전념해야 한다.

몹시 비현실적이고 허망한 이상주의로 들리는가? 그렇지 않다. 이것은 상식일 뿐이며, 우리가 그토록 바라는 행복을 찾기 위한 좋은 방법이다. 나는 확실히 알고 있다. 바로 우리 가정에서 그런 일이 일어나는 것을 보았기 때문이다. 우리 부모님은 남을 돕는 즐거움을 위해 베풀고 살았다. 우리는 항상 가난하고 빚에 쪼들리며 살았다. 비록 가난했지만 부모님은 매년 고아원에 돈을 기부하셨다. 아이오와 주 카운슬블러프스에 있는 크리스천홈이라는 곳이었다. 어머니와 아버지는 한 번도 그곳에 가본 적이 없었다. 편지 말고는 아무에게서도 인사를 받은 적이 없었지만 두 분은 충분한 보답을 받았다. 대가로 감사의 표시를 바라거나 기대하지도 않고, 어린 아이들을 돕는다는 기쁨을 누렸기 때문이다.

집을 떠나면서부터 매년 크리스마스가 되면 나는 부모님께 약간의 돈을 보내드리곤 했다. 두 분이 자신을 위해 약간 호사를 누려보시라고 말이다. 하지만 부모님이 그러시는 경우는 거의 없었다. 크리스마스를 며칠 앞두고 집에 가면, 아버지는 그 돈으로 자식들은 많고 식품이나 연료를 살 돈이 없어서 허덕이는 몇몇 과부들에게 석탄과 식료품을 사주었다고 말씀하셨다. 이런 선물을 보내고 부모님은 얼마나 큰 기쁨을 누렸던가! 그것은 아무런 보답도 기대하지 않고 남에게 은혜를 베푸는 기쁨이었다.

나는 아버지가 아리스토텔레스가 말한 이상적인 사람, 즉 가장 행복할 만한 가치가 있는 사람이 아닐까 생각한다. 아리스토텔레스는 이렇게 말했다.

"이상적인 사람은 남에게 친절을 베푸는 데서 기쁨을 찾는다."

이 장에서 말하려는 두 번째 요점이 바로 이것이다. 행복을 찾고자 한다면, 감사 인사를 받든 말든 신경 쓰지 않고 베푸는 데서 얻게 되는 내적 기쁨을 위해 베풀어야 한다.

오랜 옛날부터 부모들은 한결같이 감사할 줄 모르는 자식들 때문에 분개해왔다.

셰익스피어의 리어왕도 이렇게 외쳤다.

"은혜를 모르는 자식을 두는 것은 독사의 이빨에 물리는 것보다 더 고통스럽구나!"

하지만 부모가 아이들에게 그렇게 가르치지 않는다면, 자식들이 부모에게 감사해야만 하는 이유가 있을까? 잡초가 그렇듯이, 은혜를 모르는 것은 자연스럽다. 감사하는 마음은 장미와 같아서 거름을 주고 물을 뿌리고 가꾸고 아끼고 보호해주어야 한다.

만약, 우리 아이들이 은혜를 모른다면 누구의 잘못일까? 아마도 우리의 잘못이다. 우리가 남에게 감사하는 마음을 표현하는 것을 가르치지 않았다면, 어떻게 자식들이 우리에게 감사하기를 기대할 수 있겠는가?

나는 시카고에 사는 어떤 남자를 알고 있는데, 그는 두 의붓아들들이 고마워할 줄 모른다고 불평할 만도 했다. 그는 상자 제조공장에서 뼈 빠지게 일하면서도 주급 40달러를 벌기가 어려웠다. 그가 한 과부와 결혼을 하게 됐는데, 그녀는 남편을 설득해서 돈을 대출받게 하여 자신의 두 아들을 대학에 보냈다. 그는 주급 40달러로 식비와 집세, 연료비도 내야 했고 옷도 사야 했다. 게다가 빌린 돈도 갚아야 했다. 4년 동안이나 이런 생활을 계속하면서 노예처럼 일했지만, 불평 한 마디 한 적이 없었다.

그래서 그는 고맙다는 인사를 받았을까? 그렇지 않았다. 아내나 의붓자식들은 그것을 당연한 일로 여겼다. 그들은 의붓아버지에게 감사는커녕 조금도 신세를 지고 있다고 생각하지 않았다.

그렇다면 대체 누구의 잘못일까? 아이들의 잘못이었을까? 물론 아이들에게도 잘못이 있었지만, 그보다는 어머니의 잘못이 더 컸다. 그녀는 아직 어린 자식들에게 '채무감'이라는 부담을 지우는 것을 부끄럽게 여겼으며, 아들들이 '빚을 지고 인생을 시작하는' 것을 원하지 않았다. 그녀는 자식들에게 "너희를 대학까지 보내주시다니, 아버지가 얼마나 멋진 분이시니!"라고 말하는 것은 꿈에도 생각해보지 않았다. "아버지가 적어도 이 정도는 해줘야 하지 않니?"라는 식이었다.

자기 딴에는 자식들을 아낀다고 생각했지만, 사실 그녀는 아들들을 험한 인생항로에 내보내면서 세상이 자기들을 먹여 살려야 한다는 위험천만한 생각을 심어주었다. 그것은 참으로 위험한 생각이었다. 두 아들 중 하나가 고용주에게서 '돈을 빌리려고' 하다가 결국 감옥에 가고 말았기 때문이다.

우리 아이들은 우리가 가르치는 대로 성장한다는 사실을 명심해야 한다. 예를 들어, 미니애폴리스에 사는 바이올라 알렉산더 이모는 '감사할 줄 모르는 자식들'에 대해 조금도 불평할 이유가 없었다. 내가 어렸을 때 이모는 친정어머니를 자기집으로 모셔와서 봉양했는데, 시어머니도 똑같이 한 집에서 모셨다. 두 사돈 마님이 이모 집의 벽난로 앞에 앉아계시던 모습이 지금도 눈에 선하다. 이 두 분이 이모에게 '귀찮은 존재'였을까? 가끔은 그랬다. 하지만 이모는 조금도 그런 내색을 하지 않았다. 이모는 두 분을 진심으로 사랑했기 때문에, 그분들이 원하는 것을 다 들어주면서 편하게 지내시도록 해드렸다. 더구나 이모에게는 아이가 여섯이나 있었지만, 두 분을 집에 모신다고 해서 자기가 특별히 훌륭한 일을 한다는 생각도 하지 않으셨고 칭송을 받을 일이라고도 생각하지 않았다. 이모로서는 그 일이 당연한 일이고, 올바른 처사이며, 자신이 원해서 하는 일이었을 뿐이다.

지금 이모는 어떻게 지내고 계실까? 이모는 이미 홀로 된 지 20년이나 지났는데, 저마다 독립하여 살고 있는 장성한 다섯 자식들은 서로 어머니를 모시겠다고 성화를 부리고 있다. 그들은 어머니를 너무도 좋아해서 조금이라도 더 같이 있고 싶어 한다. '감사하는 마음' 때문일까? 천만의 말씀이다. 그것은 사랑이다. 순수한 사랑이다. 즉, 그들은 어린 시절부터 온정과 인정이 넘치는 밝은 가정에서 자라났다. 그러니 입장이 바뀐 지금 그들이 사랑을 돌려주는 것은 조금도 놀라운 일이 아닐 것이다.

그러므로 감사할 줄 아는 자식을 키우려면, 우리가 먼저 감사할 줄 알아야 한다는 것을 기억하자. 옛말에도 '아이들은 귀가 밝다'고 했다. 그러니 말을 가려서 하도록 조심해야 한다. 예를 들어, 아이들이 보는 앞에서 다른 누군가의 친절을 헐뜯는 말은 절대 삼가야 한다.

"사촌 수가 크리스마스 선물이라고 보내준 이 행주 좀 봐라. 손수 짠 거잖아. 돈은 한 푼도 안 들었겠네."

절대로 이런 말을 해서는 안 된다. 우리에게는 대수롭지 않은 이야기처럼 들릴지도 모르지만, 아이들은 유심히 듣고 있다. 그보다는 이렇게 말하는 것이 좋다.

"수가 크리스마스 선물로 이 행주를 짜느라고 얼마나 수고가 많았을까. 정성이 대단하지? 지금 당장 고맙다는 편지라도 보내자꾸나."

이렇게 말한다면, 우리 아이들은 은연중에 칭찬하고 감사하는 습관을 익히게 된다.

감사할 줄 모르는 사람들 때문에 분노하거나 기분 상하지 않기 위한 세 번째 법칙은 다음과 같다.

법칙3

- 감사할 줄 모르는 사람들 때문에 기분 상하지 말고, 아예 그런 기대를 하지 마라. 예수는 하루에 열 명의 나병 환자를 고쳐주었지만, 오직 한 사람만이 감사의 표시를 했다는 사실을 기억하자. 우리가 예수보다 더 감사 받기를 기대한다는 것은 무리이다.
- 행복을 찾는 유일한 방법은 감사를 바라지 말고 베푸는 즐거움을 위해서만 베푸는 것이다.
- 감사하는 마음은 '길러지는 것'이다. 그러므로 우리 아이들이 감사하는 사람이 되기를 바란다면, 그들에게 감사하는 법을 가르쳐야 한다.

10억 달러를 준다면 지금 가진 것을 포기하겠는가?

미주리 주 웨브 시티에 사는 해럴드 애보트와 나는 오래전부터 아는 사이다. 그는 예전에 내 강좌의 매니저로 일한 적이 있다. 어느 날 우연히 캔자스 시티에서 그를 만났는데, 그는 나를 미주리 주 벨튼에 있는 나의 농장까지 태워주었다. 차를 타고 오는 도중에 그에게 걱정을 어떻게 물리치고 있는가를 물어보았다. 그때 나는 결코 잊지 못할 이야기를 듣게 되었다.

"저는 원래 걱정이 많은 사람이었습니다. 그런데 1934년 어느 봄날, 웨브 시티의 웨스트도허티 거리를 걷다가 어떤 광경을 목격하게 되었지요. 그 일로 제 모든 걱정은 깨끗이 사라졌습니다. 불과 10초 사이에 일어난 일이었지만, 이 10초 동안에 저는 인생을 살아가는 방법에 대해 이전 10년 동안 배운 것보다 더 많은 것을 깨우칠 수 있었습니다. 저는 2년 동안 웨브 시티에서 식료품점을 운영했는데, 어쩌다보니 그 동안 모아두었던 돈을 전부 날렸을 뿐 아니라, 갚는 데 7년이나 걸리는 막대한 빚까지 지게 되었지요. 운영하던 식료품점은 그 일이 일어나기 바로 전 주 토요일에 문을 닫아버렸고, 저는 캔자스 시티로 가서 일자리를 구해보려고 은행에 대출을 받으러 가는 길이었습니다. 저는 패잔병처럼 어깨를 축 늘어뜨리고 걷고 있었습니다. 투지나 의욕을 완전히 상실한 상태였지요. 그때 길 저편에서 다리가 없는 사람이 오고 있는 것이 보였습니다. 그는 롤러스케이트 바퀴를 단 작은 나무판자 위에 앉아서 양손에 쥔 나무막대로 땅을 찍어 앞으로 나아가고 있었습니다. 제가 그 사람을 본 것은 마침 그가 길을 건너 인도로 올라오기 위해 몸을 약간 들어 올리려고 애를 쓰고 있을 때였어요. 그가 작은 나무판을 비스듬히 잡아드는 순간, 나와 눈이 마주쳤습니다. 그는 싱긋이 웃으면서 활기찬 목소리로 내게 인사를 하는 것이었어요. '안녕하세요? 정말 날씨 좋죠?' 물끄러미 그의 모습을 바라보고 있던 저는 자신이 얼마나 부자인가를 깨달았습니다. 제게는 두 발이 있었고, 걸을 수도 있었으니까요. 자기 연민에 빠져 허우적거리던 제가 부끄러웠어요. 다리가 없는 저 사람도 이처럼 행복하고 쾌활하고 자신감이 넘치는데, 하물며 사지가 멀쩡한 내가 그러지 못할 이유가 어디 있을까 하는 생각이 들었습니다. 그러자 벌써 용기가 솟구치는 것 같았어요. 애당초 은행에서 100달러만 빌릴 생각이었지만, 200달러를 빌릴 배짱이 생겼습니다. 원래 캔자스 시티로 가서 일자리를 구해보겠다고 말할 생각이었지만, 이제는 당당히 일자리를 구하러 캔자스시티에 간다고 말했지요. 그러자 은행에서 돈을 빌려 주었고, 덕분에 취직을 하게 되었습니다. 요즘 저는 다음과 같은 구절을 화장실 거울에 붙여두고, 매일 아침 면도할 때마다 읽고 있습니다."

> 나는 신발이 없어서 울적했다네.
> 거리에서 발이 없는 사람을 만나기까지는.

언젠가 에디 리켄배커에게 태평양 한가운데서 조난을 당해서 동료들과 함께 구명보트를 타고 21일 동안이나 표류했을 때 깨달은 가장 커다란 교훈이 무엇이냐고 물어본 적이 있다. 그는 이렇게 대답했다.

"그 경험에서 깨달은 최대의 교훈은 '마시고 싶을 때 마실 수 있는 깨끗한 물과 먹고 싶을 때 먹을 수 있는 음식만 있다면, 그 어떤 것에도 불평을 해서는 안 된다.'는 것입니다."

과달카날 섬에서 부상을 입은 어느 하사관에 대한 기사가 〈타임〉지에 실린 적이 있다. 포탄 파편에 목을 다친 그 하사관은 일곱 번이나 수혈을 받았다. 그는 군의관에게 '제가 살 수 있을까요?'라고 쪽지에 적어보였다. 군의관은 '네.'라고 대답했다. 그는 다시 군의관에게 '제가 말을 할 수 있을까요?'라고 적어보였다. 이번에도 대답은 '네.'였다 그러자 그는 다시 적어보였다.

'그렇다면 도대체 저는 무엇을 걱정하는 걸까요?'

지금이라도 당장 걱정을 멈추고 이런 질문을 해보라.

"도대체 저는 무엇을 걱정하는 걸까요?"

아마도 당신이 걱정하고 있는 문제가 그다지 대수롭지 않은 것임을 깨닫게 될 것이다.

우리의 삶에서 문제가 없는 부분이 약 90퍼센트이고, 그렇지 않은 부분은 10퍼센트 정도에 지나지 않는다. 그러니 우리가 행복해지고 싶다면, 문제가 없는 90퍼센트에 집중하고, 나머지 10퍼센트는 무시하면 된다. 걱정하고 괴로워하다가 위궤양에 걸리고 싶다면, 기분 좋은 90퍼센트는 무시하고 찜찜한 10퍼센트에 집중하면 된다.

영국의 크롬웰 교회에는 '생각하라. 그리고 감사하라.'라는 구절이 새겨진 곳이 많다. 이 구절은 우리 마음속에도 새겨두어야 한다.

'생각하라. 그리고 감사하라.'

우리가 감사해야 할 모든 것들에 대해 생각하라. 그리고 우리가 입은 모든 은혜와 혜택에 대해 하나님께 감사하라.

《걸리버 여행기Gulliver's Travels》의 저자 조나단 스위프트는 영문학 역사상 가장 지독한 염세주의자였다. 그는 자신이 이 세상에 태어난 것이 너무도 못마땅해서 생일이면 검은색 옷을 입고 단식을 했다. 이렇듯 세상을 절망하면서도 그는 유쾌함과 행복은 건강을 증진시키는 위대한 힘을 갖고 있다고 칭송했다. 그는 이렇게 말했다.

"세계에서 가장 뛰어난 명의는 식이요법 의사, 평온 의사, 명랑 의사이다."

우리는 그 옛날 알리바바가 소유했던 것보다 더 많은 부를 소유하고 있다. 자신이 가진 엄청난 부에 집중하기만 하면, 온종일 공짜로 '명랑 의사'의 봉사를 받을 수가 있다. 10억 달러를 준다면, 당신의 두 눈을 팔겠는가? 당신의 두 다리를 무엇과 바꿀 것인가? 손과 귀는? 자식들은? 가족은? 당신이 가진 재산을 전부 합쳐보면, 록펠러와 포드, 모건 가문이 모은 부를 다 준다 해도 바꿀 수 없다는 것을 알게 될 것이다.

하지만 우리가 이런 부를 제대로 평가하고 있을까? 쇼펜하우어는 이렇게 말했다.

"우리는 가진 것에 대해서는 거의 생각하지 않고 언제나 갖지 못한 것만 생각한다."

'가진 것에 대해서는 거의 생각하지 않고 언제나 갖지 못한 것만 생각하는' 경향은 그야말로 지상 최대의 비극이다. 역사상 어떤 전쟁과 질병도 이것만큼 인간을 불행하게 만들지는 못했을 것이다.

존 파머가 '괜찮은 친구에서 불평 많은 노인네'로 변하고, 하찮은 일로 가정 파탄에 이를 지경이 된 것도 이것 때문이었다.

뉴저지 주 패터슨에 살고 있는 파머 씨는 이렇게 말했다.

"군에서 제대하고 얼마 지나지 않아 저는 혼자서 사업을 시작했습니다. 밤낮 없이 열심히 일했지요. 모든 일이 순조로웠습니다. 그러다가 문제가 생겼습니다. 부품과 재료를 구할 수 없게 된 것입니다. 그래서 저는 사업을 그만둬야 될지도 모른다는 걱정을 시작했고, 지나치게 고민하는 바람에 괜찮은 친구에서 불평 많은 노인네로 바뀌고 말았습니다. 너무도 우울하고 신경질적으로 변해서, 당시에는 몰랐지만 자칫하면 행복한 가정까지도 망칠 지경이 되었지요. 그러던 어느 날, 내가 고용하고 있던 젊은 상이군인이 이런 말을 했습니다. '이봐요, 조니, 부끄럽지도 않나요? 마치 세상 고민은 혼자 다 짊어진 것처럼 굴고 있잖아요. 잠시 가게를 닫는다고 해봐요. 그게 어쨌다는 거죠? 상황이 좋아지면 다시 시작할 수 있잖아요? 당신에게는 감사할 일이 아주 많아요. 그런데도 항상 투덜대잖아요. 제가 당신 입장이라면 좋겠어요. 저를 보세요. 손은 하나밖에 없죠, 총상으로 얼굴은 반쪽이 날아가 버렸답니다. 하지만 저는 불평하지 않아요. 계속 불평하고 투덜거리다가는 당신의 사업뿐 아니라, 건강도, 가정도, 친구도 전부 잃게 될 거에요!' 이 말을 듣고 저는 즉시 불평하던 버릇을 고치게 되었습니다. 제가 얼마나 행복한가를 깨달았으니까요. 그때 그 자리에서 저는 변하기로 결심하고 예전의 제 모습을 되찾기로 마음먹었습니다. 그리고 실제로 그렇게 했습니다."

내 친구 루실 블레이크도 자신이 가지지 못한 것을 걱정하는 대신 가진 것에 만족하는 법을 깨닫기 전에는 거의 비극적인 상황에서 몹시 불안해했다.

내가 루실을 만나게 된 것은 오래전에 컬럼비아 대학교 언론대학원에서 단편소설 작법을 공부하던 때였다. 몇 년 전에 애리조나 주 투산에 살고 있을 때, 그녀는 매우 충격적인 일을 겪었다. 당시의 일을 그녀는 이렇게 말했다.

"당시에 나는 눈이 핑핑 돌 정도로 바쁘게 살고 있었습니다. 애리조나 대학에서 오르간을 배우고, 마을에서는 스피치 클리닉에서 강사로 일하고, 데저트 윌로우 목장에서 음악 감상 강좌까지 맡고 있었으니까 말입니다. 게다가 밤늦도록 파티나 댄스, 승마 모임에도 다녔습니다. 그러다가 어느 날 아침, 갑자기 쓰러지고 말았습니다. 문제는 심장이었습니다. 의사는 '꼬박 1년 동안은 침대에 누워 절대 안정을 취할 필요가 있다'는 처방을 내렸습니다. 그러면서 다시 전처럼 건강을 회복할 수 있다는 희망도 주지 않았습니다. 1년 동안 침대에만 누워 지내라니! 꼼짝없이 환자 신세가 되다니. 어쩌면 죽을지도 몰라! 나는 두려움에 사로잡혔습니다. 도대체 왜 내게 이런 일이 일어난 걸까? 내가 무슨 짓을 했길래 이런 벌을 받는 걸까? 나는 너무 괴로워 반항적이 되었습니다. 그런데 이웃에 사는 화가 루돌프 씨가 이런 말을 해주더군요. '1년씩이나 침대에 누워 지내는 것이 비극이라고 생각할지 모르지만, 결코 그렇지 않아요. 오히려 차분하게 당신 자신에 대해 생각하고 자신을 알아가는 시간이 될 수 있어요. 당신이 지금껏 살아온 시간을 합친 것보다 앞으로 몇 달 동안 당신은 더 많은 정신적 성장을 하게 될 거예요.' 나는 마음을 가라앉히고 새로운 가치관을 가지기 위해 노력했습니다. 영감을 주는 책도 여러 권 읽었습니다. 그러다가 어느 날 라디오 방송 진행자가 이렇게 말하는 것을 들었습니다. '인간은 자신의 의식 안에 있는 것만을 표현할 수 있습니다.' 전에도 이런 말을 여러 번 들었지만, 이제야 그 말이 마음에 와 닿더군요. 나는 평생 삶의 지침으로 삼을 만한 좋은 생각만 하기로 결심했습니다. 즐거움, 행복, 건강 같은 것에 대한 생각이었습니다. 매일 아침 눈을 뜨자마자 감사해야 할 모든 것들을 떠올려 보려고 노력했습니다. 고통 없는 것, 귀여운 어린 딸, 시력, 청력, 라디오에서 흘러나오는 아름다운 음악, 책 읽을 여유, 맛있는 음식, 다정한 친구들을 생각했습니다. 나는 워낙 쾌활하고 문병객도 많아서 의사는 내게 한 번에 한 사람씩, 그것도 정해진 시간에만 방문객을 허락한다는 지시를 내릴 정도였습니다. 벌써 여러 해가 지났지만, 나는 지금도 충만하고 활기찬 생활을 하고 있습니다. 돌이켜보면 1년간의 입원 기간이 너무나 감사하게 여겨집니다. 그 1년은 제가 애리조나에서 보낸 가장 소중하고 행복한 한 해였습니다. 그때 매일 아침마다 내가 가진 행복을 헤아려보는 습관을 갖게 되었고, 그 습관을 지금까지도 유지하고 있습니다. 그건 제게 무엇과도 바꿀 수 없는 소중한 보물입니다. 곧 죽을 거라는 두려움에 직면하기까지는 제대로 산다는 것이 무엇인지 깨닫지 못했던 나 자신이 부끄러운 생각이 듭니다."

사랑하는 나의 벗 루실 블레이크는 미처 몰랐겠지만, 그녀가 깨달은 교훈은 200년 전에 사무엘 존슨 박사가 깨달은 바와 같다. 존슨 박사는 이렇게 말했다.

"매사를 긍정적으로 보는 습관은 1년에 수만금을 버는 것보다 가치 있다."

이 말을 한 사무엘 존슨은 이름난 낙천주의자가 아니라, 20년 동안이나 불안과 누더기, 배고픔을 겪고 마침내 당대 최고의 저술가이자 저명한 좌담가로 인정받은 사람이라는 점을 유념해주기 바란다.

로건 피어설 스미스는 커다란 지혜를 다음과 같이 함축적으로 말했다.

"인생의 목표로 삼을 만한 두 가지가 있다. 첫째는 원하는 것을 얻는 일이고, 그 다음은 그것을 즐기는 일이다. 그런데 가장 현명한 자들만이 두 번째 것을 성취한다."

부엌에서 설거지하는 일조차도 감동적인 경험으로 만드는 법을 알고 싶은가? 그러고 싶다면, 무한한 감동과 용기를 주는 보르그힐드 달의 《나는 보고 싶었다I Wanted to See》라는 책을 읽어보라.

50년 동안 사실상 맹인의 삶을 살았던 한 여성이 집필한 이 책에서 그녀는 이렇게 말했다.

'나는 눈이 한쪽밖에 없었다. 그 한쪽 눈마저 심한 상처로 뒤덮여 있어서, 왼쪽 가장자리의 작은 틈새로 보이는 것이 내가 볼 수 있는 전부였다. 책을 읽을 때는 거의 얼굴에 갖다 대고 눈을 최대한 왼쪽으로 돌려야만 했다.'

하지만 그녀는 남의 동정을 받는다거나 '특별 대우'를 받는 것을 거부했다. 어렸을 때도 그녀는 다른 아이들과 함께 돌차기 놀이를 하고 싶었지만, 바닥에 그은 줄이 보이지 않았다. 그래서 다른 아이들이 집으로 돌아가고 나면 땅바닥에 엎드려 눈을 줄 가까이 대고 기어 다녔다. 그녀는 친구들과 놀았던 놀이터 구석구석까지 모조리 외어두었고, 곧 뜀박질 놀이의 달인이 되었다. 그녀는 집에서 책을 읽었는데, 커다란 활자로 된 책을 어찌나 눈에 가까이 대었던지 속눈썹에 종이를 스칠 정도였다. 하지만 그녀는 두 개의 학위를 취득했다. 미네소타 대학교에서 문학사 학위를, 컬럼비아 대학교에서는 문학 석사학위를 받았다.

그녀는 미네소타 주 트윈 벨리라는 작은 마을에서 교단에 서기 시작했고, 얼마 후에는 사우스다코타 주 수 폴즈에 있는 오거스타나 대학에서 언론학과 문학 교수가 되었다. 이곳에서 그녀는 13년 동안 강의를 하면서, 여성회관에서 강의를 하기도 하고 라디오 방송에 출연해 자신의 저서와 삶에 관한 대담을 진행하기도 했다. 그녀는 "내 마음 한 구석에는 언제나 완전히 실명해 버릴지도 모른다는 두려움이 웅크리고 있었다. 그래서 두려움을 극복하기 위해 나는 삶에 대해 거의 경박스러워 보일 정도로 쾌활하고 명랑한 태도를 취했다."라고 말했다.

그러다가 그녀가 52세 되던 1943년에 기적 같은 일이 일어났다. 그 유명한 메이오클리닉에서 수술을 받게 되었다. 그녀는 이제 예전보다 40배나 더 잘 볼 수 있게 되었다.

흥미진진한 멋진 신세계가 그녀의 눈앞에 펼쳐졌다. 이제 그녀에게는 부엌에서 설거지하는 것마저 짜릿한 경험이 되었다. 그녀는 이렇게 적었다.

'나는 개수대 안에 하얗게 엉기는 비누거품을 만지작거리며 논다. 두 손을 그 안에 담가 작은 비누거품 하나를 집어 올린다. 햇빛에 비춰보면, 비누거품 하나하나마다 작은 무지개처럼 영롱한 색이 빛나는 것을 볼 수 있다.'

우리 자신을 돌이켜보면 부끄러운 생각이 들지 않을 수 없다. 우리는 지금껏 하루하루를 이처럼 아름다운 동화의 나라에서 살아왔다. 그런데도 눈이 멀어 그것을 보지 못하고, 너무 식상한 나머지 제대로 즐기지 못하고 있었다.

걱정을 멈추고 새로운 삶을 시작하기 위한 네 번째 법칙은 다음과 같다.

법칙4

- **걱정거리를 헤아리지 말고, 자신에게 주어진 축복을 헤아려보라!**

나와 똑같은 사람은 아무도 없다

나는 노스캐롤라이나 주 마운트 에어리에 사는 에디스 얼레드에게서 한 통의 편지를 받았다. 그 편지에는 이렇게 적혀 있다.

'어렸을 때 저는 무척 예민하고 부끄러움을 많이 탔지요. 항상 몸무게가 많이 나가는 편이었는데, 통통한 뺨 때문에 더 뚱뚱해 보였어요. 어머니는 구시대적 사고방식을 갖고 계신 분이어서 예쁜 옷을 입는 것을 어리석은 일로 여기셨어요. 어머니는 늘 이렇게 말씀하셨어요. "헐렁한 옷은 입을 수 있어도, 작은 옷을 입으면 찢어진다." 그리고 그런 식으로 제게 옷을 입혔지요. 어쨌든 저는 파티에 가본 적도 없고 즐겁게 놀아본 적도 없었어요. 학교에서도 다른 아이들과 밖에서 뛰어노는 데 어울리지 않았고요. 심지어 체육 시간에도 말이에요. 저는 병적으로 소심했어요. 스스로 남들과 '다른' 존재이며, 전혀 환영 받지 못하는 사람이라고 생각했지요. 성인이 되어 저는 저보다 몇 살 많은 남자와 결혼했어요. 하지만 성격은 조금도 바뀌지 않았죠. 시댁 식구들은 모두 침착하며 자부심이 강한 사람들이었어요. 그들은 제가 되었어야 하는, 그러나 그럴 수 없었던 모습이었지요. 시댁 식구들을 닮으려고 최선을 다했지만, 그러지 못했어요. 그분들이 저를 밖으로 끌어내려고 하면 할수록 저는 더욱 더 제 안으로 기어들어가 버렸죠. 신경과민이 되어 걸핏하면 화를 냈고, 친구들도 만나지 않았어요. 증세가 심해져서 초인종이 울리는 소리조차 두려워할 지경이 되었어요. 저는 실패자였어요. 그 사실을 알고 있었고, 남편이 이 사실을 알게 될까 봐 두려웠죠. 그래서 남들 앞에서는 억지로 쾌활한 척하면서 과장되게 행동했어요. 과장된 행동을 한다는 것을 저 자신도 알고 있었고, 그러고 나면 며칠 동안 비참한 기분이 들곤 했어요. 너무나도 비참한 나머지 더 이상 사는 것이 싫어져 자살까지도 생각하게 되었지요.'

도대체 무슨 일이 이 불행한 여성의 삶을 바꾸어놓았을까?

그저 우연한 말 한 마디였다. 얼레드 부인은 편지에서 이렇게 말했다.

'우연한 말 한 마디가 내 삶을 송두리째 바꾸어놓았어요. 어느 날 시어머니는 자식들을 어떻게 키웠는지 얘기해주셨어요. "무슨 일이 있어도 아이들에게 자기 모습대로 살라고 강조했단다." '자기 모습대로 산다!' 바로 이 말이었어요. 불현듯 저의 불행은 전부 자초한 것이었음을 깨닫게 되었지요. 지금까지 저는 제게 맞지 않는 틀에 자신을 맞추려고 했어요. 하룻밤 사이에 저는 달라졌습니다! 있는 그대로의 제 모습으로 살기 시작한 거죠. 제 자신의 성격을 연구하여 제 자신이 누군지 알려고 노력했어요. 제가 가진 장점에 대해서도 생각해보았어요. 색상과 스타일도 연구하여 제게 어울린다고 생각되는 옷을 입었고, 친구도 사귀려고 노력했습니다. 모임에도 가입했는데, 처음에는 작은 모임이었지만 제게 무슨 일을 맡겼을 때는 두려움에 온몸이 굳어지기도 했지요. 하지만 사람들 앞에서 말을 할 때마다 조금씩 자신이 붙었어요. 그렇게 되기까지 오랜 시간이 걸렸지만, 요즘은 전에는 상상도 못했을 정도로 행복합니다. 아이들을 기르면서 항상 쓰라린 경험을 통해 배운 교훈을 아이들에게 가르칩니다. 무슨 일이 있어도 항상 자기 자신이 되어라.'라고 합니다.

제임스 고던 길키 박사는 이렇게 말했다.

"자기 자신이 되고자 하는 이런 문제는 역사만큼이나 오래되었고, 인간의 삶만큼이나 보편적이다."

자기 자신이 되기를 거부하는 문제는 수많은 신경증과 정신병, 콤플렉스의 숨은 원인이다. 아동 교육에 관한 13권의 저서와 수많은 신문 기사를 쓴 안젤로 패트리는 이렇게 말했다.

"정신적으로나 육체적으로 자신이 아닌 다른 사람이 되기를 바라는 사람보다 불행한 사람은 없다."

이처럼 자기 자신이 아닌 어떤 것이 되려는 욕망은 특히 할리우드에서 두드러지게 나타나고 있다. 유명한 영화감독 샘 우드는 야심만만한 젊은 배우들의 경우 가장 골치가 아픈 것이 바로 이 문제라고 말했다. 즉, 그들 자신이 되라고 설득시키는 일이 가장 어렵다는 것이다. 젊은 배우들은 모두 제 2의 라나 터너나 제 3의 클라크 게이블이 되고 싶어 한다. 하지만 샘 우드는 그들에게 항상 이렇게 말하고 있다.

"대중은 이미 그런 맛에 식상했다. 그러니 이제 뭔가 색다른 것을 원한다."

샘 우드는 〈굿바이 미스터 칩스Goodbye, Mr. Chips〉, 〈누구를 위하여 종은 울리나For Whom the Bell Tolls〉 등의 영화를 연출하기 전에 오랫동안 부동산업에 종사하면서 판매 전략을 익혀온 사람이었다. 그는 사업계든 영화계든 똑같은 원칙이 적용된다고 단언했다. 서투르게 남의 흉내를 내는 것으로는 아무것도 이룰 수 없으며, 결코 앵무새가 되어서도 안 된다며 우드는 이렇게 말했다.

"자신이 아닌 다른 사람을 흉내 내려고 하는 배우들은 되도록 빨리 해고하는 편이 안전하다는 것을 경험을 통해 알게 되었다."

최근에 나는 큰 석유회사의 인사담당 이사인 폴 보인턴에게 구직자들이 저지르는 가장 큰 실수가 무엇이냐고 물어보았다. 지금까지 그가 면접을 본 구직자만 6만 명이 넘고, 《취업에 성공하는 6가지 방법6Ways to Get a Job》이라는 저서까지 집필했으니 그가 잘 알고 있는 것은 당연했다. 그는 이렇게 대답했다.

"구직자들이 저지르는 최대의 실수는 있는 그대로의 자기 모습을 보이려고 하지 않는 것입니다. 구직자들은 흔히 긴장을 풀고 솔직하게 말하기보다는 면접관이 원할 것 같은 대답을 하려고 합니다."

하지만 그런 태도는 전혀 도움이 되지 않는다. 아무도 가짜를 원하지 않기 때문이다. 위조지폐를 탐내는 사람은 아무도 없다.

내가 아는 전차 기관사의 딸은 쓰라린 경험을 통해 이 교훈을 깨달았다. 그녀는 가수가 되고 싶었지만, 안타깝게도 용모가 시원치 않았다. 입이 두드러지게 큰데다가 뻐드렁니였다. 뉴저지의 한 나이트클럽에서 처음 대중 앞에서 노래를 부르게 되었을 때, 그녀는 윗입술로 돌출된 치아를 가리려고 애썼다. 그녀는 '매혹적인 여자'처럼 보이려고 했다. 결과는 어떻게 되었을까? 그녀는 오히려 웃음거리가 되고 말았다.

그런 식으로는 가수의 꿈이 수포로 돌아갈 것이 뻔했다.

하지만 나이트클럽에서 그녀의 노래를 들은 한 남자가 그녀의 재능을 알아보았다.

"이봐요, 아가씨."

그는 퉁명스럽게 말했다.

"아까부터 노래하는 걸 지켜봤는데, 당신이 무얼 숨기려고 하는지 알았소. 당신은 뻐드렁니 때문에 부끄러워하더군요."

그녀는 당황했지만, 그 남자는 계속해서 말했다.

"그게 어쨌다는 거죠? 뻐드렁니를 가진 게 무슨 죄라도 되나요? 감추려고 하지 말아요. 입을 크게 벌려요. 그러면 관객들은 당신의 당당한 모습에 찬사를 보낼 거예요. 지금 당신이 감추려고 하는 그 뻐드렁니 때문에 큰돈을 벌게 될지도 모르지 않소!"

카스 댈리는 그 신사의 충고에 따라 더 이상 뻐드렁니에 대해 신경 쓰지 않았다. 그때부터 그녀는 오로지 관객들만 생각했다. 입을 잔뜩 벌리고 흥에 겨워 목청껏 노래를 불렀다. 그리하여 그녀는 영화와 라디오 방송의 톱스타가 되었고, 이제는 그녀를 흉내 내는 코미디언까지 생겼다!

윌리엄 제임스가 보통사람은 자신의 잠재적 정신 능력을 10퍼센트밖에 발휘하지 못한다고 말한 것은 자아를 발견하지 못한 사람을 두고 한 말이다. 그는 이렇게 썼다.

'우리가 가진 잠재력에 견주어본다면, 우리는 겨우 절반만 깨어 있다. 우리가 가진 육체적 정신적 자원의 아주 작은 부분밖에 이용하지 못하고 있다. 요컨대 인간 개개인은 자신의 한계에 훨씬 못 미치는 삶을 산다. 인간은 다양한 능력을 소유하고 있지만, 대체로 그것을 이용

하지 못하고 있다.'

우리는 무한한 능력을 가지고 있다. 그러니 다른 사람들과 닮지 않았다고 걱정하면서 단 1초라도 시간을 허비하지 말자. 우리는 이 세상에 존재한 적이 없는 새로운 존재다. 태곳적부터 지금까지 우리와 똑같은 사람은 하나도 없으며, 또 앞으로도 영원히 우리와 똑같은 사람은 다시 나타나지 않을 것이다. 유전학에 따르면, 현재 우리의 모습은 아버지에게서 물려받은 24개의 염색체와 어머니에게서 물려받은 24개 염색체의 결과물이다. 이 48개의 염색체에 우리의 유전적 특질을 결정하는 모든 것이 들어 있다. 암람 샤인펠트는 이렇게 말했다.

"각각의 염색체에는 수십 개에서 수백 개의 유전 인자가 들어 있는데, 어떤 경우에는 그중 한 개가 개인의 인생을 완전히 바꾸어놓을 수도 있다. 정말로 인간은 무서울 정도로 불가사의하게 만들어진 존재다."

아버지와 어머니가 만나서 부부가 되었다 하더라도, 나라는 특별한 사람이 태어나게 될 확률은 고작 300조 분의 1이다! 다시 말하자면, 나에게 300조 명의 형제자매가 있다 해도 모두 나와 다를 거라는 말이다. 이게 다 어림짐작이라고 생각하는가? 그렇지 않다. 과학적으로 증명된 사실이다. 이 문제에 관해 더 알고 싶다면, 암람 샤인펠트의 《인간과 유전You and Heredity》이라는 책을 읽어 보면 된다.

자기 자신이 되어야 한다는 주제에 대해 나는 확신을 가지고 말할 수 있다. 왜냐하면 그 점을 절실하게 느끼고 있기 때문이다. 나는 내가 무슨 말을 하고 있는지 너무나 잘 알고 있다. 괴롭고 값비싼 경험을 통해 깨달았기 때문이다. 나는 미주리 주의 촌구석을 떠나 처음 뉴욕에 도착해서 아메리칸 아카데미 오브 드라마틱 아트American Academy of Dramatic Arts에 입학했다. 배우지망생이었던 내가 가진 생각은 훌륭한 것 같았고, 성공의 지름길이라는 생각이 들었다. 너무도 간단하고 확실한 이 방법을 배우가 되려는 열망을 가진 수많은 젊은이들이 왜 아직 모르고 있는지 이상할 정도였다. 우선 존 드류, 월터 햄튼, 오티스 스키너 같은 당대의 명배우들이 어떻게 해서 성공했는지를 연구한 다음, 그들의 장점만을 모방해서 스스로 빛나는 명배우 종합세트가 되려고 했다. 얼마나 어리석고 어처구니없는 생각이었던지! 멍청한 미주리 촌놈인 나는 '나 자신이 되어야 하며, 절대로 다른 누구도 될 수 없다.'는 사실을 깨달을 때까지 줄곧 다른 사람들을 모방하면서 긴 세월을 허비해야만 했다.

이때의 쓰라린 경험을 통해 평생 기억될 교훈을 얻어야 했지만, 사실은 그렇지 않았다. 너무도 우둔해서 같은 것을 두 번이나 배워야 했으니까 말이다.

나는 직장인을 위한 대중 연설법에 관한 결정판을 저술하고자 마음먹고 집필에 착수했다. 이 책을 쓰면서도 전에 배우들의 연기를 연구하면서 저질렀던 것과 똑같이 어리석은 생각을 갖고 있었다. 여러 작가들의 저서에서 좋은 아이디어를 빌려 그것들을 한 권의 책에 담아, 대중 연설에 대한 모든 내용을 망라한 책을 만들려 했다. 대중 연설에 관한 수십 권의 서적들을 구해 그들의 아이디어를 정리해 자신의 원고를 만드는 데만도 1년이 걸렸다. 하지만 결국 다시 내가 바보 같은 짓을 하고 있다는 생각이 들었다. 다른 사람들의 아이디어를 모아다가 마구잡이로 섞어놓은 이 책은 너무 포괄적이고 재미도 없어서, 어떤 사업가들도 이 책을 끝까지 읽어줄 것 같지가 않았다. 그래서 나는 1년 동안 작업한 원고를 고스란히 휴지통에 던져버리고 처음부터 다시 시작했다. 이번에는 스스로 이렇게 다짐했다.

"결점도 있고 한계도 있겠지만, 너는 데일 카네기가 되어야 해. 어차피 너는 다른 누구도 될 수 없어."

명배우 종합세트가 되기를 포기하고, 새로운 각오로 애초에 내가 했어야 했던 일을 시작했다. 그것은 바로 연설을 하고 연설을 가르치면서 얻은 경험과 관찰, 확신을 기초로 대중 연설에 관한 교재를 쓰는 것이었다. 나도 월터 롤리 경이 깨달은 교훈을 깨달았다(여왕 폐하가 밟고 지나가도록 자신의 코트를 벗어 진흙 위에 깔아준 그 월터 경을 말하는 것이 아니다. 1904년 당시에 옥스퍼드 대학교의 영문학 교수였던 월터 롤리 경을 말한다). 그는 이렇게 말했다.

"셰익스피어에 필적할 만한 책을 쓸 수는 없지만, 나다운 책은 쓸 수 있다."

당신 자신이 되어라. 어빙 벌린이 고(故) 조지 거슈윈에게 했던 현명한 조언에 따라 행동하라. 두 사람이 처음 만났을 때, 벌린은 이미 유명했지만 거슈윈은 틴 팬 앨리에서 주급 35달러를 받으며 살아가는 가난한 젊은 작곡가였다. 거슈윈의 재능에 깊은 인상을 받은 벌린은 당시 그가 받고 있던 급여의 3배를 줄 테니 자신의 음악 조수가 되지 않겠느냐고 제안했다. 그러면서 벌린은 이렇게 충고했다.

"그래도 이런 제의는 받아들이지 말게. 이 일을 하게 되면, 자네는 벌린의 아류가 되고 말 걸세. 하지만 자네 자신의 모습을 지켜 나간다면 언젠가 자네는 일류의 거슈윈이 될 걸세."

거슈윈은 그 충고를 마음에 새겼고, 천천히 당대 미국에서 가장 주목할 만한 작곡가로 변신하는 데 성공했다.

찰리 채플린, 윌 로저스, 메리 마거릿 맥브라이드, 진 오트리 등 수많은 사람들이 내가 이 장에서 거듭 강조하고 있는 교훈을 깨달아야 했다. 그들도 나처럼 쓰라린 경험을 통해 교훈을 얻어야만 했다.

찰리 채플린이 처음으로 영화에 출연할 때 감독은 그에게 당시 유명세를 타던 독일 희극 배우의 흉내를 내라고 강요했다. 그래서 찰리 채플린은 자기만의 독특한 연기를 하기 전까지는 전혀 두각을 나타내지 못했다. 밥 호프도 비슷한 경험을 했다. 그도 처음에는 노래하며 춤추는 연기를 했으나 전혀 빛을 보지 못하다가, 만담을 하면서 자기 모습을 드러내기 시작하면서 인기를 끌었다. 윌 로저스는 수년 동안 보드빌(노래 · 춤 · 만담 · 곡예 등을 섞은 경(經)희가극-역자주)에 출연해서는 대사 한 마디 없이 밧줄만 돌렸다. 그가 인기를 얻게 된 것은 자신에게 독특한 유머감각이 있다는 것을 깨닫고, 밧줄을 돌리면서 말을 하기 시작한 다음부터였다.

메리 마거릿 맥브라이드는 처음 방송에 출연했을 때, 아일랜드의 코미디언을 따라하려다가 실패했다. 하지만 그녀가 있는 그대로의 자기 자신, 즉 미주리 주 출신의 평범한 시골뜨기 여자의 모습을 보여주자 뉴욕에서 가장 유명한 라디오 스타가 되었다.

진 오트리가 텍사스 억양을 숨기려고 애쓰면서 제법 도시 청년 행세를 하고 자신이 뉴욕 출신이라고 허튼 소리를 하고 다닐 때, 사람들은 뒤에서 비웃을 뿐이었다. 하지만 그가 밴조를 가슴에 튕기며 카우보이 노래를 부르기 시작하자, 진 오트리는 일약 세계에서 가장 유명한 카우보이가 되어 영화와 라디오 분야에서 종횡무진 활약하게 되었다.

당신은 이 세상에 존재한 적이 없는 새로운 존재다. 그것을 기뻐하라. 자연이 당신에게 준 것을 최대한 활용하라. 결국 모든 예술은 자서전적이다. 당신은 자기 자신만을 노래할 수 있을 뿐이다. 자기 자신만을 그릴 수 있을 뿐이다. 당신은 당신의 경험과 환경, 유전 형질에 의해 만들어진 존재일 수밖에 없다. 좋든, 싫든 당신만의 작은 정원을 가꾸어야 한다. 좋든, 싫든 인생이라는 오케스트라에서 당신만의 작은 악기를 연주해야 한다.

에머슨은 《자기신뢰self-reliance》라는 수필에서 이렇게 말했다.

'누구든 교육을 하다보면 다음과 같은 확신에 도달하는 때가 있다. 즉 질투는 무지한 것이며, 모방은 자살행위와 같다. 그러므로 좋든, 싫든 자기 자신을 자신의 몫으로 받아들여야 하며, 광대한 우주에는 좋은 것들이 넘치지만 자신의 곡식은 자기에게 주어진 좁은 땅에서 스스로 수고해서 얻은 것밖에 없다는 사실을 알게 되는 시기가 있다. 자기 안에 내재된 그 힘은 어디에도 없는 새로운 것이다. 그러므로 자신이 무엇을 할 수 있는지는 오직 자기 자신만이 알 수 있으며, 시도해보기 전에는 그 자신도 알지 못한다.'

하지만 고(故) 더글러스 말록 시인은 이렇게 말했다.

그대 만일 저 언덕 꼭대기의 소나무가 되지 못하거든
산골짜기의 관목이 되어라.
다만 여울가에서 가장 아름다운 작은 관목이 되어라.
그대 만일 나무가 되지 못하거든 덤불이 되어라.
그대 만일 덤불이 되지 못하거든 작은 풀이 되어라.
풀이 되어 길가를 환히 밝혀주라.
그대 만일 강늉치고기가 되지 못하거든 배스가 되어라.
다만 호수에서 가장 팔팔한 배스가 되어라!

우리 모두 선장이 될 수는 없으니 선원이라도 되어야 한다.

그러나 누구나 할 일이 있다.
큰일도 있고 작은 일도 있지만
우리가 해야 할 일은 바로 가까이에 있다.

그대 만일 큰길이 되지 못하거든 그저 오솔길이 되어라.
그대 만일 태양이 되지 못하거든 별이 되어라.
성공과 실패는 크기에 달린 것이 아니거늘
무엇이 되든지 최고가 되어라.

걱정에서 벗어나 평화와 행복을 가져오는 마음가짐을 기르기 위해 필요한 다섯 번째 법칙은 다음과 같다.

법칙5

- **다른 사람을 흉내 내지 마라.**
- **자아를 찾고 자기 자신이 되어라.**

운명이 레몬을 건네주거든 레모네이드를 만들어라

이 책을 집필하면서 하루는 시카고 대학교에 들러 그 대학 총장 로버트 메이너드 허친스를 만나 걱정을 피하는 방법을 물어보았다. 그는 이렇게 대답했다.

"시어스 로벅 앤 컴퍼니Sears, Roebuck and Company의 사장이었던 고(故) 줄리어스 로젠왈드가 내게 이런 말을 해준 적이 있어요. '운명이 레몬을 건네주거든 레모네이드를 만들어라.' 나는 항상 그 충고를 따르려고 노력합니다."

이것이 바로 위대한 교육자가 행동하는 방식이다. 하지만 어리석은 사람은 그와 정반대로 행동한다. 가령 인생이 그에게 시큼한 레몬을 건네주면, 그것을 팽개쳐 버리고는 이렇게 말한다.

"졌어. 이것도 운명이지. 이제 기회는 없어."

그러고는 세상을 원망하고 자기 연민에 빠져들고 만다. 하지만 현명한 사람은 레몬이 주어지면, 이렇게 말한다.

"이 불행에서 내가 얻을 수 있는 교훈은 무엇일까? 어떻게 하면 이런 상황을 개선할 수 있을까? 어떻게 하면 이 레몬을 달콤한 레모네이드로 만들 수 있을까?"

평생을 인간의 잠재력에 대해 연구해온 위대한 심리학자 알프레드 아들러는 이렇게 말했다.

"인간의 가장 놀랄 만한 특성 중 하나는 마이너스를 플러스로 바꾸는 능력을 갖고 있다는 점이다."

바로 이런 일을 훌륭히 해낸 한 여성의 재미있는 이야기를 소개하겠다. 델마 톰슨이라는 이름의 이 여성은 자신의 경험담을 들려주었다.

"전쟁 중에 제 남편은 캘리포니아의 모하비 사막 근처에 있는 육군 훈련소에 배치되었습니다. 저는 남편과 함께 지내기 위해 그곳으로 이사를 했지만, 그곳이 싫었어요. 정말 끔찍한 곳이었으니까요. 평생 그때만큼 불행한 적은 없었지요. 남편이 모하비 사막으로 훈련을 하러 떠나면, 오두막에는 저 혼자 남게 되었습니다. 더위는 정말 견디기 어려웠어요. 선인장 그늘에서도 50도가 넘는 살인적인 무더위였죠. 이야기를 나눌 상대라고는 찾아볼 수 없었습니다. 게다가 끊임없이 모래바람이 불어 내가 먹는 음식은 물론이고 숨 쉬는 공기도 온통 모래투성이였어요! 너무나도 비참하고 처량한 생각이 들어 부모님께 편지를 썼습니다. 이제 그만 포기하고 집으로 돌아가겠다고 말이죠. 단 1분도 더 견디지 못하겠다고 말했습니다. 차라리 감옥에 가는 편이 낫겠다고요! 저의 투정에 대한 아버지의 회답은 단 두 줄 뿐이었습니다. 하지만 그 두 줄은 언제나 제 기억 속에 남아있을 것입니다. 아버지의 편지가 제 삶을 완전히 바꾸어놓았기 때문이지요.

두 사나이가 감옥 창살 밖을 내다보았다.

한 사람은 진흙탕을 보았고, 다른 한 사람은 하늘의 별을 보았다.

이 두 줄을 몇 번이고 되풀이해 읽었습니다. 그러자 제 자신이 부끄러워졌습니다. 그때부터 저는 현재의 상황에서 무엇이든 좋은 점을 찾아내려고 마음먹었습니다. 하늘의 별을 보기로 한 것이지요. 원주민들과도 친구가 되었습니다. 그러자 그들의 반응에 놀라지 않을 수 없었습니다. 제가 그들의 직물이나 도자기에 관심을 보이자, 그들은 관광객에게도 팔지 않던 아끼는 물건들을 제게 선물로 주었습니다. 저는 매혹적인 형태의 선인장과 유카, 조슈아트리를 연구했습니다. 프레리 도그(북미 대초원 지대에 사는 다람쥐과 동물-역자주)에 대해서도 조사해보고 사막의 낙조를 바라보기도 했습니다. 1백만 년 전에는 바다의 밑바닥이었던 사막의 모래에 남아 있을지도 모르는 조개껍질을 찾아다니기도 했습니다. 도대체 무엇이 저를 이토록 놀랍게 변화시켰을까요? 모하비 사막은 변함이 없었습니다. 다만 제가 변했을 뿐이지요. 저의 마음가짐이 달라진 것입니다. 저는 비참한 경험을 제 생애에서 가장 신나는 모험으로 바꾸었습니다. 제가 발견한 신세계에 자극받아 들떠 있었고, 너무나 즐거운 나머지 그 경험을 소재로 책도 쓰게 되었지요. 《빛나는 성벽Bright Ramparts》이라는 제목의 소설입니다. 저는 제 자신이 만든 감옥의 창문 너머로 별을 찾아낸 것입니다."

델마 톰슨, 그녀가 발견한 것은 기원전 5세기에 이미 그리스인들이 가르쳤던 오래된 진리였다.

'가장 좋은 일은 가장 어렵다.'

해리 에머슨 포스딕은 20세기에 와서 이 말을 되풀이했다.

"대개의 경우 행복은 쾌락이 아니라 승리다."

확실히 그렇다. 행복은 시큼한 레몬을 달콤한 레모네이드로 바꾸어냈다는 생각에서 오는 성취감, 정복감, 승리의 기쁨이다.

언젠가 독이 든 레몬조차 레모네이드로 바꾸어낸 플로리다의 행복한 농부를 방문한 적이 있다. 처음으로 자신의 농장을 갖게 되었을 때 그는 실망했다. 토양이 워낙 척박해서 과수를 재배할 수 없을 뿐만 아니라 돼지를 기를 수도 없었다. 번성하는 것이라고는 가시떡갈나무와 방울뱀뿐이었다. 문득 그에게 좋은 생각이 떠올랐다.

"이 불리한 상황을 자산으로 만들어보자. 말하자면 방울뱀을 최대한 활용해보자."

놀랍게도 그는 방울뱀 고기로 통조림을 만들기 시작했다. 몇 년 전 내가 그곳을 방문했을 때는 1년에 2만 명 정도의 관광객이 이 방울뱀 농장을 보기 위해 몰려들었다. 그의 사업은 큰 성공을 거두었다. 방울뱀의 독니에서 추출된 독은 연구소로 보내져 해독제로 만들어졌으며, 방울뱀의 가죽은 여성들의 구두와 핸드백 재료로 엄청난 가격에 팔렸다. 방울뱀 통조림은 전 세계 식도락가들에게 팔려나갔다. 나는 이 농장에서 그림엽서를 한 장 사서 '플로리다 주 방울뱀 마을'로 지명이 바뀐 마을 우체국에서 부쳤다. 이 지명은 독이 든 레몬을 달콤한 레모네이드로 바꾸어낸 농부를 기념하기 위해 붙여진 이름이었다.

수시로 미국 각지를 여행하면서 '마이너스를 플러스로 바꾸는 힘'을 보여준 많은 사람을 만날 수 있었다.

《신에 맞선 12인Twelve Against the Gods》의 저자 고(故) 윌리엄 볼리소는 이렇게 말했다.

"인생에서 가장 중요한 일은 이익을 사용하는 것이 아니다. 그런 일은 바보도 할 수 있다. 진짜로 중요한 일은 손실에서 이익을 얻는 것이다. 그러려면 지혜가 필요한데, 현명한 사람과 어리석은 사람은 바로 여기서 차이가 난다."

볼리소가 이런 말을 한 것은 그가 철도 사고로 한쪽 다리를 잃은 후였다. 하지만 나는 양쪽 다리를 모두 잃고서도 마이너스를 플러스로 바꾸어낸 사람을 알고 있다. 그의 이름은 벤 포트슨이다. 벤 포트슨을 만난 것은 조지아 주 애틀랜타에 있는 어느 호텔 엘리베이터 안이었다. 엘리베이터 안으로 들어서는데, 한 구석에 두 다리가 없는 남자가 휠체어에 앉아 싱글싱글 웃고 있었다. 그가 내려야 할 층에 엘리베이터가 멈추자 그는 휠체어가 지나갈 수 있게 한쪽 옆으로 비켜줄 수 있겠느냐고 쾌활하게 물었다.

"불편을 끼쳐서 정말 죄송합니다."라고 인사하는 그의 얼굴에는 마음이 푸근해지는 흐뭇한 미소가 피어올랐다.

엘리베이터에서 내려 내 방으로 가면서도 이 유쾌한 장애인에 대한 생각이 머릿속에서 떠나지 않았다. 그래서 결국 나는 그의 방으로 찾아가 사연을 들었다.

"1929년의 일이었습니다."

그는 여전히 미소를 지으며 말했다.

마당의 콩밭에 지지대로 사용할 말뚝을 치기 위해 호도나무를 베러 갔지요. 자른 나무토막을 제 포드 자동차에 싣고 돌아오고 있을 때였어요. 급커브를 돌려고 하는 순간 갑자기 나무 막대기 하나가 차에서 굴러 떨어지더니 방향 조절 장치를 망가뜨리고 말았습니다. 차는 제방 아래로 굴러 떨어졌고, 저는 차에서 튕겨져 나가 나무에 세게 부딪쳤습니다. 이때 척추를 다쳤고, 다리를 못 쓰게 되었죠. 그 일이 일어났을 때 제 나이가 스물네 살이었는데, 그 후로는 한 발자국도 걸을 수가 없었습니다."

스물네 살 한창 나이에 남은 인생을 휠체어에 앉아 보내야만 할 운명이 되다니! 어떻게 그 사실을 그토록 의연하게 받아들일 수 있었는지 물어보았다. 그러자 그는 이렇게 대답했다.

"그렇지 않습니다."

처음에는 그도 분노하고 반항적이었으며, 자신의 운명을 받아들일 수 없었다. 하지만 시간이 지나면서 반항해봤자 더 괴롭기만 할 뿐이라는 사실을 알게 되었다.

"마침내 저는 세상 사람들이 저를 배려해주고 친절을 베풀려고 한다는 사실을 깨달았습니다. 그래서 조금이나마 제가 할 수 있는 일은 친절하고 공손한 태도로 사람들을 대하는 것이었습니다."

나는 오랜 세월이 지난 지금도 그때의 사고가 끔찍한 불행이었다고 생각하지 않느냐고 물어보았다. 그는 즉시 이렇게 대답했다.

"전혀요. 이제는 오히려 사고가 일어나서 잘됐다고 생각할 정도입니다."

사고의 충격과 분노에서 벗어나면서 그는 전혀 다른 삶을 살기 시작했다. 책을 읽기 시작했고, 문학에 취미를 붙이게 되었다. 지난 14년 동안 그는 적어도 1,400권의 책을 읽었다고 했다. 그가 읽은 책들은 그에게 새로운 지평을 열어주었고, 그로 인해 그의 삶은 전에는 상상할 수도 없었을 정도로 풍족해졌다. 그는 좋은 음악도 듣기 시작했다. 전에는 지루하게만 느껴졌던 교향곡에 이제는 가슴 떨리는 감동을 느끼게 되었다. 하지만 무엇보다도 큰 변화는 생각할 시간이 생긴 것이었다. 그는 이렇게 말했다.

"난생 처음으로 저는 세상을 바라보고 진정한 가치를 알아보게 되었습니다. 예전에 제가 얻으려고 애쓰던 것들 대부분이 전혀 무가치한 것들이었다는 사실도 깨닫게 되었습니다."

부지런히 독서를 한 결과, 그는 정치에도 관심을 가지게 되어 사회문제에 대해 연구를 했다. 휠체어를 타고 강연도 하러 다녔다! 그는 많은 사람들을 알게 되었으며, 많은 사람이 그를 알게 되었다. 그리고 마침내 그는 조지아 주 국무장관이 되었다. 여전히 휠체어에 앉은 채로 말이다!

지난 35년 동안 뉴욕에서 성인 교육 강좌를 진행해오면서, 나는 많은 사람이 대학에 진학하지 않은 것을 몹시 후회하고 있다는 사실을 발견했다. 그들은 대학교육을 받지 않은 것을 대단한 핸디캡으로 여기고 있었다. 하지만 나는 그렇게 생각하지 않는다. 세상에는 고등학교만 나오고도 성공한 사람들이 얼마든지 있기 때문이다. 나는 종종 수강생들에게 초등학교조차 마치지 못한 어떤 사람의 이야기를 들려주곤 한다. 그는 정말 찢어지게 가난한 환경에서 자랐다. 그의 아버지가 돌아가셨을 때는 관을 사기 위해 친구들이 조금씩 돈을 거둬야할 정도였다. 아버지가 돌아가신 후 어머니는 우산 공장에서 하루 10시간씩 일했고, 그러고도 일거리를 집으로 가져와서 밤 11시까지 계속해야 했다.

이런 환경에서 성장한 소년은 우연히 교회의 동호회에서 공연하는 아마추어 연극에 출연하게 되었다. 연기를 하면서 엄청난 기쁨을 느낀 그는 대중 연설을 배우기로 마음먹었다. 이런 결심이 서자 그는 정치에 관심을 가지게 되어, 서른 살이 되었을 때 뉴욕주 의원으로 선출되었다. 하지만 그런 직책을 맡을 준비가 전혀 되어 있지 않았다. 실제로 그는 주 의원이 무슨 일을 하는 자리인지도 몰랐다고 나에게 솔직하게 털어놓았다. 투표해야 할 길고 복잡한 의안에 대해 열심히 연구했지만, 그에게 그 법안들은 인디언 촉토족(아메리카 원주민의 한 종족-역자주)의 언어로 쓰인 것이나 다름없었다. 숲에 발을 들이기도 전에 삼림 관련 위원이 되었을 때도, 은행 계좌도 하나 없는 상태에서 주 금융위원회의 위원으로 선출되었을 때도 그는 걱정스러워서 어찌할 바를 몰랐다. 하지만 그는 몹시 낙담한 나머지 어머니에게 패배를 인정하는 것이 부끄럽게 여겨지지만 않았다면 의원직에서 사퇴했을 거라고 털어놓았다. 절망 속에서 그는 하루에 16시간씩이나 공부를 하면서 '무지라는 레몬을 지식이라는 레모네이드로 바꾸어보기로' 했다. 그렇게 함으로써 그는 한낱 지역 정치인에서 전국적인 유명인사가 되었고, 〈뉴욕타임스〉지는 그에게 '뉴욕에서 가장 사랑 받는 시민'이라는 호칭을 붙여주었다.

내가 지금 말하고 있는 사람이 바로 앨 스미스다.

앨 스미스는 독학으로 정치 공부를 시작하여 10년 후에는 뉴욕 주의 행정에 관한 한 현존하는 최고 권위자가 되었다. 그는 네 번이나 뉴욕 주지사로 선출되었는데, 이것은 어느 누구도 이루지 못한 업적이었다. 1928년에 그는 민주당 대통령 후보로 출마했으며, 초등학교밖에 다니지 못한 이 사람에게 컬럼비아 대학과 하버드 대학 등 6개 대학교에서 명예 학위를 수여했다.

앨 스미스는 자신의 마이너스를 플러스로 바꾸기 위해 하루에 16시간씩 공부하지 않았다면 이런 일은 결코 일어나지 않았을 것이라고 말했다.

초인(超人)에 대해 니체는 이렇게 정의했다.

"궁핍함을 참고 견딜 뿐 아니라, 궁핍함을 사랑하는 자가 진정한 초인이다."

위업을 달성한 사람들의 이력에 대해 연구하면 할수록 나는 그들 중 놀라울 정도로 많은 사람이 핸디캡을 가지고 시작했기 때문에 성공했다는 사실을 확신하게 되었다. 오히려 핸디캡이 있기 때문에 그들은 더 노력하고 더 큰 보상을 기대하게 되었던 것이다. 윌리엄 제임스가 말했듯이,

"바로 우리의 약점이 뜻밖에도 우리를 돕는다."

확실히 그렇다. 밀턴은 장님이었기 때문에 더 뛰어난 시를 썼으며, 베토벤은 귀머거리였기 때문에 더 아름다운 음악을 작곡했는지도 모른다. 헬렌 켈러의 눈부신 업적은 그녀가 장님에 귀머거리였기에 가능했는지도 모른다. 차이코프스키가 비극적인 결혼 생활에 좌절하고 자살 직전의 상황에까지 몰리지 않았더라면, 그의 삶이 그토록 비참하지 않았다면, 아마도 그는 불후의 명곡 〈비창〉 교향곡을 작곡할 수 없었을지도 모른다. 도스토예프스키와 톨스토이가 고통스러운 삶을 살지 않았더라면, 그들은 결코 불멸의 소설을 쓰지 못했을 것이다.

지구상의 생명에 대한 과학적 개념을 바꿔놓은 어떤 남자는 이렇게 말했다.

"만일 내가 그토록 심한 병자가 아니었다면, 내가 이룩한 그 많은 일들을 할 수 없었을 것이다."

자신의 약점이 오히려 그에게 도움이 되었다는 사실을 고백한 찰스 다윈의 말이다.

다윈이 영국에서 태어나던 바로 그날, 또 한 명의 아기가 켄터키 주

의 한 숲 속 통나무집에서 태어났다. 그 역시 자신이 가진 약점의 도움을 받았다. 그의 이름은 에이브러햄 링컨이었다. 만일 그가 상류 가정에서 성장해서 하버드 법대를 졸업하고 행복한 결혼생활을 했더라면, 게티즈버그에서 그가 했던 불후의 연설이 그의 마음속에 떠오르지 않았을지도 모른다. 또한, 대통령에 재임된 후 취임사에서 밝힌 것과 같은 시적인 언어, 그 어느 통치자가 한 말보다도 고귀하고 아름다운 말을 끄집어내지 못했다.

"누구에게도 악의를 품지 말고, 모든 사람에게 자비심을……."

해리 에머슨 포스딕은 그의 저서 《통찰력The Power to See it Through》에서 이렇게 말했다.

"사람들이 삶의 지표로 삼을 만한 스칸디나비아 속담에 이런 것이 있다. '북풍이 바이킹을 만들었다.' 안전하고 쾌적한 생활이나 어려움 없이 편안한 삶이 인간을 선량하고 행복하게 만든다는 생각은 도대체 어디서 나온 것일까? 자기 연민에 빠지는 인간이라면, 푹신한 침대 위에 뉘어놓아도 여전히 자기 자신을 동정하는 법이다. 하지만 역사를 통해 알 수 있듯이, 좋은 환경이든, 나쁜 환경이든 관계없이 어떤 상황에서나 자신에게 주어진 책임을 떠맡은 사람들에게 명성과 행복이 따랐다. 그러니 북풍은 계속해서 바이킹을 만들어온 것이다."

너무 낙담한 나머지 레몬을 레모네이드로 바꿀 가망조차 없다는 생각이 든다고 해보자. 그렇더라도 일단 시도해봐야 할 두 가지 이유가 있다. 득이 되면 되었지, 잃을 것이 없는 두 가지 이유가 있다.

첫 번째 이유는 성공할지도 모른다는 것이다.

두 번째 이유는 설령 성공하지 못한다 해도, 마이너스를 플러스로 바꾸고자 시도하는 것만으로 뒤를 돌아보지 않고 앞을 내다보게 만든다.

그런 시도를 하다보면 부정적인 생각이 긍정적인 생각으로 바뀔 뿐 아니라, 창조적인 에너지가 발산되어 분주히 움직이게 되며, 지나가버린 과거에 얽매여 고민할 여유도 없어진다.

세계적으로 유명한 바이올리니스트 올레 불이 파리에서 연주하던 중에 갑자기 바이올린 줄 하나가 끊어졌다. 하지만 불은 나머지 세 줄로 무사히 연주를 마쳤다. 해리 에머슨 포스딕은 이렇게 말했다.

"이런 게 인생이다. 줄 하나가 끊어져도 나머지 세 줄로 연주를 마치는 것이다."

이것은 그냥 인생이 아니며, 인생 그 이상의 것이다. 말하자면 성공한 인생이다!

그럴 수만 있다면 나는 윌리엄 볼리소의 말을 동판에 새겨 전국 모든 초등학교에 걸어놓고 싶다.

"인생에서 가장 중요한 일은 이익을 사용하는 것이 아니다. 그런 일은 바보도 할 수 있다. 진짜로 중요한 일은 손실에서 이익을 얻는 것이다. 그러려면 지혜가 필요한데, 현명한 사람과 어리석은 사람은 바로 여기서 차이가 난다."

그러므로 평화와 행복을 가져오는 마음가짐을 기르기 위해 필요한 여섯 번째 법칙은 다음과 같다.

법칙6

• **운명이 레몬을 건네주거든 레모네이드를 만들어라.**

2주 만에 우울증을 치료하는 법

이 책을 쓰기 시작하면서 200달러의 상금을 걸고 '나는 이렇게 걱정을 극복했다'라는 주제로 가장 유익하고 감동적인 수기를 공모했다.

이 공모전의 심사위원은 이스턴 항공의 사장인 에디 리켄배커, 링컨 메모리얼 대학교 학장 스튜어트 맥클랜드, 라디오 뉴스 해설자 칼텐본, 이렇게 세 명이었다. 응모 작품 중 두 편의 수기가 우열을 가리기 어려울 정도로 훌륭했기 때문에 결국 상금을 나누어서 지급하기로 했다. 당시 1등 상을 공동 수상한 두 명 중 버튼의 이야기를 여기에 소개하겠다. 그는 미주리 주 스프링필드의 휘저 자동차 판매회사에 다니고 있었다.

'저는 아홉 살 때 어머니를 잃고, 열두 살 때 아버지를 잃었습니다.

아버지가 사고로 돌아가셨지만, 어머니는 19년 전 어느 날 집을 나가신 후로 한 번도 만날 수 없었습니다. 어머니가 데리고 간 두 여동생도 만나지 못했습니다. 어머니는 집을 나가신 지 7년 만에 처음으로 편지를 보내왔습니다. 아버지는 어머니가 집을 나가신 지 3년 후에 사고로 돌아가셨습니다. 아버지는 동업자 한 분과 미주리 주의 소도시에서 작은 카페를 마련했는데, 아버지가 출장을 떠나신 틈을 타서 그 동업자가 카페를 처분하고 현금을 챙겨 달아나버린 일이 있었습니다. 친구 한 분이 아버지에게 서둘러 돌아오라는 전보를 쳤는데, 급히 돌아오시던 아버지는 캔자스 주 살리나스에서 자동차 사고로 돌아가셨습니다. 제게는 고모 두 분이 계셨습니다. 두 분 모두 가난한 데다가 나이가 많아 몸도 편찮으셨지만, 우리 형제들 중 셋을 거둬주셨습니다. 하지만 저와 남동생을 원하는 사람은 아무도 없었습니다. 우리는 마을 사람들에게 맡겨졌습니다. 우리는 고아로 불리거나 고아 취급받는 것이 무엇보다도 무서웠습니다. 곧 우리가 두려워하고 있던 일이 현실이 되었죠. 한동안 저는 마을의 어느 가난한 가족과 함께 지냈습니다. 하지만 모두가 어려웠던 시절이라 그 집의 가장이 실직을 하게 되자 더 이상 저를 거둬줄 수 없게 되었습니다. 그러자 마을에서 약 18킬로미터 떨어진 농장에 사는 로프틴 부부가 저를 데려가게 되었습니다. 로프틴 씨는 70세 노인이었는데, 대상포진으로 자리에 누워 지냈습니다. 그는 나에게 '거짓말하지 않고, 도둑질하지 않으며, 말만 잘 들으면' 그 집에 머물러도 좋다고 말했습니다. 그날부터 이 세 가지 규칙이 저의 성서가 되었고, 저는 그 규칙을 철저히 지켰습니다. 학교에도 다니기 시작했지만, 첫 주에는 매일 집으로 돌아와 아기처럼 엉엉 울었습니다. 아이들이 나에게 코가 크다는 둥, 벙어리라는 둥, '아비 없는 자식'이라고 욕하고 놀려댔기 때문입니다. 너무 속이 상해서 그 녀석들을 패주고 싶었습니다. 하지만 로프틴 씨는 이렇게 말했습니다. "물러서지 않고 싸우는 것보다 물러설 줄 아는 사람이 더 큰 사람이라는 것을 언제나 잊지 말아라." 싸우지 않으려 했지만, 어느 날 한 녀석이 학교 마당에서 닭똥을 한줌 쥐어다가 제 얼굴에 집어던졌을 때는 더 이상 참을 수가 없어 저는 그 녀석을 흠씬 두들겨 패주었습니다. 그러자 몇 명의 친구가 생겼는데, 친구들은 그 녀석이 맞아도 싸다고 나를 두둔해주었습니다. 저는 로프틴 부인이 사준 새 모자를 자랑스럽게 쓰고 다녔습니다. 어느 날 저보다 나이 많은 한 여학생이 내 모자를 확 잡아채더니, 그 안에 물을 부어 못 쓰게 만들고 말았습니다. 그 여학생은 저에게 "너 같은 돌대가리는 물을 적셔야 돼. 그래야 네 머리가 터지지 않을 거야."라고 놀려댔습니다. 저는 학교에서는 절대 울지 않았지만, 집에 돌아와서 엉엉 울곤 했습니다. 그러던 어느 날 로프틴 부인은 저에게 한 가지 조언을 해주었는데, 그로 인해 저의 모든 번민이나 걱정거리가 사라졌고 적도 친구로 만들 수 있게 되었습니다. 아주머니는 이렇게 말했습니다. "랄프야! 네가 저 애들에게 관심을 가지고 네가 그 애들에게 얼마나 도움이 되는지 보여준다면, 더 이상 너를 괴롭히거나 '아비 없는 자식'이라고 놀리지 않을 거야." 저는 아주머니의 조언을 따랐습니다. 열심히 공부해서 곧 반에서 1등을 하게 되었지만, 어느 누구도 저를 시샘하지 않았습니다. 친구들을 돕는 일이라면 발 벗고 나섰기 때문입니다. 몇몇 친구들의 작문 숙제를 도와주었고, 어떤 때는 토론 원고를 전부 써준 적도 있었습니다. 어떤 아이는 저한테 도움을 받고 있다는 사실을 가족에게 알리기가 창피해서 자기 어머니에게 사냥하러 간다고 말하고는 했습니다. 그러고는 로프틴 씨의 농장으로 찾아와 데리고 온 개를 헛간에 묶어놓고 제게 도움을 받으며 공부를 하곤 했습니다. 다른 한 친구에게는 독후감을 써주기도 했으며, 며칠 밤 동안 한 여자아이에게 수학를 가르쳐주기도 했습니다. 그러다가 마을 사람들에게 죽음이 들이닥쳤습니다. 연로한 농부 두 사람이 죽고, 어떤 집은 남편이 부인을 버리고 도망가 버렸습니다. 근처에 사는 네 가구 중에서 남자라고는 이제 저 혼자뿐이었습니다. 저는 이 미망인들을 2년 동안 도와주었습니다. 학교에 오가는 길에 그들의 농장에 들러 나무를 잘라주거나 소젖을 짜주었고, 가축에게 물과 먹이도 주었습니다. 이제 마을 사람은 저를 욕하지 않고 칭찬해주었습니다. 누구나 저를 친구로 대해 주었지요. 해군에서 제대해 돌아왔을 때 그들은 진심으로 반겨주었습니다. 제대 첫날에는 200명이 넘는 이웃들이 저를 만나러 왔는데, 그 중에는 약 130킬로미터나 떨어진 곳에서 차를 몰고 온 사람도 있었습니다. 그들은 진심으로 저를 생각해주었습니다. 저는 다른 사람들을 돕느라 바쁘고 즐거웠기 때문에 걱정거리가 없었습니다. '아비 없는 자식'이라는 말은 그 후 13년 동안 한 번도 들어 본 적이 없습니다.'

버튼 씨 만세! 그는 친구를 얻는 법을 알고 있었다. 그리고 걱정을 극복하고 삶을 즐기는 법도 알고 있었다.

워싱턴 주 시애틀의 고(故) 프랭크 루프 박사의 경우도 마찬가지였다. 그는 23년 동안이나 환자로 지냈다. 관절염이었다. 하지만 《시애틀 스타Seattle Star》의 스튜어트 휘트하우스는 내게 보낸 편지에서 이렇게 썼다.

'루프 박사를 여러 차례 인터뷰했습니다. 루프 박사와 같이 이타적이고 풍요로운 삶을 즐기는 분을 본 적이 없습니다.'

병상에 누워 있는 환자가 어떻게 그토록 풍요로운 삶을 즐길 수 있었을까? 두 가지 추측을 해볼 수 있다. 그는 불평하고 비난하면서 그렇게 할 수 있었을까? 물론 아니다. 혹시 자기 연민에 빠져 다른 사람들 관심의 대상이 되고 모두가 자신의 요구를 받아주기를 강요했을까? 그것도 아니다. 역시 틀렸다. 그가 그렇게 할 수 있었던 것은 영국 황태자의 모토인 'Ich dien', 즉 '나는 봉사한다.'를 자신의 좌우명으로 삼았기 때문이었다. 그는 질병으로 고생하는 사람들의 이름과 주소를 모아 그들에게 위문편지를 써서 그 환자들과 자기 자신을 격려했다. 또한, 환자들을 위한 편지쓰기 모임을 만들어서 서로 편지를 쓰도록 했으며, 마침내는 그 모임을 '환자회The Shutin Society'라는 국제적인 조직으로 만들었다.

그는 병상에 누워 1년에 평균 1,400통의 편지를 썼으며, 병상에 누워 있는 수많은 환자들에게 라디오나 책을 전달하여 기쁨을 주었다.

루프 박사와 다른 많은 사람의 중요한 차이는 무엇이었을까? 바로 이것이다. 루프 박사는 목적과 사명감이 있는 내면적 열정의 소유자였다. 그는 자신이 자신보다도 훨씬 고귀하고 의미 있는 이념의 도구로 쓰이고 있다는 사실을 알고 기뻐했다. 그는 버나드 쇼가 말하듯이, '세상이 왜 나를 행복하게 만들기 위해 헌신하지 않느냐고 투덜대면서, 불평불만으로 가득 찬 자기중심적인 소인배'가 아니었다.

내가 읽은 위대한 정신의학자의 저술 가운데 가장 놀라운 말을 한 사람은 바로 알프레드 아들러이다. 그는 항상 우울증 환자들에게 이렇게 말하곤 했다.

"이 처방을 따르기만 하면 2주 만에 완쾌될 수 있습니다. 매일 어떻게 하면 다른 사람들을 기쁘게 해줄 수 있을지 생각해보세요."

이 말은 그다지 믿기 쉬운 말이 아니므로 그의 명저인 《심리학이란 무엇인가?What Life Should Mean to You》라는 책을 인용해 설명해보겠다.

'우울증이란 다른 사람들에 대해 장기간 지속되는 분노나 비난 같은 것이다. 환자는 보살핌이나 동정, 지지를 얻고 싶어 하지만, 오직 자신의 잘못에 대해 낙담하게 될 뿐이다. 우울증 환자의 첫 번째 기억은 대체로 다음과 같다.

"소파에 눕고 싶었지만 형이 거기 누워 있었던 기억이 납니다. 내가 너무 울어대자 형은 소파에서 비켜줘야만 했지요."

우울증 환자는 흔히 자살을 선택함으로써 복수하려는 경향이 있다. 따라서 의사가 우선 주의해야 할 일은 그들에게 자살할 구실을 제공하지 않는 것이다. 나 자신도 치료의 첫 번째 규칙으로 환자들의 긴장을 완화시켜 주기 위해 "무엇이든 하기 싫은 일은 절대로 하지 마라."라고 조언하고 있다. 매우 소극적인 방법 같지만, 이것이 모든 문제의 근본을 치유하는 방법이라는 생각이 든다. 만약, 우울증 환자가 무엇이든 원하는 대로 할 수 있다면 누구를 원망하겠는가? 자신에게 복수를 할 이유가 없지 않은가? 그래서 나는 환자들에게 이렇게 말한다. "영화를 보고 싶거나 휴가를 떠나고 싶다면, 그렇게 하세요. 도중에 내키지 않으면 그만두면 됩니다." 이것은 누구에게나 최고의 상황이며, 우월감을 얻으려고 애쓰는 환자에게 만족감을 준다. 그는 마치 신과 같이 원하는 대로 할 수 있다. 한편으로 이것은 환자의 생활방식에 쉽사리 들어맞지 않을 수도 있다. 환자는 다른 사람들을 위압하거나 비난하고 싶어 하는데, 다른 사람들이 그의 말에 동의해버리면 그들을 위압할 방법이 없게 된다. 이 규칙은 환자들에게 커다란 위안이 되기 때문에, 내 환자들 중에 자살을 한 사람은 한 명도 없었다. 보통 환자들은 이렇게 대답한다. "하지만 하고 싶은 게 없는데요." 나는 이런 말을 너무 자주 듣기 때문에 이 대답에 대한 준비가 되어 있다. "그러면 하고 싶지 않은 일은 하지 마세요." 하지만 가끔 이렇게 대답하는 환자도 있다. "온종일 침대에만 누워 있고 싶어요." 내가 그렇게 하라고 하면 환자는 더 이상 그러고 싶은 마음이 생기지 않는다는 것을 알고 있다. 하지만 내가 그러지 말라고 하면 환자는 나와 전쟁을 시작할 거라는 것도 안다. 그래서 나는 항상 환자의 의견에 동의해준다. 이것이 제1법칙이다. 다른 규칙은 환자들의 생활방식을 더 직접적으로 공략한다. 나는 환자들에게 말한다. "이 처방을 따르기만 하면 2주 만에 완쾌될 수 있습니다. 매일 어떻게 하면 다른 사람들을 기쁘게 해줄 수 있을지 생각해보세요." 이 말이 환자들에게 무엇을 의미하는지 생각해보라. 왜냐하면 그들은 줄곧 '어떻게 하면 남을 괴롭힐 수 있을까?'라는 생각만을 하고 있기 때문이다.

그들의 대답은 매우 흥미롭다. 어떤 환자는 이렇게 대답한다. "그거야 너무 쉬운데요. 평생 그렇게 해왔는걸요." 하지만 그들은 절대로 그렇게 살지 않았다. 그래서 잘 생각해보라고 말하면, 그들은 생각해보려고도 하지 않는다. 나는 그들에게 말한다. "밤에 잠이 오지 않을 때, 어떻게 하면 다른 사람들을 기쁘게 할 수 있을까 생각하면서 시간을 보내세요. 그렇게 하는 것이 당신의 건강에도 큰 도움이 될 것입니다." 다음 날 환자를 만나면 나는 이렇게 묻는다. "어제 말한 대로 생각해보셨습니까?" 그들은 이렇게 대답한다. "어제는 잠자리에 들자마자 곧 잠이 들었어요." 물론 이런 대화는 부드럽고 우호적인 말투로 이루어져야 하며, 강압적인 분위기에서 진행되어서는 안 된다. 또 이렇게 대답하는 환자도 있다. "절대 그렇게 못할 거예요. 저는 너무 걱정이 많아서요." 그러면 나는 이렇게 말한다. "걱정을 멈추려 하지 마세요. 다만 가끔씩은 다른 사람들에 대해서도 생각해볼 수 있을 거예요." 나는 언제나 환자들의 관심을 주변 사람들 쪽으로 돌려놓으려고 한다. 많은 환자들이 이렇게 말한다. "제가 왜 다른 사람들을 기쁘게 해야 하죠? 그들은 조금도 저를 기쁘게 해주려고 하지 않는데요." 그러면 나는 대답한다. "당신의 건강을 생각해야죠. 다른 사람들도 나중에 고통을 겪을 겁니다." 하지만 환자가 "선생님이 말씀하신대로 잘 생각해 봤습니다."라고 말하는 경우는 거의 없다. 어쨌든 나는 환자가 더 많이 사회적 관심을 갖도록 하는 데 모든 노력을 기울이고 있다. 우울증의 근본 원인은 협동정신의 결여에 있다는 것을 알기 때문에, 환자 본인도 그것을 알기를 바라는 것이다. 환자들이 주변 사람들과 동등하고 협조적인 관계를 갖게 된다면, 비로소 그들은 완쾌된 것이다.

종교가 사람들에게 요구하는 가장 중요한 과제는 언제나 '네 이웃을 사랑하라.'는 것이다. 인생에서 큰 어려움에 부딪히고 또 남에게 큰 피해를 입히는 사람은 바로 주변 사람들에게 관심을 갖지 않는 개인이다. 남에게 관심을 갖지 않는 그런 사람들 사이에서 인간의 모든 실패가 일어난다. 인간에게 요구할 수 있는 모든 것, 그리고 인간에게 줄 수 있는 최고의 찬사는 '좋은 직장 동료'이며 모든 이들의 '좋은 친구'이며, 사랑과 결혼에 있어서는 '진정한 반려자'이다.'

아들러 박사는 우리에게 매일 선행을 하라고 강조하고 있다. 그렇다면 선행이란 무엇인가? 예언자 마호메트는 이렇게 말했다.

"선행이란 다른 사람의 얼굴에 미소를 짓게 하는 일이다."

매일 선행을 하는 것이 그토록 놀라운 효과가 생기는 것은 무엇 때문일까? 그것은 다른 사람을 기쁘게 함으로써 걱정과 두려움, 우울증의 원인이 되는 자기 자신에 대한 생각을 하지 않게 되기 때문이다.

뉴욕에서 문 비서양성소를 경영하고 있는 윌리엄 문 여사는 우울증을 치료하기 위해 어떻게 하면 다른 사람을 기쁘게 해줄 수 있을까를 생각하는 데 2주일도 채 걸리지 않았다. 그녀는 알프레드 아들러보다 한 수 위였다. 아니, 열세 수 위였다. 그녀는 어떻게 하면 두 명의 고아를 기쁘게 해줄 수 있을지를 생각함으로써 2주가 아니라 단 하루 만에 우울증을 몰아내버렸다.

문 여사는 다음과 같이 말했다.

"5년 전 12월, 저는 슬픔과 자기 연민에 빠져 있었어요. 행복한 결혼생활을 시작한 지 불과 몇 년 만에 남편을 잃었죠. 크리스마스 연휴가 다가올수록 저의 슬픔은 더욱 깊어만 갔어요. 지금까지 혼자서 크리스마스를 보낸 적이 없었기 때문에 크리스마스가 다가오는 것이 두려웠어요. 친구들은 크리스마스에 같이 지내자고 초대했지만, 저는 명절 분위기를 즐길 기분이 들지 않았어요. 어떤 파티를 가더라도 제가 흥을 깨게 될 게 뻔했으니까요. 크리스마스이브 오후 3시에 사무실을 나와 정처 없이 5번가를 걷기 시작했어요. 자기 연민과 우울함을 떨쳐보려는 생각이었죠. 거리는 활기차고 행복해 보이는 사람들로 붐비고 있었어요. 그 광경을 보자 행복했던 지난날의 기억이 떠올랐습니다. 아무도 없는 텅 빈 아파트로 돌아가야 한다는 생각에 견딜 수가 없었어요. 마음이 혼란스러워 어찌할 바를 몰랐죠. 눈물이 흐르는 것을 참을 수 없었어요. 한 시간 가량 정처 없이 거리를 헤매다가 문득 정신을 차려보니 버스 종점에 서 있는 것이었어요. 가끔 남편과 제가 모험 삼아 아무 버스에나 올라타곤 하던 기억이 떠올라 우선 눈에 띄는 버스에 올랐습니다. 허드슨강을 건너 한참을 가다보니 차장이 "아주머니, 종점입니다."라고 말하더군요. 저는 버스에서 내렸습니다. 눈앞에는 이름조차 알 수 없는 마을이 있었어요. 아주 조용하고 평화로운 작은 마을이었죠. 집으로 돌아가는 다음 버스를 기다리다가 주택가를 따라 걷기 시작했어요. 한 교회 앞을 지나려는데 그 안에서 '고요한 밤 거룩한 밤'의 아름다운 선율이 들려왔습니다. 안으로 들어가 보니 교회 안에는 오르간을 연주하는 사람을 빼고는 아무도 없었어요. 저는 조용히 예배당 의자에 앉았습니다. 화려하게 장식한 크리스마스트리의 불빛이 마치 달빛 아래서 춤추는 무수한 별들처럼 보였습니다. 아침부터 아무것도 먹지 않은 탓인지 긴 여운을 남기며 흐르는 음악 선율에 졸음이 밀려왔어요. 지치고 무거운 짐을 진 자였던 저는 곧 깊은 잠에 빠져들었습니다. 잠에서 깨어났을 때 저는 제가 어디에 있는지 알 수가 없었어요. 더럭 겁이 났습니다. 제 앞에는 크리스마스트리를 보러 온 것으로 보이는 두 아이가 서 있었어요. 그 중 어린 여자아이가 저를 가리키며 말했어요. '산타클로스 할아버지가 데려왔나 봐.' 제가 눈을 뜨자 그 아이들도 깜짝 놀랐죠. 저는 해치지 않을 테니까 겁내지 말라고 말했어요. 아이들의 옷차림은 누추하기 짝이 없었습니다. 아빠와 엄마는 어디 계시냐고 묻자 아이들은 이렇게 대답하는 것이었습니다. '우린 아빠도, 엄마도 없어요.' 저보다 훨씬 불쌍한 어린 고아들이었어요. 그 아이들을 보자 내가 느꼈던 자기 연민이나 슬픔이 오히려 부끄러워졌습니다. 저는 아이들에게 크리스마스트리를 보여주고는 가게로 데리고 가서 간단한 요기를 한 다음 사탕과 두어 가지 선물을 사주었습니다. 제 외로움은 마치 마법을 부린 것처럼 사라졌습니다. 이 두 명의 고아는 제가 지난 몇 달 동안 찾아 헤매던 진정한 행복과 몰입의 감정을 안겨주었어요. 아이들과 대화를 나누면서 제가 그동안 얼마나 운이 좋았는지 깨닫게 되었습니다. 부모님의 사랑과 보살핌으로 환하게 빛났던 제 어린 시절의 모든 크리스마스에 대해 하나님께 감사드렸습니다. 두 어린 고아는 제가 그들에게 베푼 것보다 훨씬 많은 것을 저에게 준 것입니다. 이 경험으로 저는 우리 자신이 행복해지기 위해서라도 다른 사람들을 행복하게 해줄 필요가 있다는 사실을 다시 한 번 깨달았습니다. 행복은 전염된다는 사실도 깨닫게 되었어요. 베푸는 것이 곧 받는 것입니다. 저는 누군가에게 도움을 주고 사랑을 베푸는 것으로 걱정과 슬픔, 자기 연민을 극복하고 새로운 사람이 된 것 같았습니다. 저는 새 사람으로 다시 태어났어요. 그 당시뿐만 아니라 지금까지 저는 새로운 사람이 되었습니다."

자기 자신을 잊어버림으로써 건강과 행복을 되찾은 사람들에 대한 이야기는 책으로 엮을 수 있을 만큼 많다. 예를 들어, 미국 해군에게 인기 있는 여성 가운데 한 명인 마거릿 테일러 예이츠의 경우를 보자.

예이츠 여사는 소설가이다. 하지만 일본군이 진주만을 기습했던 운명의 날 아침에 그녀에게 일어난 실화는 그녀의 추리소설보다 훨씬 재미있다. 예이츠 여사는 심장이 좋지 않아 1년 이상 환자 신세였다. 하루 24시간 중 22시간을 침대에 누워서 보냈다. 일광욕을 하러 뜰로 나가는 일이 그녀에게는 가장 먼 여행이었다. 그마저도 가정부의 팔에 몸을 의지해야만 했다. 당시 그녀는 죽을 때까지 환자로 지낼 수밖에 없으리라고 생각했다. 그녀는 내게 이렇게 말했다.

"만일 일본군이 진주만을 폭격해서 나의 안일한 삶을 흔들어놓지 않았더라면, 저는 결코 제대로 된 삶을 다시 살 수 없었을 거예요. 그 사건이 일어났을 때 세상은 온통 혼란과 혼동 그 자체였어요. 폭탄이 집 근처에 떨어지는 바람에 그 진동으로 나는 침대에서 굴러 떨어졌지요. 군용 트럭들이 히캄 비행장, 스코필드 기지, 카네오헤만 항공기지로 달려가 육해군 병사들의 부인과 아이들을 공립학교로 피신시켰습니다. 적십자사는 피난민을 수용할 여분의 방이 있는 사람들에게 전화를 걸었습니다. 적십자사 직원들은 제 침대 곁에 전화기가 있다는 사실을 알고는 저에게 정보센터 역할을 해달라고 부탁했어요. 저는 곧 육해군 병사의 가족들이 어디에 묵고 있는지 조사하기 시작했습니다. 적십자사는 가족들이 어디 있는지 알아내려면 저에게 문의하도록 모든 병사들에게 지시를 내렸습니다. 저는 남편인 로버트 롤리 예이츠 사령관이 무사하다는 것을 알게 되었습니다. 저는 남편의 생사를 알지 못하는 부인들을 격려하는 한편, 수많은 전사자들의 미망인을 위로하기 위해 노력했습니다. 그때의 전투로 2,117명의 해군과 해병대 소속 장교와 병사들이 전사했고, 960명이 실종되었습니다. 처음에 저는 침대에 누운 채 이런 전화를 받았습니다. 그러다가 앉아서 전화를 받게 되었고, 마침내 너무 바쁘고 흥분한 나머지 아픈 몸이라는 것도 잊어버리고 침대에서 벗어나 책상 앞에 앉게 되었습니다. 저보다 더 불행한 사람들을 도우면서 저 자신에 관한 일은 잊어버린 것입니다. 그 후로는 매일 밤 규칙적으로 8시간 잠잘 때 외에는 침대에 누워본 적이 없었습니다. 만일 일본군이 진주만을 공격하지 않았더라면, 아마도 저는 평생을 환자처럼 지냈을 것입니다. 침대에 누워 지낼 때는 편했습니다. 지금 생각해보면 항상 시중 들어줄 사람이 있었기 때문에 저는 무의식적으로 건강을 회복하려는 의지를 잃었던 것입니다. 진주만 공격은 미국 역사상 가장 비극적인 사건이지만, 개인적으로 보면 그 일은 제게 일어난 일 가운데 가장 좋은 사건이었습니다. 그 끔찍한 비극을 통해 저는 제가 갖고 있으리라고 생각지도 못했던 힘을 발견할 수 있었습니다. 그때부터 저는 제 자신에게 쏟았던 관심을 다른 사람들에게 집중하게 되었습니다. 제가 살아가면서 지향해야 할 크고 중요한 목적을 갖게 된 것이지요. 저는 더 이상 제 자신의 일에 대해 생각하거나 걱정할 시간이 없어졌습니다."

정신과 의사를 찾는 사람들의 3분의 1은 마거릿 예이츠가 했던 것처럼 다른 사람들을 돕는 일에 관심을 가지기만 해도 완쾌될 수 있다. 이것은 내 생각이 아니라, 칼 융이 이와 비슷한 말을 했다. 독보적인 정신의학자 칼 융은 이렇게 말했다.

"내 환자들 가운데 3분의 1 정도는 임상적으로 정의할 수 있는 신경증을 앓고 있다기보다는, 자신의 삶이 무의미하고 공허한 것 때문에 고통받고 있습니다. 다시 말하자면, 환자들은 인생길을 가면서 남의 차에 편승해서 편히 가기를 기대하지만, 줄지어 지나가는 차들 모두가 그냥 지나쳐버립니다. 그래서 그들은 사소하고 무의미하고 무익한 자신의 삶을 한탄하면서 정신과 의사를 찾아가는 것입니다. 그들은 배가 떠나버린 부두를 서성거리면서 자기 외의 모든 사람들을 비난하고, 자기중심적인 자신의 욕구를 채워달라고 세상에 요구합니다."

당신은 지금 이렇게 생각하고 있을지도 모르겠다.

"그런 이야기라면 별 감흥이 없다. 크리스마스이브에 고아를 만났다면 나라도 관심을 보였을 것이다. 또, 그때 내가 진주만에 있었더라면, 마거릿 테일러 예이츠 여사가 했던 일을 기꺼이 했을 거야. 하지만 나와 상황이 다르잖아. 나는 평범한 삶을 살고 있지. 하루에 여덟 시간씩 지겨운 일을 하고 있고, 극적인 일이라고는 일어나지 않아. 어떻게 내가 다른 사람들을 돕는 데 관심을 가질 수가 있어? 그리고 왜 그래야 되는데? 그게 내게 무슨 도움이 되지?"

당연한 질문이다. 이 질문에 나름대로 대답을 해보겠다. 당신의 존재가 아무리 평범하다 할지라도 매일 누군가를 만날 것이다. 그들에게 어떻게 대하고 있는가? 그저 물끄러미 바라볼 뿐인가? 그렇지 않으면 그들이 왜 그런 행동을 하는지 관심을 갖고 알아내려고 하는가? 우편배달부를 예로 들면, 그는 매년 수백 킬로미터를 돌아다니며 집집마다 우편물을 배달해준다. 한 번이라도 그에게 어디에 살고 있는지 물어보거나, 그의 아내나 아이들의 사진이나 한번 보자고 말을 붙여본 적이 있는가? 몸은 피곤하지 않은지, 일이 지겹지는 않은지 물어본 적이 있는가?

식료품 가게 점원이나 신문 가판대의 판매원, 길모퉁이의 구두닦이들에게는 또 어떤가? 이 사람들도 모두 인간이다. 수많은 고민과 꿈과 개인적 포부를 가진 인간 말이다. 그들 역시 누군가에게 그런 것을 털어놓을 기회를 갈망하고 있다. 당신은 한번이라도 그들에게 기회를 준 적이 있는가? 그 사람들이나 그들의 삶에 대해 진지한 관심을 보인 적이 있는가? 말하자면 이런 거다. 더 나은 세상을 만들기 위해 나이팅게일이라든가 사회 개혁자가 될 필요는 없다. 당장 내일 아침에 만나는 사람들부터 먼저 시작하면 되는 것이다.

그게 당신에게 무슨 득이 되는가? 더 큰 행복과 더 큰 만족, 자부심이 생길 것이다! 아리스토텔레스는 이런 태도를 가리켜 '진보된 이기주의'라고 불렀다. 또 조로아스터는 이렇게 말했다.

"다른 사람들에게 선행을 베푸는 것은 의무가 아니라 기쁨이다. 그렇게 하는 것이 자신의 건강과 행복을 증진시키기 때문이다."

벤저민 프랭클린은 그것을 간단히 요약해서 말했다.

"다른 사람들에게 선을 행할 때, 당신은 자기 자신에게 가장 좋은 일을 하는 것이다."

뉴욕에 있는 심리상담센터의 헨리 링크 소장은 그의 저서에서 이렇게 썼다.

'현대 심리학의 가장 중요한 발견은 자아실현이나 행복을 위해 자기희생과 자제가 필요하다는 사실을 과학적으로 증명한 것이라고 할 수 있다.'

다른 사람들을 배려할 때, 자기 자신에 대한 걱정이 줄어들 뿐만 아니라 많은 친구를 사귀고 커다란 즐거움을 맛보게 된다. 어떻게 그렇게 할 수 있을까? 언젠가 예일 대학교의 윌리엄 라이언 펠프스 교수에게 그 방법을 사용했는지 물었더니, 그는 이렇게 말했다.

"나는 호텔이나 이발소, 상점에 들어가면서 마주치는 모든 사람들에게 상냥하게 말을 건넵니다. 그들을 기계의 부속품이 아니라 인간으로 대우하는 말을 하려고 노력합니다. 때로는 상점의 여직원에게 눈이 아름답다든지, 머릿결이 곱다는 칭찬을 건네곤 합니다. 이발사에게는 온종일 서 있어서 피곤하지 않은지 물어보기도 합니다. 혹은 어떻게 해서 이발사가 되었는지, 지금까지 몇 명이나 머리를 깎아주었는지 물어보기도 하지요. 그가 셈하는 것을 도와주기도 합니다. 누구든지 자신에게 관심을 보이면 기분 좋아지는 법입니다. 나는 종종 내 가방을 들어주는 짐꾼에게 악수를 청합니다. 그렇게 하는 것만으로도 그는 뿌듯해져서 온종일 기분 좋게 일할 수 있을 것입니다. 몹시 무더운 어느 여름날, 뉴욕 뉴헤이븐 철도의 식당칸으로 점심을 먹으러 갔습니다. 식당 칸은 사람들로 가득 차서 찌는 듯이 더웠으며, 종업원들은 느렸습니다. 한참 만에 메뉴판을 건네받은 나는 이렇게 말했습니다. '오늘 같은 날 무더운 주방에서 일하는 사람들은 정말 고생이 많겠네요.' 그러자 종업원은 격한 어조로 내뱉었죠. 매우 불쾌한 말투여서 처음에는 화를 내는 것처럼 보였지만, 그는 이렇게 소리쳤습니다. '정말 돌아버리겠어요. 들어오는 손님들마다 음식이 맛이 없네, 서비스가 나쁘네, 덥네, 값이 비싸네 하면서 온통 불평뿐이지요. 지금껏 19년 동안 손님들이 불평하는 소리만 들었지, 찜통 주방에서 요리하는 사람을 걱정해주신 분은 처음입니다. 선생님 같은 손님이 더 많았으면 좋겠어요.' 그 종업원은 내가 식당칸의 요리사들을 철도회사라는 거대 조직의 한낱 톱니바퀴로 생각하는 것이 아니라, 한 명의 인간으로 여겼다는 사실에 매우 놀랐습니다. 사람들이 원하는 것은 인간으로서의 작은 관심입니다. 길거리를 가다가 귀여운 개를 데리고 나오는 사람을 만나면, 나는 언제나 그 개가 예쁘다는 칭찬을 해줍니다. 지나치고 나서 뒤를 돌아보면, 개 주인이 자신의 개를 칭찬하면서 쓰다듬고 있는 모습을 종종 보게 됩니다. 내가 칭찬해주니, 그도 새삼스레 자신의 개가 예뻐 보이는 모양이지요. 언젠가 영국에서 양치는 사람을 만난 적이 있었습니다. 그가 크고 영리한 양치기 개를 데리고 있는 것을 보고 나는 진심에서 우러난 칭찬을 했습니다. 나는 그에게 개를 어떻게 길들였느냐고 물어보았지요. 그들과 헤어져 걸어가다가 뒤를 돌아보았더니, 그 개는 앞발을 들어 양치기의 어깨에 올려놓고 있었고, 양치기는 개를 쓰다듬어주고 있었습니다. 양치기와 그의 개에 대해 작은 관심을 보여줌으로써 나는 그를 행복하게 만들어 준 것입니다. 나는 그 개도 행복하게 만들었고, 나 자신도 행복해졌습니다."

짐꾼과 악수를 한다거나, 찜통 같은 주방에서 일하는 요리사들을 걱정해주고, 개 주인에게 개를 칭찬하는 사람이 괴로움과 걱정 때문에 정신과 의사를 찾게 되는 일이 있을까? 그런 일은 있을 수 없다. 당연히 그렇지 않은가? 중국 속담에 이런 말이 있다.

'장미를 건네는 손에는 언제나 장미 향기가 배어 있다.'

예일 대학의 빌리 펠프스 교수에게 이런 말을 해줄 필요는 없다. 그는 이미 알고 있었고, 그 말대로 살았으니까 말이다.

만약 당신이 남자라면 다음 이야기는 그냥 넘어가라. 남자라면 별로 재미없는 이야기일 테니까 말이다. 불행하고 걱정이 많은 한 소녀가 어떻게 해서 수많은 남자들의 구애를 받게 되었는지에 관한 이야기이기 때문이다. 그 소녀도 이제 할머니가 되었지만 말이다. 몇 년 전, 나는 이 노부부의 집에서 하룻밤을 묵은 적이 있다. 그녀가 살던 동네에서 내 강의가 있었는데, 다음 날 아침 그녀는 뉴욕 센트럴 역으로 가는 기차를 탈 수 있도록 마을에서 80킬로미터나 떨어진 역까지 나를 태워다주었다. 우리는 친구를 사귀는 것에 관해 대화를 나누게 되었는데, 그녀는 이렇게 말했다.

"카네기 씨! 지금까지 누구에게도, 심지어 남편에게도 털어놓은 적이 없는 이야기인데요. 저는 필라델피아 사교계에서 널리 알려진 가정에서 태어났지만, 어려서부터, 그리고 성장하고 나서도 저의 불행은 우리집이 가난하다는 것이었습니다. 우리와 비슷한 신분의 소녀들이 누리는 것을 누릴 형편이 아니었어요. 고급 옷을 입어본 적은 한 번도 없었지요. 작아서 몸에 맞지 않거나 유행에 뒤쳐진 옷뿐이었습니다. 저는 그것이 너무나 창피하고 부끄러워서 울다 잠이 들곤 했습니다. 그래서 순전히 궁여지책으로 한 가지 아이디어를 생각해냈습니다. 저녁 모임에서 만나는 파트너에게 항상 그의 경험이나 의견, 그리고 장래에 대한 계획을 물어보는 것이었습니다. 제가 그런 이야기에 특별히 관심이 있었던 것은 아니었습니다. 단지 파트너가 저의 보잘 것 없는 차림새를 보지 못하게 하려는 것이었지요. 그런데 이상한 일이 일어났습니다. 그 사람들과 대화를 하면서 그들에 대해 알게 될수록 그들의 이야기에 흥미를 가지게 되었고, 저의 초라한 옷차림 같은 것은 잊어버리게 되었습니다. 그런데 정말로 더 놀랄 만한 일이 일어났습니다. 제가 상대방의 이야기를 잘 들어주고 그들 자신의 이야기를 하도록 부추겨주었더니, 그것이 그들을 기분 좋게 만들었던 것입니다. 저는 점차 사교계에서 가장 인기 있는 여자가 되었고, 결국 세 남자로부터 청혼을 받게 되었습니다."

이 이야기를 읽고 이렇게 말하는 사람이 있을지도 모르겠다.

"다른 사람들에게 관심을 가지라는 건 허튼 소리야. 독실한 종교인이라면 모를까! 나한테는 다 부질없는 소리라고. 돈은 내 지갑에 넣을 거야. 지금 내가 가질 수 있는 건 모조리 가질 거야. 다른 바보 얼간이들은 꺼지라고!"

당신 생각이 그렇다면, 내가 그것에 대해 뭐라고 할 자격은 없다. 하지만 당신의 생각이 옳다면, 예수와 공자, 석가, 플라톤, 아리스토텔레스, 소크라테스, 성 프란체스코 등 유사 이래의 모든 위대한 철학자나 스승들의 말이 틀린 것이 된다. 혹시 당신이 종교 지도자들의 가르침을 비웃을지도 모르니까 무신론자의 조언을 들어보기로 하자. 우선 당대의 뛰어난 석학 중 한 사람이었던 케임브리지 대학교의 고(故) 하우스먼 교수의 경우를 보자. 1936년에 케임브리지 대학교에서 '시의 제목과 특징The Name and Nature of Poetry'이라는 주제로 한 강연에서 그는 이렇게 말했다.

"동서고금을 통해 가장 심오한 도덕적 발견은 다음과 같은 그리스도의 말이다. 즉 '자기 목숨을 얻으려는 사람은 잃을 것이며 나를 위하여 자기 목숨을 잃는 사람은 얻을 것이다.'"

우리는 지금까지 줄곧 목회자들이 이런 말을 하는 것을 들어왔다. 하지만 하우스먼은 무신론자이며 비관주의자로서 자살까지 고민했던 사람이다. 그런 하우스먼도 자기만을 생각하는 사람은 풍요로운 삶을 살 수 없다는 사실을 알고 있었다. 하지만 다른 사람들을 위해 봉사하면서 자기 자신을 잊어버리는 사람은 삶의 기쁨을 찾아낼 것이다.

하우스먼의 이야기에도 그다지 느끼는 바가 없다면, 20세기 미국의 가장 저명한 무신론자 시어도어 드라이저의 조언에 귀 기울여보라. 그는 모든 종교를 꾸며낸 이야기라고 냉소하면서, 인생에 대해 '바보 천치가 지껄이는 꾸며낸 이야기다. 소음과 격정으로 가득 차 있을 뿐, 아무런 의미가 없다.'고 생각했다. 그런데도 드라이저도 예수께서 말씀하신 위대한 원칙, '다른 사람들을 섬기라.'는 가르침만큼은 지지했다. 드라이저는 이렇게 말했다.

"짧은 인생에서 조금이라도 기쁨을 맛보고자 한다면, 자기 자신뿐 아니라 다른 사람들을 더 이롭게 하기 위한 일을 생각하고 계획을 세워야 한다. 왜냐하면 자신의 기쁨이 다른 사람들에게 달려 있고, 그들의 기쁨은 자신의 기쁨에 달려 있기 때문이다."

드라이저가 주장한 대로 '다른 사람들을 더 이롭게 하기 위해' 노력할 생각이라면, 서둘러 시작해야 한다. 시간은 쏜살같이 지나가니까 말이다.

"한 번밖에 살 수 없는 인생이다. 그러니 조금이라도 선행을 하거나 친절을 베풀 기회가 있다면 지금 당장 실천하자. 미루거나 소홀히 해서는 안 된다. 이 길을 다시 걷게 되지는 않을 테니까."

평화와 행복을 가져오는 마음가짐을 기르기 위해 필요한 일곱 번째 법칙은 다음과 같다.

법칙7

- **다른 사람들에게 관심을 가짐으로써 자신을 잊어버려라.**
- **매일 선행을 하여 다른 사람의 얼굴에 미소가 피어오르게 하라.**

❈ 간단 요약 ❈

평화와 행복을 가져오는 일곱 가지 마음가짐

1. 우리의 마음을 평화와 용기, 건강, 희망에 대한 생각으로 가득 채워라. 인생은 우리의 생각대로 만들어지기 때문이다.
2. 결코, 적에게 앙갚음하려 들지 마라. 그랬다가는 적을 해치기보다는 오히려 자기 자신이 다치게 될 뿐이다. 아이젠하워 장군이 그랬듯이, 마음에 들지 않는 사람들을 생각하느라 시간을 단 1분도 낭비하지 말자.
3. ① 감사할 줄 모르는 사람들 때문에 기분 상하지 말고, 아예 그런 기대를 하지 마라. 예수는 하루에 열 명의 나병 환자를 고쳐 주었지만, 오직 한 사람만이 감사의 표시를 했다는 사실을 기억하자. 우리가 예수보다 더 감사를 받기를 기대한다는 것은 무리이다.

   ② 행복을 찾는 유일한 방법은 감사를 바라지 말고 베푸는 즐거움을 위해서만 베푸는 것이다.

   ③ 감사하는 마음은 '길러지는 것'이다. 그러므로 우리 아이들이 감사하는 사람이 되기를 바란다면, 그들에게 감사하는 법을 가르쳐야 한다.
4. 걱정거리를 헤아리지 말고, 자신에게 주어진 축복을 헤아려보라!
5. 다른 사람을 흉내 내지 마라. 자아를 찾고 자기 자신이 되어라.

질투는 무지한 것이며, 모방은 자살행위와 같다.

6. 운명이 레몬을 건네주거든 레모네이드를 만들어라.

7. 다른 사람들에게 자그마한 행복을 주기 위해 노력함으로써 자신의 불행을 잊어버려라.

5부

걱정을
극복하는
완벽한 방법

Dale Carnegie

나의 부모님이 걱정을 극복한 방법

앞에서 말했듯이, 내가 태어나 성장한 곳은 미주리 주의 한 농장이다. 당시 다른 농부들과 마찬가지로 나의 부모님도 무척 어렵게 생활하셨다. 어머니는 시골학교 선생님이었고, 아버지는 한 달에 12달러를 받는 농장 일꾼이었다. 어머니는 우리 옷을 손수 지었을 뿐 아니라, 옷을 세탁하는 비누도 만들었다.

1년에 한 번 돼지 팔 때를 제외하고는 우리집에 돈이 있을 때가 거의 없었다. 우리는 버터나 달걀을 식료품점에 가져가서 밀가루와 설탕, 커피로 바꾸었다. 열두 살 때 내가 받은 용돈은 1년에 50센트도 되지 않았다. 나는 아직도 독립기념일 축제에 갔던 그날을 기억하고 있다. 아버지가 내 마음대로 쓰라며 10센트를 주셨을 때, 큰 부자가 된 듯이 뿌듯했다.

나는 1마일을 걸어 교실이 하나뿐인 학교에 다녔다. 눈이 많이 내려 온도가 영하 30도 가까이 떨어졌을 때도 걸어서 다녔다. 열네 살이 될 때까지 고무신이나 덧신을 신어보지 못했으며, 기나긴 추운 겨울 동안 나의 발은 항상 젖어 있었고 차가웠다. 어린 마음에 누구나 겨울에는 다 그런 줄로만 알고 있었다. 보송보송하고 따뜻한 발을 가진 사람을 상상할 수가 없었다.

부모님은 하루에 16시간씩 등골이 휘도록 일했지만, 우리는 늘 빚에 짓눌렸고 불운이 끊이지 않았다. 내가 아주 어렸을 때, 큰 홍수로 102번 강이 범람해서 옥수수 밭과 건초 밭을 휩쓸고 지나가 모든 것을 망쳐버린 것을 지켜본 기억이 난다. 7년 동안 여섯 번이나 홍수가 나서 우리집 작물들을 망쳐놓은 적도 있었다. 또 매년 돼지들이 콜레라에 걸려 죽어나갔고, 우리는 그 돼지들을 불태웠다. 지금도 눈을 감으면 돼지 살이 탈 때 나는 지독한 냄새가 풍기는 것만 같다.

어느 해는 홍수 피해가 전혀 없었다. 옥수수도 풍작이었고, 우리는 가축 새끼를 사서 그 옥수수를 먹여 살찌웠다. 그러나 그해도 홍수가 닥쳤던 해와 그다지 다르지 않았다. 시카고의 가축 시세가 폭락했기 때문이다. 가축을 사다가 먹이고 살찌웠지만, 우리가 받은 돈은 가축을 살 때 든 비용보다 고작 30달러를 벌었을 뿐이었다. 일 년 내내 고생한 대가로 겨우 30달러라니!

우리는 무엇을 해도 손해만 보았다. 아버지가 새끼 노새 몇 마리를 사왔던 일이 아직도 기억난다. 우리는 3년 동안 그 노새들을 먹였고 사람까지 사서 잘 길들인 다음, 테네시 주의 멤피스로 실어 보냈다. 하지만 본전도 못 받고 팔아야만 했다. 3년 전에 그 노새를 살 때 지불한 돈보다 더 적은 돈을 받고 말이다.

10년 동안 죽어라 고생했지만, 우리는 수중에 돈 한 푼 없었고 빚만 늘어났다. 농장을 담보로 대출을 받았다. 하지만 아무리 열심히 일을 해도 대출 이자도 갚지 못할 형편이었다. 대출을 해준 은행에서는 아버지를 모욕하고 창피를 주었으며, 농장을 빼앗아가겠다고 협박했다. 아버지의 나이는 마흔 일곱이었다. 30년 이상 열심히 일한 결과는 빚과 모멸감뿐이었다. 그것은 아버지가 감당하기 어려운 가혹한 보답이었다. 아버지는 늘 걱정을 했고, 그러다가 건강을 해치게 되었다. 식욕도 잃어버렸다. 종일 밭에서 힘겨운 육체노동을 했지만, 식욕을 돋우는 약을 먹어야 했다. 아버지는 나날이 야위어 갔다. 의사는 어머니에게 이러다가는 아버지가 6개월 안에 돌아가시게 될 것이라고 말했다. 아버지는 살기가 싫어졌다고 말씀하셨다. 아버지는 너무 심하게 걱정을 한 나머지 더 이상 살고 싶지 않았다. 어머니는 종종 아버지가 말에게 먹이를 주거나 소젖을 짜러 축사로 가서 조금이라도 늦어지면 혹시 목을 매고 죽은 것이 아닐까 걱정이 되어 허둥지둥 헛간으로 달려가곤 했다고 이야기했다.

하루는 아버지가 메리빌에 있는 은행에 갔다가, 은행 직원에게 담보를 처분해버리겠다고 위협하는 말을 들었다. 돌아오는 길에 아버지는 102번 강을 건너는 다리 위에 말을 세우고 마차에서 내렸다. 아버지는 한참을 서서 강을 내려다보면서 '차라리 물에 뛰어들어 모든 것을 끝내 버리는 게 어떨까?' 하고 고민했다.

몇 년 후에 아버지는 내게 털어놓았다.

"그때 강으로 뛰어내리지 않았던 이유는 네 어머니 때문이었다."

그것은 우리 가족이 하나님을 사랑하고 계명을 지키면 언젠가는 모든 일이 잘될 것이라는 어머니의 변치 않는 깊은 믿음, 기쁨에 넘치는 믿음 때문이었다. 어머니가 옳았다. 결국에는 모든 일이 잘되었다. 아버지는 그 후 42년 동안이나 행복하게 사시다가 1941년, 89세를 일기로 세상을 떠나셨다.

그토록 힘들고 가슴 아팠던 시절에도 어머니는 결코 걱정하는 법이 없었다. 어머니는 기도를 통해 모든 괴로움을 하나님께 내맡겼다. 매일 밤 우리가 잠자리에 들기 전에 어머니는 성경 구절을 읽어주었다. 어머니나 아버지가 종종 읽어주신 예수의 말씀 중에는 이처럼 위안이 되는 구절이 있었다.

"내 아버지 집에 거할 곳이 많도다. 내가 너희를 위하여 거처를 예비하러 가노니 나 있는 곳에 너희도 있게 하리라."

이 구절을 읽고 나서 미주리 주의 외딴 농가에서 우리 가족은 의자 앞에 무릎을 꿇고 하나님의 사랑과 가호를 빌었다.

윌리엄 제임스가 하버드 대학의 철학 교수였을 때, 이렇게 말했다.

"당연한 이야기지만, 걱정에 대한 최고의 처방은 종교적 신앙이다."

이런 사실을 알아내기 위해 하버드 대학까지 갈 필요는 없다. 미주리 주의 농장에 살던 내 어머니도 그 사실을 알고 있었으니까 말이다. 홍수도, 빚더미도, 어떤 재난도 내 어머니의 환하게 빛나는, 승리에 찬 영혼을 꺾을 수는 없었다. 어머니가 일하면서 부르시던 노래가 지금도 내 귓가에 들리는 것 같다.

평화, 평화, 놀라운 평화,
하늘에 계신 아버지에게서 흘러내려와
영원토록 내 영혼에 넘치기를

한없는 사랑의 파도 속에서 기도하네.

어머니는 내가 종교적인 일에 헌신할 것을 바랐다. 나 역시 해외 선교사가 되는 것을 진지하게 고민한 적이 있었다. 그러다가 대학에 진학했고, 나이를 먹으면서 생각이 바뀌었다. 나는 생물학과 과학, 철학, 비교 종교학 등을 공부했고, 어떻게 성서가 만들어졌는지에 관한 책들을 읽었다. 당시 시골 목사들이 가르치던 편협한 교리에 대해 회의를 가지기 시작했고, 혼란스러웠다.

월트 휘트먼처럼 내 안에서 알 수 없는 당돌한 의문들이 꿈틀거리는 것을 느꼈다. 나는 무엇을 믿어야 할지 알 수 없었다. 삶의 목적을 알지 못했다. 나는 기도하기를 그만두고, 불가지론자가 되었다. 모든 생명이 무계획하고 목적 없는 것 같이 여겨졌다. 2억 년 전에 지구상을 배회하던 공룡과 마찬가지로 인간이라고 해서 신성한 목적을 가진 존재는 아니라고 믿었다. 공룡들이 멸종한 것처럼 인류도 언젠가는 사라져 버릴 것이라고 생각했다. 나는 과학계에서 태양은 서서히 식어가고 있으며, 그 온도가 10퍼센트만 낮아져도 지구상에는 어떠한 생명체도 살아남을 수 없다고 가르치는 것을 믿었다. '사랑의 하나님이 자신의 형상을 따라 인간을 창조했다.'라는 생각을 비웃었으며, 무수히 많은 태양들이 맹목적인 힘에 의해 창조된 검고 차가운 무생명의 우주공간을 선회하고 있다고 믿었다. 어쩌면 애초에 창조라는 것 자체가 없었는지도 모른다. 마치 시간과 공간이 영원히 존재하는 것처럼 영구히 존재하고 있는 것인지도 모른다고 생각했다.

지금도 나는 이 모든 의문의 답을 알지 못한다. 우주의 신비, 생명의 신비를 설명할 수 있는 사람은 아무도 없다. 인간은 신비에 싸여 있다.

우리 몸의 작용만 해도 대단히 불가사의하다. 집안의 전기나 벽의 틈새에서 자라는 꽃, 창밖의 푸른 잔디도 모두 신비하다. 제너럴 모터스 연구소를 이끄는 천재 찰스 케터링은 '풀은 왜 푸른가'를 알아내기 위해 매년 사비로 3만 달러씩을 안티오크 대학에 기부했다. 그는 풀이 햇빛과 물, 이산화탄소를 포도당으로 변화시키는 방법을 알아낼 수만 있다면, 인류 문명에 일대 혁신을 가져올 것이라고 단언했다.

심지어 자동차 엔진이 작동하는 것도 엄청난 신비다. GM 연구소는 수년 동안 거액을 투자하여 실린더 내의 스파크가 어떻게, 그리고 왜 폭발을 일으켜 차를 움직이는지 알아내려고 했다.

우리가 자신의 신체나 전기, 혹은 가스 엔진의 신비를 이해하지 못한다고 해서 그것들을 사용하고 즐기지 못하는 것은 아니다. 내가 기도나 종교의 신비를 이해하지 못한다고 해서 종교가 가져다주는 보다 풍요롭고 행복한 생활을 즐기지 못하는 것도 아니다. 오랜 세월이 흐른 뒤에 나는 마침내 산타야나(스페인 태생인 미국의 철학자 · 비평가 · 시인-역자주)가 한 말에 담긴 지혜를 깨닫게 되었다.

"인간은 삶을 이해하기 위해 태어난 것이 아니라, 살아가기 위해 태어났다."

나는 예전으로 돌아갔다. 종교로 돌아갔다고 말하려고 했지만, 그 말은 정확하지 않을 듯하다. 나는 신개념의 종교로 한걸음 나아갔다. 교회의 종파를 나누는 교리상의 차이에는 이제 조금도 관심이 없다. 다만 종교가 내게 어떤 일을 해주느냐에 대해서는 엄청난 관심을 갖고 있다. 그것은 마치 전기나 좋은 음식, 물이 내게 어떤 일을 해주느냐에 관심을 갖는 것과 마찬가지다. 이런 것들은 내가 더 풍요롭고 행복한 생활을 하도록 도와준다. 하지만 종교는 그보다 훨씬 더 큰 역할을 한다. 종교는 정신적 가치를 부여해준다. 윌리엄 제임스의 말대로 종교는 '삶에 대한 새로운 열정, 더 활기찬 삶, 더 크고 풍요롭고 만족스러운 삶'을 가져다준다. 종교는 신념과 희망, 그리고 용기를 준다. 긴장과 불안, 두려움, 걱정을 없애주며, 내 삶에 목적을 부여하고 방향을 제시해준다. 종교는 한없는 행복을 주고, 넘치는 건강을 준다. 종교 덕분에 나는 '인생이라는 현기증 나는 모래사막 한복판에서 평화의 오아시스'를 만들어낼 수 있다.

350여 년 전에 프랜시스 베이컨은 이렇게 말했다.

"얕은 철학은 사람을 무신론으로 기울게 하고, 심오한 철학은 사람의 마음을 종교로 이끈다."

그의 말이 옳았다.

사람들이 종교와 과학의 대립에 대한 논쟁을 벌이던 시절이 있었지만, 지금은 그렇지 않다. 첨단 과학인 정신의학은 예수가 가르쳤던 것을 가르치고 있다. 정신과 의사들이 기도와 독실한 종교적 신념이 질병의 최대 원인인 걱정과 불안, 두려움을 없애준다는 사실을 깨달았기 때문이다. 정신의학계의 원로 브릴 박사가 말했듯이, "진실로 신앙심이 깊은 사람은 신경증에 걸리지 않는다."는 사실을 정신의학자들은 알고 있다.

만약 종교가 진실이 아니라면 삶은 무의미하다. 삶은 비극적인 광대극일 뿐이다.

헨리 포드가 세상을 뜨기 몇 년 전에 그와 인터뷰를 한 적이 있다. 그를 만나기 전에 나는 세계 최대의 사업체를 창립하고 경영한 그의 얼굴에 오랜 세월의 피로감이 역력히 드러나지 않을까 생각하고 있었다. 그러나 일흔여덟이라는 나이에도 불구하고 차분하고 건강하고 온화한 그의 모습에 놀라지 않을 수가 없었다. 지금까지 걱정해본 적이 없었는지 묻자, 그는 이렇게 대답했다.

"없습니다. 모든 일을 하나님이 주관하고 계시니까요. 그분이 저의 조언 같은 걸 필요로 하시지는 않을 겁니다. 하나님이 책임을 지시고 있는 한, 결국엔 모든 일이 가장 좋은 모습으로 될 것이라고 믿습니다. 그러니 제가 걱정할 게 뭐가 있을까요?"

오늘날에는 심지어 정신과 의사들까지도 현대의 복음 전도사가 되어 가고 있다. 그들이 우리에게 종교적인 삶을 살라고 권하는 것은 죽은 후에 지옥 불에 던져지는 고초를 면하기 위해서가 아니라, 위궤양, 협심증, 신경쇠약, 정신이상 같은 현세의 지옥 불을 피하게 하려는 것이다. 심리학자나 정신과 의사들이 어떤 내용을 가르치고 있는지 더 알고 싶다면, 헨리 링크 박사의 저서 《종교로의 복귀The Return to Religion》를 읽어보기를 바란다.

그렇다. 확실히 기독교를 믿는 것은 영감을 주고 건강을 증진시키는 활동이다. 예수는 이렇게 말했다.

"내가 온 것은 너희로 하여금 생명을 얻게 하되, 더욱 풍성하게 얻게 하고자 함이니라."

예수는 당시 종교라는 미명 아래 행해지던 메마른 형식이나 죽은 예배를 비난하고 공격했다. 그는 반역자였다. 세계를 뒤흔들 만한 획기적인 종교를 전파했고, 바로 그것 때문에 십자가에 못 박혔다. 예수는 종교가 인간을 위해 존재해야지, 인간이 종교를 위해 존재해서는 안 된다고 가르쳤다. 또한, 인간을 위해 안식일이 만들어진 것이지, 안식일을 위해 인간이 창조되지 않았다는 것을 가르쳤다. 그는 죄에 관해서보다 두려움에 관해 더 많이 이야기했다. 그릇된 두려움은 건강을 해치고, 풍요롭고 행복하고 용기 있는 삶에 위배되는 죄라고 말했다. 에머슨이 스스로 '즐거움이라는 학문을 가르치는 교사'라고 일컬었다면, 예수도 마찬가지로 '즐거움이라는 학문을 가르치는 교사'였다. 예수는 사도들에게 이렇게 명했다.

"기뻐하라, 기뻐하고 즐거워하라."

예수는 종교에서 중요한 것은 단 두 가지뿐이라고 단언했다. 즉, 온 마음을 다해 하나님을 사랑하고, 이웃을 내 몸같이 사랑하는 것이다. 자기 자신이 알든 모르든 간에, 이 두 가지를 실천하는 사람이 독실한 신앙인이다. 예를 들면, 오클라호마 주 털사에 사는 나의 장인어른 헨리 프라이스가 바로 그런 사람이다. 그는 황금률에 따라 살려고 노력했다. 그는 치사하거나 이기적인 짓, 부정한 일을 할 줄 모르는 분이다. 하지만 장인어른은 교회에는 다니지 않았으며, 자신을 불가지론자로 여겼다. 하지만 그럴 리가 없다. 그러면 어떤 사람이 기독교인인가? 이 질문에 대한 답은 존 베일리에게서 들어보자. 그는 에든버러 대학교의 신학을 가르쳤던 저명한 교수였다. 그는 이렇게 말했다.

"기독교인이 된다는 것은 어떤 이념을 지적으로 받아들이거나 어떤 규칙에 복종하는 것이 아니다. 어떤 '정신'을 가지고 특정한 삶에 참여하는 것이다."

만약 그런 것이 기독교인이라면, 헨리 프라이스야말로 훌륭한 기독교인이다.

근대 심리학의 아버지 윌리엄 제임스는 그의 친구 토머스 데이비슨 교수에게 보낸 편지에서 이렇게 썼다.

'나이가 들수록 하나님 없이 살아간다는 게 점점 더 불가능하다는 것을 깨달았다.'

성인 강좌에서 걱정에 관한 수기를 공모한 결과 두 편이 우열을 가릴 수 없을 정도로 뛰어나서 하나를 고르지 못하고 상금을 나눠야 했다고 언급했다. 그때 공동 1등을 차지했던 두 번째 이야기를 소개하겠다. '하나님 없이는 살아갈 수 없다.'라는 사실을 역경을 통해 깨달은 한 여성의 잊지 못할 경험담이다.

실명은 아니지만, 이 부인을 메리 커쉬먼이라고 부르기로 하자. 그녀의 자녀들이나 손자 손녀들이 이 이야기를 읽고 당혹스러워할 우려가 있기 때문에 가명으로 하는 것에 동의했다. 하지만 그녀가 실존 인물인 것만은 확실하다. 그녀의 이야기는 다음과 같다.

"대공황기에 남편의 주급은 평균 18달러였는데, 몸이 아파서 결근할 때는 그나마도 받지 못할 때가 많았습니다. 그런 일이 자주 있었습니다. 정말 남편은 자질구레한 병치레가 잦았습니다. 이하선염과 성홍열을 앓았고, 곧잘 감기에 걸리곤 했습니다. 그러다보니 손수 지은 작은 집마저 잃게 되었습니다. 식료품 상점에는 50달러의 빚을 지게 되었고, 먹여 살려야 할 아이들이 다섯 명이나 되었습니다. 나는 이웃집에 빨래나 다림질을 해주고 품삯을 받았으며, 구세군 상점에서 낡은 옷을 사다가 고쳐서 애들에게 입히기도 했습니다. 나는 걱정 때문에 병이 날 지경에 이르렀습니다. 어느 날 식료품 상점 주인은 열한 살 난 내 아들이 가게에서 연필 두 자루를 훔쳤다며 혼을 냈습니다. 나는 아들이 정직하고 감수성이 예민한 아이라는 걸 알고 있었습니다. 그리고 그런 아들이 여러 사람 앞에서 창피하고 자존심이 상했을 거라는 것도 알고 있었습니다. 비록 사소한 사건이었지만, 그 일로 나는 버틸 수 있는 한계에 도달했습니다. 지금까지 우리가 견뎌왔던 온갖 고생이 한꺼번에 떠올랐습니다. 미래에 대한 아무런 희망도 보이지 않았습니다.

그때 걱정 때문에 잠시 정신이 이상해졌던 모양이었습니다. 나는 세탁기를 멈추고 다섯 살 난 딸아이를 침실로 데리고 가서, 창문을 잠그고 종이나 헝겊으로 창틈을 막았습니다. 어린 딸이 물었습니다. '엄마, 뭐 해요?' 나는 대답했습니다. '여기 틈새로 찬바람이 새어 들어오는구나. 그러고 나서 침실 가스히터를 틀고 불은 붙이지 않았습니다. 딸아이와 나란히 침대에 눕자, 아이가 이렇게 말했습니다. '엄마, 이상해요. 우리 방금 전에 일어났잖아요!' 하지만 나는 말했습니다. '괜찮아, 잠깐 낮잠 자는 거야.' 그러고는 히터에서 새어나오는 가스 소리를 들으면서 눈을 감았습니다. 그때 맡았던 가스 냄새는 평생 잊지 못할 것입니다. 그런데 갑자기 음악 소리가 들려오는 것 같아 귀를 기울였습니다. 부엌에 있는 라디오의 전원을 끄는 것을 깜빡 잊어버렸습니다. 하지만 이제 그런 건 상관이 없었습니다. 음악은 계속 흘러나왔고, 이내 누군가가 찬송가를 부르는 것을 듣게 되었습니다.

> 죄짐 맡은 우리 구주 어찌 좋은 친군지.
> 걱정 근심 무거운 짐 우리 주께 맡기세.
> 주께 고함 없는 고로 복을 얻지 못하네.
> 사람들이 어찌하여 아뢸 줄을 모를까.

찬송가를 들으면서 나는 정말 엄청난 잘못을 저질렀다는 생각이 들었습니다. 내게 닥친 모든 어려움을 혼자서 감당하려고 했던 것입니다. 모든 것을 하나님께 내맡기지 않았던 것입니다. 나는 벌떡 일어나 가스를 끄고, 문을 열고 창을 들어올렸습니다. 그날 나는 온종일 눈물을 흘리면서 기도했습니다. 하지만 하나님께 도움을 구하는 기도는 하지 않았습니다. 대신 하나님이 내게 주신 축복에 마음을 다해 감사의 기도를 드렸습니다. 착하고 건강하며 몸과 마음이 강인한 다섯 명의 멋진 아이들을 주신 은혜에 감사했습니다. 다시는 그렇게 은혜를 모르는 행동을 하지 않겠다고 하나님께 약속했습니다. 그리고 나는 지금까지 그 약속을 지켜왔습니다. 집을 잃고 월세 5달러짜리 시골학교에 딸린 작은 집으로 이사를 가야 했지만, 그나마 집을 구하게 되어 하나님께 감사를 드렸습니다. 적어도 추위와 비를 피할 수 있는 지붕이 있다는 사실에 감사했습니다. 상황이 더 나빠지지 않은 것에 진심으로 감사하지 않을 수 없었습니다. 마침내 하나님께서 내 기도를 들어주셨던 것 같습니다. 물론 하룻밤 사이에 확 바뀐 것은 아니지만, 점차 상황이 좋아졌기 때문입니다.

대공황에서 벗어나게 되면서, 우리는 조금씩 더 많은 돈을 벌게 되었습니다. 나는 커다란 컨트리클럽의 물품 보관소에서 일하게 되었으며, 부업으로 양말을 팔았습니다. 아들 중 하나는 혼자 힘으로 대학을 마치기 위해 농장에서 아침저녁으로 13마리나 되는 젖소의 젖을 짜는 일을 했습니다. 지금 아이들은 모두 성장해서 결혼을 했습니다. 나에게는 귀여운 손자 손녀가 셋이나 있습니다. 가스를 틀어놓았던 그 끔찍한 날을 생각하면, 그 아슬아슬한 순간에 나를 '일어나게' 해주신 하나님께 감사할 뿐입니다. 만약 그때 그일을 저질렀더라면 이런 기쁨을 맛볼 수 없었을 뿐만 아니라, 내가 누린 멋진 날들을 영원히 잃어버리고 말았을 것입니다! 이제 나는 누군가가 삶을 끝내버리고 싶다고 푸념하는 사람들을 볼 때마다 이렇게 외치고 싶습니다. '그러지 마세요. 절대 죽어서는 안 됩니다!'"

우리는 어떻게든 참고 견뎌내야만 한다. 우리가 견뎌내야 하는 가장 암담한 순간은 잠시 뿐이다. 그 순간이 지나고 나면 밝은 미래가 펼쳐지기 때문이다.

미국에서는 평균 35분마다 한 명꼴로 자살을 하고, 2분마다 한 명꼴로 정신이상자가 된다. 그 사람들이 종교와 기도를 통해 위안과 평화를 얻을 수 있었더라면, 자살이나 정신이상으로 치닫게 되는 경우를 대부분 막을 수도 있다.

가장 뛰어난 정신의학자들 중 한 명으로 꼽히는 칼 융 박사는 그의 저서《영혼을 찾는 현대인Modern Man in Search of a Soul》에서 이렇게 말하고 있다.

'지난 30년 동안 나는 세계의 모든 문명국 사람들로부터 진료 의뢰를 받았고, 수백 명의 환자들을 치료했다. 내가 만난 환자들 가운데 인생의 후반부에 접어든 사람들, 그러니까 35세 이상 환자들의 대부분이 결국 종교적 인생관을 찾는 것에서 구원을 받아야 할 상황에 놓여 있었다. 그들이 아픈 이유는 어느 시대건 당대의 살아 있는 종교가 추종자들에게 주었던 것을 상실했기 때문이며, 자신의 종교적 인생관을 회복하지 못한 사람들은 아무도 진짜로 치유되지 않았기 때문이라 해도 과언이 아니다. 이 의견은 매우 중요한 말이기 때문에 한 번 더 적어 보겠다. 칼 융 박사는 이렇게 말했다.

> 지난 30년 동안 나는 세계의 모든 문명국 사람들로부터 진료 의뢰를 받았고, 수백 명의 환자들을 치료했다. 내가 만난 환자들 가운데 인생의 후반부에 접어든 사람들, 그러니까 35세 이상 환자들의 대부분이 결국 종교적 인생관을 찾는 것에서 구

원을 받아야 할 상황에 놓여 있었다. 그들이 아픈 이유는 어느 시대건 당대의 살아 있는 종교가 추종자들에게 주었던 것을 상실했기 때문이며, 자신의 종교적 인생관을 회복하지 못한 사람들은 아무도 진짜로 치유되지 않았기 때문이라 해도 과언이 아니다.'

윌리엄 제임스도 거의 비슷한 말을 했다.

"믿음은 인간이 의지하고 살아갈 수 있게 하는 힘이다. 믿음이 전혀 없다는 것은 허탈을 의미한다."

석가 이래로 인도의 가장 위대한 지도자였던 마하트마 간디도 기도의 힘에 의지하여 고무되지 않았더라면 무너지고 말았을 것이다. 그는 이렇게 말했다.

"기도가 없었더라면 나는 오래전에 미쳐버리고 말았을 것이다."

실제로 수많은 사람들이 이와 유사한 증언을 할 수 있을 것이다. 내 아버지만 해도 그렇다. 어머니의 기도와 신앙심이 아니었더라면 아버지는 강물에 뛰어들었을 것이다. 아마 지금 정신 병원에서 비명을 지르며 고통받는 수많은 영혼들은 인생의 거친 파도를 혼자서 헤쳐나가려 하지 않고 더 큰 힘에 의지하기만 했더라도 구원을 받을 수 있다.

괴롭고 자기 능력의 한계에 부딪히면, 대부분 사람들은 자포자기한 심정으로 신을 찾게 된다.

"피난처에 무신론자는 없다."라는 말처럼 왜 절망에 빠질 지경에 이르러야 하나님께 의지하려고 하는가? 어째서 우리가 가진 힘을 날마다 새롭게 하려고 하지 않는가? 왜 일요일이 될 때까지 기다리는가? 나는 오래전부터 평일 오후에 아무도 없는 교회에 들르곤 한다. 너무 바빠서 잠시도 영적인 문제에 대해 생각할 여유가 없다는 생각이 들면 나는 스스로 이렇게 타이른다.

"잠깐만! 데일 카네기, 왜 그렇게 정신없이 서두르는 건가? 잠깐 멈추고 삶을 관조할 여유를 찾을 필요가 있어."

이런 때면 종종 맨 처음 눈에 띄는 교회로 들어간다. 나는 개신교 신자지만 평일 오후에 곧잘 성 패트릭 성당에 들러, 앞으로 30년 후면 나는 죽겠지만 모든 교회에서 가르치고 있는 위대한 영적인 진리는 영원하다는 생각을 되새기곤 한다. 눈을 감고 기도를 드린다. 이렇게 하면 기분이 차분해지고, 몸이 편안해지며, 판단력도 명확해져서 가치관을 재정립하는 데 도움이 된다. 이런 습관을 여러분에게도 권해주고 싶다.

지난 6년 동안 이 책을 쓰면서 나는 기도를 통해 두려움과 걱정을 극복한 수많은 실화와 구체적 사례를 수집했다. 나의 서류 캐비닛은 그런 사례들로 가득 차 있다. 전형적인 사례로, 낙담하고 의기소침해진 서적 판매원 존 앤서니의 이야기를 들어보자. 그는 내게 다음과 같은 이야기를 들려주었다.

"22년 전 나는 운영하던 법률사무소를 정리하고 어느 법률서적회사의 세일즈맨이 되었습니다. 나의 주요 업무는 변호사들에게 거의 필수서적이나 다름없는 법률서적 전집을 파는 일이었습니다. 나는 능력도 있었고, 그 일을 하기 위해 충분한 훈련을 받았습니다. 고객 상담에 필요한 화술에 관해 잘 알고 있었고, 어떤 부정적인 반응에 직면해서도 설득력 있는 대답을 할 수 있었습니다. 잠재고객을 만나기 전에 그의 변호사로서의 위치나 그가 취급하고 있는 소송의 종류, 그의 정치적 성향이나 취미에 대해서까지 미리 확인해두었습니다. 상담을 하는 동안 능숙하게 그런 정보를 활용했습니다. 하지만 뭔가 잘못 되고 있었습니다. 도무지 주문을 받을 수가 없었던 것입니다. 나는 낙담했습니다. 날이 갈수록 전보다 두세 배의 노력을 기울였지만 비용을 메울 만큼 판매 계약을 성사시킬 수 없었습니다. 마음속에 두려움과 불안이 자라기 시작했습니다. 고객을 방문하는 것이 점점 두렵게 느껴졌습니다. 잠재고객의 사무실에 들어가기 전에 심한 불안에 사로잡혀 문 밖 복도를 이리저리 서성거리거나, 아예 건물 밖으로 나가 주변을 배회하곤 했습니다. 한참 동안이나 귀중한 시간을 허비하다가 겨우 용기를 내서 떨리는 손으로 살그머니 문의 손잡이를 돌리곤 했습니다. 고객이 자리에 없기를 바라면서 말입니다! 판매부장은 내가 더 이상 주문을 받아오지 못하면 보수를 지불하지 않겠다고 경고했습니다. 집에서는 아내와 아이들이 먹고살 돈을 갖다달다고 애원했습니다. 나는 걱정에 사로잡혔습니다.

날이 갈수록 더 절망적이었습니다. 어떻게 해야 할지 몰랐습니다. 앞에서 말했듯이 고향에서 운영하던 법률 사무소는 문을 닫았고, 고객들도 이미 발길을 끊어버렸습니다. 이제 빈털터리가 되어서 호텔 숙박비도 제때 치르지 못할 상황이었습니다. 고향에 돌아갈 차비도 없었고, 설령 차표를 살 수 있다 하더라도 패배자의 모습으로 고향으로 돌아갈 용기가 나지 않았습니다. 마침내 여전히 비참한 하루를 마치고 호텔 방으로 무거운 발걸음을 옮기며 생각했습니다. '이제 마지막이다.' 나는 완전히 실패한 사람이었습니다. 몹시 슬프고 우울해서 어느 쪽으로 향해 가야 할지 알 수가 없었습니다. 살든지 죽든지 아무래도 좋았습니다. 이 세상에 태어난 것 자체가 원망스러웠습니다. 그날 밤 저녁식사는 뜨거운 우유 한 잔이 고작이었지만, 그것마저 간신히 구할 수 있었습니다. 그날 밤에 비로소 왜 자포자기한 사람들이 호텔 창문을 열고 뛰어내리는지 이해할 수 있을 것 같았습니다. 나도 용기만 있었더라면 그렇게 했을지도 모릅니다. 나는 삶의 목적이 무엇인지 생각해보았지만 알 수가 없었습니다. 도무지 이해할 수가 없었습니다. 의지할 사람이 아무도 없었기 때문에 나는 하나님께 의지했습니다. 나는 기도하기 시작했습니다. 나를 둘러싸고 있는 깊고 어두운 절망의 황야를 건널 수 있도록 빛과 분별력과 인도하심을 달라고 전능하신 하나님께 간청했습니다. 나는 하나님께 책을 많이 팔게 해달라고, 아내와 아이들을 먹여 살릴 수 있는 돈을 벌게 해달라고 애원했습니다. 기도를 마치고 눈을 뜨자 그 호젓한 호텔 방 화장대 위에 기드온 성경이 놓여 있는 것이 보였습니다. 나는 그 성경을 펼쳐서 아름답고도 영원한 예수의 말씀을 읽었습니다. 오랜 세월 동안 외롭고 걱정 많고 지친 무수한 사람들에게 용기를 주었던 그 약속은 그가 사도들에게 어떻게 걱정을 물리치는지 방법을 가르쳤던 말씀이었습니다.

'목숨을 위하여 무엇을 먹을까, 무엇을 마실까, 몸을 위하여 무엇을 입을까 염려하지 말라. 목숨이 음식보다 중하지 아니하며 몸이 의복보다 중하지 아니하냐. 공중의 새를 보라. 심지도 않고 거두지도 않고 창고에 모아들이지도 아니하되, 너희 천부께서 기르시나니 너희는 이것들보다 귀하지 아니하냐. 그런즉 너희는 먼저 그의 나라와 그의 의를 구하라. 그리하면 이 모든 것을 너희에게 더하시리라.'

기도를 하고 이 말씀을 읽고 있는 사이에 기적이 일어났습니다. 신경성 긴장이 사라지고, 불안과 두려움, 걱정은 마음이 따뜻해지는 용기와 희망, 승리의 믿음으로 바뀌었습니다. 호텔 숙박비를 치를 돈도 없었지만, 나는 행복했습니다. 침대에 누워서 몇 년 만에 아무런 걱정 없이 깊은 잠에 빠졌습니다. 이튿날 아침, 나는 곧 고객이 사무실 문을 열 때까지 기다릴 수가 없었습니다. 비가 내리고 추운 날씨였지만 힘차고 당당한 걸음으로 첫 번째 고객의 사무실 문 앞에 다가섰습니다. 손잡이를 꽉 잡아 침착하게 문을 열었습니다. 그리고 사무실로 들어가면서 활기차게, 고개는 꼿꼿이 세우고 적당한 위엄을 가지고 활짝 웃으면서 곧장 고객 앞으로 다가가서 이렇게 말했습니다. '안녕하십니까, 스미스 씨! 저는 올어메리칸 로북 컴퍼니All-American Lawbook Company의 존 앤서니입니다.' '아! 그러세요.' 상대방도 웃으며 반겨 주었습니다. 그는 의자에서 일어나 악수를 청하면서 이렇게 말했습니다. '만나서 반갑습니다. 앉으시지요.' 그날 하루에 나는 지난 수주일 동안 판매한 것보다 많은 책을 판매할 수 있었습니다. 그날 저녁 나는 개선장군처럼 의기양양하게 호텔로 돌아왔습니다! 새로 태어난 것 같은 기분이었습니다. 실제로 나는 새 사람이었습니다. 새로운 용기와 씩씩한 마음가짐을 갖게 되었으니까 말입니다.

그날 밤에는 뜨거운 우유 한 잔으로 저녁을 때우지 않았습니다. 제대로 된 스테이크였습니다. 그날부터 나의 판매 실적은 급격히 치솟았습니다. 22년 전 절망에 빠졌던 그날 밤, 텍사스 주 아마릴로의 보잘 것 없는 호텔에서 나는 새롭게 태어났습니다. 그 다음날 외부적인 상황은 실패를 거듭했던 지난 몇 주 동안과 다를 바 없었지만, 내면에서는 엄청난 일이 일어나고 있었습니다. 불현듯 하나님과의 관계를 깨닫게 된 것입니다. 그저 한 인간에 지나지 않는 사람은 쉽게 좌절할 수 있지만, 내면에 하나님의 힘을 지닌 사람은 결코 꺾이지 않습니다. 나는 잘 알고 있습니다. 내 삶에서 그런 힘이 작용하는 것을 보았기 때문입니다.

'구하라, 그러면 너희에게 주실 것이요. 찾으라, 그러면 찾을 것이요. 문을 두드리라, 그러면 너희에게 열릴 것이니.'"

베어드 부인은 엄청난 비극이 닥쳤을 때 무릎을 꿇고 이렇게 기도하는 것으로 평화와 안정을 찾을 수 있었다.

"오, 주여 ! 내 뜻대로 하지 마시고 당신 뜻대로 하옵소서."

그녀의 편지에는 이렇게 씌어 있다.

'어느 날 저녁, 전화벨이 울렸습니다. 열네 번이나 울린 다음에야 저는 간신히 용기를 내 수화기를 들었습니다. 그 전화가 틀림없이 병원에서 걸려온 것 같아 무서웠습니다. 제 어린 아들이 죽어가고 있다는 말을 듣게 될까 두려웠습니다. 아들은 뇌막염을 앓고 있었고, 이미 페니실린 치료를 받고 있었지만 그것 때문에 체온이 불안정해질 뿐이었습니다. 의사는 병이 뇌로 옮겨가서 뇌종양으로 번질 위험이 있다면서, 그렇게 되면 사망하게 될지도 모른다고 말했습니다. 제가 두려워하던 대로 병원에서 걸려온 전화였죠. 의사는 우리에게 서둘러 와달라고 말했습니다. 대기실에서 기다리고 있던 우리 부부가 어떤 고통을 겪었을지 상상할 수 있을 것입니다. 다른 사람들은 모두 아기를 품에 안고 있는데, 우리만 빈손으로 앉아서 다시 우리 아기를 안아볼 수 있을지 걱정하고 있었습니다. 마침내 진료실에 들어갔을 때, 의사의 표정을 보고는 가슴이 철렁 내려앉았습니다. 의사의 말은 훨씬 더 심각했습니다. 우리 아기가 살아날 확률은 4분의 1정도라는 것이었습니다. 그러고는 우리가 아는 다른 의사가 있으면 만나보는 것이 좋겠다고 말했습니다. 집으로 돌아오는 길에 흥분한 남편은 울음을 터뜨렸고, 두 주먹을 불끈 쥐고 자동차 핸들을 치면서 이렇게 말했습니다. "베스, 나는 절대 우리 애를 포기할 수 없어." 남자가 우는 걸 본 적이 있나요?

썩 유쾌한 경험은 아닙니다. 우리는 길가에 차를 세우고 이야기를 나눈 후에, 교회에 가서 기도를 하기로 했습니다. 우리 아기를 데려가는 것이 하나님의 뜻이라면 뜻대로 하시라고 말입니다. 저는 바닥에 꿇어앉아 눈물을 흘리며 기도했습니다. "내 뜻대로 하지 마시고 당신 뜻대로 하옵소서." 이 말을 내뱉는 순간, 마음이 한결 홀가분해졌습니다. 오랫동안 느껴보지 못했던 평화가 저를 감쌌습니다. 집으로 돌아오는 길에도 저는 줄곧 이 말을 반복했습니다. "내 뜻대로 하지 마시고 당신 뜻대로 하옵소서." 그날 밤은 일주일 만에 처음으로 편히 잘 수 있었습니다. 며칠 뒤 의사는 전화를 걸어 우리 아들 바비가 위험한 고비를 넘겼다고 알려주었습니다. 이제 네 살이 된 튼튼하고 건강한 아들이 우리 곁에 있는 것을 허락하신 하나님께 항상 감사드립니다.'

종교를 여성과 아이들, 목사를 위한 것만으로 생각하는 남자들이 있다. 그들은 자신이 혼자 힘으로 고난과 싸워 이길 수 있는 '남자다운 남자'라고 으스댄다.

하지만 세계에서 가장 유명한 '남자다운 남자'들 중에도 매일 기도를 드리는 사람이 있다는 사실을 안다면, 그들은 깜짝 놀랄 것이다. 예를 들어 '남자다운 남자' 잭 뎀프시는 매일 잠자리에 들기 전에 기도를 드린다고 내게 말했다. 식사하기 전에도 반드시 하나님께 감사 기도를 드린다고 말했다. 시합을 앞두고 훈련기간 동안에도 매일 기도를 하고, 시합 중에도 매 라운드마다 시작하는 종이 울리기 전에 기도한다고 말했다. 그는 이렇게 말했다.

"기도는 내가 용감하고 자신 있게 싸울 수 있도록 도와줍니다."

'남자다운 남자' 코니 맥은 매일 밤 기도를 드리지 않고는 잠을 이룰 수 없다고 말했다.

'남자다운 남자' 에디 리켄베커는 기도를 통해 자신의 삶이 구원을 받았다고 내게 털어놓았다. 그는 매일 기도한다.

제너럴 모터스 사와 U. S. 스틸의 고위 간부를 지냈으며 미국 국무장관을 역임한 '남자다운 남자' 에드워드 스테티니어스는 매일 아침저녁으로 성령의 지혜와 인도하심을 구하는 기도를 드린다고 말했다.

당대 최고의 금융인이었던 '남자다운 남자' 피어폰트 모건은 토요일 오후에 혼자 월스트리트 입구에 있는 트리니티 교회로 가서 무릎을 꿇고 기도를 드리곤 했다.

'남자다운 남자' 아이젠하워는 영미 연합군의 최고사령관직을 맡기 위해 영국에 가게 되었을 때 그가 비행기에 가지고 탄 책은 오직 한 권이었다. 그것은 바로 성경이었다.

'남자다운 남자' 마크 클라크 장군은 전시에도 매일 성경을 읽었으며, 무릎을 꿇고 기도했다고 한다. 장개석 총통과 몽고메리 장군도 기도했으며, 트라팔가 해전으로 유명한 넬슨 제독도 그랬다. 조지 워싱턴 장군, 로버트 리, 스톤월 잭슨을 비롯해서 수많은 군 지휘관들이 모두 그랬다. 이런 '남자다운 남자'들은 윌리엄 제임스가 한 말의 진리를 깨달았다.

"인간과 하나님 사이에는 상호관계가 있다. 우리 자신을 하나님께 전부 내맡기면 우리의 가장 심원한 운명이 성취된다."

지금도 수많은 '남자다운 남자'들이 이런 진리를 깨닫고 있다. 현재 7,200만 명의 미국인이 교회에 다니고 있다. 이것은 역사상 유례없는 신도 수다. 앞에서 말했듯이, 과학자들까지도 종교에 의지하고 있다. 예를 들어, 《알려지지 않은 존재, 인간Man, the Unknown》의 저자인 노벨상 수상자 알렉시 카렐 박사는 〈리더스 다이제스트〉지에 투고한 글에서 다음과 같이 말했다.

'기도는 인간이 낼 수 있는 가장 강력한 형태의 에너지다. 그것은 지구의 인력만큼이나 실제적인 힘이다. 의사로서 나는 많은 사람들이 온갖 치료가 실패한 후에 차분히 기도에 힘쓰는 것만으로 질병이나 우울증을 극복하고 일어난 사람들을 보았다. 기도는 라듐처럼 스스로 빛을 내는 에너지원이다. 인간은 기도를 통해 자기 자신을 모든 에너지의 무한한 원천으로 향하게 함으로써 자신의 유한한 에너지를 증대시키고자 한다. 기도할 때 우리는 우리 자신을 우주를 움직이는 무궁무진한 원동력에 연결시킨다. 우리는 이 힘의 일부가 우리의 필요에 따라 분배되기를 기도한다. 단지 요구하는 것만으로도 우리의 인간적 결함은 채워지고, 우리는 강해지고 회복되어 일어서게 되는 것이다. 우리가 하나님께 간절한 기도를 드릴 때마다 우리의 몸과 마음은 보다 건강하게 변화한다. 남자건 여자건 단 한순간이라도 기도하는 사람들에게는 반드시 좋은 결과가 생긴다.'

버드 소장은 '우리 자신을 우주를 움직이는 무궁무진한 원동력에 연결시킨다.'라는 말이 무엇을 의미하는지 알고 있었다. 그렇게 할 수 있었던 그의 능력 덕분에 그는 생애에서 가장 곤란했던 시련을 이겨낼 수 있었다. 그의 저서 《혼자서Alone》에서 그는 그 이야기를 하고 있다. 1934년 그는 남극의 오지인 로스 배리어의 만년설 아래 파묻혀 있는 오두막에서 다섯 달을 지낸 적이 있다. 그는 남위 78도선 이남에 있는 유일한 생명체였다. 거친 눈보라가 오두막 위로 휩쓸고 지나갔다. 기온은 영하 63도까지 내려갔다. 그는 끝없는 어둠 속에 완전히 포위되고 말았다. 문득 난로에서 새어나온 일산화탄소에 서서히 중독되어 가고 있다는 사실을 깨달았다! 어떻게 할 수 있었겠는가? 도움을 청할 수 있는 가장 가까운 곳도 약 200킬로미터나 떨어져 있었기 때문에 그가 있는 곳까지 오려면 서너 달은 걸려야 했다. 그는 난로와 환기 장치를 수리해보았지만, 여전히 가스가 새어나왔다. 이따금 가스 중독 때문에 추위 속에서 쓰러지기도 했다. 그는 완전히 의식을 잃고 바닥에 누워 있곤 했다. 먹을 수도, 잘 수도 없었다. 어찌나 쇠약해졌는지 침대에서 일어날 기력마저 없었다. 살아서 이튿날 아침을 맞이할 수 있을지 두려웠던 적이 한두 번이 아니었다. 그는 분명 자신은 이 오두막에서 죽을 것이며, 시체는 그칠 줄 모르는 눈보라 속에 파묻혀버리고 말 것이라고 생각했다.

그런데 무엇이 그를 살려냈을까? 깊은 절망에 빠져 있던 어느 날, 그는 일기장을 꺼내 자신의 인생관을 적어보려고 했다. 그는 이렇게 썼다.

'우주에서 인류는 혼자가 아니다.'

그는 머리 위의 별들을 생각했다. 별자리와 행성의 규칙적인 운행을 생각해보았다. 또, 언젠가는 변함없는 태양이 때가 되면 황량한 남극의 구석구석까지 비추기 위해 돌아올 것이라고 생각했다. 그러고 나서 그는 일기에 이렇게 적었다.

'나는 혼자가 아니다.'

남극의 얼음 구덩이 속에 갇혀 있으면서도 혼자가 아니라는 깨달음이 리처드 버드를 살렸다. 그는 이렇게 말했다.

"그것이 나를 견딜 수 있게 해주었다는 것을 알고 있다. 일생 동안 자기 안에 잠재된 자원을 전부 쓸 수 있는 사람은 거의 없다. 인간에게는 한 번도 사용된 적이 없는 힘의 깊은 우물이 있다."

리처드 버드는 이 힘의 우물을 퍼내는 방법을 배웠고, 그 자원을 이용하는 법을 배웠다. 하나님께 호소함으로써 말이다.

글렌 아놀드는 버드 제독이 극지의 만년설에서 배운 것과 똑같은 교훈을 일리노이 주의 옥수수 밭에서 배웠다. 일리노이 주 칠리코시에 사는 보험 중개인 아놀드 씨는 걱정을 극복하는 법에 대해 이렇게 말했다.

"8년 전 저는 이것이 마지막이라고 생각하면서 우리집 현관문을 잠갔습니다. 그러고는 차를 몰고 강 하구 쪽으로 갔습니다. 저는 실패자였어요. 이 일이 있기 한 달 전, 제 작은 세계가 한꺼번에 제 머리 위로 허물어져 버렸습니다. 경영하던 가전제품 사업이 위기에 처했습니다. 집에서는 노모가 생사의 기로를 헤매고 있었고, 아내는 둘째 아이를 임신한 상태였지요. 병원비는 늘어만 갔습니다. 사업을 시작하면서 우리는 차나 가구를 모조리 저당 잡혔습니다. 제 앞으로 들어놓은 보험을 담보로 대출까지 받았습니다. 그런데 그 모든 것이 사라져버린 것입니다. 저는 더 이상 견딜 수가 없었습니다. 그래서 차를 몰고 강으로 달려갔던 것입니다. 이 지긋지긋한 상황에 종지부를 찍을 생각이었지요. 저는 시내에서 수마일 떨어진 시골길에 차를 세우고 땅바닥에 주저앉아 어린아이처럼 울었습니다. 그러다가 진지하게 생각하기 시작했습니다. 쓸데없는 걱정에만 사로잡혀 있는 대신 건설적으로 생각해 보려고 했습니다. 내가 처한 상황이 얼마나 안 좋은가? 더 나빠질 수도 있는가? 희망은 전혀 없는가? 상황을 개선하기 위해 할 수 있는 일은 무엇인가? 나는 그때 모든 문제를 하나님께 맡기고, 하나님이 그 일을 처리해달라고 간청했습니다. 간절히 기도했습니다. 마치 제 목숨이 기도에 달려 있는 듯이 열성으로 기도했습니다. 실제로 그렇기도 했지요. 그러자 이상한 일이 일어났습니다. 제가 가진 모든 문제를 위대한 힘의 소유자에게 내맡기자마자 몇 달 동안 느껴보지 못했던 마음의 평화가 찾아온 것입니다. 30분 가량 그곳에 앉아서 눈물을 흘리며 기도를 하다가, 집으로 돌아와 어린아이처럼 편안히 잠들었습니다.

이튿날 아침 저는 확신을 가지고 눈을 떴습니다. 더 이상 두려울 것이 아무것도 없었습니다. 하나님의 인도하심에 모든 것을 내맡겼기 때문입니다. 그날 아침 저는 당당하게 백화점으로 가서 가전제품 매장의 판매직 일자리를 구하고 있다고 자신 있는 태도로 말했습니다. 저는 그곳에 채용될 것을 알고 있었고, 실제로 그렇게 되었습니다. 전쟁 때문에 가전제품 사업이 무너지기 전까지는 그럭저럭 잘되어 나갔습니다. 그러다가 저는 생명보험을 판매하는 일을 시작했습니다. 여전히 위대한 인도하심을 받으면서 말입니다. 그게 겨우 5년 전의 일입니다. 지금 저는 모든 빚을 갚았습니다. 귀여운 세 아이들을 둔 화목한 가정이 있고, 집도 있습니다. 차도 새로 장만했고, 제 이름으로 2만 5,000달러의 생명보험도 들어 놓았습니다. 돌이켜 보면 그때 모든 것을 잃고 절망한 나머지 차를 몰고 강으로 달려갔던 일이 정말 다행이라고 생각됩니다. 그때의 비극으로 인해 하나님께 의지하는 법을 배웠으니까요. 지금 저는 전에는 상상조차 하지 못했던 마음의 평화와 자신감을 갖고 있습니다."

신앙심이 우리에게 그와 같은 평화와 안정, 강인함을 가져다주는 것은 무엇 때문일까? 윌리엄 제임스는 이렇게 말했다.

"잔물결 이는 수면에 거친 파도가 치더라도 바다 깊은 곳은 흔들리지 않는다. 마찬가지로 더 광대하고 영구적인 현실을 중요시하는 사람은 시시각각 바뀌는 개인적 운명의 흥망성쇠를 대수롭지 않은 것으로 여긴다. 그래서 진정으로 종교적인 사람은 흔들리지 않고 언제나 평정을 유지하며, 나날이 주어지는 어떤 의무에도 침착하게 대비하게 된다."

만약 당신이 걱정스럽고 불안하다면, 하나님께 의지해보는 게 어떨까? 임마누엘 칸트가 "하나님에 대한 믿음을 받아들이는 게 어떨까? 왜냐하면 우리는 그런 믿음이 필요하기 때문이다."라고 말한 것처럼 말이다. 이제 우리 자신을 '우주를 움직이는 무궁무진한 원동력'에 연결시키는 게 어떨까?

만약 당신이 성격상, 혹은 교육에 의해 종교적인 사람이 아니라 하더라도, 심지어 철저한 회의론자라 하더라도 기도는 당신이 생각하는 것보다 훨씬 더 도움이 된다. 왜냐하면 기도는 실용적이기 때문이다. 실용적이라는 말은 어떤 뜻일까? 신을 믿건 믿지 않건 간에 모든 사람들이 공통적으로 갖고 있는 매우 기본적인 세 가지 심리적 욕구를 기도가 채워줄 수 있다는 의미다.

1. 기도는 우리를 괴롭히는 것이 무엇인지 정확히 말로 표현할 수 있게 해준다. 앞에서 말했듯이, 문제가 애매모호한 상태로 있는 한 그 문제를 해결하는 것은 거의 불가능하다.

2. 기도는 우리가 짊어진 짐을 혼자가 아니라 누군가 함께 나누어지고 있다는 기분이 들게 한다. 때로는 우리의 걱정거리가 너무나 사적인 것이어서 가족이나 친구에게도 털어놓지 못할 때가 있다. 그럴 때는 기도가 해답이다. 우리가 마음이 답답하고 긴장되거나 정신적 고통에 시달릴 때 그것을 남에게 털어놓는 것이 정신 건강에 도움이 된다는 것은 정신과 의사들의 중론이다.

3. 기도는 능동적인 행위의 원칙이 실행되도록 한다. 기도는 행위를 향한 첫 단계이다. 무언가를 성취하게 해달라고 날마다 기도할 수 있다면, 그 사람은 반드시 기도의 덕을 보게 되는 것 같다. 다시 말하자

면, 적어도 그 일을 성취하기 위해 노력을 기울이게 된다. 불가사의한 자연의 힘이 우리를 돌보아주고 있는 한, 신의 정의를 가지고 다툴 이유가 없다. 그것을 하나님이라 부르건, 알라라고 부르건, 정령이라 부르건 무슨 상관이랴!

이제 이 책을 덮고 문을 잠그고 무릎을 꿇고 마음의 무거운 짐을 풀어놓는 것이 어떨까? 만일 당신이 믿음을 잃었다면, 믿음을 회복하게 해주십사하고 전능하신 하나님께 기도하라. 그리고 700년 전 아시시의 성 프란시스가 쓴 다음과 같은 아름다운 기도문을 되풀이해보라.

〈평화의 기도〉

주여! 저를 평화의 도구로 써 주소서.

미움이 있는 곳에 사랑을,

다툼이 있는 곳에 용서를,

의혹이 있는 곳에 믿음을 가져오는 자 되게 하소서.

절망이 있는 곳에 희망을,

어둠이 있는 곳에 광명을,

슬픔이 있는 곳에 기쁨을 가져오는 자 되게 하소서.

오, 거룩하신 주여!

6부

다른 사람들의 비판을 걱정하지 마라

Dale Carnegie

Chapter 20

죽은 개는 아무도 걷어차지 않는다

1929년, 미국 교육계에 큰 반향을 불러일으킨 사건이 일어났다. 전국의 학자들이 그 사건을 직접 보기 위해 시카고로 몰려들었다. 몇 해 전에 로버트 허친스라는 한 청년이 웨이터나 벌목꾼, 가정교사, 빨랫줄 판매원으로 일하면서 예일 대학을 졸업했다. 그로부터 불과 8년 후, 그는 미국에서 네 번째로 부유한 대학인 시카고 대학의 학장으로 취임했다. 그의 나이 겨우 서른에 말이다. 믿기 어려운 일이었다! 나이 많은 교육자들은 고개를 내저었다. 이 '천재 소년'에 대한 비난 여론이 산더미처럼 쏟아졌다. 너무 어리다느니, 경험이 부족하다느니, 교육관이 편협하다느니, 이러쿵저러쿵 말이 많았다. 심지어는 신문까지 그런 공격에 가세했다.

취임식이 거행되던 날, 그의 친구 한 사람이 로버트 허친스의 아버지에게 말했다.

"오늘 아침 신문에 아드님을 비난하는 사설이 실린 것을 보고 깜짝 놀랐습니다."

허친스의 아버지가 대답했다.

"맞네. 좀 심하더군. 하지만 이걸 기억하게. 죽은 개는 아무도 걷어차지 않는다네."

그렇다. 중요한 사람일수록 그를 걷어차는 사람들은 더 큰 만족을 느끼기 마련이다. 후에 에드워드 8세가 된 영국의 황태자 윈저공은 어린 나이에 이 사실을 절실히 깨달았다. 그 당시 그는 데번셔의 다트머스 대학에 다니고 있었다. 이 대학은 미국의 아나폴리스에 있는 해군사관학교에 해당하는 학교였다. 황태자가 열네 살가량 되었을 때였다. 어느 날 해군 장교 한 사람이 그가 울고 있는 것을 보고 어찌된 일이냐고 물었다. 처음에는 대답하기를 꺼리더니 결국 사실을 털어놓았다. 사관학교 생도들이 그를 발로 걷어찬다는 것이었다. 사관학교 학장은 생도들을 불러 "황태자가 불평해서 그러는 것이 아니라, 다만 황태자에게 이렇게 거칠게 대하는 이유를 알고 싶다."라고 말했다.

한참 동안이나 발가락을 꼼지락거리며 망설이던 생도들은 마침내 입을 열었다. 그들은 자신들이 나중에 영국 해군의 사령관이나 함장이 되었을 때, 예전에 국왕을 걷어찬 적이 있었다고 자랑하고 싶어서 그랬다고 털어놓았다.

그러므로 당신이 남에게 걷어차이거나 비난을 받는다면, 당신을 걷어차는 사람은 그렇게 함으로써 자신이 잘난 것 같은 기분을 느끼기 때문이라는 사실을 기억하기 바란다. 그것은 당신이 무엇이건 성취하고 있으며, 남의 주목을 받을 만하다는 사실을 의미한다. 세상에는 자기보다 더 나은 교육을 받았거나 더 성공한 사람들을 깎아내리는 데서 천박한 만족감을 느끼는 사람들이 많다. 예를 들면, 이 장을 집필하는 동안 나는 한 여성으로부터 구세군의 창시자인 윌리엄 부스 장군을 비난하는 편지를 받았다. 전에 내가 방송에서 부스 장군을 칭찬했더니, 이 여성이 내게 편지를 썼다. 부스 장군이 가난한 사람들을 구제하기 위해 모금한 800만 달러를 횡령했다는 것이다. 물론 터무니없는 비난이었지만, 그녀는 진실을 밝히는 것이 목적이 아니었다. 그녀는 자기보다 훨씬 높은 위치에 있는 사람을 깎아내리는 데서 오는 야비한 만족감을 느끼고 싶었던 것이다. 나는 이 불쾌한 편지를 휴지통에 던져버리고 그런 여성과 결혼하지 않게 해주신 것을 하나님께 감사했다. 그녀의 편지는 부스 장군에 대한 나의 생각에는 전혀 아무런 영향을 주지 못했지만, 그녀 자신에 관해서는 많은 것을 알려 주었다. 쇼펜하우어는 일찍이 이렇게 말했다.

"저속한 사람들은 위인의 잘못이나 어리석은 행동에 대해 커다란 즐거움을 느낀다."

예일 대학의 총장을 저속한 사람이라고 생각하는 사람은 아마도 없을 것이다. 그러나 전 예일 대학 총장 티모시 드와이트는 분명 미국 대통령에 출마한 사람을 비난하는 데 커다란 기쁨을 느꼈던 것 같다. 티모시 드와이트는 이렇게 경고했다.

"만일 이 사람이 대통령에 당선되면 우리의 아내나 딸들은 법적으로 공인된 매춘제도의 희생자가 되어, 멀쩡한 여성도 정조를 더럽히고 허울은 그럴싸하지만 타락해서 정숙함과 미덕을 잃어버린 채 하나님과 사람들의 미움을 받게 되는 꼴을 보게 될 것이다."

거의 히틀러를 비난하는 말처럼 들리지 않는가? 하지만 그게 아니다. 이것은 토머스 제퍼슨을 규탄한 내용이었다. 어느 토머스 제퍼슨이냐고? 설마 독립선언문의 저자이자 민주주의의 수호성인으로 불후의 명성을 가진 그 토머스 제퍼슨은 아니겠지? 맞다. 바로 그 토머스 제퍼슨이다.

'위선자', '협잡꾼', '살인범이나 다름없는 사람'이라는 비난을 받았던 미국인이 누구일 거라고 생각하는가? 그가 단두대에서 커다란 칼날 앞에서 참수를 기다리는 모습이 한 신문의 풍자만화에 실리기도 했다. 그가 말을 타고 길거리를 지나가면 군중이 그에게 조소와 야유를 퍼부었다. 누구였을까? 바로 조지 워싱턴이었다.

하지만 그건 아주 오래전에 일어난 일이고, 그 사이 인간 본성이 조금은 나아졌는지도 모른다. 1909년 4월 6일, 개썰매를 타고 북극을 정복하여 세계를 놀라게 한 탐험가 피어리 제독의 경우를 예로 들어보자. 수세기 동안 북극에 도달하려고 시도했던 용감한 사람들이 고통을 겪고 굶주림에 시달리다가 목숨을 잃었다. 피어리도 추위와 굶주림으로 거의 죽을 뻔했다. 게다가 극심한 동상에 걸려 여덟 개의 발가락을 잘라내야 했다. 감당하기 어려울 정도로 계속되는 재난에 이러다가 정신이 이상해지는 게 아닌가 걱정될 지경이었다. 그럼에도 워싱턴에 있는 그의 상관들은 피어리가 인기와 명성을 독점하고 있다고 생각하며 분개했다. 그래서 그들은 그가 학술 탐사를 한다는 명목으로 모금을 해서는 '북극에서 빈둥거리며 놀고 지낸다.'는 누명을 씌웠다. 어쩌면 그들은 실제로 그렇게 믿었을 것이다. 믿고 싶은 것을 믿지 않는다는 것은 거의 불가능하기 때문이다. 피어리에게 모욕을 주고 그의 일을 방해하려는 그들의 결의가 너무도 맹렬했기 때문에 맥킨리 대통령이 직접 명령을 내리고 나서야 피어리는 북극 탐험을 계속할 수 있었다.

만약 피어리가 워싱턴에 있는 해군 본부에서 행정 업무를 보고 있었다면 그렇게 비난을 받았을까? 그렇지 않았을 것이다. 그랬다면 그는 그들의 질투를 불러일으킬 만큼 중요한 사람이 아니었을 테니까 말이다.

그랜트 장군은 피어리 제독보다도 더 심한 경험을 했다. 1862년 그랜트 장군은 북군이 거둔 최초의 결정적인 승리를 이끌었다. 어느 날 오후에 거둔 그 승리 덕분에 그랜트는 하룻밤 사이에 전국적인 우상이 되었다. 이 승리는 멀리 떨어진 유럽에까지 커다란 반향을 일으켰을 뿐 아니라, 메인 주에서부터 미시시피강 기슭에 이르기까지 각지의 교회에서는 종소리가 울려 퍼지고 축포가 하늘을 수놓았다. 하지만 북군의 영웅 그랜트는 대승리를 거둔 지 채 6주도 지나기 전에 체포되어 군 지휘권을 박탈당하고 말았다. 그는 심한 모멸감과 절망 속에서 오열했다. 승리의 흥분이 채 가라앉기도 전에 그랜트 장군이 체포된 이유는 무엇이었을까? 그의 오만한 상관들의 질투와 시기를 샀기 때문이었다.

부당한 비난으로 걱정이 될 때를 위한 제1법칙은 다음과 같다.

법칙1

- **부당한 비난은 흔히 칭찬의 다른 이름이라는 사실을 기억하라.**
- **죽은 개는 아무도 걷어차지 않는다는 사실을 기억하라.**

남의 비판에 신경쓰지 마라

언젠가 나는 '송곳 눈' 스메들리 버틀러 소장과 이야기를 나눈 적이 있다. '저승사자'로 불리던 버틀러와 말이다! 그를 기억하는가? 버틀러는 미국 해병대를 지휘했던 사람들 가운데 가장 화려하고 허세가 심한 명물 사령관이었다.

젊었을 때 그는 지나치게 인기에 집착했고, 누구에게나 좋은 인상을 남기고 싶어 했다. 당시에는 아주 사소한 비판에도 괴로워하고 상처를 입었다. 하지만 30년 동안 해병대 생활을 하면서 낯가죽이 두꺼워졌다고 그는 고백했다. 그는 이렇게 말했다.

"저는 심한 욕설을 듣고 모욕을 당했습니다. 똥개니, 독사니, 스컹크니 하는 비난도 받았지요. 상관들에게서 욕을 먹기도 했습니다. 입에 담지 못할 온갖 욕을 다 들어보았습니다. 그것 때문에 괴롭냐고요? 흥! 요즘엔 누가 내게 욕하는 소리가 들려도 그게 누군지 돌아보지도 않습니다."

왕년의 '송곳 눈' 버틀러가 너무 비난에 신경 쓰지 않는 것인지도 모르지만, 한 가지는 분명하다. 대부분 사람들은 자신에게 던져지는 사소한 조롱이나 욕설을 너무 심각하게 받아들인다. 몇 년 전에 〈뉴욕 선New York Sun〉지의 기자가 내가 진행하는 성인교육 강좌의 공개수업에 참석한 후, 나와 나의 일에 관해 비방기사를 쓴 적이 있다. 내가 분개했느냐고? 나는 그것이 개인적인 모욕이라고 생각해서 〈뉴욕 선〉지의 집행위원회 의장인 길 하지스에게 전화를 걸어, 나를 조롱하는 기사가 아니라 사실을 보도하는 기사를 쓰도록 해달라고 요구했다. 잘못을 저지른 사람에게 합당한 벌을 받게 하려는 의도였다.

하지만 지금은 당시에 내가 그런 식으로 행동했던 것을 부끄럽게 생각하고 있다. 그 잡지를 구매했던 사람들 가운데 절반은 그 기사를 읽지도 않았을 테고, 그 기사를 읽은 독자의 절반은 별 의미 없는 우스갯소리로밖에 여기지 않았을 것이다. 그 기사를 읽고 고소해하던 사람들도 얼마 안 가 그런 내용을 까맣게 잊어버리고 말았을 것이기 때문이다.

요즘 나는 사람들이 다른 사람에 대해 생각하거나 남의 말에 대해 신경 쓰지 않는다는 사실을 깨달았다. 그들은 아침이나 낮이나 한밤중까지도 끊임없이 자기 자신에 대해서만 생각한다. 사람들은 누군가 죽었다는 뉴스보다 자신의 가벼운 두통에 대해 천 배나 더 걱정한다.

설령 가장 친한 친구들 여섯 명 중에 한 명 꼴로 우리를 중상모략하거나 비웃거나 배반하거나 등에 칼을 꽂거나 배신하더라도 그 때문에 자기 연민에 빠져 허우적대지는 말자. 그리스도가 겪은 일을 생각해보

라. 예수의 가장 가까운 친구 열두 명 가운데 한 사람은 요즘 돈으로 고작 19달러 정도의 돈 때문에 그를 배반했다. 그의 가까운 친구 열두 명 가운데 또 다른 한 명은 예수가 곤경에 처하게 되자 그를 버리고 달아나서 세 번이나 자신은 예수를 알지 못한다고 부인했다. 여섯 명 중에 한 명이! 이것이 예수에게 일어났던 일이다! 그러니 우리가 그 이상을 기대한다는 것은 무리가 아닐까?

다른 사람들이 나를 부당하게 비난하지 못하도록 할 수는 없지만, 그보다 훨씬 더 중요한 일을 할 수 있다는 사실을 오래전에 깨달았다. 말하자면 그런 부당한 비난이 나를 괴롭히도록 놔둘 것이냐 말 것이냐 하는 것은 내가 결정할 수 있다.

이 점에 관해 확실히 해두자. 물론 자신에게 쏟아지는 모든 비난을 무시해버리라는 이야기는 아니다. 결코 그렇지 않다. 부당한 비난만을 무시하라는 말이다. 언젠가 나는 엘리너 루스벨트에게 부당한 비난에 대해 어떻게 대처하는지 물어본 적이 있다. 그녀가 얼마나 많은 비난을 받았는지는 세상이 다 아는 일이다. 아무튼 백악관에 살았던 역대 영부인 가운데 그녀만큼 열렬한 친구들과 혹독한 적을 동시에 가진 사람은 없을 것이다.

그녀는 이렇게 대답했다. 그녀는 어렸을 때 거의 병적으로 소심해서 다른 사람들이 뭐라고 말할지 항상 두려워했다. 어느 날 그녀는 친척뻘 되는 시어도어 루스벨트의 누나에게 조언을 구했다.

"바이 고모, 저는 이러이러하게 하고 싶은데, 사람들이 뭐라고 할까봐 겁이 나요."

시어도어 루스벨트의 누나는 그녀의 눈을 똑바로 쳐다보면서 이렇게 말했다.

"마음속으로 자신이 옳다는 것을 스스로 알고 있다면, 남이 하는 말 따위에는 신경 쓰지 마라."

엘리너 루스벨트는 훗날 백악관의 안주인이 되었을 때 이 한 마디의 조언이 지브롤터 암벽처럼 굳건한 마음의 지주가 되었노라고 말했다. 그녀는 내게 온갖 비난을 피할 수 있는 유일한 방법은 선반 위에 장식된 드레스덴 도자기 인형처럼 가만히 있는 것뿐이라고 말했다.

"어차피 비난을 피할 수는 없습니다. 그러니 마음속으로 옳다고 생각되는 대로 하세요. 해도 욕을 먹고, 하지 않아도 욕을 먹을 테니까요."

이것이 그녀의 조언이다.

매튜 브러시가 아메리칸 인터내셔날 코퍼레이션American International Corporation의 사장으로 있을 때, 나는 그에게 다른 사람들의 비난에 민감하게 반응한 적이 있는지 물어보았다. 그는 이렇게 대답했다.

"그럼요, 젊었을 때는 무척 민감하게 반응했지요. 모든 종업원들이 저를 완벽한 사람으로 봐주기를 간절히 바랐어요. 그렇지 않은 경우에는 무척 신경이 쓰였지요. 저에게 가장 심하게 반감을 가지고 있는 사람의 비위를 맞추려고 노력했습니다. 하지만 그 사람을 진정시키려고 한 행동이 누군가를 화나게 하는 결과가 되었어요. 그래서 다시 이 사람을 달래려고 하면, 또 다른 사람들이 기분 나빠하면서 벌떼처럼 달려들더군요. 마침내 저는 비난을 피해보려고 다른 사람들의 반감을 달래고 진정시키려고 노력하면 할수록 적만 늘어간다는 사실을 깨달았습니다. 그래서 결국 저는 이렇게 마음먹었습니다. '남의 윗사람 노릇을 하는 한 비난이 따르게 마련이지. 그러니 그런 일에 익숙해지는 수밖에 없어.' 이런 생각은 놀라울 만큼 효과가 컸지요. 그때부터 저는 우선 제가 할 수 있는 최선의 행동을 하는 것을 원칙으로 삼았습니다. 그런 다음에는 쏟아지는 비난의 빗줄기를 고스란히 목덜미에 맞기보다는 낡은 우산이라도 하나 펼쳐들고 비난이 잦아들기를 기다리기로 했습니다."

딤스 테일러는 더 나아가, 비난의 빗줄기가 목덜미에 사정없이 흘러내려도 사람들 앞에서 보란 듯이 가볍게 웃어넘겼다. 일요일 오후, 그가 라디오를 통해 뉴욕 필하모닉 심포니 오케스트라의 라디오 콘서트를 들려주다가 중간 휴식 시간에 곡 해설을 하고 있을 때였다. 한 여성이 그에게 '거짓말쟁이에 배신자, 독사, 멍청이.'라고 욕하는 편지를 보냈다. 테일러는 그의 저서 《인간과 음악에 관하여Of Men and Music》에서 이렇게 말하고 있다.

'아마도 그녀가 그런 이야기를 좋아하지 않았던 게 아닌가 하는 생각이 든다.'

테일러는 다음 주 방송에서 수백만의 라디오 청취자들에게 이 편지를 읽어주었다. 그러자 며칠 후에 바로 그 여성에게서 다시 편지가 왔는데, 그가 '거짓말쟁이에 배신자, 독사, 멍청이.'라는 생각에는 변함이 없더라는 것이었다. 비난에 대해 이런 식으로 대처할 수 있는 사람을 보고 탄복하지 않을 수 없다. 그의 차분함과 흔들리지 않는 평정심, 그리고 유머 감각에 경의를 표한다.

찰스 슈왑은 프린스턴 대학교 학생들 앞에서 강연을 하면서, 지금까지 배운 가장 중요한 교훈 가운데 하나는 자신의 제강 공장에서 일하는 나이든 독일인에게서 배운 것이라고 고백했다. 이 독일인은 다른 노동자들과 전시에 관한 격렬한 논쟁에 휘말리게 되어, 흥분한 노동자들에 의해 강물에 내던져졌다. 그 일에 대해 슈왑은 이렇게 말했다.

"그가 진흙탕물을 뒤집어쓰고 사무실에 나타났을 때, 나는 당신을 강물에 내던진 사람들에게 뭐라고 말해주었느냐고 물어보았더니, 그는 '그저 웃어넘겼죠.'라고 대답했습니다."

슈왑은 그 나이든 독일인의 말대로 '그저 웃어넘겨라.'를 좌우명으로 삼았다고 말했다.

이 좌우명은 특히 우리가 부당한 비난의 희생자가 되었을 때 도움이 된다. 말대꾸를 하며 덤벼드는 상대에게는 한 마디 더 해줄 수 있지만, '그저 웃어넘기는' 사람에게 무슨 말을 할 수 있겠는가?

링컨이 남북전쟁 당시에 자신에게 쏟아지는 온갖 신랄한 비난에 일일이 대꾸하는 것이 어리석은 짓이라는 사실을 깨닫지 못했다면, 그는 아마도 신경과민으로 쓰러지고 말았을 것이다. 그가 자신을 향한 비난에 어떤 식으로 대처했는지에 대해 쓴 글은 문학사의 주옥같은 고전이 되었다. 맥아더 장군은 전쟁 중에 이 글을 사령부에 있는 자신의 책상 위에 걸어두었다. 윈스턴 처칠도 그 글을 액자에 넣어 차트웰에 있는 자택의 서재 벽에 걸어두었다.

'나를 향한 모든 공격에 답변은 하지 않더라도 일일이 그 내용을 읽어볼 생각이라면, 지금이라도 이 일을 그만두고 다른 직업을 찾아보는 것이 좋을 것이다. 나는 내가 아는 가장 좋은 방법으로 최선을 다하고 있다. 그리고 마지막까지 그렇게 할 작정이다. 결과가 좋으면 내게 어떤 비난을 했더라도 문제가 되지 않는다. 그러나 결과가 좋지 않으면 열 명의 천사가 내가 옳았다고 말해주더라도 아무런 소용이 없을 것이다.'

부당한 비난을 받고 있을 때 기억해야 할 제2법칙은 다음과 같다.

법칙2

- 우선 최선을 다하라. 그런 다음에는 쏟아지는 비난의 빗줄기를 고스란히 목덜미에 맞기보다는 낡은 우산이라도 하나 펼쳐들고 비난이 잦아들기를 기다려라.

내가 저지른 어리석은 행동들

나의 개인 서류함에는 'FTD'라는 이름의 폴더가 있다. '내가 저지른 어리석은 행동들'을 약자로 쓴 것이다. 그 폴더에는 지금까지 내가 저지른 어리석은 행동들이 고스란히 기록되어 있다. 비서에게 불러주고 기록하게 하기도 하지만, 때로는 내가 저지른 짓이 너무 사사로운 일이거나 너무 바보 같아서 그런 걸 받아 적게 하기가 부끄러워 직접 적어두기도 한다.

15년 전에 'FTD' 폴더에 넣어둔 데일 카네기에 대한 비판들을 아직도 기억하고 있다. 나 자신에 대해 좀 더 솔직했더라면, 지금쯤 내 서류함은 이런 'FTD' 메모들로 넘쳐나고 있을 것이다. 나는 지금으로부터 3,000년 전에 사울 왕이 했던 말에 진심으로 공감하고 있다.

"내가 어리석었느니라. 참으로 많은 잘못을 저질렀도다."

하지만 'FTD' 폴더를 꺼내 스스로 기록한 데일 카네기에 대한 비판들을 다시 읽는 것은 앞으로 항상 부닥치게 될 어려운 문제, 즉 데일 카네기를 어떻게 관리하는가 하는 문제를 처리하는 데 도움이 된다.

내게 닥친 어려움을 다른 사람들 탓으로 돌리곤 했다. 하지만 나이를 먹으면서, 그리고 희망사항이기는 하지만 더 현명해지면서 내게 닥친 모든 불행은 결국 나 자신에게 책임이 있다는 사실을 깨달았다. 많은 사람이 나이가 들면서 그런 사실을 깨닫게 된다. 세인트헬레나 섬에서 나폴레옹도 이렇게 말했다.

"나의 몰락은 다른 누구의 탓도 아니며 나 자신의 탓이다. 나 자신이야말로 나의 가장 큰 적이었고, 내 비참한 운명의 원인이었다."

내가 아는 사람 가운데 자기 긍정과 자기 관리에 있어서는 예술가의 경지를 보여준 사람이 있다. 그의 이름은 하웰이다. 1944년 7월 31일, 그가 뉴욕에 있는 앰배서더 호텔의 약국에서 돌연사했다는 뉴스가 전국에 보도되자, 월가는 충격에 휩싸였다. 그도 그럴 것이 그는 미국 재계의 리더로서 전미상업신탁Commercial National Bank and Trust Company의 이사회 회장을 비롯해 몇몇 대기업의 임원직을 맡고 있었기 때문이었다. 그는 정규교육을 거의 받지 못했다. 그는 시골에서 가게 종업원으로 사회생활을 시작하여 유 에스 스틸U. S. Steel의 여신관리자가 되었으며, 그로부터 줄곧 승승장구하며 사회적 지위와 영향력을 키워가던 중이었다.

언젠가 하웰에게 성공을 거둔 비결이 무엇이냐고 물었더니 그는 이렇게 대답했다.

"오랫동안 저는 그날 맺은 모든 약속을 보여주는 약속 기록부를 작성해 왔습니다. 우리 가족은 저를 위해 토요일 저녁에는 아무런 계획도 잡지 않습니다. 매주 토요일 저녁에는 제가 한 주 동안 한 일에 대해 자기 검토와 평가를 하고 있다는 사실을 우리 가족도 잘 알고 있기 때문입니다. 저녁 식사를 마친 후에, 저는 혼자 방으로 들어가 약속 기록부를 펼쳐놓고 월요일 아침부터 있었던 모든 상담과 토의, 회의에 대해 깊이 생각해봅니다. 저는 이렇게 자문해봅니다. '그때 어떤 실수를 저질렀는가?', '잘한 일은 무엇인가?', '어떻게 하면 더 잘할 수 있었을까?', '그 경험으로부터 얻을 수 있는 교훈은 무엇인가?' 이따금 이런 식으로 매주 반성하면서 기분이 매우 언짢아지기도 합니다. 때로는 제가 저지른 터무니없는 실수에 깜짝 놀라기도 합니다. 물론 세월이 흐르면서 그런 실수들은 한결 줄어들게 되었죠. 이런 자기분석 시스템은 해마다 계속되었고, 지금까지 시도해본 다른 어떤 방법보다도 제게 큰 도움이 되었습니다."

어쩌면 하웰은 이 아이디어를 벤저민 프랭클린에게서 빌려왔는지도 모른다. 다만 프랭클린은 토요일 밤까지 기다리지 않았을 뿐이다. 그는 매일 밤마다 철저한 자기반성을 했다. 그는 자신에게 열세 가지 중대한 결점이 있다는 사실을 발견했다. 그 가운데 세 가지는 시간을 낭비하는 것, 사소한 일로 속을 끓이는 것, 다른 사람들의 의견을 따지고 반박하는 것 등이었다. 현명했던 벤저민 프랭클린은 자신이 이런 결점을 제거하지 않는다면 결코 성공할 수 없다는 사실을 깨달았다. 그래서 그는 자신의 결점 가운데 한 가지를 선택해서 일주일 동안 날마다 그 결점과 싸웠고, 그 난타전의 승자는 누구였는가를 기록했다. 다음 주에는 또 다른 나쁜 습관을 골라 싸울 준비를 갖추고 공이 울리면 링 위에 올랐다. 프랭클린은 매주 자신의 결점과 싸우는 일을 2년 이상 계속했다.

그러니 그가 미국 역사상 가장 사랑받고 영향력 있는 인물이 된 것도 놀랄 일이 아니다.

엘버트 허바드는 이렇게 말했다.

"누구나 하루에 적어도 5분 동안은 어처구니없는 바보가 된다. 지혜란 그 한계를 넘지 않는 데 있다."

소인배는 사소한 비난에도 흥분하여 화를 내지만, 현명한 사람은 자기를 비난하고 질책하고 '길을 차지하기 위해 다투는' 사람들에게서 무엇이라도 배우려 한다. 이것을 월트 휘트먼은 이렇게 말하고 있다.

"당신을 칭찬하고 당신에게 부드럽게 대하며 당신을 위해 길을 비켜서준 사람에게서만 교훈을 얻었는가? 당신을 무시하고 당신에게 빡빡하게 구는 사람, 서로 비키라며 길을 다투는 사람에게서 더 큰 교훈을 얻지 못했는가?"

적이 우리를, 혹은 우리의 일을 비난하기를 기다리지 말고, 먼저 우리 자신에 대해 냉혹한 비평가가 되어야 한다. 적이 입을 열기 전에 우리가 먼저 자신의 약점을 찾아내 고쳐버려야 한다. 찰스 다윈이 바로 그렇게 했다. 실제로 그는 비판을 하면서 15년을 보냈다. 불후의 명저 《종의 기원The Origin of Species》을 탈고했을 때, 다윈은 자신이 제시한 창조에 관한 혁명적인 개념이 출간되면 사상계와 종교계가 크게 동요하리라는 것을 알고 있었다. 그래서 그는 스스로 비평가가 되어 자신의 자료를 검토하고 자신의 추론 과정을 검증하고 자신이 내놓은 결론에 비판을 제기하면서 15년을 보냈다.

누군가가 당신에게 '바보 멍청이'라고 욕을 했다고 가정해보자. 당신은 어떻게 하겠는가? 화를 낼 것인가? 분개할 것인가? 링컨은 이렇게 했다. 링컨 내각의 전쟁부 장관이었던 에드워드 스탠턴은 한때 링컨을 '바보 멍청이'라고 불렀다. 스탠턴이 분개한 이유는 링컨이 자신의 업무에 간섭했기 때문이었다. 실은 어느 이기적인 정치인의 부탁에 못 이겨 링컨은 특정 연대를 이동하라는 배치 명령을 재가했다. 스탠턴은 링컨의 명령에 불복했을 뿐 아니라, 그런 명령을 재가한 '바보 멍청이'라고 욕설을 퍼부었다. 그래서 어떻게 되었겠는가? 스탠턴이 한 말을 듣게 된 링컨은 차분히 이렇게 대답했다.

"스탠턴이 나를 '바보 멍청이'라고 했다면 아마 그 말이 맞을 거야. 그 친구가 하는 말은 대부분 틀림없으니까 말이야. 내가 직접 가서 그의 이야기를 들어봐야겠어."

링컨은 스탠턴을 찾아갔다. 스탠턴은 링컨에게 그 명령이 잘못되었다는 것을 납득시켰고, 링컨은 그 명령을 철회했다. 링컨은 진심에서 우러난 비평이라면, 그리고 호의적인 동기와 지식이 밑받침된 비판이라면 기꺼이 받아들였다.

우리도 그런 비평은 환영해야 한다. 왜냐하면 우리가 하는 일이 네 번 가운데 세 번 이상 옳기를 기대하기도 어렵기 때문이다. 시어도어 루스벨트도 대통령으로 재임하던 시절 자신이 바랄 수 있는 것은 기껏해야 그 정도까지라고 말했다. 이 시대의 가장 깊이 있는 사상가인 아인슈타인도 자신이 낸 결론의 99퍼센트는 잘못된 것이었다고 고백하지 않았던가!

프랑스의 작가 라 로슈푸코는 이렇게 말했다.

"우리에 관해서라면, 우리 자신의 의견보다 우리 적들의 의견이 더 진실에 가깝다."

많은 경우에 이 말이 옳다는 것을 알고 있다. 하지만 주의하지 않으면 누군가가 나를 비평하려 드는 순간에 반사적으로 방어 태세를 취해 버린다. 상대방이 무엇을 말하려는지 알지도 못하면서 말이다. 그럴 때마다 나 자신이 싫어진다. 우리를 향한 비난이나 칭찬이 합당하건 부당하건 간에, 우리는 비난에 대해서는 무조건 분개하고 칭찬은 기꺼이 받아들이는 경향이 있다. 우리는 논리적인 동물이 아니라, 감정적인 동물이다. 우리의 논리는 마치 감정이라는 깊고 어두운 폭풍의 바다에 내던져진 한 조각의 작은 배에 불과하다.

누군가가 우리에 대해 험담하는 말을 듣게 되더라도 방어하려고 애쓰지 말자. 어리석은 사람일수록 자신을 변호하기에 바쁘다. 좀 더 독창적이고 겸허하고 재치 있게 행동하자! 차라리 이렇게 말해보는 것이 어떤가?

"나를 욕하는 사람들이 나의 다른 결점들까지 알았더라면, 지금보다 훨씬 더 심하게 나를 비난했을 것이다."

그러면 우리를 비난하던 사람들이 당혹스러워하며 오히려 우리에게 탄복하게 될 것이다.

앞 장에서 나는 부당한 비난을 받았을 때 어떻게 대응해야 하는지에 대해 말했다. 여기에 한 가지 덧붙여 당부하고 싶다. 부당하게 비난을 받았다는 생각이 들어 화가 솟구치고 있다면, 잠시 멈추고 이렇게 말해보라.

"잠깐만, 나도 완벽한 사람은 아니잖아. 아인슈타인도 자신이 99퍼센트는 틀렸다고 고백하는데, 나는 적어도 80퍼센트는 틀리겠지. 어쩌면 내가 이런 비난을 받는 게 당연한 건지도 몰라. 그렇다면 도리어 고마워해야지. 거기서 뭐든 얻을 수 있도록 노력해야 마땅할 거야."

펩소던트 컴퍼니Pepsodent Company의 찰스 럭맨 사장은 밥 호프(미국의 배우 겸 코미디언. '미국 코미디의 황제'로 불리며 유명세를 떨쳤다-역자주)를 방송에 출연시키기 위해 한 해에 백만 달러나 썼다. 당시 그는 그 프로그램을 칭찬하는 편지는 거들떠도 보지 않고, 비판적인 편지만 골라서 읽었다. 거기서 뭔가를 배울 수 있다는 것을 알고 있었기 때문이다.

포드 사는 전 종업원의 의견을 조사하고 그들에게 회사에 대한 비판을 해달라고 요청했다. 관리와 운영에 어떤 문제가 있는지 알아내기 위한 적극적인 조치였다.

나에게 비판을 해달라고 부탁하는 비누 판매원이 있었다. 처음 그가 콜게이트Colgate 비누를 팔기 시작했을 때는 주문이 그리 많지 않았다. 그는 일자리를 잃지나 않을까 걱정이 되었다. 비누의 품질이나 가격에는 아무런 문제가 없다는 사실을 알고 있었기 때문에, 문제는 자기 자신에게 있을 거라고 생각했다. 그래서 판매에 실패하면 그는 그 주변을 서성거리면서 도대체 무엇이 잘못 되었는지를 알아내려고 했다. 내가 너무 애매하게 말했던 것일까? 열성이 부족했던 것일까?

때로는 상점으로 다시 들어가서 이렇게 말하기도 했다.

"제가 여기 다시 온 건 비누를 팔려는 것이 아닙니다. 비평과 조언을 듣고 싶어서 온 것입니다. 조금 전에 제가 비누를 팔려고 했을 때 어떤 실수를 했는지 알려주시면 고맙겠습니다. 당신은 저보다 훨씬 경험도 많고 성공하신 분이니 제가 잘못한 점을 솔직하게 말씀해주셔도 됩니다. 조금도 사정 봐주시지 마시고 가차 없이 비평을 해주십시오."

이런 태도로 그는 수많은 친구들을 만들 수 있었고, 귀중한 조언들을 얻을 수 있었다.

그 후 그가 어떻게 되었을까? 그는 세계 최대의 비누 제조회사인 콜게이트-팜올리브-핏 솝 컴퍼니Colgate-Palmolive-Peet Soap Company의 사장이 되었다. 그의 이름은 리틀이다.

아무나 하웰, 벤저민 프랭클린, 리틀이 했던 대로 할 수 있는 것은 아니다. 자, 지금 아무도 보지 않을 때 거울을 보면서 자문해보라. 당신은 과연 그런 대인배라고 할 수 있는 사람인가?

다른 사람들의 비판에 대한 걱정을 떨쳐버리기 위한 제3법칙은 다음과 같다.

법칙3

- **우리가 저지른 어리석은 행동을 기록해두자.**
- **자기 자신을 비평해보자.**
- **우리는 결코 완벽한 사람이 아니다. 그러니 리틀이 했던 방법을 따라해보자.**
- **다른 사람들에게 편견 없고 유용하며 건설적인 비판을 요청해보라.**

❖ 간단 요약 ❖

부당한 비난으로 걱정하지 않는 방법

1. 부당한 비난은 흔히 칭찬의 다른 이름이다. 당신이 남들로부터 질투나 선망을 받을 만한 것을 가지고 있기 때문이다. 죽은 개는 아무도 걷어차지 않는다는 사실을 기억하라.
2. 최선을 다하라. 그리고 낡은 우산을 쓰고 비난의 빗줄기가 목덜미에 흘러내리지 않도록 하라.
3. 우리는 결코 완벽한 사람이 아니다. 그러니 리틀이 했던 방법을 따라해보자. 다른 사람들에게 편견 없고 유용하며 건설적인 비판을 요청해보라.

7부

피로와 걱정을 방지하고 늘 활기차게 사는 6가지 방법

Dale Carnegie

활동 시간을 하루에 한 시간 늘리는 방법

걱정을 막는 방법에 관한 책을 쓰면서 피로를 방지하는 법에 관해 지면을 할애하는 이유는 무엇일까? 이유는 간단하다. 피로가 종종 걱정의 원인이 되며, 그렇지 않더라도 적어도 피로하면 걱정에 사로잡히기 쉬워지기 때문이다. 또한 피로가 감기를 비롯해서 모든 질병에 대한 신체적 저항력을 떨어뜨린다는 것이 의학도들의 중론이다. 정신의학자들은 피로가 두려움이나 걱정과 같은 감정에 대한 저항력을 떨어뜨린다고도 한다. 그러므로 피로를 예방하는 것은 걱정을 방지하는 데 큰 도움이 된다.

방금 '걱정을 방지하는 데 도움이 된다.'고 표현했지만, 이것은 다소 온건한 표현이다. 에드먼드 제이콥슨 박사는 훨씬 강하게 주장하고 있다. 그는 긴장 완화에 대해 《점진적 이완Progressive Relaxation》과 《긴장 완화의 필요성You Must Relax》이라는 저서를 썼다. 그는 시카고 대학교의 임상심리학 연구소 소장으로서 휴식의 치료 효과에 대해 오랫동안 연구해왔다. 그는 어떤 신경 질환이나 정서 장애도 "완전한 이완 상태에서는 존재할 수 없다."고 밝히고 있다. 다시 말하자면 긴장을 풀고 완전히 편안한 상태에서는 걱정을 계속할 수 없다는 것이다.

그러므로 피로와 걱정을 방지하는 제1법칙은 자주 쉬는 것이다. 즉 피로해지기 전에 휴식을 취하라는 것이다.

왜 이렇게 휴식이 중요한 걸까? 왜냐하면 피로는 놀라울 정도로 빨리 축적되는 것이기 때문이다. 미 육군은 반복적인 실험을 통해 수년간 군사훈련으로 단련된 젊은 병사들도 한 시간에 10분씩 배낭을 내려놓고 휴식을 취하면 행군을 더 오랫동안, 더 효율적으로 할 수 있다는 사실을 알게 되었다. 그래서 육군 병사들은 실제로 그런 식으로 훈련을 하고 있다. 우리의 심장은 미 육군의 심장만큼이나 기민하다. 우리의 심장이 매일 전신으로 밀어내는 혈액의 양은 철도의 유조차 하나를 가득 채울 정도의 양이다. 심장이 하루에 소모하는 에너지는 석탄 20톤을 1미터 높이로 들어 올릴 때 필요한 힘과 맞먹는다. 심장은 이렇게 믿을 수 없을 정도의 중노동을 50년, 70년, 혹은 90년 동안 계속한다. 심장은 어떻게 그것을 견뎌낼 수 있을까? 하버드 의과대학의 월터 캐넌 박사는 이렇게 설명한다.

"대부분 사람들이 심장은 쉬지 않고 움직이고 있다고 생각합니다. 하지만 실제로는 수축할 때마다 일정한 휴식기가 있습니다. 보통 1분에 70번 박동을 한다고 하면, 심장은 실제로는 24시간 중에 단지 9시간 정도만 일하는 셈입니다. 전체적으로 보면 심장의 휴식기는 하루에

15시간이나 됩니다."

제2차 세계대전 당시 윈스턴 처칠은 60대 후반에서 70대 초반의 나이였지만 해마다 하루 16시간씩 일하며 대영제국의 전쟁을 지휘할 수 있었다. 경이적인 기록이다. 그의 비결은 무엇이었을까? 그는 매일 아침 11시까지 침대에 누워 보고서를 읽고 지시를 하고 전화를 걸고 중요한 회의를 했다. 점심 식사 후에는 다시 침대로 가서 한 시간 정도 낮잠을 잤다. 또 저녁이 되면 다시 침대로 가서 8시에 저녁식사를 하기 전까지 2시간 동안 수면을 취했다. 그는 피로를 해소하지 않았다. 굳이 그럴 필요가 없었다. 그는 피로를 예방했다. 자주 쉬었기 때문에 그는 원기 왕성하게 자정이 넘은 시각까지 일을 계속할 수가 있었다.

존 록펠러 1세는 두 가지 특별한 기록을 수립했다. 그는 당시로서는 유례없는 엄청난 부를 축적했고, 게다가 98세까지 살았다. 어떻게 그럴 수 있었을까? 물론 가장 큰 이유는 그가 선천적으로 장수할 수 있는 체질을 지니고 있었기 때문일 것이다. 다른 이유가 하나 더 있다면, 매일 정오에 사무실에서 30분씩 낮잠을 자는 습관이었다. 그는 사무실에 있는 긴 소파에서 낮잠을 자곤 했는데, 코를 골며 자고 있는 동안에는 미국 대통령이라 할지라도 그와 통화할 수 없었다!

다니엘 조슬린은 그의 탁월한 저서 《왜 피곤해지는가Why Be Tired》에서 이렇게 말했다.

'휴식이란 아무것도 하지 않는 것이 아니다. 휴식은 회복이다.'

짧은 시간의 휴식도 매우 큰 치유력이 있기 때문에 단 5분간의 낮잠도 피로를 예방하는 데 도움이 된다. 야구계의 원로 코니 맥은 시합 전에 낮잠을 자두지 않으면 5회쯤 되면 완전히 녹초가 되어버리지만, 단 5분이라도 미리 자두면 더블헤더를 뛰더라도 조금도 지치지 않고 거뜬히 해낼 수 있었다고 한다.

엘리너 루스벨트 여사에게 12년 동안이나 백악관의 빈틈없는 일정을 감당할 수 있었던 비결이 무엇이냐고 질문하자, 그녀는 여러 사람들을 만나거나 연설을 하기 전에는 반드시 소파에 앉아 눈을 감고 20분가량 휴식을 취하곤 했다고 대답했다.

언젠가 나는 메디슨 스퀘어 가든에서 열리는 세계 로데오 경기에서 가장 인기 있는 선수인 진 오트리와 그의 분장실에서 이야기를 나눈 적이 있다. 그는 이렇게 말했다.

"저는 매일 오후 이 침대에 누워 경기를 하는 중간에 한 시간씩 낮잠을 잡니다. 할리우드에서 영화를 만들고 찍을 때는 커다란 안락의자에서 휴식을 취하면서, 10분씩 하루에 두세 번 눈을 붙이곤 합니다. 그렇게 하면 엄청나게 기운이 나거든요."

에디슨은 자신의 놀랄 만한 에너지와 지구력은 자고 싶을 때 자는 습관 덕분이라고 말했다.

나는 헨리 포드가 80세 생일을 맞이하기 직전에 그와 만나 이야기를 나눈 적이 있다. 나는 그의 원기 왕성한 모습에 놀라지 않을 수 없었다. 그 비결을 물었더니 그는 이렇게 대답했다.

"나는 앉을 수 있을 때는 절대로 서 있지 않습니다. 누울 수 있을 때는 절대 앉아 있지 않습니다."

'근대 교육의 아버지' 호러스 만도 나이가 들면서 그와 똑같이 했다. 그는 안티오크 대학의 학장으로 있을 때, 항상 소파에 비스듬히 누운 채 학생들과 면담을 하곤 했다.

나는 할리우드의 영화감독 한 사람에게 이와 비슷한 방법을 시도해 보라고 권한 적이 있다. 그는 기적적인 효과를 보았다며 흥분을 감추지 못했다. 그가 바로 할리우드 최고의 감독 중 한 명인 잭 처토크다. 몇 년 전 나를 만나러 왔을 당시에 그는 MGM(Metro-Goldwyn-Mayer) 영화사의 단편영화 부장직을 맡고 있었다. 몹시 지치고 피곤했던 그는 강장제, 비타민을 비롯해 온갖 약을 복용했지만 아무런 효과를 보지 못하고 있었다. 나는 그에게 매일 적당한 휴식을 취하라고 권했다. 어떻게? 사무실에서 작가들과 회의를 할 때에도 몸을 쭉 펴고 편안히 쉬면서 하는 것이다.

2년 후 다시 만났을 때 그는 이렇게 말했다.

"기적이 일어났어요. 내 주치의가 한 말입니다. 전에는 단편영화 아이디어 회의를 할 때도 잔뜩 긴장한 채 의자에 앉아 있곤 했는데, 지금은 사무실 소파에 비스듬히 누워서 해요. 지난 20년 동안 이렇게 기분이 좋았던 적은 없었어요! 전보다 하루에 두 시간이나 더 일을 하는데도 조금도 피곤하지 않아요."

어떻게 하면 당신에게도 이 방법을 적용할 수 있을까? 만약 당신이 속기사라면 에디슨이나 샘 골드윈처럼 사무실에서 낮잠을 즐기기는 어려울 것이다. 또 회계사라면 비스듬히 누운 자세로 윗사람과 회계 보고서에 관해 토론을 할 수는 없을 것이다. 하지만 당신이 소도시에서 살고 점심을 먹으러 집에 갈 수 있다면, 점심식사 후 10분 정도는 낮잠을 잘 수 있을 것이다. 조지 마셜 장군이 바로 그렇게 했다. 그는 전쟁 중에 미 육군을 지휘하느라 너무 바빴기 때문에 정오에는 반드시 휴식을 취해야 했다. 만일 당신이 50세를 넘긴 나이이고 너무 바빠서 휴식할 수 없다면, 가능한 한 많은 생명보험에 들어놓는 것이 나을 것이다. 요즘은 죽음이 느닷없이, 불쑥 찾아온다. 당신의 아내는 당신이 남긴 보험금을 타서 젊은 녀석과 재혼하고 싶어 할지도 모르니까 말이다!

점심 식사 후 낮잠을 잘 여유가 없다면, 저녁 식사 전에 한 시간쯤 자는 것도 좋다. 그것은 칵테일 한 잔보다 싸게 먹히고, 장기적 관점에서 보면 5,467배는 더 효과적이다. 5시에서 6시, 혹은 7시쯤에 한 시간 정도 잘 수 있다면, 활동 시간을 하루에 한 시간 더 늘릴 수 있다. 왜 그럴까? 어떻게 그렇게 될까? 저녁 식사를 하기 전 한 시간의 낮잠을 자고 밤에 6시간 자는 시간을 합쳐서 7시간을 자는 것이 연속적으로 8시간 자는 것보다 훨씬 낫기 때문이다.

육체노동자는 휴식시간을 늘릴수록 더 많은 일을 할 수 있다. 프레더릭 테일러는 베들레헴 스틸 컴퍼니에서 과학적 관리 기술자로 일하면서 이런 사실을 증명해보였다. 그는 노동자들에게 1인당 하루에 12.5톤의 선철을 화차에 적재하는 작업을 시키면 정오에는 지쳐버린다는 사실을 발견했다. 그는 모든 피로 요인을 과학적으로 연구했고, 노동자에게는 하루에 12.5톤이 아니라 47톤의 선철을 쌓는 작업을 시켜야 한다고 단언했다. 그의 계산에 따르면 노동자들은 지금 옮기는 양의 4배에 가까운 양의 일을 하면서도 지치지 않아야 했다. 하지만 그것을 어떻게 증명할 것인가?

테일러는 슈미트라는 사람을 선택해서 스톱워치에 따라 일을 하도록 지시했다. 슈미트는 스톱워치를 가지고 있는 사람의 명령대로 일을 했다.

"자, 선철을 들고 걸어가세요. 이제 앉아서 쉬세요. 이제 걸어가세요. 이제 앉아서 쉬세요."

과연 어떤 일이 일어났을까? 다른 노동자들이 1인당 하루에 12.5톤밖에 나르지 못할 때, 슈미트는 47톤의 선철을 적재할 수 있었다. 그리고 그는 실제로 테일러가 베들레헴에 있는 3년 동안 같은 속도로 일을 계속할 수 있었다. 슈미트가 그렇게 엄청난 일을 할 수 있었던 것은 지치기 전에 휴식을 취했기 때문이다. 그는 한 시간에 약 26분 정도 일하고, 34분 정도 휴식을 취했다. 일하는 시간보다 쉬는 시간이 많았다. 하지만 그는 다른 사람들보다 거의 4배나 되는 일을 소화했다! 이것이 근거 없는 소문에 불과한 것일까? 그렇지 않다. 프레더릭 윈즐로 테일러의 저서 《과학적 관리법Scientific Management》에 나오는 이야기다. 직접 확인해보기 바란다.

다시 한 번 반복한다. 군대에서 하듯이 자주 휴식을 취하라. 당신의 심장이 그렇듯이 지치기 전에 쉬어라. 그렇게 하면, 당신은 활동 시간을 하루에 한 시간 더 늘릴 수 있다.

피로의 원인과 대처 방법

매우 놀랍고도 중요한 사실이 한 가지 있다. 인간은 정신노동만으로는 피로해지지 않는다. 터무니없는 소리로 들릴지 모르겠다. 하지만 몇 년 전에 과학자들은 인간의 두뇌가 피로의 과학적 정의인 '작업능력 감소'에 이르지 않고 얼마나 오랫동안 일할 수 있는지 알아내기 위한 실험을 했다. 놀랍게도 과학자들은 뇌가 활동하고 있는 동안 뇌를 통과하는 혈액에서 전혀 피로 증상이 나타나지 않았다. 일하고 있는 노동자의 혈관에서 채취한 혈액에는 '피로 독소'나 피로 생성물이 가득 차 있는 것을 볼 수 있다. 앨버트 아인슈타인의 뇌에서 피 한 방울을 채취해서 살펴보면 저녁이 되더라도 전혀 피로 독소를 찾아볼 수 없을 것이다.

뇌에 관해 말하자면, 뇌는 8시간, 심지어 12시간 동안 활동한 후에도 처음과 마찬가지로 기민하게 일할 수 있다. 말하자면 인간의 두뇌는 전혀 피로를 모른다는 사실이다. 그렇다면 인간을 피로하게 만드는 것은 무엇일까?

정신의학자들은 피로가 대부분 정신적 감정적인 태도에서 비롯된다고 말한다. 영국에서 가장 저명한 정신의학자로 손꼽히는 하드필드는 그의 저서 《힘의 심리The Psychology of Power》에서 이렇게 설명하고 있다.

'우리를 괴롭히는 피로는 대부분 정신적인 요인에 기인한다. 순전히 육체적인 이유로 피로해지는 경우는 매우 드물다.'

미국에서 가장 저명한 정신의학자로 꼽히는 브릴 박사는 이보다 더 나아가 이렇게 말했다.

"건강한 신체를 가진 사무직 노동자가 피로해지는 것은 100퍼센트 심리적 요인, 즉 정서적 요인 때문이다."

그러면 어떤 종류의 정서적 요인이 사무직 노동자, 혹은 앉아서 일하는 노동자들을 피로하게 만드는가? 기쁨이나 만족에서 오는 것은 결코 아닐 것이다. 권태, 원한, 인정받지 못하고 있다는 느낌, 헛수고라는 생각, 초조, 불안, 걱정 등이 그것이다. 이런 정서적 요인들 때문에 정신노동자들은 피로해지고, 자주 감기에 걸리며, 생산성이 떨어지고, 신경성 두통으로 조퇴하게 되는 것이다. 그렇다. 우리가 피로해지는 것은 이런 부정적 감정이 우리 몸에 신경성 긴장을 일으키기 때문이다.

메트로폴리탄 생명보험 회사Metropolitan Life Insurance Company는 피로에 관해 설명한 자료에서 이런 사실을 지적하고 있다. 이 대형 생명보험회사는 이렇게 말한다.

'고된 노동 자체에서 오는 피로는 대부분 충분한 수면과 휴식으로 회복된다. 걱정이나 긴장, 감정의 혼란이 피로를 유발하는 3대 원인이다. 육체노동이나 정신노동 때문인 것처럼 생각되는 피로도 사실은 이 세 가지가 그 원인이 되는 경우가 많다. 긴장하고 있는 근육은 일하고 있는 근육이라는 사실을 기억하라. 긴장을 완화하라! 그리고 중대한 일을 위해 에너지를 아껴라.'

잠시 멈추고, 지금 당신의 모습 그대로 자기 자신을 돌아보라. 이 글을 읽으면서도 당신은 인상을 쓰고 있지 않은가? 미간에 긴장이 느껴지는가? 의자에 편안히 앉아 있는가? 어깨를 웅크리고 있지는 않는가? 얼굴의 근육이 긴장되어 있지는 않은가? 만일 당신의 온몸이 낡은 헝겊 인형처럼 축 늘어져 있지 않다면, 지금 이 순간 당신의 신경과 근육은 긴장하고 있다. 당신은 지금 신경성 긴장과 피로를 만들어내고 있다.

왜 우리는 정신노동을 하면서 이처럼 불필요한 긴장을 만들어내는 것일까? 다니엘 조슬린은 이렇게 말한다.

"내 생각에 가장 큰 문제는 이겁니다. 사람들이 노력하고 있다는 기분이 들어야 열심히 일하는 것이고, 그렇지 않으면 제대로 하지 않는다고 생각하는 것입니다."

그래서 우리는 집중을 할 때면 인상을 쓰고 어깨를 웅크린다. 그런 것들이 두뇌 활동에는 아무런 도움이 되지 않는데도 근육이 노력하고 있다는 몸짓을 하도록 요구하는 것이다.

놀랍고도 슬픈 진실이 있다. 돈이라면 한 푼도 낭비할 생각이 없는 사람들이 자신의 에너지는 함부로 낭비하고 있다는 사실이다.

이런 신경 피로를 풀 수 있는 방법은 무엇인가? 휴식! 바로 휴식이다! 일을 하면서도 휴식을 취하는 법을 배워야 한다.

그게 쉬운 일일까? 물론 아니다. 어쩌면 평생 익숙해진 생활 습관을 바꿔야 할지도 모른다. 하지만 노력할 만한 가치가 있다. 당신의 삶이 획기적으로 바뀔 것이기 때문이다. 윌리엄 제임스는 《휴식의 복음The Gospel of Relaxation》이라는 수필에서 이렇게 말했다.

'미국인들의 표정에서 드러나는 지나친 긴장이나 변덕, 숨 가쁨, 강렬함, 격렬함 등은 나쁜 습관일 뿐, 그 이상도, 그 이하도 아니다. 긴장은 습관이며, 휴식도 습관이다. 그리고 나쁜 습관은 버리고 좋은 습관을 들일 수 있다.'

당신은 어떻게 휴식을 취하는가? 마음부터 휴식을 취하는가, 아니면 신경부터 휴식을 취하는가? 둘 중 어느 쪽도 정답이 아니다. 우리는 언제나 근육의 휴식으로 시작한다.

한번 시험해보기로 하자. 어떤 식으로 휴식이 이루어지는지 보기 위해 우선 눈부터 시작해보기로 하자. 이 구절을 다 읽고 나면 등을 기대고 앉아 눈을 감아라. 그리고 눈을 향해 조용히 이렇게 말해보라.

"풀어라, 풀어. 긴장을 풀어라. 인상을 펴라. 풀어라, 풀어."

1분 동안 이 말을 천천히 몇 번이고 되풀이해보라.

몇 초 후에 눈 주위 근육이 말을 듣기 시작하는 것이 느껴질 것이다. 마치 누군가의 손이 긴장을 걷어가 주는 것 같은 느낌이 들 것이다. 믿기 어렵겠지만, 당신은 이 1분 사이에 휴식의 기술에 대한 모든 비결을 터득했다. 턱과 안면 근육, 목, 어깨, 온몸에도 이와 똑같은 방법을 적용할 수 있다. 그러나 신체에서 가장 중요한 기관은 눈이다. 시카고 대학의 에드먼드 제이콥슨 박사는 사람들이 눈의 근육을 완전히 이완시킬 수 있다면 모든 고민을 잊을 수 있을 것이라고 말하기까지 했다. 신경성 긴장을 완화하는 데 눈이 그토록 중요한 것은 무엇 때문일까? 우리 신체가 소비하고 있는 신경 에너지의 4분의 1을 눈이 소모하고 있기 때문이다. 이것은 또한 시력이 좋은 사람들이 '눈의 피로'를 호소하는 이유이기도 하다. 사람들은 눈을 혹사하고 있다.

유명한 소설가 비키 바움은 어렸을 때 어떤 노인에게서 귀중한 교훈을 얻었다. 그녀가 넘어져 무릎에 상처가 나고 손목을 다쳤는데, 왕년에 서커스 단원이었던 그 노인은 그녀를 일으켜 옷에 묻은 흙을 털어주며 이렇게 말했다.

"네가 다친 것은 몸에 힘을 빼는 법을 모르기 때문이란다. 낡은 양말짝처럼 몸이 유연해져야 한단다. 자, 어떻게 하는지 보여줄 테니까 이리 와보렴."

그 노인은 비키 바움과 다른 아이들에게 넘어지는 법과 공중제비 넘는 법, 재주넘는 법을 가르쳐주었다 그러면서 그는 줄곧 이렇게 말했다.

"자기 자신을 다 낡아서 헐렁거리는 양말짝이라고 생각하는 거야. 그러면 힘을 뺄 수 있단다."

언제, 어느 곳에서나 틈틈이 긴장을 풀 수 있다. 다만 긴장을 풀려고 노력해서는 안 된다. 휴식이란 긴장과 노력이 전혀 없는 것이다. 몸을 편안히 하고 긴장을 풀도록 하라. 우선 눈과 얼굴의 근육을 푸는 것부터 시작하라. 몇 번이고 되풀이해 말해보라.

"풀어라, 풀어. 긴장을 풀어라."

에너지가 얼굴 근육에서부터 몸의 중심을 향해 움직여가는 것을 느껴보라. 자신이 아무런 긴장을 느끼지 않는 갓난아기라고 생각해보라.

위대한 소프라노 가수 갈리쿠르치도 이런 방법을 이용했다. 헬렌 젭슨은 공연 전에 갈리쿠르치가 근육의 긴장을 풀고 실제로 입이 벌어질 정도로 아래턱의 힘을 빼고 폭신한 의자에 앉아 있는 모습을 자주 보았다고 내게 말했다. 다음은 휴식을 취하는 방법을 배우는 데 도움이 될 네 가지 제안이 있다.

1. 틈틈이 휴식을 취하라. 낡은 양말짝처럼 축 처지도록 하라. 나는 낡은 밤색 양말 한 짝을 책상 위에 놓아두고 있다. 양말이 없다면 고양이도 괜찮다. 양지 바른 곳에서 졸고 있는 새끼고양이를 안아본 적이 있는가. 고양이는 젖은 신문지처럼 사지를 축 늘어뜨린다. 심지어 인도의 요가 수행자들은 이완하는 법을 배우고 싶다면 고양이를 연구하라고 말한다. 일찍이 나는 지친 고양이나 신경쇠약에 걸린 고양이, 혹은 불면증이나 걱정, 위궤양에 걸린 고양이를 본 적이 없다. 당신이 고양이처럼 이완하는 방법을 안다면, 이런 불행을 면할 수 있다.

2. 가능한 한 편안한 자세로 일하라. 신체의 긴장이 어깨를 쑤시게 하고 신경 피로를 유발한다는 사실을 기억하라.

3. 하루에 네댓 번 자신을 돌아보고 이렇게 자문해보라.
   "나는 실제보다 일을 어렵게 만들고 있지 않은가? 내가 하고 있는 일과 전혀 상관없는 근육을 쓰고 있지는 않은가?"
   이렇게 하는 것은 휴식을 취하는 습관을 들이는 데 도움이 될 것이다. 데이비드 헤럴드 핑크 박사는 이렇게 말한다.
   "심리학을 가장 잘 아는 사람들은 반드시 이런 습관을 갖고 있습니다."

4. 하루를 마감하면서 다시 자신을 돌아보고 이렇게 자문해보라.

"정확히 나는 얼마나 피로한가? 만약 피로하다면, 그것은 내가 한 정신노동 때문이 아니라 일하는 방식에 문제가 있기 때문이다."

다니엘 조슬린은 이렇게 말했다.

"하루를 마감하면서 나는 얼마나 피로한가가 아니라, 얼마나 피로하지 않은가에 따라 그날의 성과를 가늠한다. 하루 일과가 끝날 무렵 몹시 피로한 기분이 들거나, 신경이 피로해져 짜증이 나는 날은 의심할 여지없이 양적으로나 질적으로 비효율적인 하루였다는 사실을 알 수 있다."

미국의 모든 사업가들이 이런 교훈을 깨닫는다면 '고혈압'으로 인한 사망률은 급감할 것이고, 피로나 걱정으로 건강을 해친 사람들이 요양소나 정신병원을 찾는 일도 줄어들 것이다.

피로에서 벗어나 젊음을 유지하는 방법

지난 가을 어느 날, 나의 동료 한 사람이 세계에서 가장 권위 있는 의학 강좌에 참석하기 위해 보스턴으로 갔다. 의학 강좌라고? 글쎄, 틀린 말은 아니다. 보스턴 진료소에서 1주일에 한 번씩 열리는 이 강좌에 출석하는 환자들은 정기적으로 철저한 건강 진단을 받는다. 하지만 사실상 이 강좌는 심리치료 강좌이다. 공식 명칭은 응용 심리학 강좌이지만(전에는 초창기 회원이 제안한 명칭인 '사고 통제 강좌'로 불렸다), 이 강좌의 실제 목적은 걱정으로 인해 병에 걸린 사람들을 치료하는 것이다. 그런데 이 환자들의 대부분이 정서적으로 불안한 가정주부들이었다.

걱정하는 사람들을 위한 이런 강좌가 어떻게 개설되었을까? 1930년 윌리엄 오슬러 경의 제자였던 조셉 플래트 박사는 보스턴 진료소를 찾아오는 외래 환자들이 대부분 겉보기에 신체적으로 아무런 이상이 없다는 사실을 알게 되었다. 그런데도 그 환자들은 실제로 신체가 겪을 수 있는 온갖 질병의 증상을 보이고 있었다. 어떤 여성의 손은 관절염에 걸려 손가락 하나 까딱할 수 없었다. 또 다른 여성은 '위암' 증세로 극심한 고통을 겪고 있었다. 그밖에 많은 여성이 요통이나 두통으로 인한 만성 피로를 호소하거나 명확하지 않은 통증을 느끼고 있었다. 그들은 실제로 그런 고통을 느끼고 있었다. 하지만 아무리 정밀한 건강검진을 해도 신체적으로 별다른 이상이 발견되지 않았다. 과거의 의사들은 대부분 그런 증상이 상상의 산물, 즉 '마음의 병'이라고 단정하곤 했다. 하지만 플래트 박사는 그런 환자들에게 "집에 가서 잊어버려라."고 말해봐야 전혀 도움이 되지 않는다는 것을 알고 있었다. 이 여성들 대부분이 병에 걸리고 싶어 걸리는 것이 아니며, 간단히 병을 잊을 수 있다면 그들 스스로 벌써 그렇게 했을 것이다. 그렇다면 어떻게 해야 하는가?

플래트 박사는 의학적인 효과를 의심하는 사람들의 온갖 반대를 무릅쓰고 이 강좌를 개설했다. 그리고 이 강좌를 통해 기적적인 일이 일어났다. 강좌가 시작된 후 수천 명의 환자들이 '치유'되었다. 환자들 중에는 마치 교회에 나가듯 수년간 꾸준히 참석하는 사람도 있었다. 나의 조교가 9년 동안 그 강좌에 한 번도 빠지지 않고 참석했던 한 여성과 이야기를 나누었는데, 처음 그 진료소를 찾았을 때 그녀는 유주신(遊走腎)이라는 병과 어떤 종류의 심장질환을 앓고 있다고 굳게 믿고 있었다. 극도로 걱정하고 긴장한 나머지 그녀는 이따금 눈앞이 캄캄해지고 한동안 눈앞이 보이지 않을 때도 있었다. 하지만 지금은 자신감 있고 활기차며 매우 건강하다. 그녀는 마흔 살 정도로 밖에는 보이지 않았지만 무릎에는 손자가 자고 있었다. 그녀는 이렇게 말했다.

"저는 가정불화로 너무나 괴로운 나머지 죽고만 싶었어요. 하지만 이 강좌에 참석하면서 걱정이란 게 아무 소용이 없다는 것을 알게 되었고, 걱정을 멈추는 법을 배웠어요. 그래서 지금 제 삶은 참으로 평온하다고 아무런 거리낌 없이 말할 수 있습니다."

이 강좌의 의료 고문을 맡고 있는 로즈 힐퍼딩 박사는 걱정을 줄이는 가장 좋은 방법은 '믿을 수 있는 사람에게 고민을 털어놓는 것'이라고 말했다. 그녀는 이렇게 덧붙였다.

"우리는 이것을 '카타르시스'라고 부릅니다. 환자들은 이곳에 와서 자신의 고민을 속이 풀릴 때까지 시시콜콜히 털어놓을 수 있습니다. 걱정거리를 혼자서 고민하고 자기 가슴속에만 간직하면 엄청난 신경성 긴장을 야기합니다. 우리는 자신의 걱정거리를 누군가와 나누지 않으면 안 됩니다. 기꺼이 내 이야기를 들어주고 이해해주는 누군가가 이 세상에 있다는 느낌을 가져야 합니다."

내 조교는 걱정거리를 털어놓은 후에 한 여성이 커다란 위안을 받게 되었는지를 눈앞에서 보았다. 그녀는 가정불화로 걱정이 있었는데, 처음 말문을 열 때는 몹시 긴장해서 마치 금방 튀어오를 듯한 용수철 같았다. 하지만 이야기를 계속하는 사이에 점차 누그러지기 시작했다. 상담이 끝날 무렵에는 미소까지 지어 보였다. 문제가 해결된 것이었을까? 그렇지 않다. 그렇게 간단한 문제가 아니었다. 그녀의 심경을 변화시킨 것은 누군가에게 털어놓고 약간의 조언과 인간적 동정을 얻었기 때문이다. 실제로 변화를 일으킨 것은 말 속에 숨어 있는 엄청난 치유력, 바로 그것이었다!

정신분석은 어느 정도 이와 같은 언어의 치유력에 기초하고 있다. 프로이드 시대 이후, 정신분석학자들은 환자가 말을 할 수만 있다면, 그저 말만 할 수 있어도 내적 불안을 해소할 수 있다는 사실을 알고 있었다. 왜 그럴까? 그것은 아마 이야기를 하는 것만으로 자신의 문제에 대해 좀 더 깊이 통찰하고 더 잘 이해할 수 있게 되기 때문일 것이다. 아무도 이 문제에 대해 속 시원한 해답을 제시하지는 못한다. 하지만 누군가에게 '후련하게 내뱉는 것', '가슴속에 맺힌 것을 숨김없이 털어놓는 것'이 즉각적으로 위안을 준다는 사실은 누구나 알고 있다.

그러니 앞으로 정서적 문제가 생기면 털어놓을 수 있는 누군가를 찾아보는 것이 어떨까? 물론 아무나 붙들고 우는소리를 하거나 불평을 하여 폐를 끼치고 다니라는 말은 아니다. 믿을 만한 사람을 선택해서 상담 약속을 잡아야 한다. 상담자는 친척이나 의사, 변호사, 목사, 신부가 될 수도 있다. 그 사람에게 이렇게 말하라.

"선생님의 조언을 듣고 싶습니다. 다름이 아니라 제게 걱정거리가 생겼는데, 제 말을 좀 들어주시고 조언해주시면 좋겠습니다. 선생님은 이 문제를 제가 미처 깨닫지 못한 관점으로 보실 수 있으니까요. 설령 그렇지 않다고 해도 제 말을 끝까지 들어주시는 것만으로도 제게 커다란 도움이 됩니다."

걱정거리를 터놓고 이야기하는 것은 당시 보스턴 진료소 강좌에서 가장 중요한 치료법으로 사용되었다. 그밖에도 이 강좌에서는 주부가 가정에서 활용할 수 있는 몇 가지 방법을 제시하고 있다.

1. '감동적인 글'을 모아둘 노트나 스크랩북을 준비하라. 여기에 당신의 마음을 움직이거나 기운을 북돋아주는 시나 짤막한 기도문, 또는 인용문을 적어둘 수 있다. 그러면 비 내리는 오후에 기분이 축

처지거나 할 때, 그 노트에서 우울한 기분을 싹 걷어낼 수 있는 청량한 글을 찾아볼 수도 있다. 보스턴 진료소를 찾는 환자들 중에는 여러 해 동안 그런 노트를 간직해온 사람들이 많은데, 그들은 이것을 '정신적인 활력소'라고 말한다.

2. 다른 사람들의 결점에 대해 너무 깊이 생각하지 마라. 이 강좌의 수강생 중에 한 여성은 자신이 점점 잔소리가 심하고 바가지나 긁는 표독스런 표정의 아내가 되어가고 있다고 생각했는데, 이런 질문을 받고는 단번에 태도를 바꾸었다.
"남편이 죽는다면 어떻게 하시겠습니까?"
그런 생각을 하자 그녀는 깜짝 놀라 그 자리에서 바로 남편의 장점들을 적어보았다. 예상 외로 장점이 많았다. 나중에 당신이 폭군과 결혼했다는 생각이 들어 후회스럽다면, 이 여성이 한대로 해보면 어떨까? 배우자의 장점을 전부 읽고 나면, 그 사람이야말로 바로 당신이 만나고 싶어 했던 이상형이라는 사실을 알게 될 것이다!

3. 이웃에게 관심을 가져라. 같은 동네에서 함께 살아가는 사람들에 대해 호의적이고 건전한 관심을 보여라. 자신이 너무 '배타적인' 성격이라 친구가 한 명도 없다고 고민하던 한 여성이 앞으로 만나게 될 사람들에 대해 이야기를 지어보라는 조언을 들었다. 그래서 그녀는 지하철에서 만나는 사람들의 환경과 상황을 상상해보기 시작했다. 그들의 삶이 어떠했을지 생각해보려고 노력했다. 어느새 그녀는 어디에서나 사람들에게 말을 걸게 되었다. 요즘 그녀는 자신의 '고통'에서 치유되어 행복하고 매력적인 사람이 되었다.

4. 잠자리에 들기 전 내일 할 일에 대한 계획을 세워라. 이 강좌에 참여하는 많은 주부들이 끊임없이 반복되는 집안일에 허덕이며 시달리는 느낌을 받고 있다. 주부들의 일이란 끝이 없기 때문에, 그들은 언제나 시간에 쫓기고 있었다. 이런 쫓기고 있다는 느낌과 걱정에서 벗어나려면 매일 밤마다 다음 날 할 일에 대한 계획을 세워놓으라는 제안이 나왔다. 그 결과 어떻게 되었을까? 주부들은 더 많은 일을 해낼 수 있었고, 피로는 줄어들었다. 게다가 자부심과 성취감을 느꼈고, 휴식을 즐길 시간적 여유도 갖게 되었다.

5. 마지막으로 긴장과 피로를 피하라. 긴장을 풀어라! 긴장을 풀어라! 긴장과 피로처럼 노화를 재촉하는 것은 없다. 긴장과 피로처럼 당신의 생기와 아름다움을 망가뜨리는 것은 없다. 나의 조교는 보스턴 사고 통제 강좌에 참석해서 보스턴 진료소의 폴 존슨 교수가 하는 강의를 들으며 1시간 가량 앉아 있었다. 내용은 우리가 앞 장에서 다룬 휴식의 원칙들에 관한 것이었다. 수강생들은 10분간의 휴식 실습을 했는데, 나의 조교는 실습이 끝날 무렵에는 의자에 똑바로 앉은 채로 잠이 들고 말았다! 몸을 이완시키는 과정을 이토록 강조하는 이유는 무엇일까? 다른 의사들과 마찬가지로 보스턴 진료소 강좌를 진행하는 사람들은 걱정을 몰아내기 위해서는 무엇보다도 편안히 긴장을 풀어야 한다는 사실을 알고 있었다.

그렇다. 편안히 긴장을 풀어야 한다! 그런데 이상하게도 긴장을 풀기에는 스프링이 좋은 침대보다 딱딱한 마룻바닥이 적당하다. 척추에는 단단하게 받쳐주는 마룻바닥이 더 좋기 때문이다.

그러면 이제 집에서도 할 수 있는 몇 가지 방법을 소개하겠다. 일주일 정도 시험해보고, 당신의 외모와 기분에 어떤 변화가 있는지 확인해보기 바란다!

1. 피곤하다고 느껴질 때마다 바닥에 누워서 최대한 몸을 쭉 편다. 뒹굴어도 좋다. 이렇게 하루에 두 번씩 한다.

2. 눈을 감고, 존슨 교수가 추천한 대로 이렇게 말해보라.
   "머리 위에서 태양이 빛나고 있다. 하늘은 파랗게 반짝인다. 자연은 고요히 온 세상을 지배하고 있지 않은가. 자연의 아이인 나는 우주와 교감하고 있다."
   아니면 기도를 드리는 것도 괜찮은 방법이다.

3. 시간이 없어 누울 수 없다면 의자에 앉아서도 비슷한 효과를 거둘 수 있다. 긴장을 풀기에는 딱딱한 의자가 적당하다. 이집트 조각상처럼 똑바로 앉아 손은 손바닥을 아래로 가게 하여 무릎 위에 내려놓아라.

4. 이제 천천히 발가락에 힘을 줬다가 풀어라. 다리의 근육도 힘을 줬다가 풀어라. 이런 식으로 아래쪽에서부터 위로 온몸의 근육에 힘을 줬다가 푸는 일을 목에 이를 때까지 계속한다. 그 다음에는 마치 축구공 굴리듯이 머리를 세게 굴려라. 앞 장에서 보았듯이 당신의 근육을 향해 되풀이해 말하라.

"풀어라, 풀어. 긴장을 풀어라."

5. 천천히 고르게 호흡하면서 신경을 가라앉혀라. 심호흡을 하라. 인도의 요가 수행자들이 한 말이 옳았다. 규칙적인 호흡은 신경을 가라앉히는 데 무엇보다도 좋은 방법이다.

6. 얼굴의 주름과 찌푸린 표정에 의식을 집중해서 매끈하게 펴라. 미간의 주름과 입가의 팔자주름을 펴라. 하루에 두 번씩 이렇게 하면 피부 관리실에 가서 마사지를 받을 필요가 없다. 내면으로부터 주름살이 완전히 펴질 테니까 말이다.

피로와 걱정을 방지하는 4가지 업무 습관

좋은 업무 습관 1

당장 처리해야 할 일과 관계없는 서류는 책상에서 치워버려라.

시카고 노스웨스턴 철도회사의 롤랜드 윌리엄스 사장은 이렇게 말했다.

"책상 위에 잡다한 서류를 어지럽게 쌓아놓고 일하는 사람은 당장 처리해야 할 일과 관련된 서류만 남기고 치워버려야 합니다. 그러고 나면 자신의 업무를 훨씬 쉽고 정확하게 할 수 있다는 것을 알게 될 것입니다. 정리정돈이야말로 작업 능률을 높이는 첫 걸음입니다."

워싱턴 D. C.의 국회도서관을 방문하면 천장에 시인 포프의 시구가 적힌 것을 볼 수 있다.

'질서는 하늘의 제1법칙이다.'

질서는 업무에 있어서도 제1법칙이 되어야 한다. 하지만 정말 그럴까? 보통 직장인의 책상 위에는 몇 주일씩 들추어보지도 않은 서류들이 어수선하게 쌓여 있다. 뉴올리언스의 어느 신문사 발행인이 비서를 시켜 책상 정리를 했더니 거기서 2년 전에 분실한 타자기가 나오더라다는 이야기도 들은 적이 있다.

아직 답장을 보내지 않은 편지와 보고서, 메모들이 어지럽게 널려 있는 책상은 보기만 해도 혼란과 긴장, 짜증을 불러일으키기에 충분하다. 그보다 더 나쁜 결과가 생길 수도 있다. 어질러진 책상은 '해야 할 일은 많고, 시간은 없다.'는 생각이 끊임없이 들게 하기 때문에 긴장과 피로를 유발할 뿐만 아니라, 고혈압, 심장병, 위암 등의 원인이 되기도 한다.

펜실베이니아 대학 의과대학원의 존 스토크 박사는 미국의학협회에서 '장 질환의 합병증으로서의 기능성 노이로제'라는 논문을 발표했다. 그 논문에서 스토크 박사는 '환자의 정신 상태에 대해 확인해야 할 것들Functional Neuroses as Complications of Organic Disease'이라는 제목으로 11가지 항목을 열거하고 있다. 그 목록의 첫 번째 항목은 다음과 같다.

'꼭 해야 한다는 의무감, 끝없이 펼쳐져 있는 해야 할 일들'

하지만 책상을 정리한다거나 결단을 내리거나 하는 단순한 행동이 꼭 해야 한다는 의무감, '끝없이 펼쳐져 있는 해야 할 일들'에 대한 압박감을 피하는 데 어떻게 도움이 될 수 있을까? 유명한 정신의학자 윌리엄 새들러 박사는 이 간단한 방법을 이용해서 신경쇠약에 걸리는 것을 모면했던 환자에 대해 이야기해주었다. 그 환자는 시카고의 어느 대기업 임원이었는데, 새들러 박사를 찾아왔을 때 그는 긴장하고 신경질적이었으며 걱정이 많은 상태였다. 건강이 몹시 나빠지고 있다는 사실을 알고 있었지만 일을 그만둘 수가 없었다. 그는 도움이 필요했다.

새들러 박사는 이렇게 말했다.

"그 환자가 내게 자신의 이야기를 하고 있는데 전화벨이 울렸습니다. 병원에서 온 전화였지요. 저는 그 일을 미루는 대신 즉석에서 바로 시간을 내서 결론을 내렸습니다. 저는 언제나 가능하면 그 자리에서 문제를 해결하거든요. 그런데 통화가 끝나자마자 다시 전화벨이 울렸습니다. 이번에도 긴급한 용건이었기 때문에 시간을 내어 통화를 마쳤습니다. 세 번째로 방해를 한 것은 한 동료가 제 방으로 찾아온 것입니다. 중태에 빠진 환자에 대한 조언을 듣기 위해서였어요. 모든 용건을 마치고 저는 환자에게 오래 기다리게 해서 미안하다고 사과했습니다. 하지만 그는 이미 밝아져 있었습니다. 그의 표정은 완전히 달라져 있었습니다."

"괜찮습니다, 선생님!"

그 환자는 새들러 박사에게 말했다.

"지난 10분 동안 제게 무슨 문제가 있는지 알게 되었습니다. 지금 당장 제 사무실로 돌아가서 업무 습관을 바꿔야겠습니다. 그런데 선생님, 실례지만 가기 전에 선생님 책상 서랍 속을 좀 살펴봐도 괜찮을까요?"

새들러 박사는 책상 서랍을 열어 보여주었다. 업무에 필요한 몇 가지 용품 외에는 텅 비어 있었지요. 그 환자는 물었다.

"아직 마치지 못한 서류는 어디다 두십니까?"

"다 끝냈죠."

"답장을 보내지 않은 편지들은요?"

"다 보냈습니다. 저는 편지를 받으면 언제나 내려놓기 전에 곧장 답장을 보내니까요. 그 자리에서 비서가 답장을 받아적도록 하지요."

그로부터 6주일 후, 그 대기업 임원이 새들러 박사를 사무실로 초대했다. 그는 달라져 있었다. 책상 위도 전과 같지 않았다. 그는 책상 서랍을 열어 보이면서 그 속에 끝내지 못한 일은 하나도 없다는 것을 보여주면서 이렇게 말했다.

"6주일 전만 해도 저는 두 곳의 사무실에서 세 개의 책상을 쓰고 있었는데, 책상 위에는 온통 처리되지 않은 서류들이 산더미처럼 쌓여 있었지요. 일은 끝이 없었죠. 선생님과 상담을 하고 나서, 보고서나 오래된 서류들을 전부 치워버렸습니다. 이제 저는 책상을 하나만 쓰고, 일거리가 생기면 곧바로 처리하기 때문에 밀린 업무로 인해 짜증을 내거나 긴장하거나 걱정하는 일이 전혀 없게 되었습니다. 게다가 가장 놀라운 것은 건강이 완전히 회복되었다는 것입니다. 제 건강에는 이제 아무런 문제가 없습니다."

미국 대법원장을 지낸 찰스 에반스 휴즈는 이렇게 말했다.

"과로 때문에 죽는 사람은 없다. 쓸데없는 정력의 낭비와 걱정 때문에 죽는다."

그렇다. 정력의 낭비와 일을 끝내지 못할까 봐 전전긍긍하는 것이 죽음의 원인이다.

좋은 업무 습관 2

중요한 것부터 일을 순서대로 처리하라.

시티즈 서비스 컴퍼니Cities Service Company의 창설자인 헨리 도허티는 급여를 아무리 많이 주더라도 찾기 어려운 두 가지 능력이 있다고 말했다.

"두 가지 귀중한 능력이란 첫째는 생각하는 능력이고, 둘째는 중요한 것부터 일을 순서대로 처리하는 능력이다."

찰스 럭맨은 무일푼으로 출발하여 12년 만에 펩소던트 컴퍼니의 사장이 되었다. 그는 연봉 십만 달러를 받았고, 자산은 백만 달러에 달했다. 그는 자신이 성공을 거둔 것은 헨리 도허티가 말했던 보기 드문 두 가지 능력을 발전시킨 덕택이라고 말했다.

"아주 오래전부터 저는 새벽 다섯 시에 일어났습니다. 이른 새벽은 다른 어느 때보다도 생각하기 좋은 시간이기 때문이지요. 중요한 것부터 일을 순서대로 처리하기 위해 하루의 계획을 세우는 데는 그 시간이 가장 좋거든요."

미국 역사상 가장 성공한 보험 판매원인 프랭크 베트거는 하루의 계획을 세우기 위해 새벽 다섯 시까지도 기다리지 않았다 그는 전날 밤에 미리 계획을 세우고 이튿날 판매할 보험의 목표량을 결정한다. 만약 목표한 만큼 팔지 못하면, 나머지는 그 다음 날의 목표량에 추가되는 식이다.

"오랜 경험을 통해 나는 항상 중요한 것부터 일을 순서대로 처리할 수는 없다는 사실을 알고 있다. 그러나 중요한 일을 가장 먼저 하도록 계획을 세우는 것이 닥치는 대로 무작정 일을 하는 것보다 훨씬 나은 결과를 가져온다는 사실도 알고 있다."

조지 버나드 쇼가 가장 중요한 일을 가장 먼저 한다는 원칙을 엄격히 지키지 않았다면, 작가로서 성공하지 못하고 일생을 은행원으로 살아야 했을지도 모른다. 그의 계획은 매일 다섯 쪽의 글을 쓰는 것이었다. 그런 계획을 세운 덕분에 그는 9년이라는 참담한 기간 동안 매일 다섯 쪽의 글을 쓰는 것을 계속할 수 있었다. 그 기간 동안 그가 벌어들인 소득은 30달러, 그러니까 하루에 고작 1센트를 번 셈이었다.

좋은 업무 습관 3

문제가 생기면 즉시 해결하라. 결단이 필요한 일이 있다면 미루지 마라.

내 강좌의 수강생들 중 한 명이었던 하웰은 내게 이런 이야기를 한 적이 있다. 그가 유에스 스틸United States Steel Corporation의 이사로 있을 때, 이사회는 길게 늘어지기가 일쑤였으며 많은 안건들을 논의했지만 결의되는 것은 몇 건에 불과했다. 그 결과 이사들은 검토해야 할 보고서를 한 보따리씩 안고 집으로 돌아가야 했다.

마침내 하웰은 이사회를 설득해 한 번에 한 가지 의안만을 상정시켜 결의하자고 제안했다. 그러자 회의 시간이 길어지거나 결론이 미뤄지는 일도 없어졌다. 결론은 추가적인 사실이 필요하다는 것이 될 수도 있었다. 어떤 일을 해야 한다거나 하지 말아야 한다는 것이 결론이 되는 경우도 있었다. 하지만 각각의 의안은 다음 안건으로 넘어가기 전에 결론에 도달했다. 그 결과는 놀랄 만큼 효과적이었다고 하웰은 말했다. 의사 예정표는 정리되고 달력도 깨끗해졌다. 더 이상 수많은 보고서를 집으로 가져갈 필요도 없게 되었다. 해결되지 않은 문제로 인해 걱정하는 일도 없어졌다.

이 방법은 유에스 스틸의 이사회뿐만 아니라 누구에게나 유익한 원칙이다.

좋은 업무 습관 4

조직하고 위임하고 관리하는 법을 배워라.

사업가 중에는 책무를 다른 사람들에게 위임할 줄 모르고 모든 일을 혼자 하려다가 요절하고 마는 사람이 많다. 그 결과, 그들은 잡다한 일거리에 파묻혀 갈피를 잡지 못하게 된다. 걱정과 불안, 긴장, 초조에 시달린 나머지 너무 이른 죽음으로 내몰렸다. 물론 다른 사람들에게 책임을 맡기는 법을 익히는 것은 쉬운 일이 아니다. 나도 알고 있다. 그것은 내게도 대단히 어려운 일이었다. 엉뚱한 사람에게 권한을 맡겼을 때 끔찍한 일이 일어날 수 있다는 사실을 나도 경험해서 알고 있다. 하지만 권한을 위임하는 것이 어려운 일이라 할지라도, 책임자라면 걱정과 긴장, 피로를 피하기 위해 권한을 위임하지 않으면 안 된다.

Chapter 27

피로와 걱정, 분노의 원인이 되는 권태를 물리치는 방법

피로의 가장 큰 원인은 지루함이다. 예를 들어, 당신과 같은 동네에 사는 앨리스라는 사람의 경우를 살펴보자. 어느 날 저녁, 앨리스는 몹시 지친 몸을 이끌고 집으로 돌아왔다. 그녀는 피곤해보였고 실제로 피곤했다. 두통에다 등까지 아팠다. 어찌나 피곤했던지 저녁 먹을 새도 없이 바로 잠자리에 들고 싶었지만, 어머니의 간청에 마지못해 식탁 앞에 앉았다. 그때 전화벨이 울렸다. 남자친구였다! 같이 무도회에 가자는 것이었다! 그녀의 눈동자가 반짝였다. 기분이 날아오를 듯했다. 2층으로 뛰어올라가 청회색 드레스로 갈아입고 나가서 새벽 3시까지 춤을 췄다. 마침내 집으로 돌아온 그녀는 조금도 피곤한 기색이 없었다. 오히려 너무나 기분이 들뜬 나머지 잠을 이루지 못할 지경이었다.

여덟 시간 전에 피곤해보였고 실제로 피곤했던 앨리스는 정말로 피곤했던 것일까? 물론 그랬다. 그녀가 지쳐 있었던 것은 자신의 일이 지긋지긋했고, 어쩌면 삶 자체에 싫증을 느꼈기 때문이다. 우리 주위에는 앨리스와 같은 사람들이 수없이 많다. 당신도 그 중의 한 사람일지 모른다.

대체로 육체적인 고단함보다 감정적인 태도가 훨씬 더 피로를 유발하는 원인이 된다는 것은 잘 알려진 사실이다. 몇 해 전에 철학박사 조셉 바맥은 《심리학 논집Archives of Psychology》에 권태가 어떤 식으로 피로를 유발하는지를 보여주는 실험에 관한 보고서를 발표했다. 바맥 박사는 어떤 강좌의 학생들로 하여금 그들이 전혀 흥미를 느끼지 않을 만한 일련의 실험에 참여하게 했다. 결과는 어땠을까? 학생들은 금세 피로해져서 졸았고, 두통과 눈의 피로를 호소했으며 짜증을 내기도 했다 심지어 속이 거북하다는 학생도 있었다. 이런 것들이 모두 '상상'이었을까? 그런 것은 아니다. 학생들의 신진대사를 검사해보았다. 검사 결과 사람이 지루함을 느끼면 혈압과 산소 소비량이 실제로 감소하며, 일에 흥미와 즐거움을 느끼기 시작하면 바로 몸 전체의 신진대사가 증가하는 것으로 나타났다.

사람들은 뭔가 재미있고 신나는 일을 하고 있을 때는 피로한 줄 모른다. 최근에 캐나디안 로키 산맥에 있는 루이스 호수 근처로 휴가를 갔다. 며칠 동안 코럴 크리크Corral Creek 강가에서 송어낚시를 하며 여러 날을 보냈다. 한 길이 넘는 잡목 숲을 헤치며 나무뿌리에 걸려 넘어지기도 하고 베어놓은 나무둥치를 넘어가기도 했지만, 여덟 시간이나 낚시질을 계속하고도 조금도 피곤한 줄 몰랐다. 왜 그랬을까? 너무나 재미있고 흥분되었기 때문이다. 커다란 송어를 여섯 마리나 낚은 나는 비길 수 없는 성취감에 도취되어 있었다. 하지만 만약 낚시가 지루했다면 내 기분이 어땠을까? 해발 2,000미터도 넘는 고지에서 그렇게 고된 일을 했으니 녹초가 되어버렸을 것이다.

심지어는 등산과 같은 격한 운동을 할 때도 고된 활동보다도 지루함이 훨씬 더 사람을 지치게 만든다. 미니애폴리스 농공저축은행의 은행장인 킹맨은 이 사실을 완벽하게 입증할 만한 사례를 이야기해주었다.

1943년 7월, 캐나다 정부는 왕실 친위대 소속 특수부대원들에게 등반 훈련을 시켜줄 산악가이드를 보내달라고 캐나다 산악회에 요청했다. 킹맨은 부대원들을 훈련시키기 위해 뽑힌 산악가이드들 중 한 사람이었다. 42세부터 49세까지의 연령층으로 구성된 가이드들은 젊은 군인들을 인솔하여 빙하와 설원을 가로질러 긴 도보여행을 하기도 하고, 10여 미터나 되는 깎아지른 절벽을 로프와 위태로운 손잡이에 의지해 기어올라가기도 했다. 그들은 캐나디안 로키 산맥의 리틀요호 계곡에 있는 마이클스 봉과 바이스프레지던트 봉을 비롯해 이름 모를 여러 봉우리에도 올랐다. 이렇게 산악등반을 한 지 15시간이 지나자, 바로 직전에 힘든 특공 훈련을 마친 이 원기 왕성하던 젊은이들도 완전히 탈진하고 말았다.

그들이 과연 지금까지 특공훈련에서 단련되지 않은 근육을 사용하느라고 지쳤던 것일까? 혹독한 특별 훈련을 받아본 사람이라면 이런 바보 같은 질문을 일소에 부치고 말 것이다. 결코 그렇지 않았다. 그들이 지친 것은 산악등반이 지루했기 때문이었다. 대원 중에는 어찌나 피곤했던지 식사도 하지 않고 쓰러져 잠드는 사람도 많았다. 그러면 군인들보다 나이가 두세 배나 많은 산악가이드들도 피곤했을까? 물론 그들도 피곤하기는 했지만, 녹초가 될 정도는 아니었다. 그들은 저녁 식사

후에도 몇 시간이나 자지 않고 그날 경험한 일에 대해 이야기꽃을 피웠다. 어쨌든 그들이 지치지 않았던 이유는 산악등반이 재미있었기 때문이었다.

컬럼비아 대학의 에드워드 손다이크 박사는 젊은 사람들을 대상으로 피로에 관한 실험을 진행했다. 그는 실험대상자들에게 끊임없이 흥밋거리를 제공하여 거의 일주일 동안을 재우지 않았다. 손다이크 박사는 연구 결과를 이렇게 말했다.

"작업 능률을 떨어뜨리는 진짜 원인은 지루함이다."

만일 당신이 정신노동자라면, 업무량 자체로 인해 피곤해지는 경우는 거의 없다. 오히려 당신이 피곤한 이유는 하지 않은 업무량 때문이다. 예를 들어, 지난주에 온종일 끊임없이 방해를 받았던 그날을 생각해보라. 수많은 편지에 답장도 쓰지 않았고, 약속도 지키지 못했다. 되는 일이 하나도 없었다. 아무것도 해놓은 일도 없이 녹초가 되어 퇴근했다. 게다가 머리도 깨질 듯이 아팠다.

그런데 다음 날은 모든 업무가 순조로웠다. 전날 한 것보다 40배나 되는 일을 해치웠다. 그러고도 끄떡없이 눈처럼, 새하얀 치자나무 꽃처럼 상큼한 기분으로 퇴근할 수 있었다. 이런 경험은 누구에게나 있을 것이다. 나 역시 그런 적이 있었다.

요컨대 우리가 피로해지는 것은 대체로 일 때문이 아니라 걱정이나 좌절감, 분노 때문이라는 사실이다.

이 장을 집필하던 중에 나는 제롬 컨의 뮤지컬 코미디 〈쇼 보트Show Boat〉 공연을 보러 갔다. 코튼 블라섬 호의 선장인 캡틴 앤디는 철학적인 에피소드에서 이렇게 말했다.

"자기가 즐기는 일을 하는 사람은 운이 좋은 사람이다."

그들이 운이 좋은 것은 보다 더 활기차고 행복하게 일하면서 걱정과 피로를 더 적게 느끼기 때문이다. 흥미 있는 일을 할 때는 활력이 넘친다. 바가지만 긁어대는 아내와 1마일을 걷는 것은 사랑하는 연인과 함께 10마일을 걷는 것보다 더 피곤한 일일 수도 있다.

그렇다면, 어떻게 해야 할까? 오클라호마 주 털사에 있는 한 석유회사에 근무하고 있는 속기사의 실례를 들어 보자. 그녀는 매월 일주일 동안 지루하기 짝이 없는 일을 했다. 임대차 계약서에 숫자와 통계치를 기입하는 일이었다. 너무도 따분한 일이라 그녀는 그 일을 재미있게 만들어보려고 노력했다. 어떻게 했을까? 그녀는 날마다 자기 자신과 시합을 했다. 매일 아침 자기가 작성할 계약서의 매수를 정해놓았다. 그런 뒤 오후에는 그것보다 많이 작성해보려고 노력했다. 그리고 하루 동안의 합계를 계산하고, 그 이튿날에는 그보다 더 많이 작성하려고 했다. 그 결과는 어땠을까? 얼마 지나지 않아 그녀는 자기가 소속된 부서의 속기사 중에서 누구보다도 많은 계약서를 작성할 수 있었다. 그렇게 해서 그녀가 얻은 것은 무엇일까? 칭찬이나 감사, 승진? 아니면 봉급 인상? 모두 아니다. 그런 것이 아니다. 그것은 다름 아닌 권태에서 비롯되는 피로를 예방한 것이다. 그것은 그녀에게 정신적 자극이 되었다. 그리고 지루한 일을 흥미 있게 만들려고 최선을 다했기 때문에 더 큰 활력과 에너지를 갖게 되어 여가 시간에 더 큰 행복을 누릴 수 있었다.

이 이야기가 사실이라는 것은 내가 장담할 수 있다. 그 속기사가 바로 내 아내이기 때문이다.

또 다른 속기사에 관한 이야기다. 그녀는 일이 재미있는 것처럼 행동했기 때문에 좋은 일이 생겼다. 그녀는 전투하듯이 일하곤 했다. 하지만 그 이상은 아니었다. 그녀는 일리노이 주 엘머스트에 사는 밸리 골든이다. 그녀가 내게 써 보낸 편지의 이야기는 다음과 같다.

'제가 일하던 사무실에는 네 명의 속기사가 있는데, 각자 몇 사람들이 보낸 편지를 맡아 처리했습니다. 이따금 일이 밀려 정신없이 바쁘기도 했습니다. 하루는 부팀장이 제가 쓴 편지를 다시 쓰라고 지시하기에 저는 반발했습니다. 다시 쓰지 않고도 편지를 수정할 수 있지 않겠냐고 따졌더니, 그는 편지를 다시 쓰지 못하겠다면 다른 사람을 찾아보겠다는 것이었습니다! 정말이지 화가 치밀어 올랐습니다! 하지만 그 편지를 다시 쓰기 시작하자 문득 기회만 있다면 제가 하는 이 일을 하겠다고 달려들 사람들이 얼마든지 있을 거라는 생각이 들었습니다. 게다가 제가 돈을 받는 것도 바로 이 일을 하기 때문이라는 생각도 들었습니다. 그러자 기분이 좀 나아졌습니다. 그리고 갑자기 이왕 하는 일을 즐기듯이 하자는 마음을 먹게 되었습니다. 비록 그 일이 싫었지만 말입니다. 그러자 저는 중요한 발견을 하게 되었습니다. 일을 즐기듯이 하면 어느 정도는 정말로 일을 즐기게 된다는 것입니다. 그리고 일을 즐기면 더 빨리 할 수 있다는 것도 알게 되었습니다. 그래서 요즘엔 늦게까지 남아 일할 필요가 거의 없게 되었습니다. 이런 새로운 태도로 인해 저는 유능한 직원이라는 평판도 얻었습니다. 그리고 부장들 중 한 분이 개인비서가 필요하게 되자 제게 그 자리를 제의했습니다. 제가 초과근무도 짜증내지 않고 기꺼이 한다면서 말입니다! 마음가짐을 바꾸는 것이 커다란 위력을 갖고 있다는 사실은 제게는 엄청나게 중요한 발견이었습니다. 정말이지 놀라운 일이었죠!"

벨리 골든은 한스 파이잉거 교수의 '마치 ~인 것처럼' 일한다는 인생철학을 사용해 놀라운 효과를 본 것이다. 그는 우리에게 '마치 행복한 것처럼', 그리고 '마치 기타 등등 한 것처럼' 행동하라고 가르쳤다.

만일 당신이 자신의 일에 대해 '마치 재미있는 것처럼' 행동한다면, 그 사소한 행동으로 인해 당신의 재미는 현실이 될 것이다. 또한 당신의 피로와 긴장, 걱정도 줄어들 것이다.

몇 년 전에 할란 하워드는 자신의 인생을 통째로 바꾸어놓은 중대한 결심을 했다. 그는 따분하기 짝이 없는 자신의 일을 재미있는 것으로 만들기로 했다. 그가 하는 일은 정말로 재미없는 것이었다. 다른 소년들이 야구를 하거나 여학생들과 노닥거리는 사이에 그는 학교 식당에서 설거지를 하거나 판매대를 닦거나 아이스크림을 덜어주는 일을 하고 있었으니까 말이다. 할란 하워드는 자신의 일이 수치스러웠지만, 그 일을 할 수밖에 없었다. 그래서 그는 아이스크림을 연구해보기로 마음먹었다. 어떻게 만들어지는지, 어떤 재료가 사용되는지, 왜 어떤 아이스크림이 다른 아이스크림보다 더 맛있는지 등을 연구했다. 아이스크림과 관련된 화학을 공부했고, 마침내 고등학교 화학 수업에서 두각을 나타내게 되었다. 식품화학에 큰 흥미를 갖게 된 그는 매사추세츠 주립대학에 입학해 '식품화학'을 전공했다. 그러던 중 뉴욕 코코아 거래소가 모든 대학생들을 대상으로 100만 달러의 상금을 걸고 '코코아와 초콜릿 활용에 관한 연구 논문'을 공모했다. 과연 그 상금을 누가 탔을 거라고 생각하는가? 맞다. 할란 하워드다.

그러나 일자리를 구하기가 어려웠던 그는 매사추세츠 주 애머스트에 있는 자신의 집 지하실에 연구소를 차렸다. 그 일이 있고 얼마 후에 새 법안이 통과되었다. 우유 속 박테리아 함유량을 표시해야 한다는 것이었다. 하워드는 곧 애머스트에 있는 14개 우유 회사의 박테리아 함유량을 분석하는 일을 맡게 되었고, 현재 조수도 둘이나 고용했다.

지금부터 25년 후에 그는 어떻게 되어 있을까? 그때쯤이면 현재 식품화학 사업을 하고 있는 사람들은 은퇴를 했거나 아니면 세상을 떠나고, 창의력과 열정에 불타는 젊은이들에게 자리를 내주게 될 것이다. 지금부터 25년이 지나면 할란 하워드는 아마도 자신의 분야에서 리더로 성장해 있을 것이다. 그에게 카운터 너머로 아이스크림을 사먹던 반 친구들 중 몇몇은 일자리를 잃고 낙담하면서 정부를 비난하고, 자신에게 기회가 주어지지 않는다고 투덜거리고 있을지도 모른다. 만약 할란 하워드가 권태로운 일을 재미있는 것으로 만들려는 결심을 하지 않았더라면 그에게도 기회는 없었을 것이다.

오래전에 공장에서 온종일 볼트를 만드는 단조로운 일에 싫증을 느끼던 또 한 명의 젊은이가 있었다. 그의 이름은 샘이었다. 샘은 일을 그만두고 싶었지만, 다른 일자리를 구하지 못할까 봐 걱정이 되었다. 샘은 그 지루한 일을 계속해야 한다면 좀 재미있는 것으로 만들어야겠다고 결심했다. 그래서 옆에서 기계를 조작하는 기계공과 경쟁을 하기로 했다. 한 사람이 볼트의 거친 표면을 다듬는 일이었고, 다른 한 사람은 볼트를 적당한 지름이 되도록 가공하는 일이었다. 그들은 가끔 기계를 바꿔가며 누가 더 많은 볼트를 생산해 내는지 내기를 했다. 그러자 현장 감독은 샘이 빠르고 정확하게 일을 처리하는 것에 흡족해하며 곧 그에게 더 나은 직책을 맡겼다. 이것이 그가 승진을 거듭하게 된 계기가 되었다. 30년 후 샘 사무엘 보클레인은 볼드윈 로코모티브 웍스Baldwin Locomotive Works의 사장이 되었다. 하지만 그가 지루한 일을 재미있는 것으로 만들려고 노력하지 않았더라면 평생 기계공으로 보냈을지도 모른다.

유명한 라디오 뉴스 해설자 칼텐본은 자신이 어떤 방법으로 지루한 일을 재미있는 것으로 만들었는지에 대해 이야기해준 적이 있다. 스물두 살 때 그는 가축 수송선에서 소들에게 먹이와 물을 주는 일을 하며 대서양을 건넜다. 영국에서 자전거 여행을 마친 후 파리에 도착한 그는 몹시 배가 고팠지만 주머니에는 동전 한 푼도 없었다. 그는 카메라를 5달러에 저당 잡히고 그 돈으로 〈뉴욕 헤럴드New York Herald〉 파리 판에 구직 광고를 냈고 입체 환등기 파는 일을 하게 됐다. 예전에는 두 장의 똑같은 사진을 눈 앞에 대고 보는 구식 입체 환등기가 있었다. 그것을 들여다보면 마술 같은 일이 일어났다. 입체 환등기에 달린 두 개의 렌즈가 두 장의 사진을 입체감이 있는 하나의 장면으로 바꿔주기 때문에 놀라울 정도로 거리감과 원근감이 느껴지는 영상이 만들어졌다.

아까 말했듯이 칼텐본은 바로 이 기계를 파리 시내의 집집마다 찾아다니며 파는 일을 시작했다. 그는 프랑스어를 할 줄 몰랐지만, 첫 해에 수수료로 무려 5,000달러를 벌어들였고, 그해에 프랑스 최고의 세일즈맨이 되었다. 칼텐본은 그때의 경험이 하버드 대학에서 공부했던 어떤 해보다도 성공에 필요한 자질을 계발하는 데 도움이 되었다고 말했다. 자신감 때문이었을까? 그는 그런 경험을 하고 나자 프랑스의 가정주부들에게 미국 연방의회 의사록이라도 팔 수 있을 것 같더라고 말했다.

이 경험으로 그는 프랑스인의 삶에 대해 잘 이해할 수 있게 되었으며, 그것은 훗날 그가 라디오를 통해 유럽에서 일어나는 사건들을 해설하는 데 매우 귀중한 도움이 되었다.

프랑스어도 모르는 그가 어떻게 능숙한 세일즈맨이 될 수 있었을까? 그는 고용주에게 판매에 필요한 말들을 완벽한 프랑스어로 적어달라고 해서 그것을 암기했다. 먼저 초인종을 눌러 가정주부가 응답하면, 칼텐본은 자신이 외우고 있는 판매 문구를 아주 우스꽝스러울 정도의 엉터리 억양으로 반복했다. 그는 주부에게 사진을 보여주었고, 주부가 질문을 하면 어깨를 으쓱하며 이렇게 말했다.

"미국인……, 미국인이에요."

그런 다음 모자를 벗어 그 안쪽에 붙여놓은 완벽한 프랑스어로 된 판매 문구를 내보였다. 그러면 주부들은 대개 웃음을 터뜨렸고, 그도 따라 웃으며 다른 사진들을 보여주었다. 칼텐본은 이 일이 결코 쉬운 것은 아니었다고 내게 털어놓았다. 하지만 자신이 그 일을 밀어붙일 수 있었던 것은 단지 그 일을 재미있는 것으로 만들려고 마음먹었기 때문이었다고 말했다. 매일 아침 그는 집을 나서기 전에 거울을 보며 이렇게 기운을 북돋우는 말을 하곤 했다.

"칼텐본, 먹고살려면 이 정도 일은 해야지. 어차피 해야 할 일이라면 재미있게 하는 편이 낫지 않겠어? 초인종을 누를 때마다 너는 각광을 받고 있는 배우이고, 관객들이 너를 보고 있다고 상상해보는 건 어떨까? 결국 네가 하는 일은 무대 위에서 벌어지는 연극만큼이나 재미있는 일이야. 그러니 더 많은 열정과 관심을 쏟아부어도 되지 않을까?"

칼텐본은 이처럼 매일 기운을 북돋우는 말을 되풀이했더니 처음에는 하기 싫을뿐더러 두렵기까지 하던 일이 매우 재미있고 유익한 경험으로 바뀌었다고 말했다.

성공을 갈망하고 있는 미국의 젊은이들에게 해주고 싶은 조언이 있는지 묻자 그는 이렇게 말했다.

"물론이죠. 우선 아침마다 스스로 기운을 북돋우는 말을 하세요. 많은 사람들이 잠이 덜 깬 상태로 돌아다니기 때문에 거기서 깨어나기 위해 육체적 운동이 중요하다는 얘기는 많이들 합니다. 하지만 그것보다도 매일 아침 우리가 행동을 할 수 있도록 고무하기 위해 얼마간 정신적 운동을 하는 것이 훨씬 필요합니다. 날마다 스스로 기운을 북돋우는 말을 하세요."

아침마다 스스로 기운을 북돋우는 말을 한다는 것이 어리석고 무의미하며 유치한 짓일까? 아니다. 이것이야말로 건전한 심리학의 본질이다.

'우리의 인생은 우리가 생각하는 대로 만들어진다.'

이 말은 지금부터 18세기 전 마르쿠스 아우렐리우스가 《명상록 Meditations》에 썼을 때와 마찬가지로 오늘날에도 진리다.

나는 온종일 나 자신에게 이야기함으로써 용기와 행복에 대해, 또 힘과 평화에 대해 생각한다. 감사하는 것에 대해 자신에게 말한다면 힘이 솟아나 쾌활한 생각으로 가슴이 벅찰 것이다. 긍정적으로 생각한다면 싫은 일을 흥미롭게 만들 수 있다.

고용주는 당신이 일에 흥미를 느끼기를 바라고 있으며 이를 통해 더 많은 수익을 올릴 수 있게 된다. 또한, 일에 대한 관심은 물론 스스로에 대해 흥미를 가지는 것이 어떤 도움이 되는지 생각해보라. 인생에서 얻는 행복을 두 배로 늘릴 수 있을지도 모른다. 왜냐하면 우리는 깨어 있는 시간의 반은 일을 하면서 보내는데, 만일 일 속에서 행복을 찾을 수 없다면 어디에서도 행복을 찾지 못할 것이기 때문이다. 일에 흥미를 갖게 된다면 고민에서도 해방될 것이며, 결국은 직장에서 승진과 아울러 보다 많은 급여를 받게 될 것이다. 설령 그렇지 못하다 해도 피로를 최소한도로 감소시켜 더 많은 여가를 즐길 수 있게 될 것이다.

불면증에 대한 걱정을 없애는 방법

밤이 깊도록 잠을 이루지 못해 걱정하는가? 그렇다면 세계적으로 유명한 국제변호사 사무엘 운터마이어가 평생 단 한 번도 숙면을 취해본 적이 없었다는 이야기에 흥미를 느낄 것이다.

샘 운터마이어는 대학에 다닐 때 천식과 불면증으로 몹시 고통을 받았다. 두 가지 병이 다 호전될 기미가 보이지 않자, 그는 차선책을 택하기로 했다. 불면증을 이용하기로 했다. 잠을 이루지 못해 몸을 뒤척이고 걱정하면서 건강을 해치는 대신 침대에서 일어나 공부를 했다. 그 결과 어떻게 되었을까? 그는 모든 과목에서 우등생이 되어 뉴욕 시립대학의 수재로 이름을 날리게 되었다.

변호사로 개업한 후에도 그의 불면증은 계속되었다. 하지만 운터마이어는 걱정하지 않았다. 오히려 이렇게 말했다.

"자연이 나를 돌봐줄 것이다."

실제로 그랬다. 부족한 수면 시간에도 불구하고 그는 언제나 건강했으며, 뉴욕 법조계의 다른 젊은 변호사들만큼 열정적으로 활동했다. 그는 누구보다도 많은 일을 했는데, 모두가 잠든 사이에도 일을 했기 때문이다!

샘 운터마이어는 스물한 살의 나이에 연 수입이 무려 7만 5,000달러나 되었다. 그가 변론하는 법정에는 비결을 배우려는 젊은 변호사들이 몰려들 정도였다. 1931년에는 역사상 단일 사건의 수임료로는 최고액인 100만 달러를 현찰로 받았다.

하지만 그는 여전히 불면증에 시달리고 있었다. 밤늦게까지 서류를 읽고도 아침 5시에 일어나 편지를 쓰기 시작했다. 그래서 대부분 사람들이 막 일을 시작할 때쯤에는 하루 일의 절반 가량을 이미 끝내놓고 있었다. 일생 동안 거의 숙면을 취해본 적이 없었지만, 그는 여든한 살이 되도록 장수를 누렸다. 하지만 만일 그가 불면증 때문에 조바심 내고 걱정했더라면 아마도 그의 인생은 엉망진창이 되었을 것이다.

우리는 인생의 3분의 1을 잠자는 데 소비하면서도 잠이 무엇인지는 잘 모르고 있다. 우리는 잠이 습관이며 휴식 상태라는 것은 알고 있다. 자는 동안 우리는 너덜거리는 옷자락처럼 지친 몸을 자연의 품에 포근히 안겨 쉬게 한다. 하지만 각자에게 몇 시간의 수면이 필요한지 우리는 알지 못한다. 심지어 잠을 자야 하는 것인지도 모른다.

터무니없는 말 같은가? 제1차 세계대전 중에 폴 컨이라는 헝가리 병사는 뇌의 전두엽에 관통상을 입었다. 부상은 완치되었지만 이상하게도 잠을 이루지 못했다. 의사들은 갖가지 진정제와 수면제를 비롯하여 최면술까지 써보았으나 효과가 없었다. 그는 잠이 들기는커녕 졸음이 오는 것조차 느끼지 못했다.

의사들은 그가 오래 살지 못할 거라고 말했다. 하지만 의사들의 진단을 비웃듯이 그는 취직까지 했고, 여러 해 동안 아주 건강하게 살았다. 그는 누워서 눈을 감고 휴식을 취했지만 결코 잠들지는 않았다. 그의 사례는 잠에 대한 우리의 관념을 뒤엎은 의학적 불가사의였다.

어떤 사람들은 다른 사람들보다 더 많은 수면을 필요로 한다. 토스카니니는 하루에 5시간의 수면이면 충분했지만, 캘빈 쿨리지 대통령은 그보다 배 이상의 수면을 필요로 했다. 그는 하루 24시간 중에 11시간은 잠을 잤다. 다시 말하자면 토스카니니는 인생의 5분의 1 정도를 자면서 보낸 반면, 쿨리지는 거의 절반 가량을 자면서 보낸 셈이다.

불면증 자체보다 불면증에 대해 걱정하는 것이 건강에 더 해롭다. 내 강좌의 수강생이었던 뉴저지 주의 리치필드 파크에 사는 아이라 샌드너는 만성 불면증으로 인해 자살 직전에까지 이르렀다.

아이라 샌드너는 나에게 이렇게 말했다.

"정말이지 미칠 것만 같았습니다. 처음에는 너무 잘자는 것이 문제였습니다. 아침에 자명종이 울려도 잠을 깨지 못하는 바람에 출근 시간에 늦기 일쑤였습니다. 저는 그것이 걱정이 되었고, 실제로 제시간에 출근하라는 사장의 주의를 받은 적도 있습니다. 어쨌든 계속해서 늦잠을 자다가는 직장을 잃게 될 것이라는 사실을 알고 있었습니다. 친구들에게 이런 이야기를 했더니, 한 친구가 잠들기 전에 자명종 시계에 의식을 집중해보라고 하더군요. 그것이 불면증의 원인이 되었죠. 그 지긋지긋한 자명종 시계의 똑딱거리는 소리에 시달리게 된 것입니다. 밤새 뒤척이면서 잠을 이루지 못했습니다. 그러다가 아침이 되면 거의 병이 날 지경이었습니다. 피로와 걱정 때문에 생긴 병이었죠. 이런 상태가 무려 8주간이나 계속되었어요. 제가 겪은 고통은 말로 표현할 수 없을 정도였습니다. 이러다가는 미치고 말 것이라는 생각이 들었습니다. 어떤 때는 몇 시간이고 방 안을 서성거리기도 했는데, 아예 창에서 뛰어내려 모든 것을 끝내고 싶다는 생각이 들기도 했습니다. 마침내 오래전부터 알고 지내던 의사를 찾아갔습니다. 그는 이렇게 말하더군요. '아이라, 이건 내가 도와줄 수 있는 문제가 아닐세. 어느 누구도 자넬 도울 수 없네. 왜냐하면 이 일은 자네가 자초한 일이니까 말이야. 밤에 잠이 오지 않더라도 아예 그 사실을 잊어버리게. 그리고 자신에게 이렇게 말해보게. '잠들지 않아도 상관없어, 아침까지 깨어 있어도 괜찮아.' 눈을 감고 이렇게 말해보게. 그냥 가만히 누워만 있어도 걱정하지 않는다면 어쨌든 쉬는 것이라고 말일세.' 저는 그대로 했습니다. 그렇게 2주일이 지나자 차츰 잠이 오기 시작했고, 한 달이 지나자 하루에 8시간씩 잠을 자게 되었습니다. 이제 제 신경은 정상으로 돌아왔습니다."

아이라 샌드너를 자살 직전으로까지 몰고 갔던 것은 불면증이 아니라 불면증에 대한 걱정이었다.

수면 연구에 있어서 세계적 권위자인 시카고 대학의 나다니엘 클라이트만 교수는 불면증으로 죽은 사람은 아직 본 적이 없다고 단언했다. 물론 인간은 불면증에 대해 걱정하다 보면 체력이 저하되어 결국은 병에 걸릴 수도 있다. 그러나 불면증 자체보다 불면증에 대한 걱정이 더 해롭다.

클라이트만 박사는 불면증 때문에 걱정하는 사람들은 대개 자신이 생각하는 것보다 훨씬 더 많은 수면을 취하고 있다고 말했다.

"어젯밤에는 한숨도 자지 못했다."고 말하는 사람도 자신이 모르게 몇 시간을 잤는지 모른다. 예를 들어 19세기의 가장 탁월한 사상가의 한 사람이었던 허버트 스펜서는 나이 많은 독신자로 하숙집에서 살았는데 끊임없이 불면증을 호소해서 주변 사람들이 지겨워할 정도였다. 그는 소음을 막고 신경을 안정시키기 위해 귀에 귀마개를 끼우기까지 했다. 때로는 잠을 청하려고 아편도 먹었다. 하루는 옥스퍼드 대학의 세이스 교수와 호텔에서 한방에 묵게 되었다. 이튿날 아침 스펜서는 밤새도록 한잠도 자지 못했다고 말했다. 그러나 실제로 잠을 자지 못한 사람은 세이스 교수였다. 그는 스펜서의 코고는 소리에 밤새도록 잠을 이루지 못했다.

숙면을 취하기 위한 첫째 조건은 안정감이다. 그러려면 우리 자신보다 위대한 어떤 힘이 아침까지 우리를 보살펴줄 거라는 느낌이 있어야 한다. 그레이트웨스트라이딩 요양원의 토마스 히슬롭 박사는 영국의학협회에서 행한 강연에서 이 점을 강조했다.

"오랜 경험을 통해 제가 알게 된 바로는 수면을 유도하는 가장 좋은 방법 중 하나는 기도입니다. 이 말은 순전히 의사로서 하는 말입니다. 습관적으로 기도하는 사람들에게는 기도를 하는 것이 마음을 진정시키고 신경을 가라앉히는 가장 적절하고 정상적인 방법이라고 보지 않을 수 없습니다. 하나님께 내맡기고 내버려두세요."

자네트 맥도널드는 잠을 이루기 어려울 때는 언제나 시편 23장에 나오는 다음과 같은 구절을 되풀이해 읊음으로써 안정감을 얻었다고 말했다.

'여호와는 나의 목자시니 내가 부족함이 없으리로다. 그가 나를 푸른 초장에 누이시며 쉴 만한 물가로 인도하시는도다.'

하지만 종교가 없는 사람이 역경을 헤쳐나가야 한다면 물리적인 방법으로라도 쉬는 법을 배워야만 한다. 《신경성 긴장으로부터의 해방Release from Nervous Tension》이라는 책을 저술한 데이비드 해롤드 핑크 박사는 가장 좋은 방법은 자신의 신체에 말을 거는 것이라고 말한다. 핑크 박사에 따르면 모든 종류의 최면술에 있어서 가장 중요한 요소는 말이다. 습관적으로 잠을 이루지 못하고 있다면, 그것은 스스로 불면증에 걸리도록 말을 하고 있기 때문이다. 여기서 벗어나기 위해서는 스스로 최면 상태에서 깨어나야 한다. 당신 몸의 근육을 향해 이렇게 말하면 된다.

"풀어라, 풀어. 긴장을 풀고 편히 쉬어라."

우리는 이미 근육이 긴장된 상태에서는 마음과 신경도 쉴 수 없다는 것을 알고 있다. 그러므로 잠을 자고 싶다면 우선 근육의 긴장부터 풀어야 한다. 핑크 박사는 다리의 긴장을 풀기 위해 무릎과 팔 밑에 작은 베개를 놓아 팔의 긴장을 풀라고 권한다. 이 방법은 실제로 효과가 있다. 그런 다음 턱, 눈, 팔, 다리를 향해 쉬라고 말하면 어느새 자기도 모르게 잠이 들고 만다. 나도 그렇게 해봐서 잘 알고 있다.

불면증을 고치는 가장 좋은 방법은 정원 가꾸기나 수영, 테니스, 골프, 스키 같은 운동으로 몸을 피곤하게 만드는 것이다. 시어도어 드라이저도 그렇게 했다. 아직 가난한 젊은 작가였을 때 그는 불면증으로 몹시 괴로웠다. 그래서 그는 뉴욕 센트럴 철도회사의 선로 관리원으로 일을 했다. 온종일 선로용 대못을 박고 자갈을 퍼나르다 보니 너무 지쳐서 식사도 제대로 하지 못하고 잠들어 버렸다.

몹시 피로해지면 걷고 있는 동안에도 잠이 들어버릴 수가 있다. 실제로 내가 열세 살 때 아버지는 살찐 돼지들을 트럭에 싣고 미주리 주

세인트 조에 갔다. 아버지는 두 장의 무료 승차권이 있었기 때문에 나를 데리고 가셨다. 그때까지 나는 인구 4,000명 이상의 도시에 가본 적이 없었다. 인구 6만이 사는 도시인 세인트 조에 도착했을 때, 나는 흥분으로 몹시 들떠 있었다. 높이가 6층이나 되는 마천루를 보았으며, 무엇보다 신기한 전차도 생전 처음으로 보았다. 지금도 눈을 감으면 그때의 그 전차 모습이 눈앞에 선하고 소리마저 들리는 것 같다. 내 생애 가장 설레고 흥분된 하루를 보낸 후, 아버지와 나는 미주리 주 레이븐우드로 돌아오는 기차에 올랐다. 새벽 2시에 도착한 우리는 농장까지 6킬로미터나 걸어야 했다. 이야기의 본론은 지금부터다. 너무도 지친 나는 걸으면서 잠이 들었고 꿈까지 꾸었다. 가끔 말을 타고 가면서도 잠이 들기도 했다. 그러고도 여태껏 살아 이런 이야기를 하고 있는 것 아닌가!

인간은 극도로 지쳐버리면 전쟁의 포화와 공포, 위험 속에서도 잠을 잘 수 있다. 유명한 신경의학자 포스터 케네디 박사는 1918년에 영국 제5부대가 퇴각하던 당시 병사들이 극도로 지친 나머지 땅바닥이건 어디건 드러누워 깊은 잠에 빠져 있는 것을 목격했다고 한다. 심지어 손가락으로 그들의 눈꺼풀을 들어올려도 꿈쩍도 하지 않더라는 것이다. 병사들의 동공이 한결같이 위쪽으로 올라가 있었다고 한다. 케네디 박사는 이렇게 덧붙였다.

"그때 이후로 나는 잠이 오지 않을 때는 눈알을 위쪽으로 굴려보곤 합니다. 그러면 곧 하품이 나고 졸음이 쏟아지는 것을 느끼게 됩니다. 이것은 제가 통제할 수 없는 자동적인 반사 행동이었습니다."

어쨌든 지금까지 잠을 자지 않는 것으로 자살한 사람은 한 사람도 없었으며 앞으로도 그럴 것이다. 인간이 자신의 의지와 무관하게 잠을 자야 하는 것이 자연의 섭리다. 우리는 음식이나 물을 섭취하지 않고는 제법 오래 버틸 수 있지만, 잠을 자지 않고는 그리 오래 버틸 수 없다.

자살에 관해 말하다보니 헨리 링크 박사가 그의 저서 《인간의 재발견The Rediscovery of Man》에서 한 이야기가 생각난다.

'두려움과 걱정의 극복에 대하여'라는 장에서 그는 자살을 원하는 한 환자에 대해 말하고 있다. 링크 박사는 그와 입씨름을 해봤자 상황을 더 악화시킬 뿐이라는 것을 알고 있었다. 그래서 그는 그 환자에게 이렇게 말했다.

"기어이 자살을 하겠다면 적어도 영웅적인 방법으로 해보시오. 이 주변에서 죽도록 달음박질하다가 쓰러져 죽는 것은 어떻겠소?"

그 환자는 그대로 해보았다. 그것도 한 번이 아니라 몇 번이나 해보았다. 그때마다 몸이야 어떻든 마음은 상쾌해지는 것을 느꼈다. 사흘째 밤이 되자 '육체적으로 긴장이 풀린' 그는 정신없이 쓰러져 잠들어 버렸다. 링크 박사는 처음부터 이런 결과를 노리고 있었다. 나중에 그는 운동모임에 가입하여 경기에도 출전했다. 얼마 지나지 않아 그는 건강을 되찾았고, 오래 살고 싶다고 생각하게 되었다.

불면증으로 걱정하는 것을 멈추고 싶다면, 다음의 다섯 가지 규칙을 지켜야 한다.

1. 잠을 이룰 수 없다면 사무엘 운터마이어가 했던 방식대로 해보라. 일어나서 잠이 올 때까지 일을 하거나 독서를 하라.

2. 수면 부족으로 죽은 사람은 없다는 사실을 기억하라. 불면증에 대한 걱정이 수면 부족 자체보다 더 해롭다.

3. 기도하라. 아니면 자네트 맥도널드처럼 시편 23편을 반복해서 읽어라.

4. 몸의 긴장을 풀어라.

5. 운동하라. 곯아떨어질 정도로 몸을 피곤하게 만들어라.

❖ 간단 요약 ❖

피로와 걱정을 방지하고 늘 활기차게 사는 6가지 방법

1. 피로해지기 전에 휴식을 취하라.
2. 직장에서 긴장을 푸는 법을 배워라.
3. 가정에서 긴장을 푸는 법을 배워라.
4. 다음 4가지의 좋은 업무 습관을 길러라.
   1) 당장 처리해야 할 일과 관계없는 서류는 책상에서 치워버려라.
   2) 중요한 것부터 일을 순서대로 처리하라.
   3) 문제가 생기면 즉시 해결하라. 결단이 필요한 일이 있다면 미루지 마라.
   4) 조직하고 위임하고 관리하는 법을 배워라.
5. 피로와 걱정을 방지하려면 일에 열정을 쏟아라.
6. 수면 부족으로 죽은 사람은 없다는 사실을 기억하라. 불면증 자체보다 불면증에 대한 걱정이 더 해롭다.

8부

걱정을 극복한 사례

Dale Carnegie

사례1

갑자기 닥친 6가지 중대한 고민

- 블랙우드 -

나는 밤새 잠을 이루지 못하고 뒤척거리다가 날이 새는 것이 두려웠다. 6가지 중대한 고민거리에 부딪혔기 때문이다.

1. 내가 경영하고 있는 실업학교는 재정난에 직면했다. 남학생들이 줄지어 입대를 한데다, 여학생들은 아무런 교육을 받지 않고도 군수공장에서 일할 수 있었기 때문이었다. 그들은 실업학교 졸업생들이 사무실에 취업하여 버는 것 이상으로 돈을 벌 수 있었다.

2. 큰 아들이 군대에 입대했다. 그래서 아들을 전쟁터에 보낸 부모라면 누구나 겪게 되는 가슴 저미는 번민에 사로잡히게 되었다.

3. 오클라호마 시는 광대한 땅을 공항 부지로 수용하기로 결정했는데, 하필 대대로 물려온 우리집이 수용된 토지의 한가운데 있었다. 수용지 보상 가격은 시가의 10분의 1밖에 되지 않는다는 사실을 알고 있었다. 더욱 난처한 것은 집이 없어진다는 것이었다.

4. 택지 안의 우물물이 바닥났다. 집 근처에 배수로를 팠기 때문이었다. 이미 토지 수용이 결정되었기 때문에 새 우물을 파려면 500달러가 들 것 같았다. 그래서 지난 2개월 동안 매일 아침 물통으로 가축에게 먹일 물을 길어야 했는데, 이런 상황이 전쟁이 끝날 때까지 계속될 것 같아 걱정이었다.

5. 나는 실업학교에서 16킬로미터쯤 떨어진 곳에서 살고 있었다. 내 차는 B급 가솔린 자동차였기 때문에 새 타이어로 바꿀 수가 없었다. 만일 낡은 포드 차에 끼워진 닳아빠진 타이어가 망가지기라도 하면 어떻게 출근할 수 있을지 걱정이었다.

6. 큰딸은 고등학교를 1년 조기졸업하게 되었다. 딸아이는 바로 대학에 진학하고 싶어 했지만, 학비를 댈 형편이 아니었다. 그 애를 실망시키는 것이 무엇보다도 괴로웠다.

어느 날 오후, 사무실 의자에 앉아 이런저런 걱정을 하고 있다가 고민거리를 모두 적어보기로 했다. 그러고는 시간이 지나가면서 그런 것을 적은 사실도 까맣게 잊어버리고 말았다. 1년 반쯤 지나고 나서 서류를 정리하다가 문득 그 종이가 눈에 띄었다. 한때 나의 건강마저 해칠 뻔했던 6가지 중대한 고민거리 목록이었다. 나는 비상한 관심을 가지고 읽어보았다. 그런데 당시에 그토록 속을 끓이던 고민거리들 중 실제로 일어난 것은 하나도 없다는 사실을 알아차렸다! 어떻게 된 일인가 하면 다음과 같다.

1. 실업학교 문을 닫아야겠다던 걱정은 공연한 것이었다. 정부가 퇴역군인의 교육을 위해 지원금을 지급하게 되어, 학교는 곧 정원을 채울 수 있게 되었다.

2. 입대한 아들에 대한 걱정도 공연한 것이었다. 내 아들은 상처 하나 입지 않고 무사히 제대했다.

3. 공항으로 수용되었던 토지에 대한 걱정도 공연한 것이었다. 우리 농장 근처에서 석유가 발견되어 땅값이 폭등하자 공항 부지를 매수하는 것이 불가능하게 되었다.

4. 가축에게 먹일 우물물에 대한 걱정도 공연한 것이었다. 토지가 수용에서 풀려나자마자 비용을 들여 새로운 우물을 더 깊이 팠더니, 물이 콸콸 쏟아져 나왔다.

5. 타이어에 대한 걱정도 공연한 것이었다. 타이어를 잘 보수하고 조심해서 운전했기 때문에 그럭저럭 교체하지 않고 쓸 수가 있었다.

6. 딸애의 교육에 대한 걱정도 공연한 것이었다. 대학 신학기가 시작

되기 단 6일 전에 기적적으로, 나는 학교 근무시간 외에 할 수 있는 회계 감사일을 맡게 되었고, 그 수입으로 거뜬히 큰딸을 대학에 보낼 수 있었다.

우리가 마음 졸이며 안달하며 걱정하는 일의 99퍼센트는 결코 일어나지 않는다고들 이야기하고 있었지만, 1년 반 전에 걱정거리 목록을 만들 때까지 그런 이야기를 귀담아 듣지 않고 흘려버렸다.

이처럼 6가지 중대한 고민으로 몹시 괴로워했지만, 지금은 전부 쓸데없는 걱정으로 끝나고 만 것에 감사하고 있다. 이 경험은 나에게 잊을 수 없는 교훈을 주었다. 그것은 우리에게 일어나지 않은 일, 우리 힘으로 어쩔 수도 없고 결코 일어나지 않을지도 모르는 일에 대해 속을 끓인다는 것은 어리석기 짝이 없다는 것이다.

기억하라. 오늘은 어제 당신이 그토록 걱정하던 내일이다. 스스로에게 물어보라. 지금 걱정하고 있는 일이 실제로 일어날 것인지는 아무도 모르는 일이 아닌가?

사례2

한 시간 안에 호탕한 낙천주의자가 되는 방법

- 로저 밥슨 -

당면한 상황 때문에 어쩐지 우울한 기분이 될 때면, 나는 한 시간 안에 그런 걱정을 말끔히 떨쳐버리고 나 자신을 호탕한 낙천주의자로 만들어버릴 수 있다.

그 방법을 소개하면 다음과 같다. 우선 도서관에 들어가 눈을 감고 역사책만 꽂혀 있는 서가로 간다. 눈을 감고 손을 뻗어 아무 책이나 한 권 꺼낸다. 프레스콧의 《멕시코 정복Conquest of Mexico》이든 수에토니우스의 《열두 황제의 생애Lives of the Twelve Caesars》든 상관없다. 눈을 감은 채 되는 대로 책장을 펼친다. 이제 눈을 뜨고 한 시간 정도 책을 읽는다. 역사책을 많이 읽을수록 언제나 세계는 고민에 싸여 있고 문명은 위기에 직면해 있다는 것을 실감하게 된다. 역사의 페이지마다 전쟁과

기아, 빈곤, 질병, 인간의 인간에 대한 잔학 행위 등 비참한 이야기가 넘쳐나고 있다. 한 시간 동안 역사책을 뒤적이고 나면, 현재 상황이 그다지 좋은 것은 아니지만, 과거에 비하면 월등히 좋다는 사실을 깨닫게 된다. 이런 식으로 전반적으로 세계가 꾸준히 나아지고 있다는 사실을 깨닫게 되는 동시에 현재의 문제에 대해서도 공정한 관점에서 보고 직면하게 되는 것이다.

이 방법은 길게 이야기할 만한 가치가 있다. 역사를 읽어라! 1만 년의 관점에서 상황을 판단하라. 그러면 영원이라는 관점에서 볼 때, 지금 당신의 고민이 얼마나 하찮은 것인지를 깨닫게 될 것이다.

사례3

나는 이렇게 열등감을 극복했다

- 엘머 톰머스 -

열다섯 살 때 나는 항상 지나친 걱정과 두려움, 자의식 때문에 괴로워하고 있었다. 나이에 비해 상당히 키가 컸고 전봇대처럼 야위었다. 신장 188센티미터에 체중은 불과 54킬로그램밖에 되지 않았다. 키가 컸음에도 불구하고 나는 허약해서 야구나 달리기를 하면 다른 친구들에게 뒤지기만 했다. 그래서 모두들 나를 놀려대면서 '해처'(hatchet-face, 여위고 모난 얼굴이라는 뜻-역자주)라는 별명을 불렀다. 너무 걱정스럽고 자의식이 강해서 사람을 만나기가 싫었고, 거의 만날 일도 없었다. 우리 집 농장은 큰길에서 많이 떨어진 곳에 있는 데다가 태곳적부터 한 번도 벤 적이 없는 울창한 원시림에 둘러싸여 있었기 때문이다. 우리는 큰길에서 거의 1킬로미터나 떨어진 곳에서 살았고, 한 주일 내내 부모님과 형제자매 외에 다른 사람들은 구경도 하지 못하고 지내기가 일쑤였다.

만일 걱정과 두려움에만 사로잡혀 있었다면 나는 인생의 낙오자로 전락했을 것이다. 매일, 매 순간 꺽다리에다 몸이 마르고 허약한 것 때문에 고민이었다. 항상 그 점이 마음에 걸렸다. 나의 걱정과 두려움은 이루 말할 수 없을 정도로 심각한 것이었다. 어머니는 교사 출신이었기 때문에 이렇게 타일렀다.

"아들아, 공부를 해야 한다. 몸이 허약한 것은 평생 핸디캡이 될 테니, 머리로 살아갈 방도를 찾아야지."

부모님은 나를 대학에 보낼 능력이 없었기 때문에 나는 스스로 장래를 개척해 나가야 한다는 사실을 알고 있었다. 겨우내 들쥐나 족제비, 산고양이, 곰 등을 잡아 봄에 그 가죽을 4달러에 팔았다. 그 돈으로 새끼돼지 두 마리를 샀다. 돼지를 키워 이듬해 가을에 40달러에 팔아서 그 돈으로 인디애나 주 덴빌에 있는 센트럴 사범대학에 입학했다. 매주 1달러 40센트를 식비로, 50센트를 방값으로 지불했다. 나는 어머니가 만들어준 갈색 셔츠를 입고 다녔다. 하필 갈색을 택한 것은 때가 덜 타는 색이었기 때문이었으리라. 나는 아버지가 입던 옷과 신발을 되는 대로 걸치고 다녔다. 아버지의 옷은 잘 맞지 않았고 고무 밴드가 붙은 낡은 장화는 걸을 때마다 곧잘 벗겨지곤 했다. 다른 학생들과 사귀기가 곤혹스러워 혼자 방에 틀어박혀 공부만 했다. 당시에 절실한 소망은 내게 딱 맞는 기성복, 남에게 창피하지 않을 옷을 입는 것이었다.

그런데 얼마 되지 않아 내게 네 가지 사건이 일어났고, 그로 인해 나는 걱정과 열등감을 극복할 수 있게 되었다. 그 가운데 하나는 나에게 용기와 희망과 자신감을 심어주었고, 나의 인생을 송두리째 바꿔놓았다. 당시에 무슨 일이 일어났는지 간단히 설명해보겠다.

1. 사범대학에 입학한 지 단 8개월 만에 시험을 쳐서 시골 공립학교에서 가르칠 수 있는 3급 자격증을 취득했다. 정확히 말하자면 그 자격증은 단 6개월간 유효한 임시 자격증이었다. 그래도 지금까지는 어머니 외에 누구도 나를 믿어주지 않았지만, 처음으로 다른 사람도 나를 믿어준다는 약소한 증거가 되었다.

2. 해피 할로우라는 곳의 교육위원회가 일당 2달러, 월급 40달러로 나를 채용했다. 그것도 누군가가 나를 신뢰하고 있다는 증거였다.

3. 나는 첫 월급으로 남에게 창피하지 않을 정도의 기성복을 몇 벌 샀다. 지금 누군가가 나에게 100만 달러를 준다고 해도, 처음으로 단돈 몇 달러짜리 기성복을 샀을 때만큼 기쁘지는 않을 것이다.

4. 내 인생의 진정한 전환점, 걱정과 열등감과의 투쟁에서 최초로 거둔 커다란 승리는 실제로 인디애나 주 베인브릿지에서 개최된 퍼트넘 카운티 축제에서 일어났다. 어머니는 내게 웅변대회에 나가보라고 하셨다. 나는 터무니없는 일이라고 생각했다. 대중 앞에서는 고사하고 한 사람 앞에서 말할 만한 배짱도 없었으니까 말이다. 하지만 나에 대한 어머니의 신뢰는 애처로울 지경이었다. 어머니는 나의 장래에 대해 큰 꿈을 가지고 계셨고, 오로지 아들만 바라보고 사시는 분이었다. 나는 어머니의 신뢰에 힘을 얻어 대회에 나갔고, 대담하게도 '미국의 인문학에 대해'라는 주제를 선택했다.

솔직히 말해서 웅변 준비를 하면서도 인문학이 무엇인지 전혀 모르고 있었지만, 그것은 문제가 되지 않았다. 청중도 역시 모르고 있었기 때문이다. 나는 미사여구를 늘어놓은 연설 초고를 암기하고, 나무나 소를 상대로 수없이 연습했다. 어머니를 기쁘게 해드리기 위해서라도 좋은 결과를 얻고 싶었고, 열심히 연습한 결과 1등상을 받았다. 나 자신도 놀라지 않을 수 없었다. 청중 속에서 박수가 터져 나왔고, 전에 내게 '해처'라고 부르며 놀려대던 친구들까지 내 어깨를 두드리며 "엘머, 해낼 줄 알았어."라고 말해주었다. 어머니는 나를 부여안고 울었다. 돌이켜보면 그 웅변대회에서 입상한 것이 내 인생의 전환점이 되었다는 생각이 든다. 지방 신문에서는 나에 대한 기사를 1면에 싣고, 장래가 기대되는 젊은이라고 칭찬했다. 그 웅변대회에서 일등상을 받은 덕분에 나는 그 지역에서 일약 유명 인사가 되었고, 무엇보다도 중요한 것은 나의 자신감이 현저히 향상되었다는 점이다. 어쩌면 그때 대회에서 입상하지 못했더라면 지금 미국 상원의원이 되지 못했을 것이다. 왜냐하면 웅변대회 입상으로 말미암아 나의 시야가 넓어졌고 지금까지 꿈에도 생각하지 못했던 잠재 능력이 내 안에 있다는 사실을 깨달을 수 있었기 때문이다. 하지만 무엇보다도 중요한 점은 그 웅변대회의 1등 상이 센트럴 사범학교의 1년간 장학금이었다는 사실이다.

그때부터 나는 더 많은 교육을 받기를 갈망했다. 그래서 다음 4년(1896~1900년) 동안 내 시간을 가르치는 것과 배우는 것으로 양분했다. 드 포 대학의 학자금을 벌기 위해 웨이터, 주방 보조, 잔디 깎기, 장부 정리 등 닥치는 대로 일을 했다. 여름에는 밀밭이나 옥수수 밭 일도 하고 도로 공사 인부 노릇을 하면서 자갈도 날랐다.

1896년 대선 당시 나는 겨우 열아홉 살이었지만, 윌리엄 제닝스 브라이언 후보를 위해 28차례나 찬조 연설을 했다. 브라이언 의원을 위한 연설을 한 것이 계기가 되어 정계에 투신하려는 열망을 가지게 되었다. 그래서 나는 드 포 대학에 진학해서 법률과 대중연설을 배웠다. 1899년에는 학교 대표로 버틀러 대학과의 토론회에 참석해서 '미합중국 상원은 국민투표에 의해 선출되어야 한다.'는 주제로 토론했다. 다른 웅변대회에서도 입상해서 1900년 대학연감 〈미라지The Mirage〉와 대학신문 〈팔라디엄The Palladium〉의 주필이 되었다.

드 포 대학에서 문학사 학위를 취득한 후에, 호러스 그릴리의 충고에 따라 서부로 가지 않고 남서부로 갔다. 신천지 오클라호마 주로 갔다. 카이오와, 코만치, 아파치 등 인디언 부족을 위한 보호구역이 개설되었을 때, 나는 자작 농지법에 따른 권리를 주장하고 오클라호마 주 로튼에 법률사무소를 냈다. 나는 오클라호마 주 상원의원으로 13년, 미합중국 하원의원으로 4년을 지낸 후에, 50세에는 평생의 숙원이던 미합중국 오클라호마 주의 상원의원에 선출되어 1927년 3월 4일부터 지금까지 재직하고 있다.

이런 이야기를 하는 것은 걱정과 열등감에 시달리고 있을 가엾은 소년들에게 새로운 용기와 자신감을 심어주고자 하는 바람에서 하는 이야기일 뿐이다. (편집자주: 어릴 적에 맞지 않는 옷 때문에 그토록 고민이 많았던 엘머 토마스는 나중에 미국 상원에서 베스트드레서로 선정되었다).

사례4

나는 알라의 낙원에서 살았다

- 보들레이 -

(보들레이 경의 자손으로 옥스퍼드 보들레이언
도서관 창설자, 《사하라에 부는 바람Wind in the Sahara》,
《신의 사자The Messenger》 등 14권의 책을 출간)

1918년, 나는 내가 알던 세계를 뒤로 하고 북서부 아프리카로 가서 알라의 정원, 사하라 사막에서 아라비아인들과 더불어 살았다. 거기서 7년 동안 살면서 나는 유목민들의 언어를 배우고, 그들의 옷을 입고, 그들의 음식을 먹고, 지난 2,000년 동안 거의 변함없는 그들의 생활양식을 받아들였다. 나는 양치기가 되어 아라비아인들의 천막 속에서 잠을 잤으며, 그들의 종교를 상세히 연구해서 훗날 《신의 사자The Messenger》라는 마호메트 전기를 썼다. 사막의 유랑민인 양치기들과 더불어 지낸 7년간은 나의 일생 중에서 가장 평화롭고도 만족스러운 시기였다.

그때 이미 나는 다양하고 풍부한 경험을 한 터였다. 나는 파리에서 태어났는데, 부모님은 영국인이었다. 9년간은 프랑스에서 살았다. 그 후 이튼 학교에서 교육을 받고 샌드허스트에 있는 육군 사관학교에 진학했다. 졸업하고 나서 영국 육군 장교로 6년간 인도에서 지냈다. 그곳에서 병역에 복무하면서 폴로 경기나 사냥을 하거나 히말라야 탐험을 하기도 했다. 또 제1차 세계대전에 참전하여, 종전 직후에 육군 무관 전속 부관으로 파리강화회의에 파견되었다. 그런데 거기서 큰 충격을 받고 실망을 한 적이 있다. 지난 4년 동안 서부 전선에서의 피비린내 나는 전투가 문명을 구하기 위한 싸움이라고 믿었는데, 파리강화회의에서 이기적인 정치꾼들이 이내 제2차 세계대전을 일으킬 기초 공작을 하는 것을 목격했다. 각국은 자국의 이익을 위해 가능한 많은 것을 쟁취하려 하면서, 서로 국가적 적의를 조성해 비밀 외교의 음모를 부활시키고 있었다.

그때 나는 전쟁에 대해, 군대와 사회에 대해 실망하고 말았다. 그래서 난생 처음으로 어떻게 살아가야 할지에 대해 고민하며 잠을 이루지 못했다. 로이드 조지는 나에게 정계에 들어오라고 권했다. 그의 충고를 받아들이려고 고심하던 차에 이상한 일이 일어났다. 그것이 그 후 7년간의 운명을 결정지었다. 전부 제1차 세계대전이 낳은 가장 로맨틱한 인물로 일컬어지는 〈아라비아의 로렌스Lawrence of Arabia〉의 토마스 에드워드 로렌스와의 3분도 안 되는 짤막한 대화에서 비롯된 일이었다. 그는 아라비아인과 더불어 사막에서 살고 있었는데, 나에게도 그렇게 할 것을 권했다. 처음에는 어림없는 소리로 들렸다.

하지만 막상 군대를 떠나기로 마음먹었으므로 무슨 일이든 하지 않으면 안 되였던 때이기도 했다. 그런데 민간 기업에서는 나 같은 군 장교 출신을 환영하지 않았다. 더구나 노동 시장에 실업자들이 득실거리고 있던 때였으니 더욱 그러했다. 그래서 나는 로렌스가 말한 대로 아라비아인들과 같이 살기 위해 그곳으로 갔다. 그때 그렇게 한 것이 다행스럽다. 아라비아인은 내게 걱정을 극복하는 방법을 가르쳐주었다. 모든 경건한 회교도가 그렇듯이 그들은 숙명론자다. 아라비아인은 마호메트가 코란에 기록한 모든 말을 신성한 알라의 계시로 믿는다. 코란에 '당신과 당신의 모든 행동은 알라신이 창조한 것이다.'라고 쓰여 있으면, 그들은 그것을 그대로 받아들인다. 아라비아인이 그토록 삶을 온화하게 받아들이고, 일이 잘 풀리지 않을 때도 결코 서두르거나 불필요하게 화를 내지 않는 이유도 바로 이 때문이다. 운명으로 정해진 것이 정해진 운명이며, 신 외에는 누구도 그것을 조금도 바꿀 수 없다는 사실을 그들은 알고 있었다. 그렇다고 불행에 직면했을 때 손을 놓고 앉아서 아무것도 하지 않는다는 의미는 아니다. 이를 설명하기 위해, 사하라 사막에 살고 있을 때 경험한 지독한 열풍 이야기를 해야겠다.

열풍이 사흘 밤낮을 무서운 기세로 불어닥쳤다. 너무도 세차고 격렬하게 불다 보니, 사하라 사막의 모래먼지가 멀리 지중해를 건너 수백 마일 떨어진 프랑스 론계곡까지 덮을 정도였다. 대단한 열풍이었다. 머리칼이 그슬려서 곧 부서질 것만 같았다. 목이 타고 눈이 충혈되었으며 이 사이에는 모래가 잔뜩 끼었다. 마치 유리 공장의 가마 앞에 서 있는 것 같았다. 나는 거의 미칠 지경이었다. 그런데도 아라비아인들은 조금도 불평하지 않았다. 그들은 어깨를 으쓱거리며 말했다.

"메크툽Mektoub(우리의 삶은 신의 섭리에 의해 이미 정해져 있다는 뜻의 아랍어 - 편집자주)!"

하지만 바람이 멎자, 그들은 즉각 행동하기 시작했다. 우선 새끼 양들을 모조리 죽였다. 어차피 죽을 게 뻔했기 때문이었다. 이처럼 새끼

들을 죽임으로써 어미 양들을 구할 수 있었다. 새끼 양들을 죽이고 나서 양떼를 물이 있는 남쪽 고장으로 몰았다. 아라비아인은 이 모든 일을 조용히 해치웠다. 자신들이 피해를 입은 것에 대해 걱정하거나 불평하거나 슬퍼하는 법이 없었다. 족장은 이렇게 말했다.

"그렇게 심한 것은 아닙니다. 모조리 잃어버릴 수도 있었잖아요. 하지만 알라신 덕택으로 4할의 양이 살아남았으니 말입니다. 이제 새로 시작하면 됩니다."

또 이런 일도 있었다. 우리가 자동차를 타고 사하라 사막을 횡단하는데 타이어 하나가 펑크 났다. 하지만 운전기사는 스페어타이어를 준비하는 것을 잊은 채 출발했다. 그러니 타이어를 새 개밖에 못 쓰는 상황이었다. 나는 초조하고 화가 났다. 흥분해서 도대체 어쩔 셈이냐고 아라비아인에게 따졌다. 그들은 흥분해봤자 소용이 없고 더 더워질 뿐이라고 말했다. 펑크가 난 타이어는 알라신의 뜻이기 때문에 어쩔 도리가 없다는 것이었다. 어쨌든 차를 움직여 기어가듯이 가까스로 앞으로 나아갔다. 그런데 이내 차가 탕탕거리는 소리를 내더니 멈춰버렸다. 가솔린이 떨어진 것이었다! 족장은 "메크툽!"이라고 말할 뿐이었다. 이번에도 그들은 가솔린을 충분히 넣어 오지 않은 운전기사를 탓하지 않았다. 모두들 가만히 있다가 결국 우리는 노래를 부르면서 목적지를 향해 걷기 시작했다.

7년 동안 아라비아인과 더불어 지내면서, 미국과 유럽의 신경증 환자나 미치광이, 주정뱅이들은 이른바 문명이라고 일컫는 세계의 성급하고도 불안한 삶의 산물이라는 것을 깨닫게 되었다.

사하라 사막에 사는 동안 나는 아무런 걱정이 없었다. 그곳 알라의 낙원에는 우리가 필사적으로 찾고 있는, 고요한 만족과 신체적 건강으로 가득 차 있었다.

많은 사람이 숙명론을 경멸한다. 어쩌면 그들이 옳은지도 모른다. 누가 알겠는가? 하지만 우리는 누구나 때로 자신의 운명이 결정되어 있다는 사실을 알고 있을 것이다. 예를 들어, 내가 1919년 뜨거운 8월의 어느 날 오후 12시 3분에 아라비아의 로렌스에게 말을 걸지 않았더라면, 그 후의 나의 삶은 전혀 다른 방향으로 흘러갔을지도 모른다. 나의 인생을 돌아볼 때, 많은 일들이 내 힘으로는 어쩌지 못하는 사건에 의해 이루어졌다는 사실을 깨닫게 된다. 아라비아인은 그것을 '메크툽', 또는 '키스멧kismet(숙명, 운명이라는 뜻-역자주)'이라 부르고 있다. 알라의 뜻이라는 것이다. 뭐라고 부르든, 그 말은 신기하게도 효과가 있다. 사하라를 떠난 지 17년이 된 지금에야 비로소 그런 생각이 든다. 나는 아라비아인에게서 배운, 피할 수 없는 일에 대한 그런 행복한 체념을 아직도 지니고 있다. 이 철학은 온갖 진정제보다도 나의 신경을 안정시키는 데 효과가 있다.

지독한 열풍이 우리 삶에 불어닥칠 때 그것을 막을 수 없다면, 그처럼 피할 수 없는 일은 받아들이지 않을 수 없다(3부 9장 참조). 그러니 열풍이 지나가고 나면 사태를 수습하고 새롭게 다시 시작하면 된다.

사례5

내가 걱정을 극복하는 5가지 방법

- 윌리엄 라이언 펠프스(예일대 교수) -

예일대학의 펠프스 교수가 세상을 떠나기 직전에 그와 더불어 오후 한 나절을 보낼 수 있는 영광을 갖게 되었다. 그때 우리가 나눈 대화를 기록해둔 것을 바탕으로 그가 걱정을 몰아내기 위해 사용한 5가지 방법을 소개하자면 다음과 같다.

– 데일 카네기

1. 스물네 살 때 나는 갑자기 눈이 나빠졌다. 3~4분 정도 독서를 하고 나면 눈이 몹시 쓰라렸다. 책을 읽지 않을 때도 눈이 너무 예민해져서 창 쪽으로 고개를 돌리지 못할 정도였다. 뉴헤븐이나 뉴욕의 저명한 안과 전문의의 진찰을 받았지만 아무런 차도가 없었다. 오후 4시가

넘으면 멍하니 어두운 방구석에 앉아 잘 시간을 기다릴 뿐이었다. 두려웠다. 어쩌면 교단을 떠나 서부로 가서 나무꾼이 되어야 하지 않을까 하는 생각도 들었다. 그때 마음이 육체의 병에 놀랄 만한 영향을 미치는 것을 보여주는 신기한 일이 일어났다. 내 눈 상태가 최악이었던 그 불행한 겨울, 대학생들에게 강연을 해달라는 요청을 받았다. 강당 안은 천장에 매달려 있는 가스등으로 환히 비치고 있었다. 그 빛이 너무 강해서 단상에 앉아 있던 나는 눈이 아파서 바닥만 내려다보고 있었다. 그런데 30분 동안 강연을 했는데도 눈에 전혀 아프지 않았고, 전혀 눈을 깜빡이지 않고도 불빛을 똑바로 바라볼 수 있게 되었다. 그런데 강연이 끝나자 또다시 눈이 아프기 시작했다.

그때 30분이 아니라 1주일 동안 무언가에 정신을 강하게 집중할 수 있다면, 눈이 나을 수 있을지도 모른다는 생각이 들었다. 이것은 확실히 정신 자극이 육체의 병을 이긴 것을 보여주는 한 예였다.

그 후 대양을 횡단하는 동안에도 비슷한 일을 경험했다. 그때 나는 심한 허리통증으로 걸을 수가 없었다. 똑바로 서려고 해도 몹시 아팠다. 이런 상황에서 선상에서 강연을 해달라는 부탁을 받았다. 그런데 이야기를 시작하자, 금방 신체의 통증이나 경직은 흔적도 없이 사라지는 것이 아닌가. 똑바로 서서 몸을 자유롭게 움직이면서 한 시간 가량 강연을 했다. 강연을 끝내고도 쉽사리 내 방으로 돌아올 수가 있었다. 그 순간에는 병이 나았다고 생각했다. 그런데 그것도 그때뿐이었다. 다시 허리가 아파오기 시작했다.

이런 경험을 통해 인간의 마음가짐이 얼마나 중요한가를 배울 수 있었다. 또한, 될 수 있는 대로 인생을 즐기는 것이 중요하다는 사실을 깨닫게 되었다. 그래서 나는 날마다 지금 이 순간을 내 인생의 첫 날이자 마지막 날인 것처럼 살아가고 있다. 그러다 보니 나날의 삶을 재미있는 모험으로 생각하게 되었다. 재미를 느끼는 상태에서 걱정으로 괴로워하는 사람은 없을 것이다. 나는 교사라는 직업을 좋아해서 《가르치는 즐거움The Excitement of Teaching》이라는 책을 저술했다. 가르친다는 것은 내게는 항상 예술이나 직업 이상의 것이었다. 그것은 열정이다. 화가가 그림 그리기를 좋아하고 가수가 노래 부르기를 좋아하는 것처럼, 나는 가르치는 일을 좋아한다. 아침에 잠자리에서 일어나기 전에 나는 한없이 기쁜 마음으로 첫 시간에 가르칠 학생들을 생각한다. 나는 항상 성공의 가장 큰 요인은 열정이라고 생각한다.

2. 재미있는 책을 읽음으로써 마음속의 걱정을 몰아낼 수 있다는 사실을 깨달은 적이 있다. 쉰다섯 살 때 만성 신경쇠약에 걸렸다. 그 당시에 데이비드 알렉 윌슨의 걸작 《칼라일의 생애Life of Carlyle》를 읽었다. 그 책은 내 병을 고치는 데 큰 도움이 되었다. 책 읽기에 정신이 팔려 아픈 것도 잊어버리곤 했다.

3. 몹시 기분이 울적한 적이 있었는데, 그럴 때면 온종일 몸을 움직이려고 했다. 매일 아침 테니스를 5~6세트씩 치고 난 다음 목욕을 하고, 매일 오후에는 골프 18홀을 쳤다. 금요일 저녁이면 새벽 1시까지 춤을 추었다. 나는 땀을 많이 흘려야 한다는 생각에 전적으로 동의한다. 땀을 흘리고 나면 걱정이나 우울증은 땀과 함께 시원하게 씻겨버리기 때문이다.

4. 오래전부터 나는 허둥대며 서두르거나 지나치게 긴장해서 일을

하는 어리석음을 피하는 법을 깨달았고, 항상 윌버 크로스의 철학을 바탕으로 살려고 노력해왔다. 그가 코네티컷 주 주지사였을 때 나에게 이렇게 말한 적이 있다.

"한꺼번에 해야 할 일이 너무 많을 때, 나는 1시간 동안 아무 일도 하지 않고 의자에 앉아 파이프를 물고 편안히 쉰다."

5. 때로는 인내와 시간이 문제를 해결해준다는 사실을 깨닫게 되었다. 무엇인가 걱정이 있을 때, 나는 넓은 시야에서 문제를 보려고 한다. 그리고 스스로 이렇게 타이르곤 한다. "이런 불운에 대한 걱정도 두 달만 지나면 해결될 것이다. 그렇다면 왜 지금 그 일을 걱정하는가? 두 달 후에 취하게 될 태도를 지금 취하지 못할 이유가 있는가?"

펠프스 교수가 걱정을 몰아낸 5가지 방법을 요약해보면 다음과 같다.

1. 기쁨과 열정을 가지고 생활한다.

"나는 날마다 지금 이 순간을 내 인생의 첫 날이자 마지막 날인 것처럼 살아가고 있다."

2. 재미있는 책을 읽는다.

"만성 신경쇠약에 걸렸을 때 《칼라일의 생애》를 읽으면서 책 읽기에 정신이 팔려 아픈 것도 잊어버리곤 했다.

3. 운동을 한다.

"몹시 기분이 울적한 적이 있었는데, 그럴 때면 온종일 몸을 움직이려고 했다."

4. 일하면서 긴장을 푼다.

"허둥대며 서두르거나 지나치게 긴장해서 일을 하는 어리석음을 피하는 법을 깨달았다."

5. 넓은 시야에서 문제를 보려고 한다. 그리고 스스로 이렇게 타이르곤 한다.

"이런 불운에 대한 걱정도 두 달만 지나면 해결될 것이다. 그렇다면 왜 지금 그 일을 걱정하는가? 두 달 후에 취하게 될 태도를 지금 취하지 못할 이유가 있는가?"

******************** 사례6 ********************

어제 서 있었듯이 오늘도 설 수 있다

- 도로시 딕스 -

****

나는 오랫동안 가난과 질병에 시달려왔다. 내가 어떻게 해서 그 구렁텅이를 벗어날 수 있었는지 묻는 사람이 있다면 이렇게 대답할 것이다.

"나는 어제 서 있었다. 그러니 오늘도 설 수 있다. 내일은 어떤 일이 일어날 것인지는 생각하지 않을 것이다."

가난과 생존 투쟁, 불안, 절망을 뼈저리게 맛보았다. 나는 항상 내 힘의 한계 이상으로 일을 해야만 했다. 내 인생을 돌이켜 볼 때, 그것은 죽어 버린 꿈, 깨진 희망, 부서진 환상의 잔해가 흩어져 있는 싸움터였다는 사실을 새삼 느끼고 있다. 언제나 불리한 입장에서 싸워야 했고, 상처 입고 멍들었으며 나이보다 지레 늙어버렸다.

하지만 나는 조금도 나를 불쌍히 여기지 않는다. 지난날을 슬퍼하거나 후회하지도 않고, 나와 같은 괴로움을 겪지 않고 사는 여성들을 부러워하지도 않는다. 그들은 단지 생존해온 것뿐이지만, 나는 진정한 삶을 살았기 때문이다.

나는 삶이라는 술잔을 찌꺼기까지 맛보았지만, 그들은 위에 뜬 거품만을 핥았을 뿐이다. 나는 그들이 결코 알지 못하는 것까지 알고 있으며, 그들이 보지 못한 것들을 속속들이 보았다. 자신의 눈을 눈물로 깨끗이 씻어버린 여성들만이 넓은 시야를 가지고 전 세계 사람들의 형제자매가 될 수 있다.

나는 '역경 대학'이라는 위대한 학교에서 안일하게 살아온 여성들은 결코 터득할 수 없는 철학을 배웠다. 하루하루를 있는 그대로 살았고, 내일 일을 두려워하지 않음으로써 쓸데없는 걱정을 하지 않는 것을 배웠다.

우리를 겁쟁이로 만드는 것은 어두운 협박의 그림자다. 나는 그 공포를 내쫓을 수 있다. 왜냐하면 내가 그토록 두려워할 때가 오면 반드시 그것에 대처할 만큼의 힘과 지혜가 주어진다는 사실을 경험을 통해 깨달았기 때문이다. 그래서 자질구레한 괴로움은 나에게 아무런 영향을 미치지 못하는 것이다. 거대한 행복의 전당이 통째로 흔들리고 무너져버리는 것을 목격한 후에는 가사도우미가 핑거볼 밑에 도일리를 까는 것을 잊어버리거나 요리사가 국물을 엎지르거나 하는 사소한 일은 문제가 되지 않는다.

나는 남에게 그다지 많은 것을 기대하지 않기 때문에 믿을 수 없는 친구나 뒤에서 험담하는 지인들과도 잘 지낼 수 있다. 무엇보다도 나는 유머감각을 잊지 않으려고 한다. 왜냐하면 세상에는 웃어넘길 수도 있는 일이 너무 많기 때문이다. 자신의 걱정거리에 대해 히스테리를 일으키기보다는 농담을 할 수 있는 여성이라면 어떤 일로도 그다지 상처받지 않을 것이다.

나는 내가 고생한 것을 후회하지 않는다. 왜냐하면 고생을 통해 매 순간 삶을 속속들이 맛보았기 때문이고, 그것은 내가 그런 고생을 치를 만한 가치가 있는 것이었기 때문이다.

도로시 딕스는 '오늘 하루를 충실하게 사는 것'으로 걱정을 극복했던 것이다.

사례7

다음 날 아침까지 살아 있을 것 같지 않았다

- J. C. 페니 -

1902년 4월 14일, 한 젊은이가 거부가 되려는 포부를 가지고 단돈 500달러를 자본으로 와이오밍 주 케머러에서 포목점을 시작했다. 그곳은 예전에 루이스 클라크 탐험대가 지나간 마차 길에 자리 잡은 인구 1,000명의 작은 광산촌이었다. 그와 그의 처는 가게 다락방에 살면서 큰 포목 상자는 테이블로, 작은 상자는 의자로 썼다. 젊은 부인은 아기를 담요에 싸 카운터 밑에 재우고 남편을 도왔다. 오늘날 전국에 1,600개의 지점을 가진 세계 최대의 포목 체인의 이름은 그 남자의 이름을 딴 'J. C. 페니'이다. 나는 최근 페니와 같이 식사를 했는데, 그는 자기 인생에서 가장 극적인 시기에 대해 이야기해주었다.

"나는 1929년의 대공황 직전에 어리석은 거래 계약을 맺었습니다. 그래서 대부분 사람들처럼 결코 개인적으로 책임이 없는 국가적 불황에 대해 책임을 지게 되었습니다. 너무 고민에 시달린 나머지 불면증에 걸렸고, 대상포진이라는 고통스러운 피부병도 앓게 되었습니다. 미시간 주 배틀크리크에 있는 켈로그 요양소의 의사인 고등학교 친구 엘머 에글스턴 박사는 나를 병상에 눕히고 중병이라고 진단했습니다. 어느 날 밤 처방해준 진정제를 먹었지만, 금방 약효가 떨어져 문득 오늘이 내 생애 최후의 밤이 될 것이라는 확신에 사로잡혀 깨어났습니다. 침대에서 일어나 '내일 아침까지 살아 있을 것 같지 않다.'라고 아내와 아들에게 유서를 썼습니다.

이튿날 아침 눈을 떴을 때, 내가 아직 살아 있다는 데 놀라지 않을 수 없었습니다. 아래층으로 내려가자, 이웃의 작은 교회에서 아침 예배를 드리는 찬송가 소리가 들려왔습니다. 나는 교회 문을 열고 들어가 한없이 지친 마음으로 찬송가와 성서 낭독, 기도 소리를 들었습니다. 그런데 갑자기 뭐라 설명할 수 없는 일이 일어났습니다. 그저 기적이라고 할 수밖에 없는 일이었습니다. 컴컴한 지하 감옥에서 환하고 따사로운 햇빛 속으로 금방 끌어올려진 것 같았습니다. 마치 지옥에서 천국으로 옮겨진 듯한 느낌이었습니다. 생전 처음으로 하나님의 힘을 느꼈습니다. 그때 내가 가진 온갖 번민이 오직 내 탓이라는 것을 깨달았습니다. 하나님이 도움의 손길을 내밀어주셨습니다. 그날 이후, 내 삶은 걱정으로부터 자유로워졌습니다."

페니는 한순간에 걱정을 극복하는 방법을 깨달았다. 그것은 그가 완벽한 치료법을 발견했기 때문이다.

사례8

체육관에 가서 샌드백을 치거나 자전거를 탄다

- 에디 이건 -

(육군 대령, 로즈 스콜라 뉴욕 변호사,
전 뉴욕 주 체육위원회장, 전 올림픽 경량급 권투 선수권 보유자)

걱정에 사로잡힌 나머지 물레방아를 돌리는 이집트의 낙타처럼 끊임없는 생각이 머리에서 맴돌 때면, 격한 운동을 하는 것이 그런 번민을 몰아내는 데 도움이 된다. 달리기를 하거나 시골로 장거리 하이킹을 가는 것도 좋고, 체육관에 가서 샌드백을 치거나 스쿼시를 하는 것도 좋다.

어떤 것이든 간에, 운동은 나의 정신적인 번뇌를 처리해주니까 말이다. 주말이 되면 운동을 무척 많이 한다. 골프장을 돌아다니거나 패들 테니스(카누의 패들과 비슷한 나무 채로 스펀지 공을 치는 테니스 비슷한 운동-역자 주)를 하기도 하고, 주말이면 애디론댁 산맥으로 스키를 타러 가기도 한다.

몸을 피곤하게 함으로써 내 마음은 법적 문제에서 벗어나 휴식을 취할 수 있다. 이렇게 휴식을 취한 다음, 일로 돌아가면, 새로운 열의와 힘을 발휘하게 된다.

뉴욕에서 일할 때도 나는 곧잘 예일 클럽 체육관에서 1시간씩 운동을 하곤 했다. 스쿼시를 하거나 스키를 타고 있는 동안에 걱정하는 사람은 없다. 육체적으로 바쁜 나머지 걱정할 겨를이 없게 된다. 산처럼 쌓인 번민도 순식간에 눈 녹듯이 사라지고 새로운 생각이나 행동이 순조롭게 이루어진다.

걱정에서 벗어나는 가장 좋은 방법은 운동이다. 걱정이 있을 때는 될수록 머리를 적게 쓰고 근육을 많이 쓰는 것이 좋다. 그렇게 하면 놀라운 효과를 보게 될 것이다. 내게는 그 방법이 무척 효과가 있다. 운동을 시작하는 순간, 온갖 걱정이 싹 달아나버리고 만다.

사례9

나는 버지니아 공대 출신의 걱정꾸러기였다

- 짐 버드설 -

17년 전, 버지니아 주 블랙스버그 사관학교에 다닐 때, 나는 '버지니아 공대 출신의 걱정꾸러기'로 알려져 있었다. 몹시 고민이 많아 곧잘 앓아누웠기 때문이다. 실제로 너무 자주 아파서 학교 양호실에 내 전용 침대가 있을 정도였고, 간호사는 나를 보기만 하면 달려와 주사를 놔주곤 했다. 온갖 일에 대해 걱정을 하다 보니 때로는 내가 도대체 무엇을 걱정하는지조차 잊어버릴 때도 있었다. 성적이 나빠 유급을 당하지나 않을까 늘 걱정이었는데, 결국 물리와 몇몇 과목에서 낙제하고 말았다. 나는 평균 75점에서 84점을 유지하지 않으면 안 된다는 것을 알고 있었다. 내 건강 상태도 걱정이었다. 참기 어려운 심한 소화불량과 불면증 때문에 고민했으며, 재정 상태에 대해서도 걱정이었다. 여자 친구에게 사탕을 사주거나 무도회에 데리고 갈 여유도 없었다. 그래서 그녀가 다른 후보생과 결혼하지나 않을까 걱정이 되었다. 그밖에도 갖가지 막연한 걱정에 밤낮으로 시달리고 있었다.

자포자기하여 듀크 베어드 교수에게 온갖 고민을 털어놓았다.

베어드 교수와 15분간 면담한 결과, 나는 대학생활 4년 중 어느 때보다 건강하고 행복하게 지낼 수 있게 되었다. 그는 이렇게 말했다.

"짐, 자네는 마음을 가라앉히고 현실을 직시하지 않으면 안 되네. 자네가 쓸데없이 걱정하는 시간과 에너지를 절반이라도 문제를 해결하는 데 쓴다면 아무런 걱정이 없어질 것일세. 걱정은 자네 스스로 만든 나쁜 버릇에 지나지 않네."

베어드 교수는 걱정하는 버릇에서 벗어나기 위한 3가지 법칙을 제시해주었다.

1. 내가 걱정하는 문제가 무엇인지 정확히 알아내라.
2. 문제의 원인을 알아내라.
3. 즉시 문제 해결을 위해 건설적인 노력을 기울여라.

이 면담을 한 후에, 나는 건설적인 계획을 세웠다. 우선 물리에서 낙제점을 받은 것을 괴로워하는 대신, '왜 낙제했는지' 자문해보았다. 머리가 나빠서가 아니라는 것쯤은 알고 있었다. 나는 버지니아 공대에서 학교신문 주필을 한 적도 있었으니까 말이다.

내가 물리 시험에 낙제한 것은 그 과목에 흥미가 없었기 때문이었다. 장차 산업 엔지니어가 되려는 나에게 물리가 필요한지 알 수 없었기 때문에 공부에 전념하지 않았다. 하지만 나는 태도를 바꾸고 나 자신을 타일렀다.

'대학 당국이 졸업 전에 물리 시험에 통과할 것을 요구하는데, 내가 시비를 가릴 이유가 없지 않은가?'

그래서 물리를 재수강했다. 이번에는 통과했는데 공연히 씩씩거리며 시간을 낭비하거나 어려운 과목이라고 걱정하지 않고 열심히 공부했기 때문이었다. 또 몇 가지 아르바이트를 해서 재정 문제도 해결했다. 학교 무도회가 있을 때 음료를 팔기도 하고, 아버지에게 돈을 꾸기도 했다. 물론 그 돈은 졸업하고 나서 곧 갚았다. 다른 후보생과 결혼할까 봐 애를 태우던 여자에게는 먼저 청혼을 해서 문제를 해결할 수 있었다. 그녀가 바로 지금 내 아내가 된 미세스 짐 버드설이다.

지금 그때 일을 돌이켜보면, 나의 문제는 걱정의 원인을 알아내어 현실적으로 문제를 직시하려 들지 않았던 데서 생긴 혼란에 지나지 않았다는 것을 알 수 있다.

짐 버드설은 자신의 걱정을 분석함으로써 걱정을 멈추는 법을 배웠다. 실제로 그는 '걱정거리를 분석하고 해결하는 방법'이라는 장에서 설명한 원칙을 적용했다.

사례10

인생의 밑바닥에서 살아남았다

- 테드 에릭슨 -

예전에 나는 몹시 '걱정을 사서 하는 사람'이었는데 지금은 그렇지 않다. 1942년 여름에 어떤 일을 경험했는데, 그 경험으로 내 삶에서 걱정을 몰아내게 되었다. 그때의 경험에 비하면 다른 걱정거리는 사소한 것으로 생각되었기 때문이다.

오래전부터 알래스카의 낚싯배에서 한 여름을 보내고 싶었던 나는 1942년 알래스카 코디악에서 출항하는 길이 10미터짜리 연어잡이 어선과 계약을 맺었다. 이렇게 작은 배에는 배를 지휘하는 선장과 선장을 보조하는 조수, 잡무를 맡은 선원, 이렇게 세 사람밖에 탈 수 없었다. 연어잡이 어선의 선원들은 대개가 스칸디나비아 사람인데, 나도 스칸디나비아 사람이다.

연어를 저인망으로 잡는 일은 조수에 달려 있기 때문에 하루 스물네 시간 중에 스무 시간을 일할 때도 있었다. 어떤 때는 그런 생활이 1주일씩이나 계속되기도 했는데, 남이 하고 싶지 않은 일은 전부 내 몫이었다. 배를 청소하는 일에서부터 어구를 챙기는 일, 모터의 열기와 연기 때문에 질식할 것 같은 비좁은 선실에서 작은 장작 난로로 요리하는 일까지 도맡아 해야 했고, 게다가 설거지와 배를 수선하는 일까지 해야만 했다. 또 통조림 공장으로 실어 나르는 거룻배에 잡은 고기를 부리는 일도 했다. 고무장화를 신은 내 발은 언제나 젖어 있었다. 장화 속은 언제나 바닷물이 절벅거렸지만, 물을 쏟아버릴 겨를도 없었다. 하지만 이 모든 잡다한 일도 나의 주요 임무인 '코르크 줄'을 끌어올리는 일에 비하면 아무것도 아니었다. 이 작업은 단지 선미(船尾)에 서서 저인망의 코르크 줄을 당겨서 그물을 끌어올리는 일이 전부였다. 하지만 실제로는 그물이 너무 무거워서 끌어올리려 해도 꿈쩍도 하지 않았다. 이쪽에서 그물을 끌어올리는 게 아니라, 내가 보트와 함께 그물 쪽으로 끌려가는 거나 마찬가지였다. 꿈쩍도 하지 않는 그물을 어떻게든 힘껏 보트로 끌어올려야 하는 것이었다. 몇 주일 동안 이런 일을 계속했더니 몸이 말이 아니었다. 온몸이 무섭게 쑤시기 시작하더니 안 아픈 곳이 없었고, 몇 달이 지나도록 낫지 않았다.

겨우 쉴 만한 여유가 생기면 냉장고 위에 축축하고 딱딱한 매트리스를 깔고 자야만 했다. 그래서 나는 가장 아픈 등 쪽에 매트리스를 불룩하게 만들고는 약에 취한 사람처럼 그 위에 곯아떨어지곤 했다. 실제로 나는 극심한 피로에 취해 있었다.

지금 돌이켜보면 그토록 심한 고통과 피로를 견뎌내야 했던 것이 오히려 다행이라는 생각이 든다. 그로 인해 온갖 걱정을 물리칠 수 있었기 때문이다. 요즘도 곤란한 문제에 부딪히면 걱정에 사로잡히는 대신에 이렇게 자문한다.

'에릭슨, 이 일이 코르크 줄을 당기는 작업만큼 괴로운가?'

그러면 나는 언제나 이렇게 대답한다.

'물론 그보다 더 괴로운 일은 있을 수 없지.'

그러고는 다시 기운을 내고 용기 있게 문제에 달려들어 해결한다. 때로는 쓰라린 경험을 견뎌내야만 하는 것도 약이 될 수 있다. 밑바닥까지 떨어진 후에 살아남을 수 있다는 것을 아는 것도 좋은 일이다. 그런 경험을 하고 나면, 일상적인 문제쯤은 상대적으로 사소한 일로 여겨지게 되기 때문이다.

사례11

나는 세계 최고의 멍청이였다

- 퍼시 휘팅 -

(《판매의 다섯 가지 위대한 규칙The Five Great Rules of Selling》
의 저자)

나는 온갖 병에 걸려 누구보다도 여러 번 죽을 고비를 넘겼다. 아버지가 약국을 경영했으므로 날마다 의사나 간호사들의 이야기를 들을 수 있었다. 그래서 병명이나 병의 증상에 대해서라면 보통 사람 이상으로 알고 있었다. 나는 흔히 있는 우울증 환자는 아니었으며, 정말로 증세를 보였다. 어떤 병에 걸렸을지도 모른다고 한두 시간 동안 고민하다 보면 진짜 그 병을 앓고 있는 환자와 같은 온갖 징후를 보였다.

언젠가 내가 살고 있는 매사추세츠 주 그레이트 베링턴에서 악성 디프테리아가 유행한 적이 있었다. 나는 아버지의 약국에서 날마다 디프테리아 약을 사러 오는 사람들에게 약을 팔았다. 그러다가 급기야 우려하던 일이 벌어졌다. 나도 디프테리아에 걸리고 말았다. 자리에 누워 끙끙 앓다보니 디프테리아 증세가 뚜렷이 나타났다. 의사는 나를 살펴보더니, "맞아요, 퍼시, 디프테리아에 걸렸네요."라고 말했다. 그 말을 듣자 안심이 되었다. 무슨 병에 걸려도 두려워하지 않았기 때문에 나는 몸을 뒤집고는 잠이 들었다. 푹 잤더니 다음 날 아침에는 몸이 거뜬해졌다.

여러 해 동안 나는 유난스럽게도 갖가지 진기한 병에 걸려 사람들의 관심과 동정을 받았다. 파상풍이나 공수병에 걸려 죽을 뻔한 적도 여러 번 있었다. 나중에는 좀 더 평범한 병으로 고생을 했는데 바로 암과 결핵이었다. 지금이야 웃어넘길 수 있지만, 그 당시에는 정말로 비참한 일이었다. 나는 몇 년간 말 그대로 살얼음판을 걷는 기분으로 생사의 기로를 헤매고 있었다. 봄이 되어 새 양복을 살 때는 언제나 이렇게 자문하곤 했다.

"이 양복이 낡도록 입지 못할 게 뻔한데, 공연한 낭비가 아닐까?"

하지만 다행스럽게도 지난 10년 동안 한 번도 죽을 뻔한 적이 없었다.

어떻게 번번이 죽을 고비를 넘길 수 있었을까? 그것은 나의 어리석은 생각을 비웃어 버리는 묘안을 생각해냈기 때문이다. 병에 걸릴 것 같은 징후가 나타나려 하면 자신에게 이렇게 비웃는 것이다.

"어이, 휘팅, 너는 20년 동안 무서운 병이라는 병은 죄다 앓으면서 죽을 뻔하지 않았어? 그러고도 지금 거뜬하잖아. 자, 이제 옆으로 비켜서서 스스로 걱정을 사서 하는 멍청이라고 비웃어주는 게 어때?"

얼마 되지 않아 나 자신에 대해 걱정하면서 비웃는다는 것이 불가능하다는 것을 깨달았다. 그 후부터 자신에 대해 비웃는 것만을 하고 있다.

자기 자신을 너무 진지하게 생각하지 말자. 하찮은 걱정은 그저 웃어넘겨보라. 그런 걱정쯤은 웃음으로 물리칠 수 있다는 것을 알게 될 것이다.

******************* 사례12 *******************

나는 언제나 최후의 보루를 확보하고 있었다

- 진 오트리 -

(세계에서 가장 유명한 노래하는 카우보이)

****

대부분 걱정은 가정불화와 금전에 관한 것이라고 생각한다. 같은 환경과 비슷한 취미를 가지고 있는 오클라호마 주의 시골 아가씨와 결혼한 나는 운이 좋았다. 우리 부부는 서로 황금률을 지키려고 노력하고 있기 때문에 부부싸움은 최소한으로 억제하고 있다.

나는 두 가지 일을 함으로써 돈 걱정도 최소한도로 억제할 수 있었다. 첫째, 나는 언제나 매사에 철저히 정직하라는 법칙을 지켜왔다. 돈을 빌릴 경우에는 반드시 갚았다. 정직하지 못한 것만큼 많은 걱정거리를 만드는 것은 없다.

둘째, 새로운 일을 시작할 때는 항상 비장의 카드를 마련해둔다. 군사 전문가들은 전쟁에서 가장 중요한 원칙은 최후의 보루를 확보하는 일이라고 한다. 이 원칙은 전쟁에서와 마찬가지로 개인의 싸움에도 적용된다고 생각한다. 예를 들어, 나는 젊었을 때 텍사스 주와 오클라호마 주에서 살았는데, 가뭄 때문에 극심한 가난을 경험했다. 우리 식구는 때로는 입에 풀칠하기도 힘들었다. 너무 가난해서 아버지는 포장마차를 타고 말들을 몰고 이웃 마을을 돌아다니면서 말을 교환해주는 일도 했다.

나는 그보다는 좀 더 확실한 일자리를 구하고 싶었다. 그래서 철도 역무원으로 취업해서 여가 시간에는 전신 기술도 배웠다. 그 후 프리스코 철도의 예비 전신기사로 채용되었다. 나는 여기저기 파견되어 병가나 휴가로 쉬고 있는 사람들이나 일이 너무 많은 역무원들의 일을 대신하기도 했다. 월급은 150달러였다. 그 후 더 나은 일을 하게 되었지만, 언제나 이 철도 역무원 일이야말로 경제적 안정을 위해 더할 나위 없는 직업이라고 생각했다. 그래서 언제든지 역무원 일로 되돌아갈 수 있게 해두었다. 그 일이 바로 나의 최후의 보루였고, 나는 새로 더 나은 일이 확보되기까지는 결코 이 보루를 버리지 않았다.

1928년 내가 오클라호마 주 첼시의 프리스코 철도에서 예비 전신기사로 일하고 있을 때였다. 어느 날 밤, 한 낯선 사람이 전보를 치러 왔다. 그는 내가 기타 치며 카우보이 노래를 부르는 것을 듣고는 내 노래를 칭찬하면서 뉴욕으로 가서 무대에 서든가 라디오에 나가는 게 어떠냐고 말했다. 내가 우쭐했던 것은 두말할 나위도 없었다. 그런데 그가 전보에 서명하는 것을 보고 깜짝 놀랐다. 바로 그 유명한 윌 로저스였기 때문이다.

하지만 나는 곧장 뉴욕으로 가지 않고 그 문제에 대해 9개월 동안 심사숙고했다. 마침내 내가 뉴욕에 간다고 해서 잃어버릴 것은 없을 것이며, 무엇이든 얻을 것이 있을 것이라는 결론에 도달했다. 나는 철도 무료 승차권을 가지고 있기 때문에 무료로 여행할 수 있었다. 잠이야 열차 안에서 자리에 앉아서 자면 될 것이고, 식사는 샌드위치나 과일을 가져가면 충분할 것이다.

그래서 나는 뉴욕을 향했다. 뉴욕에 도착해서 주 5달러짜리 가구가 딸린 방에서 자고 자동판매식 식당에서 식사를 하면서 10주간이나 거리를 돌아다녔는데도 아무것도 얻은 것이 없었다. 그때 되돌아갈 수 있는 직업이 없었더라면 나는 시름에 겨워 병에 걸리고 말았을 것이다. 나는 철도 회사에 5년 동안 근무했기 때문에 선임자 특권을 가지고 있었다. 하지만 그 특권을 유지하기 위해서는 90일 이상 일을 쉴 수 없었다. 그 무렵 이미 70일이나 뉴욕에 머물러 있었던 나는 최후의 보루를 지키기 위해 서둘러 오클라호마 주로 돌아와 철도 회사에 복직했다.

나는 몇 달 동안 일하면서 돈을 모아 다시 뉴욕으로 떠났다. 이번에는 기회를 잡을 수 있었다. 어느 날 레코드 회사의 녹음 스튜디오에서 면접 차례를 기다리고 있는 동안, 접수대에 앉아 있는 여자에게 기타를 치면서 〈지니! 나는 꿈속에 그린다. 라일락 꽃피는 시절을〉이라는 노래를 들려주고 있었다. 마침 그 노래의 작곡가인 내트 쉴드크라우트가 사무실로 들어왔다. 물론 그는 누군가가 자기 노래를 부르는 것을 듣고 기분이 좋았을 것이다. 그는 빅터 레코드 사Victor Recording Company에 나를 소개하는 추천장을 써주었다.

나는 곧 음반을 냈지만, 결과는 좋지 않았다. 너무 뻣뻣하고 수줍어한다는 것이었다. 그래서 나는 빅터 사의 녹음실에서 들은 충고대로 털사로 돌아가서, 낮에는 철도 회사에서 근무하고 밤에는 라디오 프로그램에 나가 카우보이 노래를 불렀다. 나는 이런 방식이 마음에 들었다. 최후의 보루를 확보하고 있었기 때문에 아무런 걱정이 없었다.

나는 9개월 동안 털사의 KVOO 방송국에서 노래했다. 그 당시에 나는 지미 롱과 공동으로 〈은발의 아버지That Silver-Haired Daddy of Mine〉라는 노래를 작곡했다. 이 곡이 인기가 좋아서 아메리카 레코드 사American Recording Company의 아서 샛서리 사장으로부터 음반을 내자는 의뢰를 받았다. 그것이 히트를 쳤다. 나는 한 곡 당 50달러를 받고 수많은 노래를 취입했으며, 드디어 시카고의 WLS 라디오 방송국 전속 카우보이 노래의 가수가 되었다.

그 후 1934년에 나는 엄청난 가능성을 열어준 대단한 기회를 거머쥐었다. 영화계의 자정 노력의 일환으로 하는 품위 연맹League of Decency이 결성되어 할리우드의 제작자들이 카우보이 영화를 제작하기로 했다. 하지만 카우보이 노래를 부를 수 있는 새로운 가수가 부족했다. 아메리칸 레코드 사American Recording Company의 사장은 리퍼브릭 픽처스Republic Pictures의 출자자였다. 그는 관계자들에게 이렇게 말했다.

"카우보이 노래를 부를 가수가 필요하다면, 우리 회사에서 음반을 낸 한 가수가 있다네."

이렇게 해서 나는 영화계에 진출하여 주 100달러를 받고 노래하는 카우보이 영화에 출연하게 되었다. 영화에서 성공할 수 있을지는 나도 미심쩍었지만, 그다지 걱정되지는 않았다. 언제든지 옛 직장으로 돌아갈 수가 있었기 때문이었다.

내가 출연한 영화는 대성공을 거두었다. 언제까지나 이런 식으로 계속되지는 않을 것이다. 하지만 결코 걱정하지 않는다. 무슨 일이 있더라도, 설령 가진 돈을 다 잃는다 해도, 오클라호마 주로 돌아가 프리스코 철도 회사에 근무하면 되기 때문이다.

********************* 사례13 *********************

인도에서 신의 목소리를 들었다

- 스탠리 존스 -

(당대의 가장 유명한 인도 선교사이자 강연자)

****

나는 일생 중 40년을 인도에서 선교 활동에 바쳤다. 처음에는 혹독한 더위와 내 앞에 펼쳐져 있는 방대한 사역에 대한 긴장을 견뎌내기가 어려웠다. 8년째 되던 해에는 극심한 피로와 신경쇠약으로 몇 차례나 졸도했다. 그래서 미국에서 1년간 휴양을 하기 위해 휴가를 받았다. 그런데 미국으로 돌아오는 배에서 일요일 아침 예배 때 설교를 하는 중에 또 다시 졸도했다. 선의(船醫)는 도착할 때까지 절대 안정을 취하도록 했다.

미국에서 1년간 휴양한 후에 다시 인도로 향하던 중, 대학생들을 위한 복음전도 집회를 갖기 위해 마닐라에 들렀다. 그 집회에 잔뜩 신경을 쓴 나머지 또 몇 번이나 졸도하게 되었다. 의사들은 내가 인도로 되돌아가면 곧 죽게 될 것이라고 경고했다. 그러나 나는 그 말을 무시하고 기어코 인도로 돌아갔다. 봄베이에 도착했을 때는 몹시 쇠약해져 있었기 때문에 곧바로 깊은 산골로 가서 수개월 동안 휴양했다. 그 다음 평지로 내려와 선교 활동을 계속했는데 차도가 없었다. 또 졸도했기 때문에 다시 산골로 가서 휴양하지 않으면 안 되었다. 그러다가 또 다시 평지로 내려왔는데, 이번에도 졸도를 해버렸다.

완전히 의기소침해져서 그 사실을 받아들일 수 없었다. 몸과 마음이 몹시 지쳐 있어서, 남은 인생을 폐인으로 지내게 되지 않을까 두려웠다.

어딘가에서 구원의 손길이 뻗쳐오지 않는 한, 선교 활동을 단념하고 미국으로 돌아가 농사나 지으며 건강을 되찾는 수밖에 없겠다는 생각이 들었다. 그때가 내 인생의 암흑기였다. 그 즈음에 나는 루크노에서 연속 집회를 열고 있었다.

어느 날 밤 내 인생을 송두리째 바꿔버린 사건이 일어났다. 기도 중에 "내가 너를 부른 이 일에 헌신할 준비가 되어 있느냐?"라는 목소리를 들었다.

나는 대답했다.

"아닙니다, 주님! 저는 틀렸습니다. 저는 이미 한계에 도달했습니다."

그러자 다시 그 목소리가 들렸다.

"만일 네가 모든 걱정을 나에게 맡기고 걱정하지 않는다면, 내가 너를 보살펴줄 것이다."

나는 주저 없이 대답했다.

"주여, 지금 당장 약속하겠나이다."

그때부터 한없는 평화가 나의 마음에 찾아와 온몸에 스며들었다. 주님이 약속하셨다! 생명, 풍성한 생명을 나에게 부여하셨다. 그날 밤 너무 기분이 좋아 날듯이 가벼운 마음으로 집으로 돌아왔다. 내 발이 닫는 곳마다 성지였다. 그 후 며칠 동안 나는 마치 육체가 없는 사람 같았다. 온종일 밤낮없이 일을 하고도 조금도 피로하지 않았다. 잘 시간이 되어도 왜 자야 하는가 싶을 정도였다. 생명과 평화와 안식을 주는 예수 그리스도에 홀린 기분이었다.

문제는 이 일을 사람들에게 말해야 할 것인가 하는 것이었다. 처음에는 무척 주저했지만, 말해야겠다고 결심하고 내가 경험한 일에 대해 털어놓기 시작했다. 그런 다음에 남들이 어떻게 받아들이든 그것은 내가 관여할 바가 아니었다.

그때부터 20년 이상 지나도록 내 생애에서 가장 바쁜 나날을 보냈지만, 옛날처럼 걱정으로 속을 끓이는 일이 다시는 없었다. 어느 때보다 건강했던 것이다. 단순히 몸 컨디션이 좋은 정도가 아니었다. 몸과 마음에 새로운 활력이 샘솟았다. 이런 경험을 한 후에, 나의 삶은 영원히 더 높은 단계로 끌어 올려졌다. 나는 그저 그 목소리에 순종할 뿐, 아무것도 하지 않았는데 말이다.

그 후 여러 해 동안 전 세계를 여행하면서 종종 하루에 세 번씩이나 설교를 했다. 그리고 짬을 내서 《인도의 길을 걷고 있는 예수The Christ of the Indian Road》를 비롯해서 11권의 책을 썼다. 이처럼 바쁜 생활을 하는 중에 한 번도 그때의 약속을 잊은 적이 없었고, 심지어 게으름을 부린 적도 없었다. 한때 나를 괴롭히던 걱정은 이미 오래전에 사라졌으며, 63세인 지금까지도 나는 원기 왕성하게 남들에게 봉사하는 기쁨을 누리고 있다.

내가 경험한 몸과 마음의 변화를 심리학 측면에서 파헤쳐 설명할 수도 있다. 하지만 그런 것은 중요하지 않다. 삶이란 일련의 과정보다 더 욱 크며, 따라서 그런 과정을 하찮은 것으로 만들어버리기 때문이다.

나는 한 가지만은 알고 있다. 31년 전 그날 밤 인도의 루크노에서 한없이 지치고 의기소침해 있을 때, "만일 네가 모든 걱정을 나에게 맡기고 걱정하지 않는다면, 내가 너를 보살펴줄 것이다."라는 목소리를 듣고 "주여, 지금 당장 약속하겠나이다."라고 대답한 후, 내 삶은 완전히 바뀔 수 있었다는 것을 말이다.

사례14

집이 경매로 넘어갔을 때

- 호머 크로이 -

내 인생에서 가장 견디기 어려웠던 순간은 1933년 어느 날, 집이 경매로 넘어가게 되어 보안관이 현관으로 들어오고 나는 뒷문으로 도망쳐야 했던 때였다. 우리 아이들이 태어난 집이며 18년 동안이나 우리 가족이 살았던 롱아일랜드 포레스트 힐즈 스탠디시 로드 10번지에 있는 내 집을 잃게 되었다. 나에게 이런 일이 일어나리라고는 정말 꿈에도 생각지 못했다. 12년 전만 해도 나는 세상 꼭대기에 올라앉은 듯이 남부러울 것 없는 사람이었다. 내가 쓴 《워터 타워의 서쪽West of the Water Tower》이라는 소설이 영화화되면서, 당시 할리우드에서 최고 대우를 받았다. 그 돈으로 2년간 가족들과 함께 해외에서 지낼 수 있었다. 우리 가족은 여름에는 스위스에서, 겨울에는 리비에라에서 마치 대부호처럼 여유롭게 지냈다.

또 파리에서 6개월 동안 머물면서 《그들은 파리를 보지 않으면 안 되었다They Had to See Paris》라는 소설을 썼다. 이 소설도 영화로 제작되었는데, 윌 로저스가 주연을 맡았다. 이것이 윌 로저스가 출연한 최초의 발성 영화였다. 나는 할리우드에 머물면서 윌 로저스를 위해 영화 각본을 몇 편 써달라는 의뢰를 받았지만 거절했다. 그런데 뉴욕으로 돌아오자 걱정이 되기 시작했다!

어쩌면 나에게 아직까지 발휘되지 않은 대단한 재능이 잠재되어 있을지도 모른다는 생각이 들기 시작했고, 스스로 꽤 똑똑한 사업가라고 생각했다. 그 무렵 존 제이콥 애스터가 뉴욕 시내의 공한지에 투자해서 막대한 돈을 벌었다는 이야기를 들었다.

'애스터라니 도대체 누구야? 발음도 시원찮은 이민자 상인이 아닌가? 그 자가 한몫 벌었다면, 나라고 못할 이유가 없잖아? 그렇잖아도 부자가 될 생각이었다고!'

나는 요트 잡지부터 읽기 시작했다.

당시 나는 한 마디로 '무식해서 용감'했다. 에스키모인이 석유난로에 대해 무식하듯이, 나 역시 부동산에 대해 실제로 아는 것은 별로 없었다. 당당히 사업가로서 첫 발을 내딛는데 필요한 자금을 어떻게 확보할 수 있을 것인가? 그것은 간단했다. 집을 저당 잡히고 그 돈으로 포레스트 힐즈에서 최고의 빌딩 부지를 사들였다. 이 부지 값이 어마어마하게 오를 때까지 보유하다가, 폭등하게 되면 그때 팔아서 호화롭게 살 생각이었다. 손바닥만 한 땅도 팔아본 적이 없는 주제에 말이다. 그 당시 나는 쥐꼬리만 한 월급을 받고 사무실에서 노예처럼 고되게 일하는 사람들을 불쌍하게 여겼다. 하나님께서는 돈을 잘 버는 능력을 모든 사람에게 골고루 베풀어주지는 않았다고 생각했다. 그런데 예기치 않던 대공황이 캔자스의 회오리바람처럼 불어닥쳐, 폭풍이 닭장을 뒤흔들어 놓듯 나를 흔들어놓았다.

내가 사놓은 토지는 매달 꼬박꼬박 220달러나 되는 이자를 물어야 했는데, 밑 빠진 독에 물 붓기였다. 한 달 한 달이 어찌나 빨리 지나가는지. 게다가 저당 잡힌 집에 대해서도 이자를 물어야 했고, 충분한 식비도 필요했다. 몹시 걱정이 되었다. 그래서 유머 소설을 써서 잡지에 팔려고 해보았지만, 나의 시도는 예레미아 애가처럼 처량해보일 뿐이었다. 아무것도 내다팔 것이 없었다. 내가 쓴 소설은 실패했다. 돈은 이미 바닥났고, 저당 잡히고 돈을 빌릴 만한 물건이라고는 타자기와 금니뿐이었다. 우유 배달도 중단되었고, 가스도 끊겼다. 결국 광고에서 흔히 볼 수 있는 야외용 난로를 사지 않으면 안 되었다. 가솔린 통이 달려 있어서 손으로 세게 누르면 '쉭'하는 소리를 내며 불길이 치솟는 것이었다.

석탄도 떨어졌다. 급기야 석탄 회사에서도 우리에게 지불청구 소송을 제기했다. 이제 유일한 난방 기구는 벽난로뿐이었다. 나는 밤에 나가서 부유한 사람들이 저택을 짓고 있는 건축 현장에서 판자나 나무 부스러기를 주워오곤 했다. 당초 이들처럼 거부가 되려고 작정했던 내가 나무 부스러기나 주우러 다녀야 하는 상황이었다!

몹시 걱정이 되어 잠을 이룰 수가 없었다. 종종 한밤중에 일어나 한두 시간씩 걷기도 했다. 몸을 피로하게 하면 잠을 푹 잘 수 있을 것 같아서였다. 하지만 결국 사놓은 토지를 잃어버렸을 뿐 아니라, 그 땅에 쏟은 온갖 나의 피땀도 허사가 되어버렸다. 은행은 내 집에 대한 저당권을 행사해서 우리 가족을 거리로 내쫓았다.

우리는 그럭저럭 몇 달러를 긁어모아 조그마한 아파트를 임대했고, 1933년 마지막 날에야 간신히 이사를 할 수 있었다. 포장 상자에 걸터앉아 주위를 둘러보았다. "엎질러진 우유를 두고 울어도 소용이 없다."는 어머니의 말씀이 생각났다.

하지만 그것은 우유가 아니었다. 나의 소중한 피땀이었다!

나는 이렇게 스스로를 달랬다.

"좋아, 밑바닥까지 떨어졌지만 용케 견뎌냈잖아. 더 이상 떨어질 데도 없으니 이제부터는 올라갈 일만 남았어."

저당 잡힌 집을 잃었지만 아직도 많은 것이 남아 있다는 생각이 들었다. 나는 여전히 건강한데다가 친구들이 있었다. 나는 다시 한 번 시작하기로 했다. 과거를 후회하지 않았으며, 어머니가 곧잘 말씀하시던 옛 격언을 날마다 생각했다.

나는 걱정하는 데 쏟던 에너지를 일에 쏟기 시작했다. 그러다보니 조금씩 상황이 나아졌다. 지금 생각해보면, 그 모든 비참한 일을 겪은 것에 대해 감사하는 마음이 든다. 그런 시련을 통해 힘과 인내와 자신감을 얻을 수 있었으니까 말이다. 지금 나는 밑바닥까지 떨어진다는 말의 의미를 안다. 그렇게 된다고 해서 죽지는 않는다. 인간은 의외로 그런 어려움을 견뎌낼 수 있는 힘을 가지고 있다. 요즘도 하찮은 불안이나 걱정, 불신으로 마음이 어지러워질 때면, 나는 포장 상자 위에 앉아 "좋아, 밑바닥까지 떨어졌지만 용케 견뎌냈잖아. 더 이상 떨어질 데도 없으니 이제부터는 올라갈 일만 남았어."라고 자신을 달래던 시절을 떠올리면서 마음을 가라앉히고 있다.

여기서 걱정을 멈추는 원칙은 무엇일까? 톱밥에 톱질하지 마라!

더 이상 떨어질 데가 없다면, 올라갈 일만 남았다.

사례15

최대의 강적은 걱정이었다

- 잭 뎀프시 -

오랫동안 권투선수 생활을 하면서 내가 싸운 최대의 강적은 '걱정'이었다는 사실을 깨달았다. 나는 걱정을 멈추는 법을 배워야 한다는 사실을 알아차렸다. 그러지 않으면 걱정이 나의 체력을 약화시키고 성공을 좀먹고 말 테니까. 나는 점차 나만의 방법을 터득했다. 내가 지켜온 몇 가지 원칙을 소개하면 다음과 같다.

1. 권투 시합을 하는 동안 담력을 계속 유지하기 위해 나는 줄곧 나 자신에게 기운을 북돋우는 말을 해주곤 했다. 예를 들어, 훠포와 싸울 때, 나는 계속해서 자신에게 이렇게 타일렀다.

'아무도 나를 막지 못해. 녀석은 내 적수가 아니야. 녀석의 주먹쯤은

간지러울 정도지. 내가 타격을 입다니! 무슨 일이 있어도 승리를 쟁취하고 말 테다.'

이처럼 적극적인 격려의 말로 자신을 달래고 긍정적인 생각을 하는 것이 매우 도움이 되었다. 집요하게 이런 말을 하다보면, 상대방의 타격도 거의 느끼지 못할 정도였다. 오랜 선수생활을 하는 동안 입술이 찢어지거나 눈을 다친 적도 있었고, 갈비뼈가 부러지기도 했다. 훠포에게 얻어맞아 링 밖으로 튕겨져 나간 적도 있었다. 그때 나는 기자의 타자기 위로 떨어져 타자기를 망가뜨리기까지 했다. 하지만 나는 한 번도 훠포에게 강타를 맞았다는 생각이 들지 않았다. 실제로 상대방의 타격을 느낀 적이 단 한 번 있었다. 래스터 존슨이 내 갈비뼈를 세 개나 부러뜨렸던 날 밤이었다. 타격 자체는 그리 대단치 않았는데, 숨쉬기가 너무 어려웠다. 솔직히 지금까지 링 위에서 상대방의 타격을 느낀 것은 그때뿐이었다.

2. 내가 언제나 지켜온 두 번째 원칙은 걱정이 쓸데없는 것이라는 점을 줄곧 기억하는 것이다. 내 경우 걱정은 주로 큰 시합을 앞두고 연습할 때 일어났다. 나는 곧잘 밤에 몇 시간이고 몸을 뒤척이면서 걱정하느라 잠을 이루지 못했다. 시합 중에 손가락이 부러질지도 모르고 발목을 삘지도 모른다거나 1라운드에서 눈을 심하게 다쳐 제대로 펀치를 날리지도 못할지도 모른다고 걱정했다. 이처럼 신경과민 상태가 되면 나는 자리에서 벌떡 일어나 거울을 들여다보고 나 자신에게 타이르곤 했다.

"일어나지도 않은 일로, 또 결코 일어나지도 않을 일로 걱정하다니 참 바보구나. 인생은 짧아. 살 날이 얼마 남지 않았을지도 모르잖아. 그러니 될 수 있는 대로 유쾌하게 지내야 해. 그러려면 건강보다 중요한 게 없지. 건강이 제일이야."

나는 항상 불면증이나 걱정만큼 건강에 해로운 것은 없다고 나 자신에게 말했다. 날마다 이런 말을 반복했더니, 그것이 내 피부에 스며들어 나의 모든 걱정을 깨끗이 씻어내 버렸다.

3. 내가 지켜온 세 번째 원칙이자, 가장 중요한 원칙은 기도였다. 시합을 앞두고 연습할 때 나는 하루에 몇 번씩 기도를 올렸다. 링 위에서도 매 라운드마다 시작을 알리는 벨이 울리기 전에 항상 기도했다. 기도를 한 덕분에 나는 용기와 자신감을 갖고 싸울 수 있었다.

평생 나는 기도를 드리지 않고 잠자리에 든 적이 없다. 또 하나님께 감사 기도를 드리지 않고 식사를 한 적이 한 번도 없다. 나의 기도가 응답을 받았느냐고? 물론이다. 그런 적이 수없이 많다!

사례16

고아원에 가지 않게 해 달라고 기도했다

- 캐서린 홀터 -

어린 시절에 내 삶은 두려움으로 가득 차 있었다. 어머니는 심장병을 앓고 있어서 매일같이 기절해서 바닥에 쓰러지시곤 했다. 우리는 어머니가 돌아가시지나 않을까 두려워했다. 어머니가 돌아가시면 어린 여자아이들은 모두 미주리 주 워런턴에 있는 센트럴 웨슬리언 고아원으로 보내지게 되어 있었다. 그곳에 가는 건 생각만 해도 두려웠다. 그래서 여섯 살 때는 언제나 이렇게 기도했다.

"하나님, 아무쪼록 제가 커서 고아원에 가지 않아도 될 때까지 어머니가 돌아가시지 않도록 해주세요."

20년 후에 내 동생 마이너는 사고로 끔찍한 부상을 입고 2년 동안 심한 통증에 시달리다가 죽고 말았다. 동생은 혼자서 식사도 할 수 없었고, 침대에서 돌아눕지도 못했다. 통증을 완화시키기 위해 주야로 3시간마다 모르핀 주사를 맞지 않으면 안 되었다. 나는 그 일을 2년 동안 계속했다. 당시에 나는 미주리 주 워런턴에 있는 센트럴 웨슬리언 대학에서 음악을 가르치고 있었다. 동생이 심한 통증으로 울부짖는 소리를 들은 이웃사람이 나에게 전화를 걸어오면, 나는 수업 중에도 급히 달려가 동생에게 주사를 놓아주기도 했다. 매일 밤 잠자리에 들기 전에 자명종 시계를 맞춰놓고 3시간 간격으로 일어나 주사를 놓아야만 했다. 겨울밤 창밖에 우유를 내놓으면 꽁꽁 얼어 아이스크림이 되어 있었던 것이 기억난다. 자명종이 울리면 그 아이스크림을 먹는 낙으로 벌떡 일어나곤 했다.

이 모든 고생을 겪으면서도, 나는 자기 연민에 빠지거나 걱정하거나 분개하여 내 인생을 비참한 것으로 만들지 않으려고 두 가지 일을 실천했다. 한 가지는 매일 12시간에서 14시간씩 음악을 가르치면서 바쁘게 지내는 일이었다. 그래야 내가 얼마나 고생스러운지 생각할 틈이 없을 것이기 때문이었다. 나의 신세를 한탄하고 싶은 생각이 들 때면, 반복해서 나 자신에게 이렇게 말하곤 했다.

"걸을 수 있고 먹을 것이 있고 심한 통증에 시달리지 않는 한, 너는 이 세상에서 가장 행복한 사람이야. 무슨 일이 있어도 살아 있는 한 결코 그것을 잊어서는 안 돼! 절대로!"

나는 나에게 주어진 갖가지 축복에 대해서 무의식 중에도 지속적으로 감사하는 태도를 가지려고 노력했다. 매일 아침 눈을 뜨면 침대에서 일어나 식탁으로 걸어가 식사할 수 있다는 사실에 하나님께 감사했다. 물론 나는 갖가지 괴로움에 시달리고 있었지만, 미주리 주 워런턴에서 가장 행복한 사람이 되겠다고 굳게 마음먹었다. 이 목표를 얼마나 이룰 수 있었는지 모르지만, 적어도 내가 고향에서 가장 감사할 줄 아는 젊은 여자가 된 것만은 확실했다. 아마 나보다 걱정 없이 사는 사람도 드물 것이다.

이 미주리 주의 음악 선생은 이 책에서 설명하고 있는 두 가지 원칙을 모두 적용하고 있다. 그녀는 바쁘게 지냄으로써 걱정할 시간을 없애버렸다. 또한, 그녀는 자신에게 주어진 축복을 감사히 여기고 있었다. 이런 기술은 누구에게나 유익할 것이다.

사례17

위장이 사정없이 뒤틀렸다

- 캐머런 쉽 -

나는 수년 동안 캘리포니아 주 워너 브러더스 스튜디오의 홍보부에서 즐겁게 일하고 있었다. 워너 브러더스의 직원이자 기고가였던 나는 워너 브러더스 소속 스타들에 관한 기사를 써서 신문이나 잡지에 보냈다.

어느 날 갑자기 승진이 되었다. 내가 홍보부장으로 발탁된 것이다. 실은 회사의 경영 방침이 바뀌면서 이사 보좌관이라는 쟁쟁한 자리에 앉게 된 것이었다.

개별 냉방 장치가 있는 넓은 사무실이 주어졌고, 2명의 비서를 비롯하여 작가, 개발자, 무선 기사 등 75명의 부하 직원을 거느리게 되었다. 나는 몹시 우쭐해져서 곧장 새 양복을 사고, 점잖게 말하려고 노력했다. 서류 정리함을 비치하여 권위 있는 모습으로 결재를 하려고 신경을 썼으며, 점심은 사무실에서 간단히 먹었다.

내가 워너 브러더스의 대외 홍보에 대한 전반적인 책임을 지고 있다고 굳게 믿고 있었다. 베티 데이비스, 올리비아 드 하빌랜드, 제임스 캐그니, 에드워드 로빈슨, 에롤 플린, 험프리 보가트, 앤 셰리던, 알렉시스 스미스, 앨런 헤일 등 모든 인기 배우들의 공사 생활이 전적으로 내 손에 달려 있다고 생각했던 것이다.

한 달도 지나지 않아 위궤양 증세가 나타났다. 어쩌면 위암일지도 모른다는 생각이 들었다.

전쟁 중이었던 당시에 나는 영화 홍보인 협회Screen Publicists Guild의 전시활동 위원회 의장으로도 활동하고 있었다. 나는 이 일이 마음에 들었고, 조합 회의에서 친구들을 만나는 것도 재미있었다. 하지만 언제부턴가 회의가 점점 두려운 일이 되었다. 회의가 있고 난 뒤에는 매번 극심한 통증까지 느껴졌다. 회의에서 돌아오는 도중에 종종 차를 세우고 진정시킨 다음에야 다시 차를 몰아 집으로 돌아오곤 했다. 할 일은 태산 같은데, 주어진 시간은 조금밖에 없었다. 매우 중대한 문제였다. 나는 이런 일에는 전혀 적합하지 않았다.

이제야 솔직히 털어놓지만, 그때가 나의 일생 중 가장 많이 아팠던 시절이었다. 가슴에는 항상 단단한 응어리 같은 것이 뭉쳐 있었다. 체중은 줄었고, 잠을 이룰 수가 없었다. 지속적인 통증에 시달렸다.

홍보부 직원의 권고로 어느 유명한 내과 전문의에게 가서 진찰을 받았다. 홍보부 직원들 중 여러 명이 이 병원에 다닌다는 것이었다.

의사는 내게 어디가 아픈지, 무슨 일을 하는지 따위를 간단히 물었는데, 병보다는 오히려 내 직업에 관심이 있는 것 같았다. 그 후 2주일간,

의사는 매일같이 나에게 온갖 검사를 했다. X선 촬영과 형광투시경 검사 등 여러 가지 검사를 한 다음, 불러서 진단 결과를 말했다.

"부장님!"

그는 의자 등받이에 몸을 기대고 말을 꺼냈다.

"우리는 모든 검사를 다 해보았습니다. 물론 1차 검사에서 위궤양이 아니라는 건 알 수 있었지만, 철저히 검사를 할 필요가 있었습니다. 하지만 부장님의 성격이나 직업을 고려해볼 때 증거를 보여드리지 않으면 믿지 못하실 거라는 생각이 들었습니다. 이제 보여드리지요."

이렇게 말하고 그는 몇 가지 도표와 X선 촬영 사진들을 보여주면서 자세히 설명했다. 그는 내가 위궤양이 아닌 증거를 보여주었다.

"자!"

의사는 말을 계속했다.

"꽤 많은 비용이 들었지만, 부장님은 그럴 만한 가치가 있을 겁니다. 처방을 내리도록 하지요. 걱정하지 마십시오!"

그 말을 듣고 내가 항의하려고 하자, 의사가 내 말을 막았다.

"자, 당장 이 처방대로 따르는 것은 무리일 테니까 우선은 약을 드리도록 하겠습니다. 벨라도나 제제(진통제-역자주)입니다. 이 약을 좋으실 대로 복용하세요. 떨어지면 또 드리죠. 부작용은 전혀 없습니다. 하지만 이 약을 드시면 언제든지 편안해질 것입니다. 하지만 사실 부장님은 약이 필요하지 않습니다. 필요한 것은 오직 걱정을 하지 않는 것이지요. 앞으로도 걱정을 계속하신다면 여기에 다시 오셔야 할 테고, 저는 또 비싼 치료비를 청구할 겁니다. 어떻게 하시겠습니까?"

나는 그날 의사가 충고한 대로 즉시 걱정을 멈추려고 노력했지만, 그러지 못했다. 수주일 동안 걱정이 될 때마다 약을 복용했다. 그 약은 효과가 있었다. 약을 먹으면 금세 기분이 나아졌다.

하지만 약을 복용하는 것이 어리석게 여겨졌다. 나는 몸집이 유달리 크다. 링컨만큼이나 키가 크고, 체중은 90킬로그램이나 된다. 이렇게 건장한 내가 긴장을 풀기 위해 조그만 알약을 먹고 있다니. 친구들이 내게 왜 약을 먹느냐고 물으면, 사실대로 말하기가 부끄러웠다. 결국 나는 자신을 비웃기까지 했다.

'이봐, 캐머런 쉽! 바보 같이 굴지 마. 하찮은 일을 가지고 너무 크게, 심각하게 생각하는 거 아닌가. 베티 데이비스도 제임스 캐그니도 에드워드 로빈슨도 네가 홍보부를 맡기 전부터 이미 세계적인 유명 배우였잖아. 워너 브러더스나 소속 스타들은 너 없이도 아무런 문제없이 잘 해나갈 거야. 그들은 조금도 곤란을 느끼지 않아. 아이젠하워나 마셜, 맥아더, 지미 둘리틀, 킹 제독 같은 장군들을 보라고. 그들은 엄청난 전쟁을 진두지휘하면서도 약 따위는 먹지 않았거든. 그런데 너는 조그만 알약을 먹지 않으면 금방 속이 뒤틀리고 위경련이 일어나 영화 홍보인 협회의 전시활동 위원회 의장 일도 제대로 못해내고 있지 않아?'

그렇게 생각하자 나는 스스로 약 없이도 잘 지낼 수 있다는 데 긍지를 느끼게 되었다.

얼마 지나지 않아 약을 아예 쓰레기통에 던져버렸고, 매일 저녁 일찍 퇴근해서 식사 전에 잠시 눈을 붙이는 습관을 들였다. 그러자 서서히 정상적인 생활을 할 수 있게 되었다. 그 후 그 의사에게는 두 번 다시 간 적이 없다.

하지만 나는 그에게 많은 신세를 지고 있다. 당시에는 무척 비싼 진료비를 썼다고 생각했지만, 그 이상으로 덕을 본 것이다. 그는 나에게 자신의 어리석음을 비웃을 수 있게 가르쳐주었다. 하지만 더욱 고마운 것은 그 자신이 나를 비웃지는 않았다는 점이다. 그는 나에게 그다지 걱정할 것이 없지 않느냐고 말하지 않았고, 진지하게 대해주었다. 그는 내 체면을 생각해주었다. 물론 나에게 작은 상자에 든 약을 처방해주기는 했다. 하지만 그는 애초부터 내 병의 치료는 그런 알약 따위에 의존하기보다는 나의 마음가짐을 어떻게 바꾸느냐에 달려 있다는 사실을 알고 있었다. 나는 이제야 그 사실을 깨닫게 되었다.

이 이야기의 교훈은 현재 약을 복용하고 있는 사람이라면 이 책의 7부를 다시 읽어보고 편안히 휴식을 취하는 편이 낫다는 것이다.

사례18

아내가 설거지하는 것을 보고 걱정에서 벗어나는 법을 배웠다

- 윌리엄 우드(목사) -

몇 년 전, 나는 극심한 위통에 시달린 적이 있다. 통증이 너무 심했기 때문에 잠을 이룰 수가 없어서 매일 밤 두세 번씩 잠이 깨곤 했다. 아버지가 위암으로 돌아가셨기 때문에 나도 위암, 아니면 적어도 위궤양에 걸린 것이 아닐까 두려웠다. 그래서 검사를 받으러 병원을 찾아갔다. 전문의는 위장 X선 촬영과 형광투시경 검사를 했다. 그러고는 수면제를 처방해주면서, 내가 위암이나 위궤양에 걸린 것은 아니라고 안심시켰다. 그는 나의 통증이 정서적 스트레스로 생긴 것이라면서 이렇게 물었다.

"혹시 목사님 교회 위원 중에 몰지각한 사람이 있지 않습니까?"

그가 무슨 말을 하고 있는지는 나도 이미 알고 있었다. 내가 너무 많은 일을 하고 있다는 것이었다. 사실 나는 매주 일요일마다 설교하는 데다가, 각종 교회 활동과 적십자 위원장, 키와니스 클럽(미국 · 캐나다의 실업가 사교 단체-역자주) 회장, 매주 두세 번의 장례식 등 수많은 일거리를 떠맡고 있었다.

나는 언제나 긴장 상태에서 일해야 했다. 편안히 쉴 겨를이 없었다. 항상 긴장해야 했고, 허둥대며 극도로 흥분해 있었다. 이제 모든 일이 걱정스럽게 생각되는 단계에 도달해 있었다. 언제나 벌벌 떨며 어찌할 줄 몰라 했다. 이처럼 괴로운 상황이었기 때문에 나는 기꺼이 의사의 충고를 따르기로 했다. 나는 매주 월요일을 휴식일로 정하고 갖가지 직책과 활동을 줄이기로 했다.

어느 날 책상을 정리하고 있을 때, 아주 좋은 생각이 떠올랐다. 책장에 쌓여 있는 낡은 설교 노트와 이미 지난 일이 되어버린 문제에 대한 갖가지 메모를 바라보다가 그것들을 하나씩 뭉쳐서 휴지통에 던져버렸다. 그러다가 문득 손을 멈추고 이렇게 중얼거렸다.

'노트와 메모들은 잘도 휴지통에 집어던지면서 내 걱정거리는 왜 그렇게 하지 못하는 거지? 왜 과거의 문제에 대한 걱정거리들을 한데 뭉쳐서 휴지통에 던져버리지 않는 거야?'

그런 생각을 하자 숨통이 트이는 것 같았다. 마치 어깨에서 무거운 짐을 내려놓은 듯이 홀가분한 기분이었다. 나는 내 힘으로는 불가항력인 모든 문제를 휴지통에 던져버렸다.

그 후 어느 날, 나는 아내가 설거지하는 것을 도와 마른 행주로 접시를 닦고 있었다. 그때 또 한 가지 생각이 떠올랐다. 아내는 설거지를 하며 노래를 부르고 있었다. 나는 속으로 이렇게 말했다.

'빌, 지금 네 아내는 정말 행복해보이지 않니? 결혼한 지 18년이나 됐지만, 아내는 줄곧 설거지를 해오고 있네. 만약 우리가 결혼할 당시에 그녀가 앞을 내다볼 수 있는 능력이 있어서 앞으로 18년 동안 닦아야 할 접시 더미들을 미리 보았더라면 어떻게 되었을까? 산더미처럼 쌓인 더러운 접시가 큰 창고를 하나 가득 채우고도 남았겠지. 어떤 여자든 그런 꼴을 생각만 해도 진절머리를 내고 십 리나 달아났을 걸세.'

나는 또 이런 생각이 들었다.

'아내가 설거지하는 일을 그다지 괴롭게 생각하지 않는 이유는 한 번에 하루분의 접시만 설거지하기 때문일 거야.'

이제야 내가 가진 걱정이 무엇인지 알 것 같았다. 나는 오늘 닦아야 할 접시에 어제의 접시와 아직 더러워지지도 않은 접시까지 얹어서 한꺼번에 닦으려 했다.

나는 내가 얼마나 어리석은 행동을 하고 있는지 깨달았다. 일요일 아침마다 설교단에 서서 사람들에게 어떻게 살아야 할 것인지를 설교하면서도, 정작 나 자신은 긴장하고 걱정하며 허둥지둥 살아가고 있었다. 나는 몹시 부끄러웠다.

이제 나는 더 이상 걱정에 시달리지 않는다. 위통도 가라앉았고 불면증도 사라졌다. 어제의 불안을 한 덩어리로 뭉쳐 휴지통에 던져버렸기 때문이다. 그리고 내일 더러워질 접시를 오늘 닦으려 하는 짓도 그만두었다.

이 책의 첫머리에 인용된 이런 문장을 기억하는가?

'내일의 짐에 어제의 짐까지 얹어서 오늘 지고 간다면 아무리 튼튼한 사람도 비틀거리게 됩니다.'

왜 그런 미련한 짓을 하려고 하는가?

******************* 사례19 *******************

나는 해답을 찾았다

- 델 휴즈 -

****

1943년, 나는 뉴멕시코 주 앨버커키의 퇴역군인 병원에 입원했다. 갈비뼈 세 개가 부러져 폐까지 다쳤기 때문이다. 이 사고는 하와이 제도에서 수륙 양용 주정(舟艇)으로 상륙 연습을 하던 중에 일어났다. 배에서 뛰어내리려고 하는 순간, 큰 파도가 밀어닥쳐 배를 들어 올리는 바람에 나는 균형을 잃고 모래사장에 내동댕이쳐졌다. 엄청난 힘에 밀려 쓰러지면서 부러진 갈비뼈 하나가 나의 폐를 찔렀다.

병원에서 3개월을 보내고 나서 나는 몹시 충격적인 말을 들었다. 담당의사는 나에게 병세가 조금도 호전되지 않았다고 말했다. 곰곰이 생각해본 결과, 병이 잘 낫지 않은 원인은 걱정에 있다는 사실을 깨달았다. 사고가 나기 전까지 나는 아주 활동적인 생활을 하고 있었는데, 최근 3개월 동안에는 하루 24시간 가만히 침대에 드러누워 걱정만 하면서 지냈다. 생각하면 생각할수록 나의 걱정은 심각해지기만 했다. 내가 다시 세상에서 내 자리를 차지할 수 있을까, 평생을 불구자로 지내게 되는 건 아닐까, 결혼해서 정상적인 생활을 할 수 있을까, 온갖 걱정으로 머리가 복잡했다.

나는 군의관에게 부탁해서 옆 병실로 자리를 옮겼다. 그 병실은 '컨트리클럽'이라 불리는 곳이었는데, 부상병들이 마음 내키는 대로 자유롭게 행동할 수 있었기 때문이었다.

이 '컨트리클럽'에서 생활하는 동안, 나는 브릿지에 재미를 붙이게 되었다. 다른 부상병들과 승부를 겨루기도 하고 컬버트슨이 저술한 브릿지에 관한 책을 읽기도 하면서, 이 게임을 배우는 데 꼬박 6주가 걸렸다. 6주 후부터는 내가 퇴원할 때까지 거의 매일 밤 브릿지를 즐겼다. 또, 유화 그리기에 흥미를 느껴 매일 오후 3시부터 5시까지, 강사의 지도 아래 유화를 배웠다. 나의 작품 가운데는 무슨 그림인지 남들이 알아볼 만한 걸작도 몇 점 있었다. 그러고도 남는 시간에는 비누 조각이나 나무 조각을 만들기도 했다. 조각에 관한 책을 여러 권 읽었는데, 너무 재미있어서 시간 가는 줄 몰랐다. 이런 식으로 날마다 분주하게 지냈기 때문에 내 몸 상태에 대해 걱정할 겨를이 없었다. 게다가 짬을 내서 적십자사에서 기증한 심리학책들까지 모조리 읽었다. 3개월 후에는 놀라울 정도로 병세가 호전되어, 병원의 전 의료진이 몰려와서 나에게 축하세례를 퍼부었다. 태어나서 그때만큼 온갖 듣기 좋은 말을 한꺼번에 들은 적은 없었다. 말 그대로 환호작약했다.

여기서 내가 말하고 싶은 것은, 가만히 침대에 드러누워 아무것도 하지 않으면서 생각에만 잠기고 장래의 일에 대해 근심만하고 있었더라면, 조금도 병이 낫지 않았을 거라는 점이다. 나는 처음에는 번민으로 스스로 몸을 망치고 있었다. 그런 이유로 부러진 뼈도 낫지 않았던 것이다. 그런데 내가 브릿지에 열중하게 되고, 그림이나 조각 공부에 열중하게 되자 의사들은 "정말 거짓말처럼 좋아졌다."라고 하며 기뻐해 주었다.

지금 나는 누구 못지않게 건강하게 살고 있다. 나의 폐는 여러분의 것만큼이나 건강하다.

조지 버나드 쇼가 "불행해지는 비결은 자신이 행복한가, 불행한가 따위를 고민해볼 여유를 가지는 것이다."라고 말한 것을 기억하는가? 언제나 활동적이고 분주하게 살아라!

사례20

시간은 많은 것을 해결해준다

- 루이스 몽땅 2세 -

나는 걱정으로 말미암아 내 인생의 10년을 잃어버리고 말았다. 그 10년은 일생 중에서 가장 풍요로워야 할 18세에서 28세까지의 청춘이었다.

지금에야 알게 되었지만 청춘 시절을 잃어버린 것은 누구의 잘못도 아닌, 바로 나 자신의 잘못이었다.

당시에 나는 직업과 건강, 가족, 열등감 등 모든 것이 걱정이었다. 지나치게 두려운 나머지 길을 건널 때도 누군가 아는 사람을 만나지나 않을까 걱정하곤 했다. 그리고 상대가 나를 몰라볼까봐 거리에서 친구를 만나더라도 못 본 체하고 지나갔다.

나는 낯선 사람들을 만나는 것을 끔찍하게 두려워했다. 면접장에서 너무 겁에 질려서 2주일 동안 세 번이나 취업에 실패했다. 나를 채용해 줄 고용주들에게 내가 무슨 일을 할 수 있는지 설명할 용기가 없었기 때문이다.

하지만 8년 전 어느 날 오후에 걱정을 극복할 수 있었고, 그 후로는 걱정으로 괴로워한 적이 거의 없었다. 8년 전 그날 오후에 나는 나보다 더 많은 괴로움에 시달리고 있는 사람의 사무실에 있었다. 그는 원래 누구보다도 쾌활한 사람이었다. 1929년에 그는 큰 재산을 모았지만 곧 탕진하고 말았고, 1933에도 많은 돈을 벌었지만 빈털터리가 되었다. 1939년에도 돈을 벌었지만 이번에도 한 푼도 남지 않았다. 결국 파산 절차를 거쳐 채권자들에게 쫓기는 신세가 되었다. 여느 사람들 같으면 자살로 몰고갈 만큼 괴로운 상황이었지만, 그는 너무나 멀쩡하게 잘 지내고 있었다.

8년 전 그날, 나는 그의 사무실에 앉아서 그를 부러운 눈으로 쳐다보고 있었다. 하나님이 나를 그와 같은 사람으로 만들어주셨으면 하고 바라기도 했다.

이런저런 이야기를 나누다가 그는 아침에 받은 편지 한 통을 건네주면서 말했다.

"읽어보게."

편지를 쓴 사람은 분노로 가득 차서 갖가지 난처한 문제들을 들먹이고 있었다. 만일 내가 이런 편지를 받았더라면 어쩔 줄 몰라 당황했을 것이다. 내가 물었다.

"빌, 어떻게 답장을 할 생각인가요?"

그는 이렇게 대답했다.

"자네에게 한 가지 비결을 가르쳐주겠네. 다음에 걱정할 일이 생기거든 연필과 종이를 준비해 자리에 앉게. 도대체 무엇이 걱정이 되는 건지 종이에 자세히 써보는 걸세. 그런 다음 그 종이를 오른쪽 맨 밑 서랍에다 넣어두게. 2주일쯤 지난 후에 다시 꺼내서 읽어보는 거지. 그때 읽어보아도 여전히 걱정이 되거든 다시 그 서랍에 넣어두는 거야. 또 2주일쯤 그렇게 내버려두는 거야. 그런다고 해서 아무 일도 일어나지 않을 테니까. 하지만 그러는 사이에 자네를 괴롭히고 있는 문제에 오히려 많은 일이 생길 걸세. 인내심을 가지고 기다리기만 한다면, 나를 괴롭히던 대부분의 걱정거리는 구멍 난 고무풍선처럼 저절로 사그라지고 만다는 걸 깨닫게 될 것이네."

나는 그의 충고에 감탄해마지 않았다. 그 후 지금까지도 나는 빌의 충고를 따르고 있다. 그 결과 나는 어떤 일에 대해서도 걱정 따위는 하지 않게 되었다.

시간이 많은 것을 해결해준다. 당신이 오늘 걱정하고 있는 일도 시간이 해결해줄 것이다.

사례21

말도 하지 말고 손가락 하나 까딱 하지 말라는 경고를 받았다

- 조셉 라이언 -

몇 년 전, 어떤 소송 사건에 휘말린 적이 있었다. 증인으로 법정에 출두했는데, 그 일로 엄청난 정신적 스트레스에 시달렸다. 재판을 끝내고 기차를 타고 집으로 돌아오는 길에 갑자기 발작을 일으켜 털썩 쓰러지고 말았다. 심장병이었다. 나는 호흡이 곤란해지는 것을 느꼈다.

가까스로 집에 돌아온 나에게 의사는 주사를 놓아주었다. 그때 나는 침대에 누워 있지 않았고, 간신히 거실 소파까지만 걸어갈 수 있었다. 의식을 회복하고 나서 보니 베갯머리에 교구 목사님이 와 계셨다. 마지막 고해 성사를 해주려던 참이었다.

충격을 받은 가족들은 말할 수 없이 비통한 얼굴을 하고 있었다. 내가 죽을 때가 된 것 같았다. 나중에 아내에게 들은 바로는, 의사는 내가

30분을 넘기기 어렵다고 말했다는 것이었다. 나의 심장이 극도로 쇠약해져 있기 때문에 당시 말도 하지 말고 손가락 하나 까딱하지 말라는 경고를 받았다.

나는 결코 믿음이 두터운 사람은 아니었지만, 한 가지만은 몸소 실천하고 있었다. 그것은 하나님과 다투지 않는다는 것이다. 나는 눈을 감고 기도를 드렸다.

"뜻대로 하옵소서. 내 뜻대로 마시옵고 아버지 뜻대로 하옵소서."

그 순간 온몸이 편안해지는 것을 느꼈다. 두려움은 흔적도 없이 사라져 버렸다. 조용히 나 자신에게 물어보았다. 지금 일어날 수 있는 최악의 경우가 어떤 것일까? 최악의 경우라고 해봐야 발작의 재발, 견디기 어려운 통증일 것이다. 그게 전부일 것이다. 그렇게 되면 주님 앞에 불려가 평안히 잠들 것이다.

소파에 앉은 채 1시간이나 기다렸지만, 통증은 다시 일어나지 않았다. 마침내 내가 지금 죽지 않는다면 도대체 무엇을 할 것인가 자문해 보았다. 나는 온힘을 다해 건강을 회복하기로 마음먹었다. 더 이상 스트레스나 걱정으로 자신을 괴롭히지 말고 건강을 되찾기로 했다.

그것이 4년 전 일이다. 의사도 나의 심전도 결과를 보고 놀랄 정도로 나는 건강을 회복했다. 이제 더 이상 걱정하지 않을 것이다. 나는 삶에 대해 새로운 열정을 품고 살아가고 있다. 솔직히 말해서 내가 최악의 상황, 즉 죽음 직전까지 가지 않았더라면, 그리고 건강을 회복하려고 노력하지 않았더라면, 오늘 이렇게 살아 있지 못했을 것이다. 만일 내가 최악의 경우를 받아들이지 않았더라면, 틀림없이 두려움과 공포로 인해 죽어버렸을 것이다.

사례22

나는 대단한 고민 추방자다

- 오드웨이 티드 -

걱정은 습관이다. 나는 이 습관을 오래전에 고쳤다. 내가 걱정하지 않는 이유는 다음 세 가지 덕분이라고 생각한다.

첫째, 나는 너무 바쁜 나머지 자기 파괴적인 불안감에 사로잡혀 있을 겨를이 없다. 나는 주로 세 가지 활동을 하고 있는데, 그중 하나만으로도 온종일 매달려야 하는 힘든 일들이다. 나는 컬럼비아 대학교에서 강의를 하면서, 뉴욕 시의 고등교육위원회 의장직도 맡고 있다. 또 하퍼 앤 브러더스 출판사의 경제사회 서적부 부장을 맡고 있다. 줄곧 이 세 가지 일로 너무 바쁘기 때문에 이런저런 일로 안달하거나 걱정할 겨를이 전혀 없다.

둘째, 나는 대단한 고민 추방자다. 한 가지 일을 하다가 다른 일을 하게 되면, 나는 먼저 생각하고 있던 문제에 대한 고민은 깨끗이 잊어버린다. 한 가지 활동에서 다른 활동으로 옮겨간다는 것은 흥미롭고도 후련한 일이다. 그 과정에서 긴장을 풀고 생각을 정리하게 되기 때문이다.

셋째, 하루 일을 끝내고 책상을 정리할 때, 나는 일에 대한 모든 문제를 마음속에서 몰아내버리는 습관을 들여왔다. 문제는 언제든지 끊이지 않는다. 모든 일에는 항상 나의 관심을 요구하는 해결되지 않은 문제가 남아 있게 마련이다. 만일 매일 밤 그런 문제를 집으로 갖고 돌아와 그것에 대해 걱정한다면, 건강을 유지할 수 없을 것이다. 게다가 그러다가는 문제에 대처하는 능력마저 잃게 될 것이다.

오드웨이 티드는 네 가지 좋은 업무 습관의 달인이다. 그것이 무엇인지 기억하는가(7부 26장을 보라).

사례23

걱정을 멈추지 않았더라면 오래전에 죽었을 것이다

- 코니 맥(야구계의 대원로) -

지난 60년간 나는 프로야구계에 몸담고 있었다. 1880년대에 프로야구를 시작했을 무렵, 우리는 월급을 받지 않았다. 우리는 공터에서 시합을 했다. 그래서 빈 깡통이나 버려진 마구에 걸려 넘어지기도 했다. 시합이 끝나면 모자를 벗어 관중에게 돌렸다. 너무 적은 수입이라 홀어머니와 동생들을 부양하는 데 턱없이 부족했다. 때로는 야구팀이 딸기나 조개로 저녁 식사를 때울 때도 있었다.

나는 걱정거리가 많았다. 7년간 줄곧 팀을 이끌어온 야구 감독은 나 하나뿐이었다. 8년 동안 800개의 경기에 진 야구 감독도 나 말고는 없었다. 잇따라 패배한 후에는 밥도 넘어가지 않고 잠도 오지 않을 만큼 걱정을 하곤 했다. 하지만 나는 25년 전부터 걱정하는 일을 그만두었다. 그때 내가 걱정하는 버릇을 버리지 못했더라면 벌써 오래전에 무덤 신세였을 것이다.

링컨과 같은 해에 태어났으니 참으로 오래 살았다. 지난날의 삶을 돌이켜보니, 내가 이런 방법으로 걱정을 극복할 수 있었던 것 같다.

1. 걱정은 쓸데없는 일이라는 것을 깨달았다. 걱정이 얼마나 부질없고 인생을 망쳐 버리는 일인지를 깨달았던 것이다.

2. 걱정이 건강에 해롭다는 사실을 알았다.

3. 항상 앞으로 있을 시합에서 이길 작전을 짜느라 분주했기 때문에 이미 끝난 패전에 대해 걱정할 겨를이 없었다.

4. 나는 시합 후 24시간이 지나기 전에는 절대 선수들에게 그가 저지른 잘못을 나무라지 않기로 결심했다. 남들 앞에서 선수를 비판하는 것은 협동심을 저하시킬 뿐, 실제로는 화만 돋우게 된다. 그래서 나는 시합에 진 후에는 나 자신을 통제하고 하고 싶은 말을 참기 어렵다는 것을 알고 있기 때문에 패배 후에 곧장 선수들의 얼굴을 보지 않기로 했다. 이튿날까지는 그들과 패배에 대해 아무 말도 하지 않기로 한 것이다. 하루쯤 지나면 마음이 가라앉아, 그들이 저지른 실수도 대수롭지 않은 것으로 여겨져 차분히 이야기할 수 있었다.

5. 나는 선수들의 결점을 찾아내어 기분이 상하게 하기보다는 그들을 칭찬하고 격려하여 사기를 높이려고 했다. 모든 선수들에게 되도록

호의적인 말을 하려고 노력했다.

6. 나는 몸이 피로하면 더욱 걱정하게 된다는 사실을 깨달았다. 그래서 매일 10시간씩 자고 있다. 매일 오후에는 낮잠도 잔다. 단 5분간의 낮잠이지만 효과가 있다.

7. 항상 바쁘게 활동했기 때문에 나는 걱정을 피하고 장수를 누릴 수 있었다고 믿고 있다. 이제 나는 여든다섯 살이다. 그러나 같은 말을 자꾸 되풀이하기 전에는 은퇴할 생각이 없다.

코니 맥은 '걱정을 멈추는 법'에 관한 책이라고는 한 권도 읽은 적이 없기 때문에 자기 나름대로 원칙을 만들었다. 여러분도 과거에 유익했던 자기만의 원칙이 있다면, 몇 가지 정리해서 적어보자.

1. ______________________________

2. ______________________________

3. ______________________________

4. ______________________________

사례24

직업과 마음가짐을 바꿈으로써 걱정을 극복하고 위궤양을 고쳤다

- 아덴 샤프(위스콘산 주 그린 베이) -

5년 전에 나는 늘 걱정이 많고 우울하고 건강이 좋지 않았다. 의사는 위궤양이라고 진단하면서 식이요법을 권했다. 우유와 계란을 억지로 먹어야 했는데, 나중에는 역겨워서 쳐다보기도 싫었다. 하지만 병세는 호전되지 않았다. 그러던 어느 날 나는 암에 대한 기사를 읽게 되었다. 놀랍게도 모든 증상이 내 병과 흡사했다. 그 후부터는 걱정이 아니라 두려움을 느끼게 되었다. 그러다보니 자연히 위궤양 증세도 악화되었다. 가장 충격적이었던 일은 스물 네 살인 내가 신체 부적격자 판정을 받고 군 입대를 거부당한 것이었다. 가장 건강해야 할 시기에 신체적으로 폐인이라는 선고를 받은 것이다.

나는 몹시 실망했다. 아무런 희망도 없었다. 하지만 자포자기하여 어째서 이런 끔찍한 상황에 처하게 되었는지 나름대로 분석해보았다. 곰곰이 생각해보니 어떻게 된 일인지 알 것 같았고, 차차 확연히 깨닫게 되었다. 2년 전, 나는 세일즈맨으로서 즐겁고 건강하게 지내고 있었다. 그런데 전시 물자 부족으로 인해 세일즈맨 생활을 접고 공장에 들어가야만 했다. 나는 공장 업무를 경멸했다. 더욱 나쁜 일은 부정적인 사상을 지니고 있는 것으로 낙인찍힌 동료들과 어울리게 된 것이다. 그들에게는 모든 것이 마음에 들지 않았으며, 제대로 된 일이라고는 아무것도 없었다. 그들은 언제나 그 일을 저주했으며, 임금과 노동 시간, 사장 등 모든 것에 대해 악담을 퍼부었다. 나도 어느새 그들의 부정적인 태도에 동화되어 있었다.

나는 차차 위궤양의 원인이 부정적인 생각이나 괴로운 감정이었다는 사실을 깨닫게 되었다. 그래서 내가 좋아하던 판매원 일을 다시 시작하기로 마음먹었다. 그리고 적극적이고 건설적인 생각을 가진 사람들과 사귀려고 했다. 이런 결정이 나의 생명을 구해주었다. 의도적으로 친구를 만나든, 직장 동료를 만나든 간에 진보적인 사람들, 행복하고 낙천적이며 걱정 없는 사람들과 어울리려고 했다. 내가 생각을 고쳐먹자마자, 위궤양도 점차 호전되었다. 얼마 지나지 않아 나는 언제 위궤양을 앓은 적이 있는지조차 잊어버리게 되었다. 나는 곧 다른 사람들의 걱정이나 괴로운 감정, 실패가 전염되는 것과 마찬가지로 건강과 행복, 성공도 전염된다는 사실을 깨달았다. 이것이야말로 내가 얻은 가장 큰 교훈이었다.

나는 이 소중한 교훈을 수없이 듣고 책에서 읽었지만, 결국 쓰라린 경험을 통해 배우지 않으면 안 되었다.

사례25

이제 녹색 신호등이 보인다

- 조셉 코터 -

아주 어린 소년이었을 때부터 청년기에 이르기까지, 그리고 성인이 되어서도 나는 전문적인 '걱정꾸러기'였다. 나의 걱정은 무척 다양했다. 걱정거리 중에는 현실적인 것도 있었지만 대부분은 상상에 지나지 않는 것이었다. 아주 드물게 걱정거리가 아무것도 없는 때도 있었는데, 그럴 때면 무언가 걱정거리를 잊고 있는 건 아닐까 하고 다시 걱정하곤 했다.

그러다가 2년 전부터 새로운 방식으로 살기 시작했다. 그러기 위해 나의 잘못(그리고 몇 안 되는 미덕)에 대한 자기 분석이 필요했다. 말하자면 그것은 나 자신에 대한 '엄밀하고도 기탄없는 도덕 명세표'를 작성하는 일이었다. 이런 과정을 통해 나는 그 동안 내가 그토록 걱정했던 원인이 무엇이었는지를 분명히 깨달을 수 있었다.

무엇보다도 오늘하루를 충실하게 살지 않았던 것이 걱정의 가장 큰 원인이었다. 나는 쓸데없이 어제의 잘못을 후회하고 내일에 대해 두려워했던 것이다.

"오늘이란 어제 그렇게 걱정하던 내일이다."라는 말을 수없이 들었지만, 나에게 아무런 도움이 되지 않았다. 하루 24시간 계획을 세워 생활하라는 충고도 받았고, 내가 조금이라도 통제할 수 있는 날은 오직 오늘뿐이기 때문에 하루하루 주어진 나날을 최대한 의미 있게 살아야 한다는 말을 듣기도 했다. 그렇게 살다보면 너무 바빠서 과거나 미래에 대해 걱정할 겨를이 없게 될 것이라는 말이었다. 그런 충고는 논리적이었지만, 문제는 내가 그것을 실천하기가 매우 어려웠다는 점이다.

그러던 중 암흑 속에서 울리는 총소리와 같이 불현듯 해답을 찾을 수 있었다. 1945년 5월 31일 오후 7시, 노스웨스턴 역 플랫폼에서 일어난 일이었다. 지금도 똑똑히 기억하고 있는 까닭은 그것이 내게는 무척 소중한 시간이었기 때문이다.

몇 명의 친구들을 열차까지 바래다주고 있었다. 그들은 휴가를 마치고 '로스앤젤레스 호'라는 유선형 열차로 돌아가는 길이었다. 전쟁은 아직 계속되고 있었고, 그 해에 열차는 몹시 혼잡했다. 나는 아내와 함께 승차하지 않고 열차 앞쪽으로 돌아갔다. 잠시 동안 번쩍이는 엔진을 바라보며 서 있었다. 이내 궤도를 내려다보자 커다란 신호기가 보였다. 황색 신호가 빛나고 있었다. 곧 그 빛이 밝은 녹색으로 바뀌었다. 그 순간 기관사가 종을 울리고, 귀에 익은 소리가 들렸다.

"모두 승차하시기 바랍니다."

그리고 몇 초 후에, 곧 거대한 유선형 열차는 역을 떠나 3,700킬로미터에 이르는 여행길에 올랐다.

생각이 어지럽게 돌아가기 시작했다. 차차 무언가가 확연해졌다. 나는 기적을 경험하고 있었던 것이다. 문득 그런 사실을 깨달았다. 내가 찾고 있던 답을 그 기관사가 던져준 것이다. 그는 단지 녹색 신호등만을 보고 먼 여행길을 출발했다. 만일 내가 그였더라도 나 역시 여행 중 줄곧 녹색 신호등만 보려고 했을 것이다. 물론 내 인생에 그대로 적용할 수는 없겠지만, 나는 그렇게 해보고 싶었다. 나는 가만히 역에 앉아 아무 데도 가지 않은 채, 내가 가야 할 앞길을 골똘히 내다보았다.

생각은 계속되었다. 기관사는 몇 킬로미터 앞에서 일어날지도 모르는 어려움에 대해 걱정하지는 않는다. 어느 정도 지체되거나 속도를 늦추게 될 수도 있지만, 신호 체계란 그런 일에 대비하도록 되어 있으니까 말이다. 황색 신호등-속도를 줄이고 천천히 갈 것. 적색 신호등-전방이 위험하니 정차하라. 이것만으로도 열차 운행은 안전하다. 실로 훌륭한 신호 체계가 아닌가?

나는 왜 내 인생에 이런 훌륭한 신호 체계를 갖지 못했을까? 생각해보니 나도 그런 것을 가지고 있었다. 하나님께서는 내게 훌륭한 신호 체계를 주셨다. 그것은 하나님이 제어하는 신호 체계이니만큼, 당연히 고장 날 일이 없다. 나는 녹색 신호등을 찾기 시작했다. 어디에 있는 걸까? 아, 하나님이 내게 녹색 신호등을 만들어주셨다면, 하나님께 물어보아야 할 것이 아닌가? 나는 그렇게 했다.

그 후 지금까지 나는 매일 아침 하나님께 기도함으로써 그날을 위한 녹색 신호등을 찾고 있다. 물론 이따금 감속하라는 황색 신호등이 보일 때도 있고, 사고를 내기 전에 정차하라는 적색 신호등이 보일 때도 있다.

이런 사실을 깨달은 후에는 더 이상 걱정할 일이 없어졌다. 지난 2년 동안 700번 넘게 녹색 신호등이 나타났다.

이제 내 삶의 여정에서 다음에는 어떤 신호등이 나타날까 걱정하지 않고 아주 편안하게 지내게 되었다. 어떤 신호등이 보이든 간에, 나는 해야 할 일을 알고 있기 때문이다.

사례26

록펠러가 45년이나 수명을 연장한 방법

존 록펠러는 30세에 이미 백만장자의 반열에 오른 거부였다. 40세에는 세계 최대의 독점 기업인 스탠더드 오일을 설립했다. 하지만 53세에는 어떻게 되었는가? 53세에 그는 걱정에 사로잡혀 전전긍긍했다. 결국, 걱정과 극도로 긴장된 생활을 한 탓에 그는 건강을 망치고 말았다. 그의 전기 작가 중 한 사람인 존 윙클러는 당시의 록펠러를 '마치 미라처럼 보였다.'라고 쓰고 있다.

53세 때, 록펠러는 이상한 소화기 질환에 걸려 머리카락과 눈썹이 다 빠져버렸고, 속눈썹까지 듬성듬성해졌다. 윙클러는 이렇게 쓰고 있다.

'록펠러의 병세가 워낙 심각해서 한때는 사람의 젖만 먹고 살아야 했다.'

의사들은 그의 증상이 신경성 탈모증이라고 했다. 깜작 놀랄 정도로 머리가 홀랑 벗겨졌기 때문에 그는 두건을 쓰고 다녀야 했다. 나중에는 하나에 500달러나 하는 가발을 맞춰서, 죽을 때까지 이 은발 가발을 쓰고 다녔다.

록펠러는 원래 강철 체력을 지니고 태어났다. 농가에서 자라난 그는 떡 벌어진 어깨와 곧은 자세, 기운찬 다리를 갖고 있었다. 하지만 53세라는 한창 나이에 그는 어깨가 처지고 다리가 후들거렸다.

또 다른 전기 작가 존 플린은 '거울에 비친 그의 얼굴은 마치 노인 같았다.'라고 쓰고 있다. 과로와 끊이지 않는 걱정, 끝없는 비난, 불면의 밤, 운동 부족과 휴식 부족이 그를 굴복하도록 만든 것이었다. 록펠러는 이미 세계 제일의 부호였지만, 극빈자라도 거들떠보지 않을 음식을 먹고 살아야 했다. 당시 그의 수입은 주당 100만 달러를 넘었지만, 그가 먹을 수 있는 음식이라고는 고작 1주일에 2달러어치도 되지 않았다. 의사가 그에게 허락한 음식은 산성화 우유와 과자 두어 개가 전부였다. 그의 피부는 광택을 잃어 마치 낡은 양피지가 뼈를 싸고 있는 것 같았다. 하지만 그가 53세에 죽지 않은 것은 단지 돈으로 살 수 있었던 의료 혜택 덕분이었다.

무엇 때문에 록펠러가 그 지경이 되었을까? 걱정 때문이었다. 고혈압과 긴장된 생활이 원인이었다. 그는 말 그대로 자기 자신을 무덤 바로 직전까지 몰고 갔다. 23세 때부터 이미 록펠러는 모진 결심을 하고 자신의 목표를 향해 무섭게 돌진했다. 록펠러를 아는 사람들은 모두 "돈 버는 일에 대한 이야기가 아니면 전혀 웃지 않았다."라고 한다. 돈벌이가 되는 정보를 얻으면 흥분하여 모자를 집어 던지고 펄쩍펄쩍 뛰며 기뻐했다. 그러다가 만약 조금이라도 손해를 보는 날이면 병이 났다. 한번은 그가 4만 달러 분량의 곡물을 사들인 적이 있었는데, 선박으로 오대호를 거쳐 운반할 예정이었으나 어떤 보험에도 가입하지 않았다. 보험금 150달러가 너무 아까웠기 때문이다. 그러나 불행히도 그날 밤 이리 호에 사나운 폭풍이 몰아쳤다. 록펠러는 매우 당황하며, 배에 실린 곡물이 광풍에 휩쓸려 큰 손실을 보지 않을까 노심초사했다. 이튿날 아침, 동업자인 조지 가드너가 출근했을 때 록펠러는 안절부절못하고 방 안을 서성거리고 있었다.

"빨리!"

그는 떨리는 소리로 이렇게 말했다.

"지금이라도 보험에 들 수 있는지 서둘러 알아봐 주게!"

가드너는 곧장 보험회사로 달려가 보험에 가입했다. 하지만 사무실로 돌아오자, 록펠러는 아까보다 더 신경이 날카로워져 있었다. 그 사이에 곡물이 전혀 폭풍 피해를 입지 않고 무사히 목적지에 닿았다는 전보가 왔던 것이다. 록펠러는 공연히 150달러나 되는 보험금을 낭비했다면서, 조금 전보다 더 속을 끓이고 있었다. 실제로 그는 홧병이 나서 집으로 돌아가 앓아눕기까지 했다. 생각해보라! 당시 록펠러의 회사는 연 50만 달러 규모의 사업을 하고 있었다. 그런데도 그는 단돈 150달러 때문에 기분이 상해 몸져누운 것이다!

록펠러는 운동이나 오락을 즐기지 않았다. 단지 돈벌이와 주일 학교에서 가르치는 일 외에는 아무것도 할 시간이 없었다. 그의 동업자 조지 가드너가 친구 셋과 공동으로 중고 요트를 2,000달러에 샀을 때, 록펠러는 기겁을 하고 놀라며 요트를 타지 않았다. 가드너는 록펠러가 어느 토요일 오후에 사무실에서 일하고 있는 것을 보고, "어이, 존! 요트나 타러 가자고. 기분이 좋아질 거야. 일은 잠시 잊게. 즐겁게 지내는 거야."라고 간청했다. 록펠러는 눈을 부릅뜨며 "이봐, 조지 가드너, 자네 같이 씀씀이가 헤픈 친구는 처음일세. 자네는 자네 신용은 물론이고 내 신용까지 떨어뜨리고 있네. 우리 사업을 말아먹을 셈인가? 난 싫네. 요트 같은 건 타고 싶지 않아! 그런 거라면 보기도 싫어!"하고 따끔하게 몰아쳤다. 그러고는 토요일 오후 내내 사무실에 머물러 일만 하면서 보냈다.

록펠러가 평생 살아온 이력을 보면, 유머도 없고 통찰력이 부족하다는 점이 두드러졌다. 말년에 그는 "매일밤 잠자리에 들 때마다 나는 나의 성공이 어쩌면 일시적인 것이 아닐까 하고 생각해보지 않는 날이 하루도 없었다."라고 술회했다.

수백만 달러를 수중에 가진 거부이면서도, 그는 날마다 재산을 잃지 않을까 전전긍긍하고 있었다. 그런 걱정으로 말미암아 건강을 망친 것도 결코 이상한 일은 아닐 것이다. 그는 운동이나 오락을 즐길 시간이 없었다. 극장에도 가지 않았고, 놀음도 하지 않았으며, 파티에 간 적도 없었다. 마크 한나가 말했듯이, 그는 돈에 대해서는 미치광이였다.

"그는 다른 점에 있어서는 정상이었지만, 돈에 대해서는 미치광이였다."

록펠러는 예전에 오하이오 주 클리블랜드의 한 이웃에게 "사람들이 나를 좋아해주었으면 좋겠다."고 고백한 적이 있지만, 냉정하고 의심 많은 그를 누구도 좋아하지 않았다. 그와 거래하기를 꺼렸던 모건은 노골적으로 말하곤 했다.

"나는 그 사람이 싫어."

"그 사람하고는 아무 거래도 하고 싶지 않아."

록펠러의 친동생조차도 그를 몹시 싫어했다. 그래서 자기 아이들의 유골을 록펠러가의 가족묘지에서 딴 곳으로 옮기며 '록펠러 소유의 땅에서는 아이들도 편히 잠들 수 없을 것'이라고 말했다. 록펠러의 고용인이나 동료들도 항상 그를 몹시 두려워했다. 아이러니하게도 록펠러 자신은 또 그 나름대로 그들을 두려워했다. 고용인이나 동료가 사무실 밖에서 이야기를 하고 '비밀을 퍼뜨릴까 봐' 벌벌 떨었던 것이다. 록펠러는 사람을 도무지 믿지 않았다. 그는 독립 정유업자와 10년간 계약을 맺은 적이 있었는데, 그 일을 누구에게도, 아내에게도 발설하지 말라고 부탁했다.

'입을 다물고 사업을 하라.'

이것이 바로 그의 모토였다.

그의 전성기에 베수비오 산의 분화구에서 누런 용암이 흘러나오듯이 황금이 그의 금고로 흘러들어가고 있을 무렵, 록펠러 왕국은 하루아침에 몰락해버렸다. 서적과 신문, 잡지가 규합해서 스탠더드 석유회사라는 악덕 자본가를 탄핵하고 나섰던 것이다. 철도 회사와의 리베이트, 경쟁자들을 무자비하게 짓밟아버리는 행위 등이 탄핵의 이유였다.

록펠러는 펜실베이니아 지방의 유전지대에서 가장 많이 원성을 듣는 사람이었다. 그와의 경쟁에서 패한 사람들은 록펠러 인형을 만들어 나무에 매달아놓고 채찍질을 해대기까지 했다. 많은 사람들이 쭈글쭈글한 그의 목에 밧줄을 걸어 사과나무에 매달아 교수형을 집행하고 싶어 했다. 그의 사무실에는 그를 증오하고 저주하는 협박 편지가 산더미처럼 쌓였다. 살인 위협까지 받아 경호원을 대동하고 다녀야 할 정도였지만, 사람들의 증오에 전혀 아랑곳 하지 않고 태연히 그들을 무시하는 발언을 서슴지 않았다.

"내 일에 방해만 되지 않는다면 나를 걷어차든지 욕하든지 마음대로 하라고."

하지만 결국은 그도 자신이 평범한 인간이라는 것을 깨달았다. 증오와 걱정에 대해서만큼은 그도 무관심할 수 없었다. 건강은 날로 쇠약해져 갔다. 사람들의 원한에 찬 눈빛과 근심스런 얼굴을 도저히 감당할 수 없었던 것이다. 마음이 불안해지면서 건강도 점차 망가지기 시작했다. 그는 내부로부터 자신을 공격하는 적, 즉 병을 납득하기 어려워 몹시 당황하고 어리둥절했다. 처음에는 때때로 일어나는 가벼운 병을 남에게 숨기며 아무렇지 않은 듯이 지내려 했지만, 불면증에 소화불량, 탈모, 두통까지 겹치니 도저히 어쩔 도리가 없었다. 결국 의사를 찾아간 록펠러는 충격적인 말을 듣게 되었다. 돈이든, 걱정이든, 생명이든 그 중 하나를 택하라고 했던 것이다. 은퇴하든가 죽든가 둘 중 하나밖에 없다는 것이었다. 결국, 그는 은퇴했다. 하지만 은퇴하기 전에 이미 걱정과 탐욕, 두려움으로 인해 그의 건강은 망가질 대로 망가져 있었다. 미국의 유명한 전기 작가 아이다 타벨은 록펠러와 만났을 때 깜짝 놀라서 이렇게 적었다.

'굉장히 늙어 보이는 얼굴이었다. 내가 만난 사람들 가운데 가장 나이 많은 사람 같았다.'

록펠러가 나이가 많다고? 천만에! 그는 필리핀을 탈환한 맥아더 장군보다도 대여섯 살 아래였다. 하지만 그는 아이다 타벨의 동정을 살 만큼 몸이 망가져 있었다. 당시 타벨은 스탠더드 오일을 비롯해 그 회사를 지지하는 독점 기업들을 탄핵하는 대단한 책을 집필하고 있었으니, 이 '괴물 기업'을 창립한 사나이에게 호의를 가지고 있을 리 없었다. 그런데도 그녀는 사람들의 눈치를 보아가며 주일학교에서 가르치고 있는 록펠러 모습을 바라보았을 때의 심정을 이렇게 털어놓고 있다.

'뜻하지 않은 감정에 사로잡혔는데, 그 감정이 점점 강렬해졌다. 그를 불쌍히 여기게 된 것이다. 나는 이 세상에서 두려움만큼 끔찍한 것은 없다는 사실을 알고 있다.'

의사들은 록펠러에게 생명을 구하려면 세 가지 규칙을 지켜야 한다고 말했다. 그는 이 세 가지 규칙을 일생 동안, 문자 그대로 충실히 지켰다.

1. 걱정을 피할 것. 어떤 상황에서도, 어떤 일에 대해서도 걱정하지 않을 것.

2. 편안히 쉴 것. 그리고 밖으로 나가 가벼운 운동을 자주 할 것.

3. 소식할 것. 항상 배부르기 전에 식사를 마칠 것.

록펠러는 이 규칙을 철저하게 지켰고, 그 덕분에 자신의 생명을 구할 수 있었다. 은퇴한 후에 그는 골프를 배우고, 정원을 가꾸고, 이웃들과 담소를 나누며, 카드를 치고, 노래를 부르는 것으로 소일했다.

그것만이 아니었다. 록펠러 자서전을 쓴 윙클러에 의하면,

"고문 같은 낮과 불면의 밤을 수없이 보내는 사이에 록펠러는 비로소 반성의 시간을 가졌다."

그는 주변사람들에게 관심을 가지기 시작했다. 처음으로 돈을 얼마나 많이 벌 것인가를 생각하지 않고, 인간의 행복을 위해 돈이 얼마나 도움이 되는가를 생각하기 시작했다.

요컨대 이제 록펠러는 그 막대한 재산을 사람들에게 나눠주기 시작했다. 처음에는 그렇게 쉽지만은 않았다. 그가 한 교회에 기부를 하려

하자, 전국 각지의 목사들은 썩은 돈은 받을 수 없다며 목소리를 높였다. 그래도 록펠러는 기부를 멈추지 않았다. 재정상의 이유로 문을 닫게 된 미시간 호 연안의 한 학교에 선뜻 수백만 달러를 기부했다. 지금 이 학교는 세계적으로 유명한 시카고 대학이 되었다. 록펠러는 흑인들을 돕는 일에도 발 벗고 나섰다. 터스키기 대학에 기금을 보내 조지 워싱턴 카버(유명한 미국의 과학자, 최초의 흑인 농생물학자로 땅콩박사로 유명하다-역자주)가 연구를 계속하도록 지원하는 등 전국의 흑인 대학에 금전적인 지원을 했다. 그는 또 십이지장충 박멸 운동을 지원하기도 했다. 십이지장충의 권위자인 찰스 스타일즈 박사가 "남부 여러 주를 휩쓸고 있는 십이지장충은 1인당 50센트의 약만 있으면 치료할 수 있다. 누가 50센트를 낼 사람은 없는가?"라고 제안했을 때, 록펠러가 흔쾌히 이에 응했다. 그는 수백만 달러의 기금을 내놓아 남부의 재난을 진압했고, 더 나아가 록펠러 재단이라는 위대한 국제 재단을 설립해서 전 세계에서 각종 질병과 문맹을 퇴치하는 데 앞장섰다.

록펠러의 업적을 언급할 때마다 나는 뜨거운 감동을 느끼지 않을 수 없다. 나도 록펠러 재단에 신세를 진 적이 있기 때문이다. 1932년, 내가 중국에 있을 때 북경에 콜레라가 만연했다. 중국 사람들이 마치 파리처럼 죽어갔다. 하지만 그 무시무시한 공포 속에서도 록펠러 의과대학에서 콜레라 면역주사를 놓아주고 있었다. 중국인이든 외국인이든, 누구나 그 주사를 맞을 수 있었다. 그때 나는 록펠러의 부가 전 세계에 얼마나 많은 일을 하고 있는지 알 수 있었다.

유사 이래로 록펠러 재단에 비길 만한 것은 존재한 적이 없었다. 독보적인 것이다. 록펠러는 세계 도처의 비전을 가진 사람들이 시작한 훌륭한 운동이 무수히 많다는 사실을 잘 알고 있었다. 연구가 수행되고, 대학이 건립되고, 의사들은 질병을 박멸하기 위해 심혈을 기울이고 있지만, 이런 고결한 사업들이 대부분 도중에 자금 부족으로 중단되곤 했다. 록펠러는 이런 인도적인 사업의 개척자들을 돕기로 했다. 그들의 사업을 '가로채는' 것이 아니라, 자금을 지원해서 그들이 자립할 수 있도록 도운 것이다. 사실 오늘날 우리는 존 록펠러에게 감사해야 한다. 그의 재정적 자원 아래 페니실린의 기적을 비롯해 많은 신약들이 발명되었기 때문이다. 병에 걸린 다섯 아이 중 네 아이의 생명을 빼앗는 가공할 병인 척수막염에 걸려 아이들이 세상을 뜨는 일도 없게 되었다는 사실에 대해 그에게 감사해야 한다. 그밖에 말라리아, 폐결핵, 유행성 독감, 디프테리아 등 여전히 만연한 수많은 질병을 극복하게 된 것도 록펠러의 공이 크다.

그렇다면 록펠러 자신은 어땠을까? 재산을 기부함으로써 마음의 평화를 얻을 수 있었을까? 그렇다. 마침내 그는 만족을 얻을 수 있었다. 전기 작가인 앨런 네빈스는 이렇게 말했다.

"1900년 이후에도 록펠러가 스탠더드 오일에 대한 비난 따위에 신경쓰고 있다고 생각하는 사람들이 있다면, 그들이 잘못 생각하고 있는 것이다."

록펠러는 너무나 즐거웠다. 완전히 새 사람이 되었기 때문에 이제는 전혀 걱정하지 않았다. 사실 일생일대의 패배에 직면해야만 했을 때도, 결코 잠을 이루지 못하는 일은 없었다.

그 패배란 자신이 세운 거대 기업인 스탠더드 오일에 대해 '역사상 최대의 벌금'이 부과된 사건을 말한다. 미합중국 정부에 따르면, 스탠더드 사는 독점금지법에 직접 저촉되는 독점기업이었다. 치열한 법적 공방이 5년간이나 계속되었다. 미국 최고의 변호사들이 맞붙어 지루하게 끌었던 이 싸움은 당시로서는 역사상 가장 긴 법정 투쟁이었다. 하지만 스탠더드 오일은 결국 지고 말았다.

케네소 마운틴 랜디스 판사가 판결을 내렸을 때, 피고 측 변호인들은 록펠러가 그 사실을 받아들이는 것이 몹시 괴로울 것이라고 우려했다. 하지만 그들은 록펠러가 얼마나 달라졌는지 알지 못하고 있었다.

그날 밤, 변호사 중의 한 사람이 록펠러에게 전화를 걸었다. 그는 침착하게 판결 내용을 전한 후에, 걱정스러운 듯이 말했다.

"너무 걱정하시지 않는 게 좋겠습니다. 록펠러 씨. 오늘밤도 편히 주무실 수 있기를 기도드립니다."

그때 록펠러가 뭐라고 했을까? 그는 호탕하게 웃고 나서,

"걱정 말게, 존슨. 나는 잘 잘 테니까. 자네도 걱정 말고 잘 주무시게!"

이것이 옛날에 단 150달러를 손해 보았다고 해서 몸져누웠던 사람의 대답이었다! 물론 록펠러가 걱정을 극복하는 데까지는 긴 세월이 필요했다. 록펠러는 53세에 죽을 뻔했지만, 98세가 되도록 장수를 누렸다.

사례27

긴장을 푸는 법을 몰라서 서서히 죽어가고 있었다

- 폴 샘슨 -

6개월 전만 하더라도 나는 초고속으로 인생을 돌파하려고 했다. 그러다 보니 항상 긴장해 있었고, 편히 쉴 줄을 몰랐다. 매일 밤 과로하고 극도로 신경이 피로해져서 집에 돌아오곤 했다. 왜 그랬을까? 그것은 나에게 이런 말을 해주는 사람이 없었기 때문이다.

"폴, 자네 자신을 죽일 참인가? 좀 느긋해지라고. 왜 편히 쉴 줄을 모르나?"

나는 아침 일찍 일어나서 서둘러 조반을 먹고, 수염을 깎고, 바쁘게 옷을 꿰면서 급히 차를 몰아 직장으로 달려갔다. 자동차 핸들이 차창 밖으로 튕겨져 나갈까 봐 걱정이라도 하는 듯이 핸들을 필사적으로 움켜잡고 운전했다. 바쁘게 일하고, 서둘러 집으로 돌아왔으며, 밤에 잠자리에서조차 빨리 잠들려고 조바심을 냈다.

이처럼 불안한 상태가 지속되어 결국은 디트로이트의 유명한 신경 전문의를 찾아갔다. 그는 나에게 좀 편히 쉬라고 말했다. 그는 내가 편히 쉴 줄을 몰라서 서서히 죽어가고 있는 것이라고 지적했다

요즘은 아침에 일어나면 피로가 확 풀린 기분이 든다. 엄청나게 좋아진 것이다. 왜냐하면 이전에는 여전히 피곤하고 찌뿌드드한 기분으로 아침에 눈을 떴기 때문이다. 지금은 식사를 하거나 운전할 때도 가능한 긴장을 풀고 있다. 그래도 운전 중에는 정신을 바짝 차리고 있지만 신경을 쓰는 대신 의지로 운전을 한다. 내가 긴장을 푸는 가장 소중한 장소는 직장이다. 하루에도 몇 번씩 모든 일을 중지하고, 내가 지금 완전히 편안한지 나 자신을 점검해본다. 요즘은 전화벨이 울려도 전처럼 무작정 전화기를 움켜잡지 않는다. 누군가 내게 말을 하고 있을 때도 나는 곤히 잠을 자는 아기처럼 편안히 긴장을 풀고 듣는다.

결과적으로 어떻게 되었을까? 삶이 훨씬 더 유쾌하고 즐거워졌다. 나는 신경의 피로와 스트레스로부터 완전히 해방되었다.

사례28

정말로 기적 같은 일이 일어났다

- 존 버저 부인 -

나는 심한 스트레스로 쓰러지게 되었다. 마음이 너무 혼란스럽고 불안해서 도무지 삶의 기쁨을 찾을 수 없었다. 신경이 극도로 날카로워져서 낮에도 편히 쉴 수가 없었고, 밤에 잠을 이룰 수도 없었다. 결국 세 명의 자녀들을 먼 곳에 사는 친척들에게 맡겼다. 남편은 최근 군대에서 제대하고 다른 도시에서 변호사 사무소를 개업하려고 하고 있었다. 나는 전후 과도기의 온갖 불안감과 불확실성을 피부로 느끼고 있었다.

나는 남편의 장래를 위협하고 있었으며, 아이들이 마땅히 누려야 할 정상적인 가정생활을 빼앗았으며, 나 자신의 생명마저 위험에 빠뜨리려 하고 있었다. 남편이 적당한 집을 얻을 수 없어서 새로 짓는 수밖에 없었다. 모든 일이 나의 건강 상태에 달려 있었다. 이런 상황을 절실히 느끼고 빨리 나으려고 노력할수록, 오히려 실패에 대한 두려움만 커질 뿐이었다. 점점 어떤 일이든 계획하는 것조차 두려워졌다. 나 자신을 도저히 믿을 수가 없었기 때문이다. 나 자신이 완전히 실패자처럼 느껴졌다.

암담한 심정으로 절망에 빠져 있을 때, 어머니가 다가오셨다. 잊을 수가 없다. 그때의 일을 생각하면 어머니가 고맙기 그지없다. 어머니는 따끔한 말로 나를 책망하며 내 마음에 투지를 불러일으켜 주셨다. 어머니는 내가 비굴하게 내 생각과 신경마저 통제할 수 없는 지경이 되었다고 나무라셨다. 그리고 왜 침대에서 일어나 내가 가진 모든 것을 위해 싸우지 못하느냐고 꾸짖으셨다. 상황에 굴복해서 맞서 싸워보려고 하지 않고 현실을 도피하려고만 한다는 것이었다.

그날부터 나는 싸우기 시작했다. 바로 그 주말이 되었을 때, 이제부터는 내가 모든 일을 떠맡을 테니 집으로 와달라고 부모님에게 말씀드렸다. 나는 당시로서는 불가능할 것처럼 여겨졌던 일을 해냈다. 어린 두 아이들을 혼자서 돌보았으며, 밤에 잠도 잘 자고 식사도 제때에 하면서 점차 원기를 회복했다. 1주일 후에 다시 부모님이 나의 상태를 보러 왔을 때, 나는 다리미질을 하면서 콧노래까지 부르고 있었다. 삶의 전장에서 승리를 거두고 행복감에 젖어 있었던 것이다. 나는 이 교훈을 결코 잊지 않을 것이다. 내 힘으로 극복할 수 없을 것 같은 상황에 부닥치더라도, 그 상황에 직면해야 한다! 싸워야 한다! 상황에 굴복해서는 안 된다!

그때부터 나는 부지런히 일을 했다. 일에 몰두해서 나 자신을 잊게 되었고, 드디어 아이들을 다시 데려와서 남편과 함께 새 집에서 지내게 되었다. 나는 하루 빨리 건강을 회복해서 사랑하는 아이들에게 건강하고 행복한 어머니가 되어야겠다고 결심했다. 나는 우리 가정에 대한 계획, 아이들에 대한 계획, 남편에 대한 계획 등 모든 것을 계획하는 데 열중했다. 너무 바빠서 나 자신에 대해서는 생각할 겨를이 없었다. 그러자 그때 정말 기적 같은 일이 일어났다.

나는 하루가 다르게 건강해졌고, 아침에 일어날 때도 한없는 행복감이 밀려왔다. 새로운 하루를 계획하는 즐거움, 생활의 기쁨으로 충만한 기분이었다.

1년이 지난 지금, 나는 무척 행복하다. 성공한 남편과 하루 16시간이나 일할 수 있는 훌륭한 집과 귀엽고 건강한 세 아이들이 있으니 남부러울 것이 없다. 게다가 나에게는 마음의 평화까지 있으니!

사례29

벤저민 프랭클린이 걱정을 극복한 방법

이것은 벤저민 프랭클린이 조셉 프리스틀리에게 보낸 편지다. 프리스틀리는 셸번 백작 댁의 도서관 사서로 초빙되자 프랭클린에게 의견을 물었다. 이 편지에서 프랭클린은 스트레스 없이 문제를 해결하는 자기 나름의 방법을 다음과 같이 쓰고 있다.

1772년 9월 19일, 런던에서

프리스틀리 선생님께
선생님께서 조언을 구하신 이처럼 중대한 일에 대해 과문한 제가 어떤 결정을 내릴 것인가를 말씀드릴 주제는 아니지만, 괜찮으시다면 그 일을 어떻게 처리해야 할 것인가에 대해 좁은 소견을 몇 자 적어볼까 합니다. 이런 곤란한 일이 생길 경우에, 그것이 곤란한 까닭은 주로 우리의 생각 때문이지요. 즉 찬성과 반대 이유가 전부 동시에 생각나는 것이 아니라 어떤 때는 한쪽만이 나타나고 어떤 때는 다른 쪽이 나타나게 마련입니다. 그 때문에 다양한 목적이나 기호가 번갈아 우세하여 우리를 당혹케 하는 것입니다.
그런 경우를 극복하기 위해 저는 한 장의 종이를 반으로 접어 한쪽에 찬성 의견을, 다른 한쪽에 반대 의견을 적어보고 있습니다. 그런 다음 사나흘 정도 생각해보면서 그동안 수시로 생각나는 갖가지 동기와 찬성과 반대 이유를 항목별로 간단히 기록해둡니다. 이렇게 해서 찬반 이유를 일목요연하게 볼 수 있게 만든 후에, 그 경중에 대해 차례로 검토해봅니다. 우선 양편에서 하나씩 두 가지가 맞먹는다고 생각될 때는 그 두 가지를 상쇄합니다. 한 가지 찬성 이유가 두 가지 반대 이유와 맞먹는다고 생각되는 경우에는 한꺼번에 세 가지를 상쇄하고, 두 가지 반대 이유가 세 가지 찬성 이유와 맞먹는다고 생각되는 경우에는 한꺼번에 다섯 가지를 상쇄하는 식이죠. 이런 식으로 해서 마침내 최종 잔고를 알 수 있게 됩니다. 그리고 하루나 이틀 더 생각한 뒤에 양편에 중대한 변화가 일어나지 않는 한, 상쇄하고 남은 잔고에 따라 결정을 내리고 있습니다. 일의 경중을 대수학적으로 따질 수는 없을지라도, 이렇게 하면 개별적으로 비교할 수 있습니다. 또 일목요연하게 비교해볼 수 있기 때문에 더 잘 판단할 수 있으며, 성급한 판단을 할 우려가 적습니다. 저는 이 도덕적이고도 신중한 대수학이라고도 할 수 있는 판단 방법을 통해 큰 이득을 얻고 있습니다.

귀하가 최선의 결정을 내릴 것을 진심으로 기원해 마지않습니다.

친애하는 당신의 친구로부터.

— 벤저민 프랭클린

사례30

걱정으로 18일 동안 아무것도 먹지 못했다

- 캐서린 홀컴 파머 -

3개월 전에 나는 몹시 괴로운 나머지 나흘 동안 한잠도 자지 못했고, 18일 동안 고형식이라고는 한 입도 먹지 못했다. 음식 냄새만 맡아도 속이 울렁거렸다. 그때의 정신적 고뇌는 도저히 말로 표현할 수가 없다. 지옥의 고통도 그보다 더한 고문은 아닐 것이라는 생각이 들었다. 미치고 말든가, 아니면 죽을 것만 같았다.

내 인생의 전환점은 이 책의 신간 견본을 받은 날이었다. 지난 3개월 동안, 나는 실제로 이 책과 더불어 살았다. 한 페이지씩 열심히 연구하면서 필사적으로 새로운 생활 방식을 발견하려고 애썼다. 그 결과 나의 사고방식과 정서적 안정에 일어난 변화는 거의 믿을 수 없을 정도였다. 지금 나는 나날이 치르는 전쟁을 견뎌낼 수 있다. 예전에 나는 현재의 문제 때문에 신경쇠약에 걸린 것이 아니었다. 어제 일어났던 일, 또는 내일 일어날지도 모른다고 두려워하는 일 때문에 괴로워하고 불안했던 것이다. 하지만 지금은 내가 무엇인가에 대해 걱정하기 시작했다는 것을 알아차리면, 즉시 그만두고 이 책을 읽고 배운 원칙 몇 가지를 적용하고 있다. 오늘 해야 할 일을 생각하고 긴장될 것 같으면, 서둘러 그 일을 즉시 끝내고 마음에서 긴장을 몰아내버렸다.

거의 미칠 지경까지 몰아넣는 괴로운 문제와 직면하면, 조용히 1부에서 설명한 3가지 단계를 적용해보려 한다. 첫째, 일어날 수 있는 최악의 상황이 무엇인지 생각해본다. 둘째, 정신적으로 그것을 받아들이려고 노력한다. 셋째, 그 문제에 집중해서 이미 받아들인 최악의 상황을 개선하려면 어떻게 해야 할 것인지 생각해본다. 내 힘으로는 바꿀 수 없는 일이라든가, 즉 도저히 받아들이고 싶지 않은 일 때문에 걱정하게 될 때는 반성하고 다음과 같은 짤막한 기도를 반복했다.

"하나님, 제 힘으로는 바꿀 수 없는 일을 받아들일 수 있는 침착함과 바꿀 수 있는 일을 바꿀 수 있는 용기와, 그것들의 차이를 분별할 수 있는 지혜를 제게 주십시오."

이 책을 읽은 후 나는 정말로 새롭고 멋진 나날을 경험하고 있다. 이제 더 이상 걱정으로 나의 건강과 행복을 놓치지 않는다. 요즘은 9시간씩 잠을 잘 수 있고, 식사도 잘하고 있다. 내 시야를 가리던 어두운 장막이 걷히고, 환하게 문이 열려 있다. 지금 나를 둘러싸고 있는 세상의 아름다움을 만끽하고 있다.

이 책을 공부하고, 활용하라. 이 책은 일반적인 의미의 '독서용 책'이 아니라, 새로운 생활 방식을 위한 '지침서'로 만들어졌다.

데일 카네기 자기관리론

초판 1쇄 발행 2021년 11월 5일
초판 3쇄 발행 2023년 3월 10일

지은이 | 데일 카네기
옮긴이 | 김미옥
펴낸이 | 박수길
펴낸곳 | (주)도서출판 미래지식
디자인 | 디자인붐

주소 | 경기도 고양시 덕양구 통일로 140 삼송테크노밸리 A동 3층 333호
전화 | 02)389-0152
팩스 | 02)389-0156
홈페이지 | www.miraejisig.co.kr
전자우편 | miraejisig@naver.com
등록번호 | 제 2018-000205호

ISBN 979-11-91349-18-4 04320
ISBN 979-11-91349-16-0 (세트)